기상명리

氣와 相으로 보는 命의 이치

기상명리

기(氣)와 상(相)으로 보는 명(命)의 이치(理致)

초판인쇄 2018년 02월 25일
초판발행 2018년 03월 01일

지은이 윤훈근
펴낸이 윤훈근

펴낸곳 밝은내일연구소(주)
출판등록 제2017- 000017
주소 경남 창원시 진해구 자은로 64번나길 15
전화 055)547- 8090
팩스 055)546- 9935
이메일 jinyoudosa@naver.com
홈페이지 밝은내일연구소. modoo. at

* 잘못된 책은 교환해드리며, 책값은 뒤표지에 있습니다.
* 사전 승인 없는 무단 복제 및 무단 전재를 금합니다.

기상명리

氣와 相으로 보는 命의 이치

윤훈근 尹焄根 지음

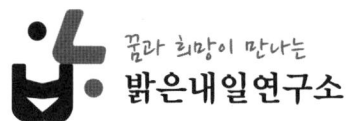

밝은내일연구소

기상명리를 펼치면서...

하늘 기운에 의한 물상의 생장쇠멸

　동양철학과 서양철학의 두드러진 사상적 차이는 '영원성'과 '불변성'에 있다. 동양철학의 기본사상은 봄-여름-가을-겨울…이 순환하듯 세상만물이 영원성을 갖는다는 유동적 사고에서 비롯되었고, 서양철학의 기본사상은 1+1=2라는 수학적·과학적 이치에 근거하여 변하지 않는 고정적 진리에서 비롯되어 발전하여 왔다. 사물을 보는 방법도 동양은 주체자 관점에서 보는데, 서양은 북쪽을 위에 두고 관찰자 관점에서 바라본다. 이는 사물을 인지하는 방식에서 엄청난 차이가 있다.
　우리의 생활방식은 동양적일지라도 사물을 바라보는 관점은 서양화되어 있다. 유치원에 입학하면서부터 서양의 교과과정에 따라 공식을 외우고 정답을 찾는데 가치를 두기 때문이다. 어느 시(詩)에서 자신의 감성을 깨우치기보다 그 시에 주어진 정답을 외우는데 집중하고, 해·달·별 등 하늘의 움직임을 살피는 것보다 해·달의 크기와 별자리 이름 외우기에 급급한 실정이다. 요즘 세대들은 사과가 apple인지는 알아도 어떻게 열리고 익어 가는지 모른다.
　사주학을 가르치는 자도 배우는 자도 사물을 바라보는 관점이 수학적·과학적 논리에 익숙하다보니, 사주간법을 학교 공부하듯 가르치고 외우는 식이다. 삼합, 육합, 육충, 형·파·해 등 일률적으로 정한 논리를 외워 적용하게 된다. 그보다 더 큰 문제는 자신이 배운 논리에 근거하여 억지로 끼워 맞추고 정답을 내려고 한다는데 있다.
　동양과 서양의 기본사상이 다를진대 수학적·과학적 논리로 사주체계를 이해하고 해석한다면 애초에 접근방법이 잘못된 것이다. 사주의 이론체계는 고대로부터 만물의 생장쇠멸 과정을 천간 10글자와 지지 12글자로 표현하고, 이를 4궁위와 60갑자라는 순환에 의해 정립되었다. 사주간지의 관계성을 법칙화하면 만물의 영원성을 담은 사주체계를 무시하는 꼴이다.

　인간이 태어난 순간 정해진 연·월·일·시 사주팔자는 만물이 생장쇠멸 과정으로 흐름을 살펴야 한다. 그렇지 않으면 고정되고 확정된 글자일 뿐이고, 정해진 운명을 볼 뿐이다. 천지자연은 한 치의 오차도 없이 순환되지만, 순간순간은 예기치 않은 천재지변 등 많은 변화 속에서 거듭된다. 자연의 변화를 예측할 수 없듯이 사주의 경향성도 예측하기란 쉽지 않다.

　사주를 배우는 도반님들께 사주간법에서 정답 즉 과학적 진리를 요구하지 마시길 당부한다. 70% 확률을 지향하는 것이 자연의 순리에 입각한 태도이다. 동양이론의 큰 줄기는 천지인 삼재사상에 있으니, 나머지 30%는 천-지-인의 몫이다. '나'라는 존재는 천지(天地) 기운과 주위 환경(人)에 영향을 받기 때문이다. 아무리 완벽한 사주팔자라도 천-지-인의 영향 아래에 있을 수밖에 없다. 천지인 30%는 인간이 사주간법으로 추론할 수 있는 영역이 아니라는 뜻이다.

　본 기상명리는 천지자연의 이치에 접근하여 보다 높은 효율성을 얻고자 하는 노력의 결실이다. 100% 정확한 일기예보를 기대할 수는 없지만, 확률을 높이는 방법과 수단을 찾는 노력이 있을 따름이다.

기(氣)와 상(相)으로 보는 명(命)의 이치(理致)

　기상명리를 공부하기 전에 氣와 相으로 命의 理致를 살피는 관점을 간략함으로써 기상명리의 관법을 이해해보자.

　첫째, 천간은 기운(氣)이고, 지지는 물상(相)이다.

　10천간은 해·달·별·비 등 하늘 기운의 움직임이고, 12지지는 하늘 기운에 의해 땅에서 물상이 생-장-쇠-멸…하는 과정을 담은 것이다. 이를 계절로 보면 봄-여름-가을-겨울…의 순환이다. 하늘에서 햇빛과 빗물이 내리지 않으면 만물이 살아 숨 쉬지 못한다. 천간합은 하늘 기운의 흐름이고, 지지삼합은 땅에서 물상이 생장쇠멸하는 과정을 설명한 것이다. 천간합의 흐름과 지지 삼합의 흐름으로 보는 것이 천지인 상응논법이자 기상명리의 관점이다. 이에 기상명리에서 양 본위와 음 본위로 분별하여 천간-지지의 흐름을 관찰한다.

　둘째, 월지 환경은 사주팔자의 전체 흐름을 주관한다.

　사주팔자는 그 사람의 몸체와 같다. 사주팔자에서 일간을 주인으로 삼는 것은 얼굴에서 코를 주인으로 보는 것과 같다. 코가 얼굴의 모든 복록을 주관하지 않는 것처럼, 일간이 사주팔자의 운세를 결정하는 것이 아니다. 월지는 사주팔자에 주어진 환경이다. 일간을 비롯한 사주팔자는 월지라는 환경에 지배를 받을 수밖에 없다. 일간만을 월지를 대비하여 길흉을 추론하는 것은 코가 큰 사람은 돈이 많다는 오류를 범하기 십상이다. 천간 흐름과 월지 환경에 사주팔자의 구성이 부합하는지를 살피는 것이 기상명리의 관점이다.

　셋째, 십간십이지 각 글자는 기상(氣相)의 표상(表象)이다.

　간지는 음양·오행으로 구분하고, 이를 다시 육친으로 분별하는 것은 고정화된 사고이다. 음양은 일률적이지 않고 상대적이기에, 갑이 언제나 양이고 을이 언제나 음인 것은 아니다. 또 갑을은 나무가 아니라 목의 기상(氣相)을 표현한 것이다. 간지 22글자의 의미를 살펴 각 글자가 어떤 작용을 하는지 살피는 것이 기상명리의 관점이다.

넷째, 삼합과 지장간 원리는 만물의 생장쇠멸 과정이다.

삼합은 목화금수 각 기상의 생장쇠멸 과정을 담은 것이고, 지장간은 삼합과정에 의한 지지 물상의 움직임을 주관하는 천간 기운이다. 이를 확장한 이론이 12운성과 12신살이다. 삼합이론은 '시작-과정-결과'라는 삼단논법이고, 천지인 상응논법이며, 기상명리의 관점이 된다.

다섯째, 4궁위는 인생의 흐름이다.

4궁위는 근-묘-화-실 즉 생-장-쇠-멸을 의미한다. 사주팔자 주인공의 초년-중년-장년-노년의 시간적 흐름이고, 그 사람의 본기-직업-직능-취미와 관련되고, 인간관계 및 환경적 범위로 보면 국가-사회-가정-원외의 의미가 있다. 이를 육친으로 보면 조상-부모-자신(배우지)-자식의 관계이다. 그래서 기상명리에서 육친은 육친성보다 육친궁위로 파악하는 것이 이치에 부합한다고 본다.

여섯째, 대운·세운, 합·충·형·파·해 등 기상명리 관점은 동기부여이다.

대운은 사주팔자 4궁위에서 부족한 제5의 궁위로 보고, 세운은 천간 기운을 위주로 살핀다. 대운·세운 및 합·충·형·파·해 등은 사주원국이 동기부여 되어 발동하는 원리를 살피게 된다. 동정(動靜)은 동기부여가 되었을 때 발동한다. 해가 정(靜)하고 달이 동(動)함은 밤낮이 바뀌는 조건이 부여되었을 때 저절로 이루어지는 것과 같다. 억지로 해와 달을 돌릴 수 없듯이 수학적 논리로 사주팔자를 살피는 것은 지양해야 할 것이다.

戊戌年 正初에 一天地院에서
憬空 合掌하다.

차 례

기상명리를 펼치면서
하늘 기운에 의한 물상의 생장쇠멸 ················ 5
기(氣)와 상(相)으로 보는 명리(命理)의 관점 ··· 7

사주 기초이론 조견표 ···························· 15

제 1 장.
사주의 변천과정과 기본체계의 변화 ······ 29
  1. 사주학의 변천과정 ························ 30
      사주체계의 변화 / 현대명리의 전환과 고찰
  2. 현대명리체계의 이해 ······················ 34
      일간과 월지 / 일간-월지의 상학적 관점 / 생극의 의의/
      통근·강약·왕쇠의 개념

제 2 장. 음양(陰陽)론 ···················· 43
  1. 음양의 기본속성 ·························· 44
      황제내경의 음양론 / 상학의 음양론 / 음양의 주객관계
  2. 음양의 천지상응론적 관점 ··············· 52
      사주와 관상의 천지상응 / 천지상응과 지장간/
      음양의 기적순환과 방향성
  3. 재관의 음양론 ···························· 58
      재관의 음양개념 / 음양(재관)의 인생사

제 3 장. 오행(五行)론 ·················· 63
  1. 오행의 기본개념 ················· 64
    지지에서의 오행흐름 / 천간에서의 오행흐름
  2. 오행의 속성 ··················· 66
    水의 속성 / 木의 속성 / 火의 속성 / 金의 속성 /
    土의 속성
  3. 오행의 생극 ··················· 82
    오행 생극의 상학적 이해 / 오행 생극의 본질 /
    오행 생극의 물상흐름 / 오행 생극과 만물의 생장쇠멸
  4. 오행 생극과 십신 ················ 92
    생극에 의한 육친생성 / ※궁위에서의 화금 /
    생극의 만물생성과 육친관계 / 상극과 재관 /
    삶의 수단인 재관
  5. 십신의 오행 속성 ················ 105
    사주궁위 천간기운에 의한 십신성향 /
    격 명칭에 의한 십신성향 / 오행흐름과 십신의 속성
    ※乙·丁·辛·癸의 특수성/ 〈별표〉 오행소속분야표

제 4 장. 십신(十神)론 ················ 113
  1. 십신과 육친의 의의 ··············· 114
    십신과 육친의 분별 / 십신의 오행 본질
  2. 십신의 오행적 의의와 성향 ·········· 117
    【1】木=비겁 -일간의 동류 【2】火=식상 -여자
    상관 【3】土=재성 -재성의 음양합 【4】金=관
    성 -재생관 의미 【5】水=인성
  3. 비·식·재·관·인 상호관계 ·········· 134

제 5 장. 기상(氣相)론 ·········· 137
 1. 오행의 음양운동 ·········· 138
   오행의 음양속성 / 오행의 음양작용 / 십간의 음양속성
 2. 수승화강 ·········· 144
   수승화강의 원리 / 子·午(癸·丁)의 승강작용
 3. 음양(기상) 본위 ·········· 149
   천간 기운의 방향성 / 천간의 음양본위 /
   간지의 음양본위 운동
 4. 오행의 흐름과 음양 본위 ·········· 158
   水火 기운의 흐름 / 목금 물상의 흐름
 5. 수화-목금의 본위 운동 ·········· 170
   壬-辛-甲 / 癸-乙-丙 / 丙→庚 / 丁→辛 /
   수화-목금의 상호작용 / 수화-목금의 바탕 土
 6. 오행의 음양적 경향성 ·········· 179
   〈별표〉 24節氣

제 6 장. 궁위(宮位)론 ·········· 183
 1. 궁위의 기본개념 ·········· 184
   근묘화실의 인생총량 / 근묘화실과 생장쇠멸 /
   근묘화실의 4차원
 2. 근묘화실과 윤회궁 ·········· 192
   궁위의 흐름 / 궁위의 윤회개념 / 사주궁위와 얼굴궁위
 3. 궁위와 육친 ·········· 201
   극관계에 의한 육친형성 / 사주궁위의 인생사 /
   궁위 나이 / 궁위의 육친성과 의미
 4. 궁위별 특징 ·········· 210
   년주 / 월주 / 일주 / ※일지의 불안정 / 시주 /
   ※시주의 복록정산 / 각 궁위의 상호관계

5. 사주궁위 흐름의 분석 ·················· 226
  사주궁위에서 간지의 발동 / 운에 의한 간지의 발동 /
  ※운(대운·세운)에 의한 발동조건과 작용

제 7 장. 삼합(三合)론 ·················· 235

1. 삼합의 의의 ·················· 236
  삼합논리의 전개 / 삼합 합화의 의미
2. 삼합 운동 ·················· 245
  삼합운동의 기본과정 / 삼합의 계절 방향성 / 수화 기운
  의 삼합운동 / 목금 물상의 삼합운동 / 기운과 물상의 삼합
  작용 / 삼합의 음양분별 / 삼합의 생성론
3. 방국과 삼합의 관계 ·················· 261
  방국의 계절흐름 / 방국의 운행 방향성 / 진미술축의 작용
4. 묘고(墓庫) ·················· 268
  입묘와 입고의 개념 / 水火와 木金의 묘고 의미 /
  木金 물상의 묘고 / 12운성에서의 묘고 / 얼굴의 묘고관계

제 8 장. 지장간(地藏干) ·················· 285

1. 천지인상응론 ·················· 286
  사주와 얼굴의 천지인 / 상대성 이론과 지장간
2. 지장간의 논리 ·················· 291
  지장간의 구성원리 / 지장간의 흐름 / 진미술축의 입고
  의미 / 물상의 입고와 기운의 입묘
2. 지장간의 천지조화 ·················· 300
  천지를 연결하는 기운 / 지장간의 천간 방향성

제 9 장. 12운성(運星) ·············· 307
 1. 12운성의 기본원리 ············ 309
   12운성의 삼합원리/ 12운성의 삼합 운동성
 2. 12원성의 기상론적 이해 ············ 313
   자연순환에 의한 12운성의 이해/ 12운성의 재해석/
   양간.음간의 장생 의미/ 쇠.묘.양의 의미/
   12운성의 기상(氣相) 흐름
 3. 12운성의 작용 ·············· 322
   장생 / 목욕 / 관대 / 건록 / 제왕 / 쇠 / 병 / 사 /
   묘 / 절 / 태 / 양

제 10 장. 12신살(神殺) ············ 337
 1. 12신살의 의의 ············ 338
   12신살의 삼합이론 / 12신살의 상학적 이해
 2. 12신살의 특성 ············ 341
   지살 / 년살/ 월살 / 망신살 / 장성살 / 반안살 /
   역마살 / 육해살 / 화개살 / 겁살 / 재살 / 천살
 3. 12신살의 삼합그룹 본위 ············ 361
   삼합에 의한 12신살의 생극 /
   12신살의 삼합 생극에 의한 그룹 본위
 4. 12신살의 개운 방법 ············ 367
   방위와 색상 / ※행운의 숫자 찾는 방법 / ※거소의
   구조.방위 / ※사업장.직장의 구조방위 / 일진 /
   이익(투자) / 궁합 / 출산 / 질병 / 제사, 조상

차례 13

《부록》 좋은 방위 찾기 ·················· 379
    오행(오성)의 방위 소속 ··················· 380
    팔괘 부호동(구궁도) ··················· 381
1. 양택(陽宅) 좋은 방위 ··················· 385
2. 본인 기운에 맞는 방위 ··················· 388
   생년(生年) 천간으로 좋은 방위 찾는 방법
   사주팔자로 좋은 방위 찾는 방법
3. 일진(日辰) 보는 방법 ··················· 391
4. 이사(이동) 방위 ··················· 393
   손없는 / 방위살

※ 참고 문헌들 ··················· 398

사주 기초이론 조견표

甲	乙	丙	丁	戊	己	庚	辛	壬	癸
양	음	양	음	양	음	양	음	양	음
木		火		土		金		水	

〈십간(十干)의 음양과 오행〉

寅	卯	辰	巳	午	未	申	酉	戌	亥	子	丑
양	음	양	양	음	음	양	음	양	양	음	음
木			火			金			水		

〈십이지(十二支)의 음양과 오행〉

子	丑	寅	卯	辰	巳	午	未	申	酉	戌	亥
양	음	양	음	양	음	양	음	양	음	양	음
1양	2양	3양	4양	5양	6양	1음	2음	3음	4음	5음	6음
5음	4음	3음	2음	1음	*	5양	4양	3양	2양	1양	*

〈십이지(十二支)의 음양과 육음·육양〉

12지지	寅巳申亥	子卯午酉	辰未戌丑
생-왕-묘	생지	왕지	묘고지

〈12지지의 생-왕-묘〉

方局	寅卯辰	巳午未	申酉戌	亥子丑
계절	봄	여름	가을	겨울
오행	木	火	金	水

〈지지 방국〉

삼합	亥卯未	寅午戌	巳酉丑	申子辰
합화	木	火	金	水

〈지지 삼합〉

천간 합	甲己	乙庚	丙辛	丁壬	戊癸
합화	土	金	水	木	火

〈천간 합화〉

지지 육합	生合			剋合		
	亥寅	酉辰	午未	子丑	卯戌	巳申
합화	木	金			火	水

〈지지 육합〉

천간 충	甲庚	乙辛	丙壬	丁癸

〈천간 충〉

구분	생지 충		왕지 충		묘고 충	
지지 육충	寅申	巳亥	子午	卯酉	辰戌	丑未

〈지지 육충〉

육파	寅亥	巳申	卯午	酉子	丑辰	未戌
육해(천)	寅巳	申亥	卯辰	酉戌	午丑	子未

〈六破와 六害〉

이형	寅巳	巳申	寅申	子卯	未戌	戌丑	丑未
삼형	寅巳申				丑戌未		

〈二刑과 三刑〉

生剋 관계

오행 상생 : 목생화 → 화생토 → 토생금 → 금생수 → 수생목 …
오행 상극 : 목극토 → 토극수 → 수극화 → 화극금 → 금극목 …
육친 상생 : 관성 → 인성 → 비겁(나) → 식상 → 재성 → 관성 …
육친 상극 : 식상 → 관성 → 비겁(나) → 재성 → 인성 → 식상 …

생극	관계	십신(육친)[1]	
生	生我者 - 나를 생하는 자	편인(偏印)	정인(正印)
	我生者 - 내가 생하는 자	식신(食神)	상관(傷官)
剋	我剋者 - 내가 극하는 자	편재(偏財)	정재(正財)
	剋我者 - 나를 극하는 자	편관(偏官)	정관(正官)
比	나와 비견되는 자	비견(比肩)	겁재(劫財)

〈生剋에 의한 十神(六親)〉

---

[1] 육친 명칭은 음양으로 분별한다. 음양이 서로 같으면 편인, 식신, 편재, 편관, 비견이다. 음양이 서로 다르면 정인, 상관, 정재, 정관, 겁재가 된다.

60갑자 순(旬)	공망
甲子, 乙丑, 丙寅, 丁卯, 戊辰, 己巳, 庚午, 辛未, 壬申, 癸酉	戌·亥
甲戌, 乙亥, 丙子, 丁丑, 戊寅, 己卯, 庚辰, 辛巳, 壬午, 癸未	申·酉
甲申, 乙酉, 丙戌, 丁亥, 戊子, 己丑, 庚寅, 辛卯, 壬辰, 癸巳	午·未
甲午, 乙未, 丙申, 丁酉, 戊戌, 己亥, 庚子, 辛丑, 壬寅, 癸卯	辰·巳
甲辰, 乙巳, 丙午, 丁未, 戊申, 己酉, 庚戌, 辛亥, 壬子, 癸丑	寅·卯
甲寅, 乙卯, 丙辰, 丁巳, 戊午, 己未, 庚申, 辛酉, 壬戌, 癸亥	子·丑

〈60갑자순과 空亡〉

12운성	甲	乙	丙	丁	戊	己	庚	辛	壬	癸
장생生	亥	午	寅	酉	寅	酉	巳	子	申	卯
목욕浴	子	巳	卯	申	卯	申	午	亥	酉	寅
관대帶	丑	辰	辰	未	辰	未	未	戌	戌	丑
건록祿	寅	卯	巳	午	巳	午	申	酉	亥	子
제왕旺	卯	寅	午	巳	午	巳	酉	申	子	亥
쇠衰	辰	丑	未	辰	未	辰	戌	未	丑	戌
병病	巳	子	申	卯	申	卯	亥	午	寅	酉
사死	午	亥	酉	寅	酉	寅	子	巳	卯	申
묘墓	未	戌	戌	丑	戌	丑	丑	辰	辰	未
절絶	申	酉	亥	子	亥	子	寅	卯	巳	午
태胎	酉	申	子	亥	子	亥	卯	寅	午	巳
양養	戌	未	丑	戌	丑	戌	辰	丑	未	辰

〈12운성 조견표〉

十二神殺	亥卯未년생	寅午戌년생	巳酉丑년생	申子辰년생
겁살	申	亥	寅	巳
재살	酉	子	卯	午
천살	戌	丑	辰	未
지살	亥	寅	巳	申
년살	子	卯	午	酉
월살	丑	辰	未	戌
망신살	寅	巳	申	亥
장성살	卯	午	酉	子
반안살	辰	未	戌	丑
역마살	巳	申	亥	寅
육해살	午	酉	子	卯
화개살	未	戌	丑	辰

〈12신살 조견표〉

≪길성吉星≫

일간	甲·戊·庚	乙·己	丙·丁	辛	壬·癸
지지	丑·未	子·申	亥·酉	寅·午	巳·卯

〈천을귀인〉2)

일간	甲	乙	丙	丁	戊	己	庚	辛	壬	癸
지지	巳	午	申	酉	申	酉	亥	子	寅	卯

〈문창귀인〉3)

일간	甲·乙	丙·丁	戊·己	庚·辛	壬·癸
년지	子·午	卯·酉	辰·戌·丑·未	寅·亥	巳·申

〈태극귀인〉4)

일간	甲	乙	丙	丁	戊	己	庚	辛	壬	癸
월지	巳	午	巳	午	申	酉	亥	子	寅	卯

〈천주귀인〉5)

---

2) 천을귀인은 가장 좋은 길신이다. 지혜·총명, 인품, 문장력이 있는 귀인성이다. 천을귀인은 모든 흉살을 잠재운다고 하였다. 흉한 일이 있어도 귀인의 도움으로 전화위복이 된다.
3) 문창귀인은 머리가 총명하고 글재주가 있고 학문에 능하다. 흉을 만나도 길함으로 변하게 한다.
4) 태극귀인은 일간과 년지를 대조하여 본다. 뜻밖에 횡재 또는 귀인의 도움으로 복이 들어오고, 많은 부하를 거느리게 된다. 형·충·파·해·공망 등이 되면 길신 작용이 일어나지 않는다.
5) 천주귀인은 일간이 월지에 식신을 둔 관계이다. 재복이 많고 행운이 따른다.

日干	甲	乙	丙·戊	丁·己	庚	辛	壬	癸
지지	辰	巳	未	申	戌	亥	丑	寅

〈금여성(金轝星)·금여록(金與祿)〉6)

관귀학관(官貴學館)7)

己巳 丙申 己亥 庚寅 壬申

학당귀인(學堂貴人)8)

丙寅 戊寅 丁酉 己酉 壬申 癸酉

복성귀인(福星貴人)9)

甲寅 乙丑 丙子 丁酉 戊申 己未 庚午 辛巳 壬辰 癸酉

태극귀인(太極貴人)10)

甲子 甲午 丁卯 丁酉 戊辰 戊戌 己丑 己巳 庚寅 辛亥 壬申 癸巳

문곡귀인(文曲貴人)11)

丙寅 丁卯 戊寅 乙卯 壬申 癸酉

---

6) 금여성은 성품이 온화하고 총명하며 품위·품격이 있다. 관록·벼슬 운이 좋고 주위 사람으로부터 존경을 받는다. 남자는 처가 또는 처덕이 있고, 여자는 시댁 또는 남편 덕이 있다.
7) 관귀학관은 지혜롭고 총명하여 학문과 관직에서 성취가 빠르고 지위가 높아진다.
8) 학당귀인은 지혜롭고 총명하며 재능이 특출하다. 특히 문장력이 뛰어나 학문과 관련된 직업에서 크게 성공할 수 있다.
9) 복성귀인은 덕망이 있고 크게 성공을 이루거나 높은 지위에 오른다. 순리에 따를 줄 알고 식복이 풍부하다. 일주 또는 시주에 있으면 더욱 좋다.
10) 태극귀인은 횡재수가 있고, 귀인의 도움으로 복록을 받는다. 일간을 중심으로 년지를 보지만, 일주를 보기도 한다.
11) 문곡귀인은 지혜롭고 인품이 준수하다. 학문, 문학계통에 특별한 재능이 있어 명성을 얻는다. 육친성에 문곡귀인이 있으면 입신양명하는 육친이다.

록마동향일(錄馬同鄕日)12)
壬午 癸巳

건록(健祿) 또는 정록(正祿)13)
甲寅 乙卯 庚申 辛酉

암록(暗祿)14)
甲-亥, 乙-戌, 庚-巳, 辛-辰

일덕일(日德日)15)
甲寅 丙辰 戊辰 庚辰 壬戌

---

12) 록마동향일은 지장간에 재(財)를 품고 있는 일주이다. 천간합으로 보면 정임합, 계병합의 구조이다. 배우자와 함께 재물을 성취하여 금의환향(錦衣還鄕)한다는 의미로 큰 성공을 이룬다는 간지이다.
13) 건록은 12운성의 건록궁에 해당한다. 관록이 높고 의식주가 풍부하다. 사고가 건전하고 자립심이 강하다. 귀인의 도움이 있고 남모르는 재복이 있다.
14) 암록은 건록과 합이 되는 지지를 말한다. 이 관계를 보면 목금 기운은 장생지에 해당하고, 목금 물상은 입묘지에 해당한다. 또 지지 글자로 보면 寅亥, 卯戌, 巳申, 酉辰 등 육합의 관계에 있다. 건록은 겉으로 드러나는 길성이라면, 암록은 숨어 있는 길성이다. 보이지 않는 귀인의 도움이 있다.
15) 일덕일은 심성이 온화하고 덕성이 있다. 곤란한 일을 당하더라도 귀인의 도움으로 해결되고 하늘의 복록이 있다. 일주에 있으면 더욱 좋다.

≪흉성凶星≫

년지	子	丑	寅	卯	辰	巳	午	未	申	酉	戌	亥
喪門	寅	卯	辰	巳	午	未	申	酉	戌	亥	子	丑
弔客	戌	亥	子	丑	寅	卯	辰	巳	午	未	申	酉

〈상문과 조객〉16)

귀문	寅未	巳戌	亥辰	午丑	卯申	酉子
원진	寅酉	巳戌	亥辰	午丑	卯申	子未

〈鬼門과 怨嗔〉17)

백호살(白虎殺)18)

戊辰, 丁丑, 丙戌, 乙未, 甲辰, 癸丑, 壬戌

괴강살(魁罡殺)19)

庚辰 庚戌 壬辰 壬戌 戊戌

---

16) 상문과 조객은 격각과 유사한 배열이다. 년지를 기준으로 상문·조객이 있으면 해당 궁위의 육친의 상(喪)을 보게 된다. 일찍 부모를 잃거나 부모인연이 약한 경우가 많다. 상문·조객이 원국에 있고 운에서 오면 작용력이 강하다.

17) 귀문은 조상을 원망하고 조상으로 인한 고충이 있다는 살이고, 원진은 시기·질투의 상으로 육친인연이 없게 된다는 살이다. 일지에 있으면 더욱 심하다. 영리하지만 신경질적이고 까다롭다. 정신이상 등 정신 문제가 올 수 있고, 육친인연이 없다. 음란하고, 변태성 또는 불감증 등이 있기도 한다.

18) 백호대살은 성정이 강하고 과격하며, 살상, 재앙, 흉사, 악사, 이별, 질병 등 피를 보는 흉액이 따른다. 합·충·파·해 등이 되면 작용력이 떨어지고, 도리어 발복하기도 한다. 백호대살은 3개 이상 있으면 전화위복이 된다.

19) 괴강은 하늘의 우두머리별을 의미하는데, 귀신을 뜻하기도 한다. 총명하고 과단성이 있으며 역마성이 있다. 폭발력을 내포하고 있어 삶에 극단성이 있다. 해외, 산중기도, 종교·철학과 인연이 있다.

천라지망(天羅地網)[20]

戌亥 = 천문성 또는 천라, 辰巳 = 공업성 또는 지망

음양차착살(陰陽差錯殺)[21]

양착살 = 丙子 丙午 戊寅 戊申 壬辰 壬戌

음착살 = 丁丑 丁未 辛卯 辛酉 癸巳 癸亥

양인살(羊刃殺)[22]

丙午 戊午 壬子 丁未 己未 癸丑, 甲-卯 乙-辰 庚-酉 辛-戌

비인살(飛刃殺)[23]

丙子 丁丑 戊子 己丑 壬午 癸未

도화살(桃花殺)[24]

---

20) 천라지망은 하늘과 땅에 거물망으로 덮는다는 의미이다. 감금, 구속, 시비구설, 관재송사, 납치, 유괴, 등을 당할 수 있고, 중풍, 전신마비 등 신체가 구속되는 형상이 된다. 부부인연이 좋지 않고, 자식으로 인한 횡액이 있게 된다. 군인, 경찰, 교도관, 의사, 약사, 간호사, 역술가, 종교인 등 생명을 다루는 직업에 종사하면 횡액을 면한다.
21) 음양차착살은 부부불화 등 결혼생활에 풍파가 있다. 남자는 외가 또는 처가의 고독몰락을 볼 수 있고, 여자는 시댁의 고독몰락을 볼 수 있다. 상중이나 임신 중에 혼인하거나 다른 이성을 볼 수 있는 음란하고 색난이 따르는 살이다.
22) 양인살은 재앙, 형벌을 의미한다. 군자에게는 권위가 있지만 소인에게는 횡액이 따른다. 성격이 급하고 강하여 남에게 지는 것을 싫어한다. 프로기질이 있고 삶의 노하우가 있으며 끝장을 보는 성정이 있기에 직업적 성공이 있다. 결국 재관을 깨뜨리거나 배우자와의 운세가 좋지 않다. 군인, 경찰, 법조인, 의사간호사, 종교·철학 계통의 직업이 좋다.
23) 양인살과 지지가 충되는 간지로 양인살과 작용력이 유사하다. 노력하고 열심히 하는 편이지만 변덕이 심하여 오래하지 못한다. 투기심 모험심이 강하여 성패가 다단하고 굴곡이 심하다.
24) 음란도화는 수치심이 없이 음란하고, 인륜도화는 인륜을 배반하는 음란이고, 낭만도화는 한량격으로 음란하고, 여기도화는 간음·변태성욕을 즐기는 음란이다.

寅午戌에 卯 = 음란도화, 申子辰에 酉 = 인륜도화
巳酉丑에 午 = 낭만도화, 亥卯未에 子 = 여기도화

나체도화(裸體挑花)[25]
甲子 丁卯 乙卯 庚午 癸酉

홍염살(紅艶殺)[26]
甲午 丙寅 丁未 戊辰 庚戌 壬申 壬子

고란살(孤鸞殺) 또는 신음살(呻吟殺)[27]
甲寅 乙巳 丁巳 戊申 辛亥

음욕일(淫慾日)[28]
甲寅 乙卯 丁未 戊戌 己未 庚申 辛卯 癸丑

음양일(陰陽日)[29]
남자 = 丙子, 여자 = 戊午

수정일(譖情日)[30]

---

25) 나체도화는 나체를 좋아하고 음란하며 이성관계로 인한 색난을 격을 수 있다.
26) 홍염살은 허영심이 있고 화려한 것을 좋아한다. 이성을 좋아하고 방탕한 생활을 한다. 일시에 있으면 작용력이 강하다. 연애예술계통에 종사하면 흉이 감소되거나 발달하기도 한다.
27) 고란살은 여자가 독수공방하는 살이다. 남편이 무능하여 가장노릇을 하거나, 남편이 바람을 피우거나, 이별·사별 등으로 고독하게 된다. 다만 재관이 조화를 이루면 행복한 가정을 이룰 수 있다.
28) 음욕 일주는 음란하고 부부갈등이 있다. 욕심과 질투심이 강하며 남을 비방하거나 시비구설이 있다.
29) 음양일주는 외모가 준수하고 인기가 좋다. 이성의 유혹이 많고 색정이 강하다.
30) 수정일은 지장간에 재관이 있는데, 재관이 년·월·시에 투출된 경우에 해당한다.

남자 = 甲午 丙戌 戊辰 庚辰 壬戌
여자 = 己巳 丁亥 己亥 辛巳 癸亥

평두일(平頭日)31)
甲子 甲寅 甲申 丙寅 丙辰 丙戌

효신일(梟神日)32)
甲子 乙亥 丙寅 丁卯 戊午 己巳 庚辰 庚戌 辛未 壬申 辛丑 癸酉

곡각일(曲脚日)33)
乙巳 乙丑 己巳 己丑

낙정관살(落井關殺)34)
己巳 庚子 丙申 壬戌 癸卯

탕화살(湯火殺)35)
寅 午 丑

부부가 갈등을 겪고 상대에게 집착하는 경향이 있다.
31) 평두일은 부부불화, 이별·별거 등 부부인연이 좋지 않고, 재혼은 나쁘지 않은 편이다. 活人業에 종사하면 횡액을 면할 수 있다
32) 효신일은 일지에 인성이 있는 경우이다. 효신은 동방불인지조 즉 어미 새를 잡아먹는 올빼미(부엉이)에서 유래된 말이다. 부모 인연이 없거나 서출인 경우가 많고, 고독하게 된다.
33) 곡각일은 사고 또는 질병으로 척추, 뼈에 이상이 생긴다. 좌골신경통, 신경마비, 골절상, 신경통 등이 생길 여지가 많다.
34) 낙정관살은 우물, 강 등에 빠지는 관살이다. 타인의 모략이나 함정에 빠져 곤란을 겪는다. 해운, 수산, 생수업 등 물과 관련된 직업에서 불리하다.
35) 탕화살은 화상, 화재, 음독, 가스중독, 부상, 염세비관 등을 당한다. 일·시에 있으면 부부가 해로하지 못하거나 자식을 두기 어렵다.

현침살(懸針殺)36)

甲, 辛, 卯, 午, 申, 未

간여지동(干與支同)

간여지동은 천간과 지지가 같은 오행으로 된 간지를 말한다. 일지가 간여지동이면 부부가 불화, 이별, 별거, 사별 등 인연을 오래 유지하지 못한다. 간여지동이 된 육친과 인연이 없다는 의미로도 사용된다.

격각(隔角)

격각은 상문·조객과 같이 지지 순행관계에서 한 글자가 빠져 이빨 빠진 모양새가 된 관계이다. 격각을 이룬 둘 중 하나의 활동이 제약을 당하거나, 둘 다 사용하는 능력이 있다. 왔다갔다, 오락가락, 이중성. 지혜롭다, 간사하다, 잔머리 잘 굴린다, 잔꾀 능하다. 머리 좋다, 융통성이 있는 의미가 있다.

공망(空亡)

60甲子 일순(一旬)에서 없는 지지 글자가 공망이다. 공망은 '없다' '비었다' 망하다' 등 의미이다. 일이 정체되다, 실패하다, 망하다, 없어지다, 빠지다, 피상(被傷)당하다 등의 의미로 사용되기도 한다.

---

36) 현침살은 글자 자체가 침과 같이 뾰족하게 생긴 글자에 해당한다. 성격이 날카롭고 인정이 없다. 언변이 능숙하지만 남을 속이거나 자기 꾀에 자기가 넘어간다. 다루는 직업, 의료, 기술계통에 종사하면 횡액을 면한다.

※ 사주와 관상의 근원적 관점

관상은 얼굴을 통하여 내면의 기운·기세를 살피는 학문이고, 사주는 태어난 年月日時 사주팔자를 통하여 기운·기세를 살피는 학문이다.

사주와 상학은 사람의 格(그릇)을 살피고, 피흉추길(避凶諏吉)하고자 한다는 점에서 공통성을 갖고 있다. 특히 간명하는 수단과 방법은 다를지라도 기운·기세를 살핀다는 점에서 유사하다.

四柱	相學
내재되어 있는 '기운·기세'를 살펴 격(格)을 추론한다.	
살아가야 할 방향을 제시하고, 운세의 吉凶을 판단한다.	
사주팔자(문자)의 형상으로 본다.	얼굴 형상(실체)으로 본다.
같은 사주는 있다.	같은 상은 없다.

〈표22〉 四柱와 觀相의 공통점과 차이점

사주와 관상이 실용학문으로 자리매김한 것은 고무적인 일이나, 지나친 학문적 견지는 도리어 간명(看命)을 퇴보시킬 우려가 있다. 기운·기세를 살피지 않고, 과학적 논리에 바탕을 두는 것이 그것이다. 사주와 관상은 표상을 통하여 보이지 않는 氣를 보는 것이니, 無에서 有를 창출해내는 것과 같다.

그래서 기상명리에서는 사주와 관상의 근원적 관점인 기운·기세를 살피고자 하고, 그 방법론을 제시하고자 한다. 그 이치는 음양에 있고, 음양의 조화에 의해 물상이 생장쇠멸한다는 원리를 정립하였다. 그것이 水火와 木金이고, 음양의 본위운동이다.

제1장
사주의 변천과정과 기본체계의 이해

사주는 수학적 원리가 아니다
사주를 과학이라 말하지 마라

사주는 만물의 생장쇠멸 과정이다
하늘 기운과 땅 물상에 의존하는 인간의 모습...
그것이 인생사를 펼쳐놓은 기상(氣相)이고 사주팔자이다.

사주의 변천과정과 기본체계의 이해

1. 사주학의 변천과정

사주와 관련된 중국 연대별 발달과정을 살펴보자.
주(周, BC.1066~BC.256)
춘추시대(BC.770~BC.476)
전국시대(BC.770~BC.476) → *귀곡자, 낙록자. 음양오행론(추연)*
진(秦, BC.475~BC.221) → *분서갱유*
한(漢, BC.221~BC.206) → *동한 順帝(126년)이후 년도에 간지표시*
삼국시대(220년~280년)
위(魏, 220~265), 촉(蜀, 221~263), 오(吳, 222~280))
진(晉, 265년~420년) → *옥조신응경장경(곽박) - '사주' 용어 등장*
수(隋, 581년~618년) → *오행대의(소길)*
당(唐, 618년~907년) → *이허중명서(이허중, 귀곡자 주석서)*
  오성삼명지남(원천강), 과로성종(장과)
오대십국(907년~960년) → *진희이(마의상법)*
송(宋, 960년~1279년) →
  낙록자삼명소식부주·옥조신응진경주·명통부(서자평)
  연해자평(서승, 자평연해+자평통변연원)
  적천수, 삼명지미부(육백온)
  낙록자부주(왕정광·이동·석담영)
원(元, 1279년~1368년) → *난대묘선*
명(明, 1368년~1644년) → *명리정종(장남), 삼명통회(만민영)*
청(淸, 1644년~1911년) → *적천수천미(임철초)*
  명리약언(진소암)

자평진전(심효첨)
궁통보감(난강망, 여소대)

1) 사주체계의 변화

년주 위주의 사주체계는 송대(宋代)에 이르러 서자평(徐子平)37) 선생에 의해 일간 위주의 사주체계로 변화되었다. 현대명리라 일컬어지는 일간 중심의 자평명리는 『연해자평』·『적천수』·『삼명통회』·『명리정종』·『명리약언』·『자평진전』·『궁통보감』 등 7대 고서를 필두로 발전해왔다.38)

사주팔자는 인간이 태어난 순간의 기운을 간지로 표상(表象)하여 연월일시 4개의 기둥으로 구성된다. 년월의 환경과 일시의 때(시간)를 10개의 천간과 12개의 지지를 음양이 상응하게 조합하여 만들어낸 60갑자로 표시한 것이 사주팔자(四柱八字)이다.

고대에는 사주팔자의 구성요소인 십간(十干)은 하늘의 기운을 상징하고, 십이지(十二支)는 땅의 물상을 표상화한다. 사주팔자의 연월일시(年月日時)를 근묘화실(根苗花實)이라는 천지자연의 순환원리로 표현하였고, 그 흐름은 년주를 위주로 한 납음오행으로 삼원(三元, 天元-地元-人元)체계를 구축하였다.

사주가 처음 전개될 당시에는 천지만물의 기운과 의미를 십간십이지에 그 표상을 담았을 것이다. 그런데 사회가 발달함에 따라 인간의 사고는 천지자연의 기운적 이치에서 멀어지고 사물을 중심으로 한 물상적 논리에 한정하게 되었으리라.

---

37) 서자평(徐子平)은 년주 위주의 고법 명리체계를 일간 위주의 신법 명리체계로 정립하였다. 서자평 인물에 대하여 대략 3가지 설이 있다. 첫째, 五代의 서거이(徐居易)라는 설. 둘째, 송대의 서승(徐升)이라는 설. 셋째, 명대의 서균(徐均)이라는 설이다. 대체로 서거이로 보는 것이 통설이다.

38) 사주 관련 서적의 연대 순서는 학자마다 이견이 있으나, 대체로 위와 부합된다.

세월이 지나면서 점점 인간의 인지능력은 자연적 감각능력이 떨어지고 대신에 인위적·산술적 지능이 발달하게 되었다. 자연히 사주팔자를 보는 방법에 있어서도 십간십이지의 기운·기세를 읽지 못하고, 사주팔자를 규칙·법칙에 따라 분석하는 기법에 집중되어 있다. 현대에 이르러 십간십이지 각 글자의 기운과 의미는 단지 사주팔자의 구성체계를 판단하는 수단으로 치부되고, 정작 십간십이지의 본질적 의미는 희석되는 경향이 있다.

현대인은 천지의 기적 요인을 감지·체득하는 감각능력은 떨어지고, 상대적으로 규칙화·법칙화하는 지적능력은 발달하였다. 사주체계를 천지의 기운적 요소로 파악하지 않고 규칙화된 틀에서 규정화하고 있지는 않은지, 인간의 입장에서 천지만물의 생장쇠멸을 단순화·획일화하는 오류를 범하고 있는 것이 아닌지, 생각해볼 문제다.

2) 현대명리의 전환과 고찰

일간(나)을 중심에 두고 월지(환경)를 위주로 전개된 것이 현대의 신법명리의 이론체계이다. 년주 위주의 삼원론 체계를 일간이 주도하여 천지만물을 운행하는 개념으로 전환시킨 것은 자연의 이치에 거스르는 것이 아닌가 싶다.

일간을 위주로 사물을 바라본다는 것은 마치 세상이 나를 중심으로 돌아가야 한다고 생각하는 것과 무엇이 다르겠는가. 사주의 격을 판별할 때 일간을 중심으로 격을 정하는 것에 이의를 제기하는 것이 아니다. 다만 격의 판별이 아닌 육친(십신) 분별은 해당 오행이 가진 원래 속성으로 분별함이 옳지 않겠는가 싶다.

고대명리와 현대명리의 전환을 요약해보면 다음과 같다.

첫째, 년주(조상·부모·국가) 중심에서 → 일간(자신) 중심으로 변환

인간의 근본은 조상·부모에 있고, 국가·사회의 구성원으로서 살아가는 존재이다. 월지(月支)는 사주 전체를 지배하는 환경인데, 현대 명리에서 월지를 일간이 지배하는 환경개념으로 변환시켰다.
　사주체계에서 일간은 하나의 존재일 뿐이고, 자신이 사주체계를 좌지우지하는 것은 아니다. 태어난 순간 부여된 사주팔자 전체는 자신의 몸체라 할 수 있는데, 일간만을 위주로 사주를 본다는 것은 논리를 빈약하게 만들 우려가 있다.

　둘째, 년주 위주의 납음오행론을 → 일간 위주의 격국론으로 전환
　현대명리는 일간을 월지에 대비하여 성격(成格)과 파격(破格)으로 판단하는 논리이다. 그런데 년주에서 파생된 신살 이론 등을 일간에 대비하여 적용하는 것은 이치에 어긋난다.

　셋째, 十干(하늘)의 기운을 → 생극에 의한 十神(六親)으로 규격화
　甲乙丙丁戊己庚辛壬癸 천간글자의 순서는 만물이 순행하는 과정을 설명한 것이다. 그런데 우리는 木生火-火生土-土生金-金生水-水生木… 상생원리로 고정화하고 있다. 음양은 상대적이고 오행은 움직이는 것이니, 오행 상생을 생극에 의한 물상적 논리로 전개하는 것은 온당치 않다.

　넷째, 十二支의 계절적 환경(월지)을 → 격국을 따지는 요소로 전개
　월지는 사주 전체의 환경을 지배하는 중요한 요소이다. 월지의 환경은 일간(자신) 뿐 아니라 자신과 연관된 모든 사람의 환경이다. 일간에 대비하여 격국을 따져 인생 성패를 논하는 것은 무리이다. 물론 자평학에서 격국이 성립되었는지, 성립되지 않았는지를 살핀 것임은 분명하다. 그럼에도 불구하고 우리는 격국의 성립·불성립을 인생의 길흉으로 과대 해석하는 경향이 없지 않다.

다섯째, 격국의 육친 개념을 → 생극(生剋) 논리로 확대 적용

현대의 신법명리는 일간을 중심으로 육친적 원리에 따라 격국을 정하는 방법론이다. 격국을 정하기 위한 육친 개념을 대부분의 명리해석에서 생극의 논리로 확대 적용함으로써 생극 의미가 순역(順逆) 또는 길흉(吉凶)으로 적용되기도 한다.

여섯째, 천지(기상)의 변화 → 용신론에 고착

격국 이론에서 용신은 사주팔자의 격에 따라 취하는 오행 개념이다. 사람은 태어난 순간의 환경에 지배를 받지만, 살아가면서 속한 환경이나 대인관계에 의해 더 많은 영향을 받는다. 어린 시절에 좋아했던 음식이나 색깔 등 선호가 나이가 들면서 바뀌거나, 부모의 환경에서 벗어나 변화무쌍한 사회관계 속해지면서 자신의 성향도 바뀌게 되는 것이 인생사다.

봄-여름-가을-겨울이 변화하는 자연의 이치에서 격에 의해 갖춰진 고정화된 용신은 변화하지 않는 자연과 같다. 고지식하고 자신 밖에 모르는 사람으로 융통성이 없고 사회성을 결여된 모양새이다. 천지의 기운이 상응하고 변화하는 사주체계를 용신에 고착하는 것은 액자 속의 그림에 집착하는 것과 같다.

2. 현대명리체계의 이해

1) 일간과 월지

현대명리는 일간(나)을 중심으로 월지(환경)를 위주로 전개된다.[39]

---

39) 『자평진전』·『명리정종』·『명리약언』

신법명리의 이론체계에서 핵심적인 요소는 지장간이다. 지장간은 천지인 삼원론을 구축한다는 점 외에도, 천간(하늘)의 기운을 지지(땅)에 담았다는 의의가 크다. 자평(子平)은 하늘의 기운과 땅의 물상이 조화를 이루기 위해서는 천간 기운이 대단히 중요함을 표명하였음이다.

사주팔자를 구성하는 10개의 천간기운이 땅의 물상적 요소인 12개의 지지와 조화를 이루어 만물이 생장쇠멸한다는 이치가 지장간에 내포되어 있다. 천지인 상응론에 입각하여 천지만물의 운행을 표현한 지장간에서 신법명리의 근본을 찾는 것이 대단히 중요한 이유이다.

- 일간을 월지에 대비하여 월지에 임한 지장간을 통하여 격국을 정하고, 그 격국의 성패에 따라 용신을 삼는 격국·용신론이다. 일간이 월지 환경에서 정해진 격국의 성격·파격에 따라 일간의 성패가 결정된다는 논리이다. 격국을 정하는 과정에서 생극에 의한 육친이 성립되는데, 이는 일간을 중심으로 삼았기 때문이다. 이에 사주팔자는 궁위에 상관없이 일간이 사주팔자 전체를 지배하는 체계가 되었다. 사주팔자는 천지만물의 운행을 인간의 입장에서 표현한 것이다. 그런데 사주에서 일간이 사주팔자를 지배한다면, 인간이 천지만물을 다스리는 격이 된다. 특히 자평진전의 저자인 심효첨은 사주팔자의 틀(격국)을 중요시하고, 재관이 바로 서야 한다는 개념이 뚜렷하다. 즉 '재생관' '관생인'이 중요하니, 재를 극하는 비겁과 관을 극하는 상관을 특히 좋지 않게 보았다. 여기에는 인간이 천지의 주인이라는 우월성이 내포되어 있고, 관(벼슬)이 그 시대 삶의 최고였기 때문이리라.
『적천수』
- 일간을 위주로 전개한 일간의 왕쇠론이다. 일간이 천간에서의 순역과 지지에서 기세의 청탁과 유정·무정을 살펴 부귀빈천을 분석한다. 일간은 사주 전체의 기세에 순응해야 하고, 일간의 재관 성취는 일간의 왕쇠·강약에 따른다는 논리인데, 이는 육효의 관점이기도 하다. 적천수를 주석한 임철초는 격국 논리를 집착하지 말고 사주 전체의 기세와 순역지기를 중요시 하였다. 일간이 사주팔자의 기세에 따라야 한다는 임철초의 논거는 일간을 중심으로 격국·용신을 정하는 자평명리의 한계를 뛰어넘고자 하는 사상적 전환으로 보인다.
『궁통보감』
- 일간 입장에서 월지의 조후적 환경에 따라 조후 용신을 찾는 논리이다. 이는 사주팔자 전체의 조후 개념이 아니라, 월지 환경과 일간의 입장에서 조후를 보았다. 해자축 겨울이면 火를 봐야 하고, 사오미 여름이면 水를 봐야 한다는 입장이다. 마땅히 겨울에 따뜻함을 찾고, 여름에 시원함을 찾는 것이 인간의 행위이지만, 천지자연의 이치로 보면 겨울에 춥고 여름에는 더워야 가을에 결실이 좋고 풍년이 온다. 자연이 풍요로워야 인간의 삶이 풍요롭게 되는 것이니, 인간의 삶을 본다면 겨울이 겨울답지 않고 여름이 여름답지 않으면 좋기만 하겠는가? 궁통에서 말하는 월지에만 입각한 조후개념은 국한된 논리일 수밖에 없다.

일간은 왕(王)도 아니고 만물을 주재하는 신(神)도 아니다. 사주팔자라는 환경에 종속되는 존재일 뿐이다. 다만 자신의 사주팔자이니 그 사주팔자의 주인공인 셈이다. 일간이 그 사주팔자의 주인공이라 하더라도 천지의 영향에 따라 흘러가는 것이지, 천지를 돌이켜 일간이 운행시킬 수 없다. 천지는 일간이 좌지우지할 대상이 아니다.

사주궁위는 만물의 생장쇠멸 과정을 담고 있다. 4개의 천간 기운이 월지라는 환경에서 근묘화실에 의해 생장쇠멸하는 것이다. 일간은 사주팔자에서 자신을 의미하는 상징적 의미가 있고, 사주팔자에서 중심적 역할을 수행함은 당연하다. 다만 얼굴에서 코가 주인공 격이지만 눈·입·귀 등과 조화를 이루어야 하듯이, 사주에서 일간도 다른 7개 글자의 상황에 의해 영향을 받을 수밖에 없다.

사주팔자를 실질적으로 움직이는 곳은 월지이다. 월지는 춘하추동 사계절의 환경요소이니, 사주팔자의 환경이자 삶의 무대이다. 월지는 일간이 지배하는 환경이 아니라, 일간이 지배받는 환경이라는 말이다.

인간은 매순간 선택의 기로(환경)에 서 있다. 자신이 어떤 선택을 했을 때 스스로 선택했는가? 주어진 환경에 그렇게 선택할 수밖에 없었는가? 어떤 선택을 하던 월지라는 환경에 지배받게 된다. 마치 태아가 어머니 뱃속에서 세상 밖으로 나올 때 자신의 선택에서 나오는 것이 아니라, 태아(자신)를 둘러싼 환경이 조성됨으로써 나오게 되는 것과 같다.

2) 일간-월지의 상학적 관점

사주팔자에서 월지의 중요성은 어떤 사주이론, 학파를 막론하고 부정할 수 없을 것이다. 다만 격국 이론은 월지라는 계절적 환경보다 월지 지장간의 투간(透干) 여부에 중점을 둔 경향이 있고, 조후 이론은 일간에 대비한 월지의 조후적 관점에 치중한 경향이 있다.[40]

사주에서 월지는 월령(月令)이라 하여 사주팔자를 司令하는 곳이다. 일간이 월지를 사령하는 것이 아니고, 월지에서 투간된 격이 사주팔자를 사령하는 것이 아니다. 월지는 일간을 비롯한 사주팔자 전체가 지배받고 적응해나가야 할 환경이다.

사주팔자는 월지의 환경을 먼저 살피고, 일간이 월주 환경에 적합한지를 판단한다. 월주에 대비하여 년을 살피면 삶의 경향성, 직업적 성향, 부귀빈천 등을 알 수 있다.

월지가 사주팔자의 운행을 주관하지만, 월지 또한 지지 4글자 중 하나다. 지지에서 월지 환경이 순행하더라도 천간 기운이 형성되지 않으면 작용력을 발휘하지 못한다.41) 월지 입장에서 보면 월간은 월지의 선천(하늘) 기운이다. 일간이 월지의 환경적 조건을 살필 때 월간과 월지를 함께 보아야 한다.

일간은 월지(월간) 환경 뿐 아니라 천간 또는 간지 상호간에 조건(성향)에 따라 일간의 만족도가 결정된다. 가령 癸水가 乙木을 만나면 성공이 없더라도 일에 만족도가 있고, 계수가 갑목을 만나면 일에 성공이 있더라도 만족을 얻지 못한다. 기질이 어긋나니 남의 일을 대신해주는 심정이다.

일간은 사주팔자의 주인공이기 때문에 월지의 환경을 득해야 함은 중요하다. 일간의 환경조건(월주)이 좋지 않으면 대략 다음과 같은 경향성을 보인다.

● 성공의 유무와 상관없이 정신적 만족을 얻지 못한다. 스스로 환경을 개척하고자 노력하는 경향이 있고, 자수성가해야 한다. 만약 그렇지 않으면 정신이상, 우울증, 정신적 방황·공황, 주색잡기 등 육욕으

---

40) 예를 들어 乙 일간이 丑月이면, 丑이라는 환경은 무시되고 癸 또는 辛의 투간 여부에 따라 성패가 결정되거나, 동토의 乙은 무조건 火를 봐야 한다는 것들이다.
41) "천간은 動하고, 지지는 靜한다", 『자평진전』.

로 인한 애정문제 등이 발생한다.

● 남을 돕거나 보좌하는 일에 종사하는 것이 좋다. 비서, 보좌관, 운전, 공무원, 사회봉사직 등.

● 물질적 성취가 크지 않다. 자신이 하고 싶은 일보다 해야 할 일을 하거나 하기 싫은 일을 하기 때문이다. 고질병이 있거나 질병에 노출되기 쉽다. 공부, 학문, 종교·철학에 관심을 갖는다.

● 부모를 떠나 살거나 배우자(가정)을 벗어나려는 역마성이 있다. 타향·해외에서 살거나, 역마성 직업을 갖는 것이 좋다.

만약 일간이 월주 환경조건에 부합하지 않으면 충·형·파·해 등으로 구성되면 오히려 발달할 수 있다.42) 이는 얼굴에서 이마 형상이 좋지 않은데, 미릉골이 솟은 형상에 비유할 수 있다.

일간과 월지를 얼굴에 비유하면 눈·코와 이마·천창에 비유된다.

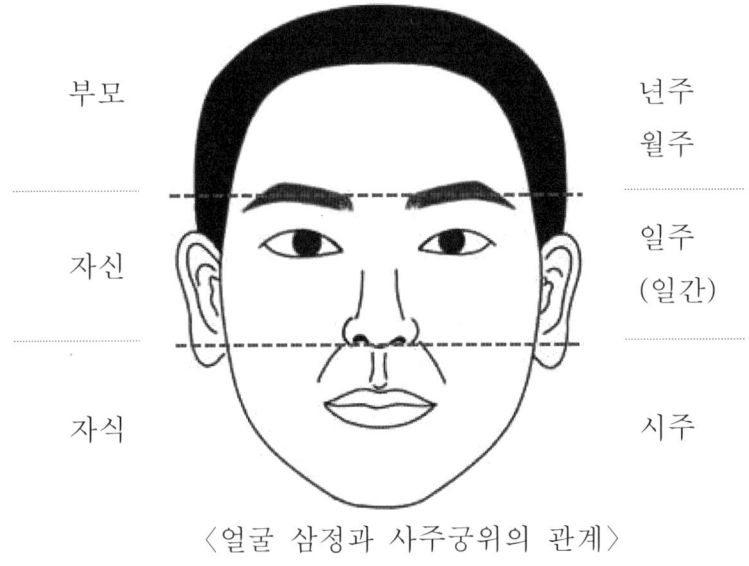

〈얼굴 삼정과 사주궁위의 관계〉

---

42) 본 저자의 『간지와 합·충·형·파·해 비결』을 참조하시기 바랍니다.

얼굴에서 이마는 눈·코의 방향성을 지배한다. 사주에서도 년주와 월주는 일간이 모습을 갖추기 전에 이미 갖추어진 삶의 조건이다. 일간이 월지를 결정하는 것이 아니라, 월지에 의해 일간이 결정된다.

이마의 형상이 좋지 않으면 부모를 떠나 자수성가를 해야 한다. 이마가 좋지 않더라도 눈썹·눈·코의 형상이 좋으면 부모의 음덕을 기대하지 않고 자기개발(공부)을 통하여 자신의 가치를 높여야 한다. 이는 사주에서 일간이 환경을 잃은 경우에 해당한다. 일간-월지의 환경 관계가 좋지 않으면 자수성가해야 할 팔자이니, 이를 극복하기 위해 열심히 노력하여 자수성가해야 하는 것이다.

다만 이런 사람은 성공을 이루더라도 만족을 모르거나 마음의 안정을 찾지 못하는 경향이 있다. 대개 이중직업을 갖거나, 여러 가지 일을 하거나, 안팎이 다른 생활 또는 이중생활을 하는 등 안정감이 떨어지는 경향이 있다.

만약 일간이 월지 환경을 얻지 못했는데, 동기부여가 되지 않으면 삶을 개척하기 위해 노력하지 않고 자포자기하거나 삶을 한탄하게 된다. 이 때의 동기부여는 충·형·파·해가 되기도 한다. 그래서 일간이 월지 환경을 잃었을 때, 일·월 또는 년·월이 충·형·파·해 등으로 구성되면 도리어 발달하게 된다. 여기에 대해서는 본 저자의 『합·충·형·파·해 강론』에서 자세히 다루기로 한다.

3) 생극(生剋)의 의의

간지 생극(生剋)의 의의는 천지기운 흐름의 순행에 있다. 十干은 하늘의 기운과 천지만물의 순행과정을 상징화한 것이고, 十二支는 천간의 기운을 받아 땅에서 만물의 생장쇠멸을 형상화한 것이다.

생극은 대략 음양의 관계성에 놓여 있고, 천지만물은 음양의 조절에 의하여 형성된다. 마치 어둠에서 밝음이 일어나고, 땅에서 새싹이 뚫고 올라오고, 나무줄기에서 잎과 꽃이 튀어나오고, 꽃을 떨어뜨려 열매를 맺는 것과 같다.

만물이 생장쇠멸(生長衰滅)하는 순행과정을 생(生)이라 한다면, 만물이 순행하여 영원성을 갖게 하는 작용이 극(剋)이다. 만약 생(生)만 있다면, 나무 잎과 꽃만 무성할 뿐 열매를 맺지 못하고 씨앗을 얻지 못하니 천지만물이 영원성을 갖지 못한다. 극은 생을 조절하여 영원성을 갖게 하는 필수요건이다. 마치 꽃을 떨어뜨려 열매를 맺고 열매를 떨어뜨려 씨앗을 얻고 씨앗에서 새순을 내게 하는 것이 극(剋)이다.

음이 극(極)에 달하면 양으로 회귀하고, 양이 극에 달하면 음으로 회귀하는 속성이 있다. 극(極)함을 되돌리는 것이 극(剋)이니, 극(剋)은 생(生)으로 영원성을 갖게 하는 필수불가결한 요소인 셈이다.[43]

이처럼 사주간지의 모양새는 천지만물의 순환과 영속성에 기인한 자연발생적 생극(生剋) 작용을 음양오행의 이치로 문자화한 것이라 할 수 있다. 사주간지를 생극의 논리로 단순화시키고, 생극에 의해 파생된 육친(十神)을 고정화시켜 인생의 길흉 또는 재관의 형성을 판단하는 기준으로 삼는 경향이 있다. 생극 논리로 집착하여 십간십이지의 본질적 기운(기세)을 소홀히 하는 오류를 범하지 말아야 할 것이다.

생극에 의한 육친적 관점은 현대 명리에서 격국을 살피는 방법론적 수단으로 살피는 것에 그쳐야 할 것이다. 일간을 기준으로 생극에 의한 比·食·財·官·印을 사주분석에서 무분별하게 사용하는 것은 나를 중심으로 천지우주의 운행을 살피는 것과 같다. 천지우주는 나를 중심으로 운행되는 것이 아니라, 천지우주의 운행에 '나'라는 존재가 편성되어 움직일 뿐이다.

인생사는 일간에 의한 생극 논리에 의해 규정할 수 있는 것이 아니다. 사주를 간명함에 있어서 자연의 순행원리에 따라 이치를 궁구하는

---

[43] "反者道之動". "돌이킨다는 것은 도의 보편적인 운동이다"
"物極必返". "음양운동은 極端에서 반드시 回歸한다"

것이 합당하다. 十干十二支의 기운적 변화에 따라 내가 살아가야 할 방법을 찾을 것인가, 나(일간)를 중심으로 생극에 의한 육친적 논리에 따라 물질적 변화를 중시할 것인가, 어떤 관점이 옳고 그르다는 것보다 어떤 것이 순리에 맞느냐의 관점이 필요하다.

4) 통근(通根)·강약(强弱)·왕쇠(旺衰)의 개념

사주팔자의 환경은 대운·세운에 의해 변화한다. 설령 사주원국에서 일간의 환경이 좋지 않더라도 대운·세운에서 환경을 만나면 발달하게 되고, 사주원국의 환경이 좋더라도 대운·세운의 환경이 좋지 않으면 주춤하게 되는 것이다. 사주원국 내에서 통근(通根) 강약(强弱) 왕쇠(旺衰)에 집착하면 변화를 거부하는 것과 같다.

乙卯가 酉月을 만났다고 가정해보자.

乙이 卯를 만나 통근하였으니 좋다고 해야 하는가. 아니면 乙이 酉월을 만나 쇠약하다고 해야 할 것인가. 자연의 순행으로 보면, 酉월은 결실을 수렴(수확)하는 시기이다. 乙이 왕하면 분산 활동이 강화되어 酉의 수렴작용을 거역할 것이니, 乙이 쇠약하지 않음이다. 사주원국 또는 대운 조건에 따라 을의 작용이 달라지는데, 단지 乙의 통근, 강약, 왕쇠만으로 판단할 수 있는 조건이 아니다.

또한 甲이 亥를 만나면 통근하여 왕하다고들 한다. 해는 갑의 장생지임은 분명하지만, 사람에 비유하면 정자와 난자가 합하여 착상(着床)된 상태이다. 엄마 뱃속에 막 착상된 수정체가 왕하다고 할 수 있겠는가. 갑이 해를 만나면 착상될 공간을 얻은 것이고, 해가 갑을 만나면 씨앗을 품은 상태일 뿐이다. 해가 갑을 품으면 좋겠지만, 그만큼 번거로움도 발생하는 것이 아니겠는가.

간지를 왕쇠로 보는 것보다 자연의 이치로 궁구해야 하는 이유이다.

간여지동에 대한 개념도 궁위에 따라 해석할 필요가 있다. 年과 時

는 정신적 성향이 강하고, 月은 직업적 경향성이 있으며, 日은 육욕적 성향이 강하다. 또한 일간의 환경이 월지이니, 월간의 환경은 년지가 되고, 시간의 환경은 일지가 된다. 궁위의 개념 없이 일률적으로 적용하는 것은 적절하지 않다.

제 2 장

음양론

음양은 만물의 기본 원리이다
절대적인 것이 아니라 상대적 개념이다

너와 나는 음과 양이지만
너와 내가 합하면 우리가 된다
음양이 분화되기 이전의 하나는 '나'

음양론陰陽論

1. 음양의 기본 속성

천지만물은 無極에서 음양이 분화되어 사상이 나오고, 사상에서 팔괘가 나오고, 거듭 분화되어 64괘를 완성한다. 하늘이 처음 열리기 전의 우주의 기운은 음양이 분화되면서 천지만물이 열리기 시작하니, 지구에 살아 있는 인간을 비롯한 모든 생물들은 보이지 않는 하늘의 기운을 받아 생명력을 이어가게 된다.

동중서(BC.176?~BC.104)는 『춘추번로』「오행상생」에서 "天地의 氣는 合하여 하나가 되고, 나뉘어서 음양이 되며, 음양이 나뉘어서 사시가 되고 이를 나열하면 五行이 된다"44)고 하였다. 즉 天地의 기운을 함축한 것이 음양이고, 음양을 인간의 생로병사와 만물의 생장쇠멸(춘하추동)의 측면에서 분별한 것이 오행이다. 음양을 인간의 관점에서 사주팔자로 글자화한 것이 十干十二支인 셈이다.

음양은 고정된 것이 아니기 때문에 조건에 따라 그 관계가 상반되기도 한다. 음양이 전화하면서 오행의 속성 또한 변화하게 되고, 마땅히 십간십이지의 관계성도 변화하게 되면서 사주팔자에서 많은 일들이 일어나게 된다. 그래서 사주에서의 십간십이지의 음양은 논리전개에 따라 수시로 변할 수 있고, 방향성에 따라 음양이 교차하기도 한다.

1) 『黃帝內經』의 음양론

천지만물은 음양에서 비롯된다. 『황제내경』에서, "음양이란 천지

---

44) "天地之氣, 合而爲一, 分爲陰陽, 判爲四時, 列爲五行", 董仲舒, 『春秋繁露』「五行相生」, 弟五十八.

의 道요, 만물의 기강이요, 변화의 부모이고, 낳고 죽음의 근원이자 출발점이다"라고 하여, 만물의 생성·변화·소멸의 근원은 음양의 작용에 있다고 하였다.

『황제내경』에서 말하는 음양에 대한 논거는 다양하지만, 결국 음양은 절대적인 것이 아니라 상대적 개념임을 말하고 있다. 음양의 氣는 하늘이 주관하고, 음 중에 양이 있고, 양 중에 음이 있음이다. 음양은 추상적이고, 고정된 것이 아니며, 상호 모순적인 관계에서, 대립과 통일이라는 상호의존성을 통하여 전환함으로써 만물의 생성·변화·소멸이 이루어진다.

『황제내경』에서 말한 음양을 간략해보면 다음과 같다.

양(陽)	음(陰)
하늘(天)	땅(地)
밖으로 드러나려는 것(表)(顯)	안으로 저장하려는 것(裏)(隱)
뜨거운 것(熱)	차가운 것(寒)
밝음(明)	어두움(暗)
움직임이 빠른 것, 조급한 것(動)	움직임이 느린 것, 고요한 것(靜)
늘어나는 것, 흩어지는 것(散)	수축하려는 것, 모으는 것(聚)
가는 것	오는 것
위로 향하려는 것(昇)	아래로 향하려는 것(降)
형체가 없는 것(虛)	형체가 있는 것(實)
불(火)	물(水)
기(氣)	맛(味)

〈『황제내경』의 음양 분별〉

첫째, 음양은 구체적인 영역을 국한하지 않고, 일반적이고 추상적인 개념이다. 《영추·음양일월편》에서, '음양은 이름은 있으나 형체는 없다'고 하였다. 음양은 특정한 사물을 가리키는 것이 아니라 사물의 성질이나 특징을 나타내는 범주적인 개념이다. 그래서 마땅히 생명이 있는 물질이건 생명이 없는 물질이건 모두 음양이 존재한다.

둘째, 음양은 고정된 것이 아니라 어떤 상황에 따라 음이 양이 되기도 하고, 양이 음이 되기도 한다. 예를 들어 상반신은 하늘을 향하기에 양에 속하고, 하반신은 땅을 향하기에 음에 속한다. 등은 밖을 향하기에 양에 속하고, 복부는 안으로 향하기에 음에 속한다. 인체의 표면과 사지는 陽에 속하고, 인체 내부의 오장육부는 陰에 속한다. 또 오장육부는 인체 내부에 있기에 陰에 속하지만, 이를 세분하면 오장(심장·간·비장·폐·신장)은 정기를 담고 있기에 陰에 속하고, 육부(소장·담·위·대장·방광·삼초)는 음식물을 소화하여 전하기에 陽에 속한다. 다시 오장만으로 보면 오장은 음에 속하지만 심장·폐는 횡격막 위에 있으니 양에 속하고, 비장·간·신장은 횡격막 아래에 있으니 음에 속한다.

셋째, 음양은 모순적 관계에 있다. 흔히 음·양을 水(물)·火(불)에 비유하여 물과 불의 모순관계를 통하여 음·양의 개념을 추상적으로 이해하기도 한다. 다시 말해서 음양은 객관적인 세계에서 실재하는 수많은 특수한 모순현상들을 추상화한 것이다. 이 음양의 모순은 서로 배척하기도 하지만 서로 의존하기도 한다. 음 속에 양이 있고 양 속에 음이 있으니, 음양은 홀로 존재할 수 없다. 양은 생명을 낳고 음은 생명을 기르니, 음양 중 어느 하나가 없어도 생명은 완성될 수 없다. 음·양은 각각 자신의 존재를 위해 상대를 전제로 삼는데, 만약 음·양이 서로 대립만 일삼고 결합하지 않으면 사물은 변화할 수 없다. 음양이 서로 대립·통일하는 가운데 사시가 변하고 만물이 생성-변화-전환-소멸-재탄생하는 것이다.

넷째, 음양의 대립과 통일은 상호의존성에 있고, 그 과정에서 천지만물은 영속성을 갖는다. "동(動)이 반복되면 정(靜)이 되고, 靜이 반복되면 動이 되며, 陰이 거듭되면 陽이 되고, 陽이 거듭되면 陰이 된다"고 하였다. 낮에 해가 중천하면 양이 기울어져 어둠이 내리게 되고, 밤에 어둠이 중천하면 음이 기울어져 낮이 밝아오는 이치와 같다. 양을 태양/소양/양명으로 나누고, 음을 태음/소음/궐음으로 분별하여 사시의 변화를 살피는 것 또한 이러한 이치이다.[45]

다섯째, 음양의 상호의존성은 상호 전화(轉化)의 특수한 상황을 보여준다.[46] 음양의 전화는 변화가 전제조건이다. 사물이 궁극에 도달하는 것(物之極)을 변(變)이라 하고, 사물이 생겨나는 것을 화(化)라 한다. 변과 화는 서로 대립하는 가운데 사물이 이루어지고 허물어지고, 허물어지고 이루어지면서 나아간다. 이 음양의 모순이 투쟁한 결과가 바로 전화(轉化) 즉 새로운 것과 낡은 것의 교체인 변화(變化)이다.[47]

이러한 음양의 모순적 상호 전화의 자연이치는 사물의 이치에도 적용된다. 노자가 말했듯이 "이지러지면 온전할 수 있고, 구부리면 곧을

---

[45] 병증에 대하여 『황제내경』에서, 한증이 심하면 음이 안에서 성하여 밖으로 밀려나기 때문에 열증으로 나타나고, 열증이 심하면 양이 안에서 성하여 밖으로 밀려나기 때문에 한증으로 나타난다고 하였다.

[46] 음양의 전화에 대하여 『황제내경』에서, "겨울에 한(寒)으로 상하면 봄에 온병이 오고, 봄에 풍(風)으로 상하면 여름에 설사를 하고, 여름에 더위에 상하면 가을에 학질이 오고, 가을에 습(濕)에 상하면 겨울에 해수병이 생긴다." 여기서 온병과 해수병은 양에 속하고 설사와 학질은 음에 속하니, 음이 상하면 양의 병이 되고 양이 상하면 음의 병이 된다. 이를 음양의 轉化라 한다.

[47] 이러한 음양의 전화는 상호작용의 기반 위에서 복잡한 자기조절체계로 파악된다. 생명체는 자기조절체계를 통하여 주위 환경의 영향에 상응한 반응으로 자신의 평형을 유지한다는 점이다. 만약 음양이 평행을 이루지 못하면 모순이 끊임없이 상호 전화하는 과정에 놓이게 되어 세상은 매순간 변화하게 되므로 예측할 수 없는 혼돈의 상태에 빠지고 만다. 상대적 평행이 존재해야만 물질세계에서는 다양한 유형의 물질과 운동 형태를 생산해낼 수 있는 것이다.
반면에 새로운 사물이 생존하기 위해서는 일시적으로 불균형을 조성하여 모순을 통하여 전화를 촉진시킴으로써 최종 목적은 사물의 근본모순이 평행을 유지토록 하기 위함이다. 예컨대 병증에서도 음이 허하면 양기가 크지 않더라도 열상이 나타나는데, 이 때 음을 보충하면 양이 조절되어 열이 제거되는 것이다.

수 있고, 패이면 채워질 수 있고, 낡으면 새로울 수 있으며, 화(禍)에는 복(福)이 있고, 복에는 화가 숨어 있다"고 한 말에서 알 수 있다. 이것이 사물의 이치를 깨닫고 따르는 것이다.

결국 음양은 명확하게 구분할 수 없고 고정된 것이 아니니, 환경(상황)에 따라 전환·변환된다. 낮에는 해가 양이고 달이 음이지만, 밤에는 달이 양이고 해가 음이 될 것이다.

2) 상학의 음양론

상학48)에서 음양은 얼굴의 전후·상하·좌우로 구분한다. 얼굴에서의 음양분별을 그림으로 보자.

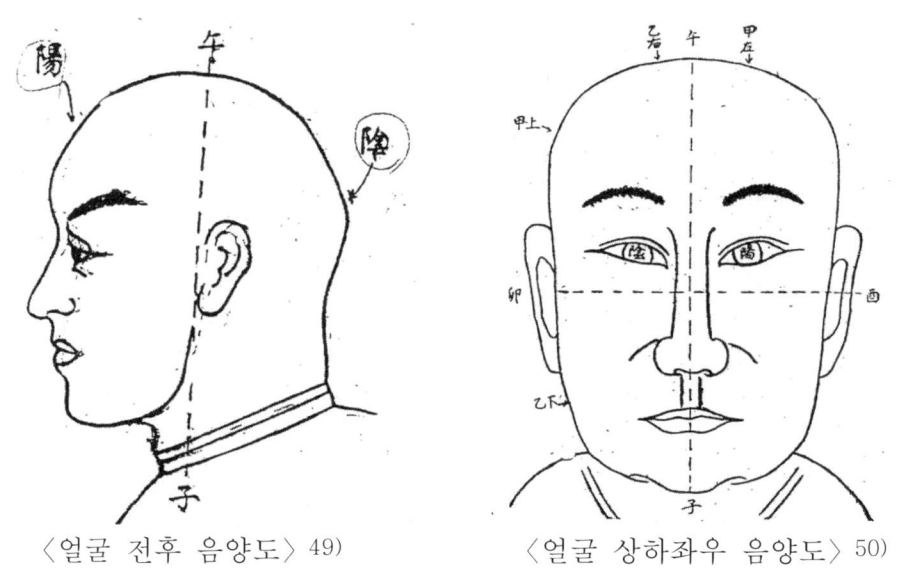

〈얼굴 전후 음양도〉49)　　　〈얼굴 상하좌우 음양도〉50)

---

48) 성형외과를 중국과 일본에서는 '整形外科'라 하고, 한국에서는 '成形外科'라고 하는데, 이는 『황제내경』에서 "陽化氣, 陰成形"의 개념을 한의학에서 받아 들여 유래된 것으로 추정할 수 있다. 성형을 영어로는 '플라스틱써저리'라 한다.
49) 출처 : 小通天 著, 『面相秘笈』「面相前後陰陽圖」, 24쪽.

얼굴 앞면과 위쪽과 왼쪽은 양이고, 얼굴의 뒷면과 아래쪽과 오른쪽은 음에 배속된다. 남자는 양이니 얼굴 왼쪽·위쪽을 주체로 삼고, 여자는 음이니 얼굴 오른쪽·아래쪽을 주체로 삼는다.

관상의 음양분별에서 男女의 생식기를 기준으로 음양을 구별한다는 점을 주목해 볼만하다. '남자의 몸체는 음이지만 생식기가 돌출되었으니 양이 되고, 여자의 몸체는 양이지만 생식기가 함몰되었으니 음이 된다'고 하였다.51)

이는 도교수련에서 양 중 음, 음 중 양을 취하는 원리와 같다. 도교 수련에서 음 중 양을 진양(眞陽)이라 하고, 양 중 음을 진음(眞陰)이라 한다. 즉 남자의 몸은 음에 속하지만 생식기가 양이니 음 중 진양을 취하여 양이 되고, 여자의 몸은 양에 속하지만 생식기가 음이니 양 중 진음을 취하여 음이 되는 것이다.

관상에서 음양 조화는 균형을 이루는 것이다. 오관이 반듯하고, 오악이 바로 서며, 오성이 밝아야 한다고 하여 균형과 조화를 강조하였다. 얼굴에서 코를 중심으로 귀·눈·입·눈썹이 조화로워야 하고, 코를 중심으로 이마·턱·관골과 이마·턱·귀가 균형과 조화를 이루어야 함은 음양의 조화를 의미한다 하겠다.52)

---

50) 출처 : 小通天 著, 『面相秘笈』 「面相上下左右陰陽圖」, 22쪽.
51) "人之陰陽者, 非指某一部分而言也, 反者爲陽, 覆者爲陰, 天有, 陰陽之氣, 人有男女之別, 男人全體是陰, 生殖器爲陽, 女人周身純陽, 下部一點眞陰, 又曰, 骨爲陽, 肉爲陰, 面左爲陽, 面右爲陰, 面前爲陽, 面後爲陰, 面上爲陽, 面下爲陰, 體前爲陽, 體後爲陰, 眼上爲陽, 眼下爲陰, 左眼爲陽, 右眼爲陰, 面骨凸顯處爲陽, 面部凹暗處爲陰, 陰者, 氣藏形而下, 陽者, 氣露形而上, 陰性宜正, 陽性宜和, 陰本趨柔, 陽本趨强, 陰陽不可不和不順", 小通天 著, 『面相秘笈』 「面部陰陽訣」, 21쪽.
52) 五官은 첫째 귀는 채청관이요, 둘째 눈썹은 보수관이요, 셋째 눈은 감찰관이요, 넷째 코는 심변관이요, 다섯째 입은 출납관을 말한다. "五官者, 一曰耳爲采聽官, 二曰眉爲保壽官, 三曰眼爲監察官, 四曰鼻爲審辨官, 五曰口爲出納官", 위의 책, 「五官總論」, 36쪽.
五嶽은 중국의 남쪽에 위치한 衡山, 북쪽에 위치한 恒山, 중앙에 위치한 嵩山, 동쪽에 위치한 泰山, 서쪽에 위치한 華山 등을 이르는 天下觀이다. 이를 面相에 대비

『면상비급』에서 "음의 기운은 저장되어 아래로 내려가고, 양의 기운은 노출되어 위로 올라가며, 음의 성정은 正하고 양의 성정은 和하며, 음의 근본은 부드러움을 따르고, 양의 근본은 강한 것을 따르니, 음양은 和하지 않거나 順하지 않으면 안 된다"53)고 하였다.

3) 음양의 주객관계

얼굴은 인체의 기운(氣)이 밖으로 드러난 형상(相)을 보는 것이다. 氣는 원천적인 물질이고, 모든 氣는 음기와 양기로 나뉜다. 대개 양기는 맑고 가벼우며 위로 솟아오르고 흩어지기 때문에 형체가 없는 태허(太虛)가 된다. 반면에 음기는 탁하고 무거우며 아래로 가라앉아 덩어리지고 뭉치는 성질이 있기 때문에 형체를 지닌 대지를 이룬다.

관상에서 균형과 조화의 관점은 음양의 조화에 있고, 이는 얼굴에서 주객(主客)의 관점으로 살피게 된다. 모든 기운과 사물의 움직임은 주재하는 자가 있고, 따르는 자가 있게 마련이다. 주객이 서로 제 역할을 수행하면 균형과 조화를 이루게 된다.

먼저 얼굴에서의 주객(主客) 관계를 대별하면 다음과 같다.

하여 일컬은 것이다. "額爲衡山(南嶽), 頦爲恒山(北嶽), 鼻爲嵩山(中嶽), 左顴爲泰山(東嶽), 右顴爲華山(西嶽)", 麻衣相士 著, 앞의 책, 「五嶽」, 37쪽.
　　五星은 하늘의 火星·土星·木星·金星·水星 등 하늘의 5개의 큰 별을 面相에 대비하여 일컬은 것이다. "火星須得方, 方者有金章(額).…土星須要厚, 厚者有長壽(鼻), 木星須要朝, 五福幷相饒(右耳). 金星須要白, 官位終須獲(左耳).…水星須要紅, 紅者作三公(口)", 위의 책, 「五星六曜」, 38쪽.
53) "人之陰陽者, 非指某一部分而言也, 反者爲陽, 覆者爲陰, 天有, 陰陽之氣, 人有男女之別, 男人全體是陰, 生殖器爲陽, 女人周身純陽, 下部一點眞陰, 又曰, 骨爲陽, 肉爲陰, 面左爲陽, 面右爲陰, 面前爲陽, 面後爲陰, 面上爲陽, 面下爲陰, 體前爲陽, 體後爲陰, 眼上爲陽, 眼下爲陰, 左眼爲陽, 右眼爲陰, 面骨凸顯處爲陽, 面部凹暗處爲陰, 陰者, 氣藏形而下, 陽者, 氣露形而上, 陰性宜正, 陽性宜和, 陰本趨柔, 陽本趨强, 陰陽不可不和不順", 小通天 著, 『面相秘笈』「面部陰陽訣」.

주(주체)	객(객체)	보조
양(陽) = 관(官)	음(陰) = 재(財)	
오관(耳·目·口·鼻·眉)	육부(천창·명문·지고)	삼정
천창	지고	명문
이마	입·턱	관골
귀	삼정	이마-눈·코-입
눈	눈썹	중정·인당·간문·천창
입	턱	법령·인중·승장·지고
코	관골	명문

〈얼굴 부위별 주객관계〉

위와 같이 관상의 관법은 財(재물)보다 官(벼슬·명예)을 귀하게 보았다. 이에 오관(五官)을 중심논리로 삼았고, 이마를 중요하게 다루었다. 이마는 관록을 상징하고, 이를 보좌하는 곳이 입·턱이고, 그 귀함은 완성은 삼정의 균등함으로 보았다.

코가 주인이라면 관골이 신하이고, 눈이 주인이라면 눈썹이 신하이며, 입이 주인이라면 턱이 신하이다. 이 모두는 음양의 균형과 조화를 강조한 것이다. 음양은 곧바로 화합할 수 없으니, 다른 부위들과 조화를 이루어야 한다는 것이 상학에서의 균형과 조화의 관점이다. 이마·눈·코·입·귀(양)를 중심으로 눈썹·관골·턱·두상(음) 등 음양이 조화를 이루어야 함이다.

생명활동은 양기에 의하여 주도되듯이, 얼굴에서 이마와 눈이 음덕과 관록을 주도한다. 양을 다스리는 것이 음이니, 얼굴에서 말년의 복은 입과 턱에 있다고 한 것이다.

상을 볼 때 양을 위주로 보고, 음이 양을 다스리는지를 살펴야 한다.

만약 양이 발현되는데 음이 보좌하지 못하면 지키기 어렵고, 음이 발현되는데 양이 드러나지 않으면 현실적으로 이루기 어렵다.

다시 말해서 이마가 좋은데 턱이 바르지 않으면 복록을 오래 누리지 못하고, 설령 이마가 좋지 않더라도 턱이 풍만하면 현실적 성공이 쉽지 않지만 성취한 복록을 오래 누릴 수 있는 것이다.

얼굴에서 이마(양)와 입·턱(음)의 음양 관계를 사주에 대비하면, 천간(양)과 지지(음) 또는 관록(양)과 재물(음)의 관계이다.

주(主)	양(陽) - 이마	기운	천간	관록(벼슬)
객(客)	음(陰) - 입·턱	물상	지지	재물(물질)

〈음양의 주객관계〉

사주와 관상의 논리는 양 기운이 음 물상을 주도한다는 점과 관(官)을 위주로 하였다는 점에서 같다. 고대의 인생관인 관 중심의 사고에서 비롯된 것임을 알 수 있다.

음양을 삶의 수단으로 보면 재관이다. 관은 양이니 남자의 본위이고, 재는 음이니 여자의 본위가 된다. 그래서 남자는 관을 위주로 보고, 여자는 재를 위주로 보아야 함이다.

2. 음양의 천지상응론적 관점

사주와 관상 등 모든 동양술수학의 음양 조화론은 『황제내경』의 음양론과 천지인상응 논리에서 비롯된다. 『황제내경』에서 "양은 기운으로 화하고, 음은 형상을 이룬다"[54]고 하였다. 또 "하늘은 양이고 땅은 음이며, 해는 태양이고 달은 음이니, 자고로 하늘에 통하는 것이

---

54) "陽化氣, 陰成形", 『黃帝內經』.

삶의 뿌리가 되고 삶은 음양에 뿌리를 두고 있다"고 하였고, "양은 밖에서 음을 지켜주고, 음은 안에서 양을 부린다"고 하였다.

즉 양이 주도하고 음이 종속되며, 기능과 활동은 양에 속하고 생명의 물질적 근원은 음에 속한다.[55] 양은 氣(기운)으로 음의 相(물상)을 펼쳐지는 것이다.

1) 사주와 관상의 천지상응

천지를 조화롭게 하는 것은 인간이고, 얼굴에서 이마와 턱을 조화롭게 하는 것이 코이며, 사주간지에서 천간과 지지를 조화롭게 하는 것이 지장간이다.

얼굴 삼정은 이마-눈·코-입·턱 등 3부분으로 분별하고, 사주는 천간-지장간-지지로 분별하여 天-人-地 상응논리를 근간으로 삼았다.

얼굴에서 이마-눈·코-입·턱 등 3부분은 부모-나(배우자)-자식을 상징하고, 초년-중년-말년의 인생사를 주관한다. 이마는 하늘의 기운이니 부모의 상이고, 입·턱은 땅의 물상이니 자식의 상이다. 눈·코는 내가 배우자와 더불어 부모로부터 분리되어 자식을 얻는 자리이다.[56]

음양의 천지상응 관점에서 관상과 사주의 특성을 비교해보자.

---

55) 『황제내경』에서 음양이 서로 대립하고 결합하는 과정에서 모든 사물이 생성·변화소멸하고, 음양의 대립과 통일이라는 관점을 통하여 중국의 의학과 철학의 독창적 발전에 기여한 바는 크다 하겠다. 병증에서도 병을 치료하는데 그치지 않고 유기체 전체의 저항력을 강화하고 조절하는데 중점을 두는 변증법적 치료기법의 우수성을 드러내고 있다. 다만 음양이론은 다분히 추측에 의존하고, 한 가지의 특수한 구체적인 모순에 속하기 때문에 그 적용 범위에는 일정한 제한이 있어 확대될 수 없다는 점과 자연계에서 직접적으로 관찰할 수 없는 물리·화학·생물학적인 현상과 원자분자입자 사이의 관계를 음양으로 설명할 수 없다는 점에서 한계성이 있다. 또한 언제나 양이 주도하고 음이 종속한다는 『황제내경』의 논리에서 음양론의 특수성과 제한성이 드러나기도 한다. 그래서 동양적 음양이론의 우수성에도 불구하고 서양의 자연과학에 뒤처지는 결과를 낳지 않았나 생각한다.
56) 자세한 의미는 본 저자의 『얼굴지도로 인생을 여행하다』을 참조하시기 바란다.

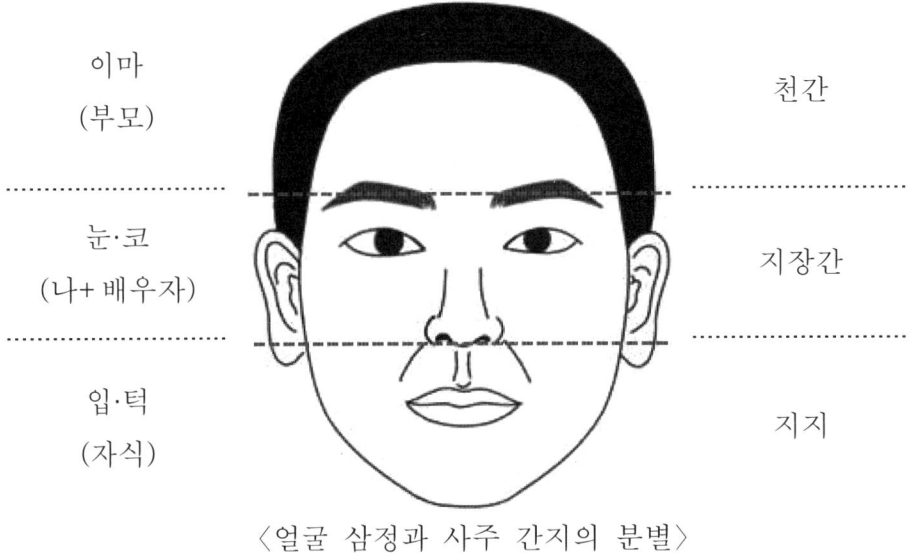

〈얼굴 삼정과 사주 간지의 분별〉

위와 같이 사주에서 이마에 해당하는 곳은 천간이고, 입·턱에 해당하는 곳은 지지이며, 눈·코에 해당하는 곳은 지장간이라 할 수 있다.

얼굴에서 눈·코는 이마(부모)의 기운을 이어받아 입·턱(자식)으로 연결하는 주요부위이다. 사주에서 천간의 기운을 이어받아 지지에서 물상을 형상하게 하는 것이 지장간이다. 얼굴에서 눈·코를 중심으로 이마와 입·턱이 조응해야 하듯이, 사주에서 천간과 지지를 조응하게 하는 것이 지장간이다.

사주에서 천간은 하늘(양)의 기운이고, 지지(음)는 땅의 물상이다. 天干은 기운으로 관록을 상징하고 정신(이상)을 의미하며, 地支는 물상으로 재물을 상징하고 현실적 형상을 의미한다. 천지(天地)의 음양(陰陽)을 오행으로 보면 水火이고, 수화를 조화롭게 하는 것은 土이다.

2) 천지상응과 지장간

지장간은 천간-지지를 조화롭게 하고, 정신(명예)-현실(물질)의 조화를 관장하여 현실적으로 재관을 조화롭게 한다.

음양	천지인	관상	사주	기상적 의미	
양(火)	천	이마	천간	氣(기운)	정신, 관록
土	인	눈·코	지장간		
음(水)	지	입·턱	지지	相(물상)	물상, 재물

〈천지인 개념에 의한 사주간지의 의미〉

위와 같이 양(천간)은 기적 변화를 주도하고 관록을 의미하니, 천간으로 명예와 정신을 추구하는 이상적 경향성을 알 수 있다. 반면에 음(지지)은 질적 변화를 주도하고 재물을 의미하니, 지지의 모양새로 실질(實)과 물질(相)을 추구하는 현실적 속성을 파악할 수 있다.

사주간지의 기상(氣相)적 의미를 특징하면 다음과 같다.

양	양음 조화	음
천간(하늘)	지장간	지지(땅)
氣(기운, 기세)	氣·相	相(물질, 물상)
정신, 命, 名, 명예, 이상	命·理	물질, 理, 實, 재물, 현실

〈사주간지의 氣·相 의미〉

하늘에서 해가 비추고 비가 내려야 땅에서 인간이 살아가듯이 천간은 인간이 살아가는데 필요불가결한 기운적 요소를 품고 있다. 설령 지지구성이 좋더라도 천간구성이 좋지 않으면 삶이 평탄하지 않음은 하늘 기운이 땅 물상과 상응하지 않기 때문이다. 천간과 지지의 상응(균형·조화)이 중요한 이유가 여기에 있다.

천간의 陽 기운과 지지의 陰 물상 즉 천지(天地)의 상응과 기상(氣相)의 조화는 지장간에 있다. 지장간에 천지만물의 이치가 담겨 있고, 삶의 수단이 들어 있음이다. 사주에서 지장간을 이해하는 것이 사주체계를 올바르게 인식하는 지혜라 할 수 있겠다.

3) 음양의 기적(氣的) 순환과 방향성

만물은 극 관계에 있는 음양(水火)이 조화를 이루어가는 과정에서 만물이 생장쇠멸하게 된다. 양 극단에 있는 음양을 조화롭게 하는 것은 보이지 않는 氣(기운)이다. 해와 달이 지구의 자전과 공전으로 위치가 바뀌어 음양이 순환하듯이, 음양이 조화를 이루기 위해서는 어떤 기적(氣的) 요소가 필요하게 된다.

앞에서 말한 음양 분별을 다시 정리해보자.

양	천간	動	氣(기운)	관(官)	남자	水·火	火·金
			음양조화를 도모하는 氣的 요소				
음	지지	靜	相(물상)	재(財)	여자	木·金	水·木

〈천지인 개념에 의한 음양 분별〉

동(動)하는 천간과 정(靜)하는 지지를 상응케 하는 것이 지장간이다. 이를 남녀에 비유하면 남녀가 합하기 위해서는 사랑이라는 감정(氣)이 필요하고, 남녀의 기(사랑)적 합에 의하여 자식이 태어난다.

오행에서 水火는 기운에 비유되고, 木金은 물상이다.57) 수화 기운이 목금 물상을 만들어내는 기운적 요소는 土이다. 수화(기운)와 목금(물상)의 흐름은 '수승화강'편에서 자세히 살피겠지만, 木·火·土·金·水의 본질적 의미에서 수화 기운과 목금 물상의 흐름을 이해할 수 있다.

목은 곡직(曲直)이라 하고, 화는 염상(炎上)이라 하고, 토는 가색(稼穡)이라 하고, 금은 종혁(從革)이라 하고, 수는 윤하(潤下)라 표현한다. 이를 표로 정리해보자.

음 본위(지표면 아래)				조절		양 본위(지표면 위)			
수		목		토		화		금	
潤	下	曲	直	稼	穡	炎	上	從	革
계	임	을	갑	무	기	병	정	경	신
-	+	-	+	+	-	+	-	+	-

〈십간의 의미와 기운·물상의 흐름〉

위 표를 보면 水 윤하(潤下)는 癸·壬, 木 곡직(曲直)은 乙·甲 등 음·양으로 조합되고, 火 염상(炎上)은 丙·丁, 金 종혁(從革)은 庚·辛 등 양·음으로 조합되어 있다.

수·목은 지표면 아래에서 음에서 → 양으로 발현되기 때문에 음·양으로 조합되고, 화·금은 지표면 위에서 양에서 → 음으로 발현되기 때문에 양·음으로 조합된다. 水가 木을 내는 것은 음 본위의 방향성이고, 火가 金을 내는 것은 양 본위의 방향성임을 제시하고 있다.

여기에 대해서는 "간지론"에서 다시 살피기로 하고, 여기서는 오행의 순환 과정이다. 이를 그림으로 이해해보자.

---

57) 음양을 천지인 3원론적 측면에서 도교수련적 관점으로 살피면 정기신(精氣神)으로 전개한다. 정기신은 기적 운용을 의미하는바 정(精)은 음이고, 신(神)은 양이며, 음양이 화합하는 것이 기(氣)이다. 이에 水火는 기운적 요소가 된다.

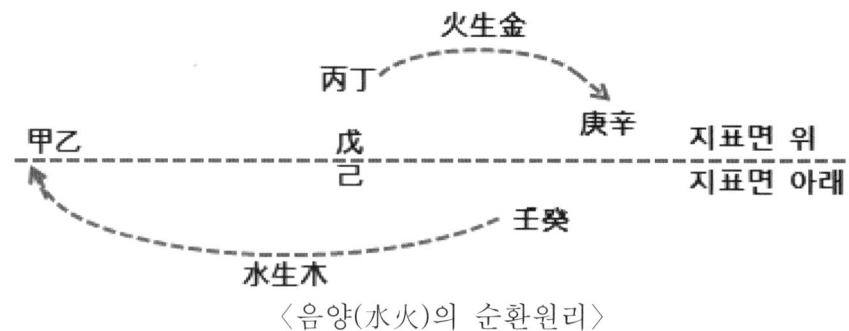

〈음양(水火)의 순환원리〉

위 그림과 같이 火·金은 양 본위(지표면 위)에서 활동하고, 水·木은 음 본위(지표면 아래)에서 활동한다. 水 기운이 수생목으로 木 물상을 내고, 火 기운이 화생금으로 金 물상을 내는 방향성이다. 지표면에서 水-木, 火-金의 활동을 조절하는 것이 戊己이다. 무토는 지표면 위에서 木·火 양 운동을 조절하여 화생금 작용을 돕고, 기토는 지표면 아래에서 金·水 음 운동을 조절하여 수생목 작용을 돕는다. 이렇듯 만물은 水-木-火-金 조화와 土의 조절작용에 의해 영속한다.

만약 水火가 많은데 木金이 없거나, 木金이 많은데 水火가 없으면 水火 양 기운과 木金 음 물상이 조화를 이루지 못하는 것이다. 또 火가 많은데 金이 없거나, 金이 많은데 火가 없거나, 水가 많은데 木이 없거나, 木이 많은데 水가 없으면, 역시 음양이 조화를 이루지 못한 것이니 삶의 방향성이 안정되지 못하게 된다.

만약 사주팔자에서 음양이 짝을 이루지 못하면, 조화력을 잃게 되니 정신적·물질적으로 편향성을 갖거나 극단적 경향성을 보이게 된다.

3. 재관의 음양론

1) 재관의 음양 개념

얼굴에서 천창(天倉)과 지고(地庫)는 재록(財祿)의 창고에 해당한다. 이마는 火이고 官을 주도하는데, 천창(天倉)은 이마 아래에 위치하여 양 중 음으로 음양을 조화롭게 하는 부위이다. 입·턱은 水이고 財를 주관하는데, 지고(地庫)는 턱 위에 위치하여 음 중 양으로 음양을 조화롭게 하는 부위이다.

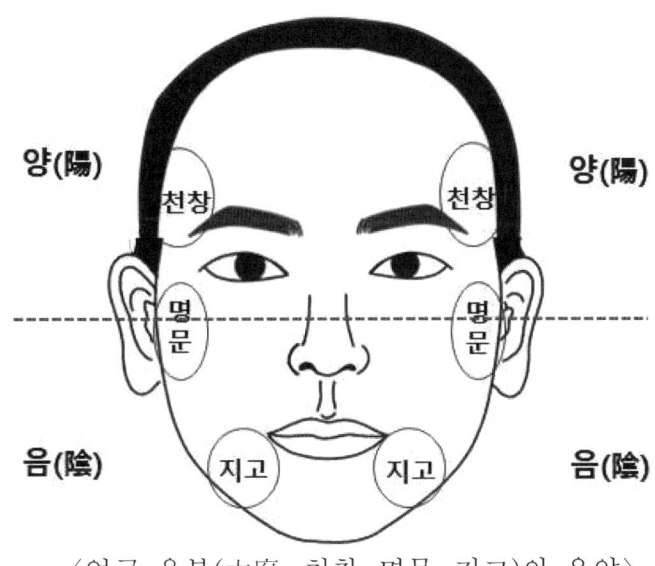

〈얼굴 육부(六府, 천창-명문-지고)의 음양〉

천창은 양을 주관하고, 지고는 음을 주관하는데, 천창과 지고를 연결하는 곳은 명문(命門)이다. 명문은 눈썹·눈·코 등 중정(中停)을 보좌하여 육부를 다스리니 재관의 음양을 조절하는 것은 자신(비겁)이다.

사주팔자에서 재관이 바로 선다는 것은 음양을 조화에 있다. 재관을 만들어내는 주체는 비겁이니, 재관의 음양을 조화롭게 하는 자도 비겁이다. 비겁이 나의 재물과 관록을 빼앗아가는 존재로만 인식할 것이 아니라, 내 삶의 수단을 함께 일구는 동반자임을 인식할 필요가 있다.

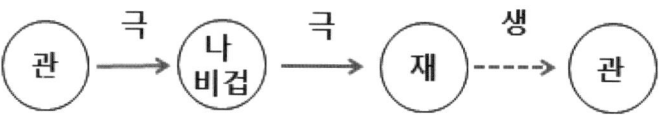

　비겁(일간)의 입장에서 재관은 음양 즉 剋의 관계에 있다. 내(비겁)가 재관을 취한다는 측면에서 보면, '관 → 나 → 재' 즉 극 관계에서 재관을 취하는 방향성이고, 재가 관을 생하니 관이 나를 취하고자 한다. 내가 재를 얻고자 함은 관을 성취하기 위한 수단이고, 나의 목적은 관을 취하는데 있다 하겠다.

　여기서 사주체계가 관을 중심으로 전개된다는 사실을 짐작할 수 있다. 통상 재생관, 관인상생이라 함은 남자를 위주로 보는 관의 성취방법일 것이다. 사주·관상 등 동양 술수학의 발달과정은 남자를 중심으로 전개되었기에 사주에서 정관을 최고의 격으로 보았으리라.

　음양의 주객 관계에서 양이 음을 주도한다. 기운(양)이 주체가 되어 물상(음)을 만들어낸다고 하였다. 재관 관계에서 관(양)이 주체가 되고 재(음)가 따르는 양상이다.

　재 입장에서 극하는 것은 인성이고, 극을 당하는 것은 비겁이다. 관 입장에서 극하는 것은 비겁이고, 극을 당하는 것은 식상이다. 재 입장에서 음양은 比·印이고, 관 입장에서 음양은 食·比이라는 말이다. 그래서 재의 성취는 比·印(음양)이 짝을 이루어야 하고, 관의 성취는 食·比(음양)가 짝을 이루어야 음양이 조화롭게 된다.

인성 ←---- 재 ←---- 비겁 ←---- 관 ←---- 식상

　위 그림에서 나(比)를 기준으로 보면, 내 삶의 목적은 재관이요, 재를 보좌하는 것은 印이고, 관을 보좌하는 것은 食이다. 재는 인성과

조화를 이루어야 음양 채워지니 식신생재가 원활하게 되고, 관은 식상과 조화를 이루어야 음양이 채워지니 재생관이 원활하게 된다. 재의 소통인자는 인성이요, 관을 조화롭게 하는 소통인자는 식상인 셈이다.

2) 음양(재관)의 인생사

인생사는 음양의 관계요, 제반 문제는 남녀 또는 재관에서 비롯된다. 인간이 살아가는 방법과 수단은 재관에 있고, 재관은 음양의 관점에서 그 의미를 찾을 수 있다.

水는 음이니 수생목으로 재를 관장하고, 火는 양이니 화생금으로 관을 관장한다. 재는 지표면 아래(음 본위)에서 형성되니 감추어지는 것이 좋고, 관은 지표면 위(양 본위)에서 형성되니 드러나는 것이 좋다. 또 여자는 음이니 재물을 취하려는 방향성이 있고, 남자는 양이니 관록에 목표점이 있다는 의미도 된다.

재생관이라 함은 재물로 관록을 얻는다는 의미가 아니라, 관록을 세우면 저절로 재물이 따른다는 의미이다. 남자는 관을 위주로 삼으니 재생관이 중요한 포인트가 되겠지만, 여자는 재를 위주로 삼으니 식신생재가 주요 포인트가 된다. 남자는 재관(財官)이 안정되어야 하고, 여자는 식재(食財)가 안정되어야 인생사가 평탄하게 되는 것이다.

다른 측면에서 보면 남자는 양이니 재(음)가 반듯해야 하고, 여자는 음이니 관(양)이 반듯해야 조화를 이룬다. 이처럼 음양(남녀)의 논리에 따라 재관의 성취 방향성이 달라진다.

※ 음양의 상대적 개념 정리

위에서 살펴본 음양의 개념은 결론적으로 고정된 것이 아니라, 상대적 관점이다. 내가 양이면 상대는 음이고, 상대가 양이면 내가 음이다. 나를 양 또는 음으로 확정하여 상대를 보는 것이 아니라, 상대적 관점에서 음양이 분별되어지는 것이다.

음양이 화합함은 너와 내가 하나가 되어 '우리'라는 관계가 형성된다. 우리는 또 다른 나를 만들어내고, 또 다른 나는 다시 우리를 완성해낸다. 나 이전의 우리에 내가 있고, 내가 만들어낸 우리 속에도 내가 있다. 무릇 만물은 음양 화합을 통하여 영원성을 갖는다.

구분	양	음
구분	하늘	땅
기운/물상	기운	물상
천간/지지	천간	지지
수화/목금	水·火	木·金
대양/대음	木·火	金·水
양간/음간	양간	음간
삼합 합화	신자진(水) 인오술(火)	해묘미(木) 사유축(金)
삼합 운동	해묘미(木) 인오술(火)	사유축(金) 신자진(水)
사계절	인묘진사오미	신유술해자축
4양·4음	묘진사오미신	유술해자축인
土(조절·통제)	戊	己

〈음양의 상대적 개념〉

제3장
오행론

오행은 음양의 모양새이다

생극을 통한 기운-물상의 변환원리
수화(기운) - 목금(물상) - 토(조절)
10천간(기운) - 12지지(물상)
육친(六親) 생성의 원리

오행론五行論

 오행은 木·火·土·金·水 등 5가지 기운이 움직이고 행하는 것을 말한다. 흔히 木은 나무, 火는 불, 土는 땅, 金은 돌·쇠, 水는 물이라고 하는 것은 단지 오행 글자를 사물에 비유하여 설명한 수단일 뿐이다. 오행은 음양에서 분화된 기운으로 木·火·土·金·水 각 오행의 기운에는 음양이 상존하기 때문에 물상의 개념보다 오행의 근원적 기운을 이해해야 한다.

1. 오행의 기본 개념

1) 지지에서의 오행 흐름

 동중서는 음양을 나누면 사상이 되고, 사상을 나열하면 오행이 된다고 하였다. 사상이란 사계를 의미하는데, 사계절이 이어져 가는 원리가 오행에 있다는 말이다. 대 음양을 사계로 나누면 봄·여름과 가을·겨울이 대별한다. 목화의 봄·여름과 금수의 가을·겨울을 조절하는 戊己土를 합하여 오행이다.
 지지에서의 오행 개념을 사계의 흐름을 12지지로 보면,
 봄·여름·가을·겨울을 순행할 수 있게 조절하고 다음의 계절을 준비하는 것이 토이다. 목의 봄을 조절하여 여름을 내는 것이 辰이고, 화의 여름을 조절하여 가을을 내는 것이 未이며, 가을을 조절하여 겨울을 내는 것이 戌이고, 겨울을 조절하여 다시 봄을 내는 것이 丑이다.
 이렇게 만물의 생장쇠멸을 주관하여 영원성을 갖게 하는 것이 토이다. 土의 조절은 어느 하나를 쇠멸시키는 것이기도 하지만, 만물의 생장쇠멸 과정으로 보면 새로움을 창출하는 발판·바탕이다.

오행을 기운 운행적 측면에서 보면,

　첫째. 木은 발생(甲) / 발산(乙)의 기운이다. 木을 음양으로 세분하면 甲은 만물의 시작·발생의 기운이요, 乙은 목 기운의 발현을 통하여 목 형상을 발산하는 기운이다.

　둘째, 火는 확산(丙) / 성장(丁)의 기운이다. 火를 음양으로 세분하면 丙은 목 성장을 주도하는 확산 기운이요, 丁은 목 성장을 조절하는 기운이다. 화는 목을 키워 금을 형성하는 단계이다.

　셋째, 土는 중재(戊) / 조절(己)의 기운이다. 土를 음양으로 세분하면 戊는 펼쳐진 기운이 무한정 퍼져나가지 못하게 중재하는 작용이라면, 己는 확산된 기운을 끌어들여 응집하는 조절력을 의미한다. 토는 목을 조절하여 금으로 전환하는 과정이다.

　넷째, 金은 결실(庚) / 수렴(辛)의 기운이다. 金을 음양으로 세분하면 庚은 물상을 완성하는 결실이요, 辛은 완전한 물상을 수렴하여 목 기운의 씨앗의 형태를 완성한다.

　다섯째, 水는 저장(壬) / 보관(癸)의 기운이다. 水를 음양으로 세분하면 壬은 辛 씨앗을 품으니 저장 작용이요, 癸는 辛 씨앗에서 甲木의 새순과 뿌리를 내는 작용을 하기에 보관의 기능이 있다. 수는 금을 목으로 전환하는 과정이다.

2) 천간에서의 오행 흐름

　오행의 木→火→土→金→水…로 상생하는 원리는 엄밀히 말하면 갑을→병정→무기→경신→임계… 천간 오행의 흐름이다. 이는 앞에서 살펴본 10천간의 격(格) 명칭에서 알 수 있다. 목을 곡직(曲直), 화를 염상(炎上), 토를 가색(稼穡), 금을 종혁(從革), 수를 윤하(潤下)라 한 것이 그것이다.

　10천간의 격(格)을 음양으로 세분하면 다음과 같다.

10 천간	甲	乙	丙	丁	戊	己	庚	辛	壬	癸
格 의미	直	曲	炎	上	稼	穡	從	革	下	潤

〈오행 格 명칭의 의미〉

甲 기운은 곧바로 땅을 뚫고 올라와 발생하고, 갑 기운은 乙에게 전달되어 발산하게 된다. 乙의 발산작용은 丙에 의해 완성되고 丁에 의해 조절되니, 丙은 확신을 주도하고 丁은 성장을 조절한다.

戊己 土는 乙木을 조절하여 庚金으로 전환하기 위해 중재·조절 작용을 하는데, 戊는 양 기운을 중재하고, 己는 양 기운을 음 기운으로 전환하기 위해 조절하게 된다.

庚은 乙木에서 열매를 형성하여 결실을 이루고, 庚金에서 분리된 辛金은 씨앗으로 수렴되어 壬水에 저장된다. 壬水에 저장된 辛金은 癸水에 의해 甲木으로 전환되니, 癸水는 보관기능이 되는 것이다.

천간 격(格) 명칭에 대한 의미는 뒤에서 십신의 의미로 다시 살피기로 한다.

2. 오행의 속성

오행의 속성에 대해서, 얼굴 오행(오성·오악)의 의미와 해당 부위의 기능 등에 비유하여 오행을 십신(十神)의 관점에서 살피기로 한다.

십신 오행의 성정은 다음 장에서 자세히 살피기로 하고, 여기서 먼저 각 오행을 십신에 대비하여 분류해보자.

첫째, 木은 현실적 물상의 시초이니, 십신으로 보면 비겁에 해당한다. 甲은 비견이요, 乙은 겁재이다.

둘째, 火는 목 물상을 키우고 성장을 주도하니, 십신으로 보면 식상에 해당한다. 丙은 식신이요, 丁은 상관이다.

셋째, 土는 木金 물상의 바탕이니, 십신으로 보면 재성에 해당한다. 戊는 편재요, 己는 정재이다.

넷째, 金은 실질적 물상이니, 십신으로 보면 관성에 해당한다. 庚은 편관이요, 辛은 정관이다.

다섯째, 水는 현실적 물상을 기르는 생명수와 같다. 십신으로 보면 인성에 해당한다. 壬은 편인이요, 癸는 정인이다.

1) 水의 속성

水는 얼굴에서 입에 해당한다. 인생을 항해한다는 관점에서 보면 배에 해당하는 곳이 입이다. 모든 복록을 담고 안전하게 인생사를 항해하기 위해서는 입이 반듯하고 분명해야 하니, 사주에서 水는 반듯하고 왕성해야 한다.

입을 오관(五官)에서 출납관(出納官)이라 한다.[58] 입은 음식을 취함으로써 생명력을 유지하고, 말을 전달함으로써 사회생활을 원활하게 한다. 만약 입이 없다고 가정해보라. 생명이 유지될 수 있겠는가.

입은 일생으로 보면 60세 이후 말년을 주관하니 활동력이 떨어진다. 건강·수명과 관련이 깊다. 근심걱정이 많은 반면에, 지혜롭고 지식(노하우)을 함축하고 있다. 움직임이 떨어지니 정신적인 것을 추구하고, 축적된 노하우(인생 씨앗)을 숨기고 있다.

또한 입은 식록궁에 해당하니 먹여 살려야 할 일이 많고, 특히 여자에게 입은 자궁(子宮)에 해당하니 자식을 돌보듯 인성에 비유된다. 생식기 등 애정사와 관련이 깊고, 비밀스러움이 많은 곳이다.

---

58) 『麻衣相法』「五官」편.

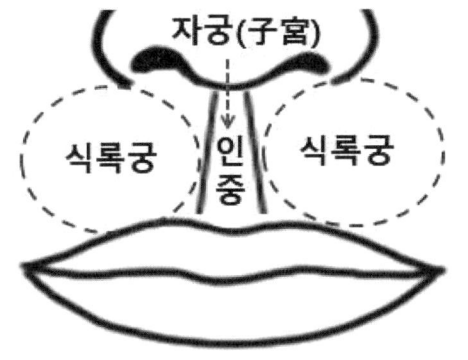

입 = 말, 음식
수성(水星) = 원초적 기운
출납관 = 생명수
식록궁 = 먹여 살리는 일
자궁 = 생식기, 애정, 비밀
말년 = 건강·수명, 저장·보관
60대 이후 = 정신추구

〈입(수성)의 의미〉

● 水는 생명력을 유지하는 원초적 기운이다.

수는 인체에서 신장·비뇨기 계통을 주관하니 모든 인체 에너지의 원초적 기운이다. 얼굴에서 입은 음식을 취하여로 원초적 기운을 생성하는 기관이고, 생명력의 표현인 말을 주관하는 부위이다.

● 水는 만물이 살아 숨 쉬는 생명(木)을 기르는 원동력이다.

수는 기운을 응집하여 저장·보관하는 기능이 있고, 씨앗을 품어 생명력을 보존하여 만물을 기르고 만물의 생명(싹)을 감추고 있다. 만물의 생명체가 水에서 길러지니, 水가 없으면 만물은 생장할 수 없다.[59]

예컨대, 가뭄이 들어 웅덩이나 연못이 바짝 마르면 생명이 죽어 없어지는데, 어느 날 비가 와서 연못을 채우면 그 속에서 죽어 없어졌던 물고기가 살아 숨 쉬고 초록이 모습을 드러낸다. 아무런 생명체를 넣어주지 않고 단지 물만 채워졌을 뿐인데 신기하고 놀랍게도 생명체가 탄생하게 된다. 그 연못에는 생명의 씨앗이 죽은 듯 생명력을 품고 있었기 때문에 가능한 일이고, 그 씨앗이 水에 의해 살아나 木이라는 생명체로 거듭나게 되는 것이다. 金이라는 씨앗이 마치 모태에서 품어지듯 水에 의해 품어져 나온 것이 木이다.

---

[59] "上善若水, 水善利物", 老子, 『道德經』. 즉 최고의 선은 물과 같으니, 물이 만물을 이롭게 한다고 하였다.

● 水의 근본 성향은 金을 품어 木을 내고 기르는데 있다.

金生水 - 水生木 - 木生火의 구조가 완비되면 좋은 배합이다. 만약 그렇지 못하면 水의 방향성을 빨리 잡아야 한다.

水 입장에서 金이 있고 木이 없으면, 金을 품어 木을 내놓으려 성향을 보인다. 반대로 목이 있고 금이 없으면, 목을 키우기는 하지만 자신의 종자(씨앗) 없이 목을 내고 기르는 꼴이니 빌려서 뭔가를 이루려고 한다. 만약 木·金이 모두 없으면, 할 일이 없다. 이곳저곳 떠돌아다니거나 이것저것 손대지만 제대로 이루지 못한다.

● 水는 만물을 기르고 살리니 인성(애정)에 해당한다.

수는 지혜로움을 대표하니 정신을 함축하고 발현하는 능력이 있다. 한편 水에는 애정사와 비밀스러움이 숨겨져 있으니, 자칫 음성적 애정사에 휘말리거나 음란하게 변할 수 있고, 종교성을 띠기도 한다.

● 사주에 水가 없으면,

지혜로움이 부족하고 결집력이 떨어진다. 재물에 대한 집착이 약하고, 사회 활동력이 약화된다. 밤이 없는 것과 같으니 피곤하고 간에 부담을 주게 된다. 水가 마르면 木이 마른다. 수를 찾아 갈증을 해소하고자 하니 알코올 중독, 정신 이상이 올 수 있다.

특히 남자의 사주에 水가 없으면 해로움이 크고 고달픈 인생이다. 희생이 많고 재물손실이 많다. 여자는 상대적으로 해로움이 적지만, 활동적인 직업여성이라면 해로움이 있다.

● 사주에 水가 많으면,

木과 관련된 직업으로 수기를 설기하던지, 금과 관련된 직업으로 수기를 사용해야 한다. 애정행위와 같이 엉기고 응집하는 것이 삶의 수단이 될 수 있다. 모텔, 숙박, 목욕, 옷 장사, 야간업소, 이성을 상대하는 일 등 불을 끄고 하는 일, 밤에 하는 일, 애정을 나누는 일, 옷을 벗는 일, 생명을 살리거나 기르는 일, 교육, 종교, 남을 돋보이게 하는 일 등이 좋다.

그렇지 않으면 애정사에 질곡이 발생하거나 배우자와의 관계가 원만하지 못하다. 자식으로 인한 애환을 동반하는 경우가 많다. 특히 여자는 남자보다 심하다.

壬癸辛壬　坤　乙丙丁戊己庚4
戌丑亥子　　　巳午未申酉戌
水 인자로 구성된 사주이다. 水가 지나치게 많으니, 목을 찾아 생명을 기르는 일이 좋다. 옷가게를 하고 있는 사람으로 경제적 번영이 있고 가정생활도 원만하다.

2) 木의 속성

木·火·土·金·水 오행 중 성장하고 변화하는 생명체는 木이다. 생명체인 木은 오행의 상호 작용에 의해 水에서 탄생한다.

얼굴에서 木은 주로 눈에 비유된다. 눈은 듣고 느낀 바를 직접 확인하는 부위이다. 그래서 오관(五官)에서 감찰관(監察官)이라 하였고, 12궁에서 눈은 전택(집), 배우자, 자식 등을 의미한다. 눈은 일생에서 가장 아끼는 육친을 담고 있고, 인생에서 가장 왕성한 활동력을 발휘하는 30대를 주관한다.

「달마조사상결비전」에서는 눈을 신(神)에 비유하여 인체의 모든 기운은 눈빛으로 발현된다고 하였다.60) 마찬가지로 사주에서 목 기운

---

60) 『달마조사상결비전』에서 相을 보는 5가지 방법을 제시하였는데, 주로 눈을 말하고 있다.
　　제1법은 "相主神"이라 하여 相은 주로 神을 본다고 하였다.
　　제2법은 "神主眼"이라 하여 神은 주로 眼을 본다고 하였다.
　　제3법은 "人身分十分"하면 얼굴이 6/10이고, 몸이 4/10라고 하였다.
　　제4법은 "人面分十分"하면 눈이 5/10이고, 이마가 3/10이고, 눈썹·입·코·귀가 合하여 2/10이라고 하였다.
　　제5법은 "擇交在眼,,,問貴在眼,,,問富在鼻,,,問壽在神,,,求全在聲"이라고 하였다. 즉 친구를 사귐은 눈에 있고, 貴함은 눈에 있고, 재물은 코에 있고, 수명은 神에 있고,

은 손상되지 않아야 한다. 목이 손상되지 않기 위해서는 水가 필수적으로 요구된다. 水는 인체에서 신장에 해당하고, 모든 인체 에너지의 원초적 기운이기 때문이다.

눈에서 부모의 영향력에서 벗어나 배우자를 얻고 자식을 생산하는 등 자신의 일가(一家)를 이루고, 재관을 생산하는 부위이다. 사주에서 木을 비겁으로 보는 이유이기도 하다.

또한 눈 주위에는 인당과 산근이 함께 위치한다. 인당은 심장(火), 산근은 질액궁(疾厄宮)으로 폐(金)를 관장한다. 火·金은 木을 힘들게 하는 요소들이고, 한편으로는 질액궁(건강·횡액 등을 관장)이 목을 온전히 보호하기 위해 자리잡고 있음이다.

총괄하면 사주간지에서 木은 가장 왕성한 모습을 갖추어야 한다는 의미로 해석된다.

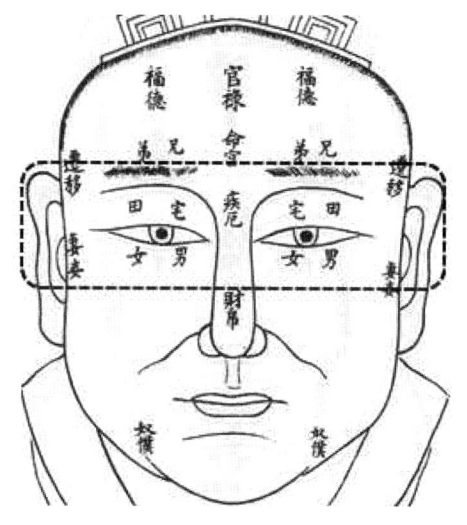

목(木) = 생명체
눈썹 = 형제궁(비겁)
신(神) = 생명력
30대 주관 = 왕성함
가정궁 = 배우자·자식 인연
감찰관 = 지혜, 슬기
오관 = 관(벼슬)과 재(재물)
중정 = 재관(財官)을 생산
인당 = 심장(화)
산근 = 폐(금), 질액궁

〈얼굴에서 木(눈)의 위치와 기능〉

온전함을 구함은 목소리에 있다.

● 오행 중 생명력을 표현하는 것은 木이다.

생명체의 시작은 갑을에서 시작되고 목은 생명력을 표상이다. 比·食·財·官·印 어디에 속하던 木이 손상되면 육체적·정신적 문제 또는 활동력에 장애가 발생한다.

水가 손상되면 목의 손상이 동반된다. 水·木의 손상은 물상의 손상을 의미하는 바, 목은 乙·卯를 말하고 水는 癸·子를 의미한다. 즉 木의 손상은 생식기(건강) 문제, 임산부는 임신·출산에 영향을 미치게 된다. 형·파·천으로 보면, 子卯형 卯辰천 辰酉합 子酉파 酉戌천 등이 목의 손상을 초래하는 것들이다.

● 木은 시작, 발생, 창신, 신출을 의미한다.

木은 金(결실·수렴)을 깨뜨려 水(저장·보관)에 의해 발현된다. 새싹이 땅을 뚫고 나오는 것과 같이 옛 것을 버리고 새로 시작해야 한다. 木은 생식활동(金-水)의 결과물이니, 무형에서 유형을 만들어내는 능력·자질이 있다. 시작의 기운이 왕(旺)하니 자칫 성급하게 추진하는 경향이 있고 그만큼 실패의 기회가 많다.

● 목 자체를 기르고 성장하려는 개인적 속성이 있다.(비겁)

목은 막 태어난 생명체이기에 목 자체의 성장에 주력하는 경향이 있다. 개인적 성향이 강하고, 자기재능을 위주로 삼아야 한다. 땅을 뚫고 나와 새로 시작하니 형식·절차를 깨뜨리고 혁신적 개혁적 기질이 있다. 자신만의 특별한 기술을 익혀 시작한다면 발전이 있다.

木 비겁은 재관을 손상시키는 원인이 되기도 한다. 사주에 목이 많으면 십신이 무엇이던 재물 성취가 적다. 목 일간이 왕성하다고 하여 재관의 성취에 유리하지 않다는 말이다.

● 자유분방한 성향이면서 보수적인 면이 있다.

목은 자유분방한 것을 좋아하고, 구속되거나 갇혀 있는 것을 싫어한다. 상대적으로 계획성이 부족하고, 부부인연을 원만하게 유지하기 어렵다. 어떤 일을 시작하더라도 무작정 계획 없이 즉흥적으로 하는 경향이 있다.61) 寅보다 亥 중 甲이 드러날 때 더욱 심하다.

만약 목이 수를 만나지 못하면 도리어 보수적인 성향을 보이고 활동성·역동성이 떨어지는 경향이 있다. 특히 甲木이 그러하다.

다만 목이 많으면 식상이 없더라도 식상을 발휘하는 활동력을 발휘하기도 한다. 木生火로 목 기운을 펼쳐 드러내야 하기 때문이다.

● 木 기운은 상승하고 세워 올리는 작용이다.

목은 기획, 교육, 문예, 디자인, 건축, 설계, 가구, 장식, 인테리어, 섬유·의류, 인쇄, 원예, 농업 등의 직업에 적합하다. 목은 새로움을 창출하는 작용인데, 목이 없으면 새로운 것을 만들어내는데 약하다.

● 木이 많으면 성공의 기회보다 실패의 기회가 많다.

목은 시작·창신의 인자이니 기존의 것을 깨뜨리고 새롭게 시작해야 한다. 자수성가의 상으로 유산을 물러 받으면 깨먹게 되고, 맨손으로 시작해야 하니 힘들게 산다. 여기에 金이 없거나 약하면 마무리·결실도 적다. 마무리·결실과 관련 없는 일이면 성공할 수 있다.

癸壬丙甲 乾　癸壬辛庚己戊丁4
卯寅寅辰　　酉申未午巳辰卯

지지가 목 방국으로 이루어지고 목이 극왕한 구조이다. 뭔가 창출하고 시작하는 기운이 많고 결실에는 약하다. 정치인이다.

3) 火의 속성

水·火는 기운적 요소가 강하다. 水는 목 물상을 기르는 기운이라면, 火는 금 물상을 키우는 기운이다. 水는 분산하는 작용으로 목을 내야 하니 폭발력이 잠재되어 있고, 火는 보이는 금 물상을 키우는 것이니

---

61) 갑인과 경신은 모두 록지(祿支)에 앉았지만, 庚申 일주는 어떤 일을 할 때 목적을 가지고 한다는 점에서 甲寅과 차이가 있다.

확산작용이 강하다.

火는 태양·햇빛·열기 등에 비유되고, 金은 재관 등 실질적 물상에 비유된다. 火 작용에 의하여 재관(財官)을 형성하는데, 화생금의 의미는 이마(火)에서 찾을 수 있다.

이마는 화성으로 햇빛과 같은 존재이고, 남악에 해당하니 풍수에 비유하면 조산(朝山)과 같이 편안함을 주관하는 곳이다. 관록궁으로 관록을 성취하는 자리이고, 부모궁으로 부모의 음덕을 판단하는 자리이다. 한마디로 이마는 음덕(蔭德)을 의미하는 바, 일생의 뿌리가 되고 재관을 이루는 바탕이다.62)

인당은 일생의 방향을 바로 잡게 하는 등대와 같은 곳이고, 천창은 하늘에서 부여된 창고(倉庫)이며, 이마의 기운은 눈(재관의 생성)에 직접 전달하여 재관의 햇빛이 된다.

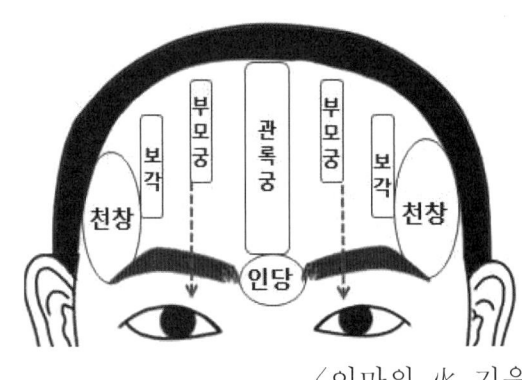

화성(남악) = 만물의 기운
남악 = 조산(朝山)
부모궁 = 음덕, 삶의 근간
관록궁 = 관(벼슬)
천창 = 창고(재물), 행운
인당 = 인생의 등대
눈과 상응 = 성공의 바탕

〈이마의 火 기운과 의미〉

● 火는 성장을 주도하고 확산작용을 한다.

화는 실질적 물상인 金을 키워나가니 활동성이 왕성하고 역동성이 있다. 변화에 대한 적응력이 뛰어나고, 임기응변에 능하여 번영의 기회를 잘 잡는다. 자동차의 엔진에 비유할 수 있으니 빠르고 가속력이

---
62) 『麻衣相法』 「十二宮」 편.

있다.

● 火는 식상에 비유된다.

재물 성취를 돕고 관록을 완전하게 하는 것은 식상이다. 삶의 목적은 재관이고, 재관의 바탕은 식상이다. 식상은 자신의 능력을 잘 발휘하고 대인관계가 원만하며 성격이 활달하고 능동적이며 임기응변에 능하여 문제를 해결하는 능력이 있다.

얼굴에서 삶의 바탕이 되는 곳은 이마이다. 이마는 부모(이마) 음덕과 더불어 행운적 요소와 능력발휘의 근간이다.

● 목생화의 의미

얼굴에서 이마는 화이고, 눈은 목이다. 사주에서 목은 자신이자 재관생성의 주체이다. 일각·월각(이마)의 기운이 태양·태음(눈)으로 전달되는 것은 이마의 기운으로 눈의 재관생성을 돕기 위함이다. 목생화는 목이 화를 생한다는 의미에 국한하지 않고, 화가 목을 키운다는 의미로도 살펴야 보아야 한다.

● 丁火는 응집력이고, 폭발성이 잠재되어 있다.

화는 명랑·쾌활함을 의미하지만 열 받으면 폭발하기도 한다. 화의 폭발성은 丁火에 있다. 정은 응집을 주관하니 열을 품어 잠재우고 있는 형국인데, 한번 폭발하면 불길을 걷잡을 수 없다. 만약 丁이 금을 만나지 못하거나, 화가 왕하고 금이 약하면 폭발력을 가진다. 밤새도록 술 마시고 뒷날 수습이 안 되는 꼴이다. 이것이 午酉의 관계이다.

직업적으로 전기, 통신, 전자, 광고, 홈쇼핑, 인터넷, 인테리어 등의 직업성에 해당한다.

● 火가 많으면 고단하다.

화가 많으면 가만히 안주하지 못하니 백수라도 밖에 나가 설치고 돌아다닌다. 화가 왕하면 水氣를 마르고, 자신(火)의 뿌리인 木(눈)을 말리고 태운다. 얼굴에서 목은 가정궁이니 배우자 인연이 좋지 않다.

지나치게 높고 넓은 이마 또는 돌출된 이마에서 그 경향성을 찾을 수 있다. 부모 음덕에 의존하게 되니 게으르고 움직이는 일을 하지 않으려 한다. 부모가 건재하다는 것은 형제가 많다는 의미도 되니, 만약 火가 태왕하고 金이 없으면 도리어 군겁쟁재하게 되는 것이다.

다만 여자는 자신의 능력을 위주로 하면 배우자 인연이 약하고, 남편을 내조하는데 조력하면 성공하는 남편의 덕을 입는다. 여자는 화가 많더라도 자신이 주도하지 않는다면 남편 덕이 있거나 삶의 수단이 되기도 한다. 남자친구의 도움이나 하다못해 오빠·시아주버니 등의 도움이라도 있다. 때로는 자신의 성취욕구가 발동되어 남편을 극하여 자신이 그 자리를 차지하려 한다. 그러면 남편 인연이 약하게 된다.

만약 화가 많고 금이 없으면 높고 넓은 이마에 치아가 고르지 않거나 턱이 뾰족한 꼴과 같다. 삶이 고단하고 성패가 다단하게 되니, 크게 성공하기도 하지만 크게 망하게 된다.

● 화가 없으면 변화를 위한 역동성이 떨어지고 변화를 싫어한다.

화가 없으면 부귀빈천이 크지 않고, 삶이 완만하다. 여자는 부귀한 남편을 두기 어렵고, 우울증이나 질병에 노출되기 쉽다.

甲丙戊丙　乾　甲癸壬辛庚己3
午午戌寅　　　辰卯寅丑子亥
화가 극왕한 사주이다. 이를 화 종격으로 보아서 목화 운이 좋다고 한다면 32세까지 해자축 운을 버틸 수 있었겠는가. 만약 32세까지 좋았다면 종격으로 보지 않을 것이니, 33세 임인 대운은 좋다고 해야 하겠는가 나쁘다고 해야 하겠는가. 이 사주를 통하여 격국에 의한 용신론이 불용하다는 것을 알 수 있다. 이 남명은 화가 왕하니 음덕·행운은 있고, 식상과 관련된 직업성이 좋다. 목을 키워 열매를 맺는 흐름으로 나아가면 발달한다. 戌월이니 아버지가 의사이고, 자신은 전자계통이다. 기획-가공-생산하는 능력이 있으니, 자신의 능력과 타인의 도움(조직)을 이용하면 성과를 얻는다.

4) 金의 속성

얼굴에서 金을 특징하는 부위는 치아이다. 얼굴에서 치아는 최종 복록의 결정판이자 인생 복록의 크기를 결정하는 부위이다. 학당에서 충신학당(忠信學堂)이라 하여 인생 덕목인 충신을 치아에 두었다.[63]

충신은 관록(벼슬)을 위주로 하는 직업에서 반드시 요구되는 덕목이다. 金은 관성에 비유되고, 고대 동양술수학이 전개되던 시기는 삶의 수단이 관록에 있었다. 관록을 통하여 재물을 성취한다는 점에서 볼 때 관록은 곧 재물이다. 즉 금은 관성과 재물적 속성을 함께 내포하고 있으니, 삶의 수단이자 목적은 金이다.

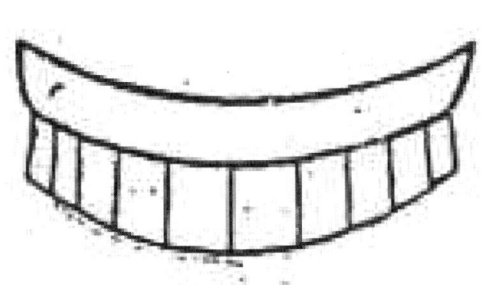

치아 = 금(金)
충신학당 = 관록
관록 ≒ 재물
말을 조절 = 水 조절(필요)
입의 복록 = 재관의 크기
하정 = 결실, 수확

〈치아의 金 기운과 의미〉

● 金은 水 작용을 가치 있게 한다.
치아(金)는 입(水)에 있고, 입 안(火)에서 말(木)을 조절하고 음식을 소화(土)시킨다. 입 안에서 나오는 말(음성)을 조절하고 조화롭게 하는 것이 치아다. 水가 金을 조절하여 木을 내는 이치와 유사하다.
● 金은 관성이니 내 삶의 모습을 다듬고 키우는 요소이다.
삶의 수단은 재관에 있고, 재물과 관록을 상징하는 오행이 金이다.

---

63) 『麻衣相法』, 「學堂」편.

금은 주로 단체·벼슬과 관련지어 관성을 의미하고, 오행적 속성으로 보면 재물이다. 관은 재물을 다루는 형상이고, 재물적 성취는 곧 관록의 성취로 이어진다.

사주에 金이 없으면 마무리가 약하고, 나를 통제하는 기능이 없으니 자기중심적인 사고방식을 갖기도 한다. 질병에 대한 통제능력이 상실되어 질병에 노출되기 쉽다. 우울·조울·신경통 등에 유의해야 한다.

● 金은 결실·수렴을 의미하니 인생의 최종 복록이다.

土는 돈을 다스리는 능력이라면, 金은 돈을 쥐는 힘이고, 水는 돈을 담는 그릇과 같다. 金 입장에서 土 → 金 → 水로 이어지는 구조가 되면 재관의 결실을 마무리하는 격이다. 금을 현금·금융에 비유하는 이유이기도 하다.

한편 금은 결국 윤회를 거쳐야 할 인자이다. 만약 금이 많으면 종교·철학에 관심이 많지만, 금은 현실적 재관이기에 종교·철학적 성향을 발현시키지는 못한다. 인생굴곡이 많다는 의미도 된다.

● 金은 쥐는 힘이자 장악능력이다.

금은 마무리 매듭을 잘 짓고, 맺고 끊음이 분명하다. 사주 내에 금이 있으면 금의 숫자만큼 성공기회가 있다고 보기도 한다. 재록을 쥐는 힘이 강하고 장악력이 뛰어나다. 욕심이 많다는 의미도 있다.

사주에 금이 없으면 장악력이 떨어지니 성공기회가 적고 결실이 약하다. 건물보다 문서, 장기채권, 부동산 등으로 보존하는 것이 좋다.

● 남자는 양이고 金은 음이니, 金이 있으면 상승작용이 있다.

남자에게 金이 없으면 재 즉 음의 통로가 없는 것과 같고, 여자에게 식상이 없는 것과 같다. 현실에서 성취하기 어렵고, 여자보다 고달픔이 심하다. 金이 없더라도 교육·언론계통 등 결과 또는 결론이 나지 않는 분야에서 발달할 수 있다. 사회적 명성은 있을지라도 경제적 실익은 크지 않다.

● 여자는 쥐는 힘이 강하여 성공은 있으나 애로가 많다.

여자는 음이니 金이 없어도 돈을 장악할 수 있고, 여자에게 금은 관(남편)이기도 하니 경제적 성공은 남편에게서 얻을 수 있다. 다만 남편으로부터 경제적 덕은 입지만, 애정굴곡은 있다.

辛庚丙己 乾 庚辛壬癸甲乙3
巳申寅酉   申酉戌亥子丑
금이 왕하다. 부부인연이 약하니 이혼하였고, 이런 저런 사업을 하면서 돈을 벌기도 하고 까먹기도 하였다. 사주·종교 등에도 관심이 많고 인생굴곡이 많다.

5) 土의 속성

토는 천지만물의 생장쇠멸을 주관하여 영원성을 갖게 하는 기운적 특성이 있다. 土를 얼굴에 비유하면 코에 해당한다.

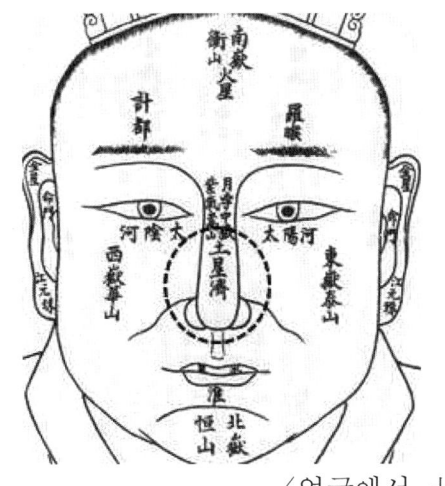

얼굴의 주인공 = 신용, 바탕
토성 = 삶의 터전
중악 = 기운의 조절·중재
심변관 = 분별, 판단
재백궁 = 재물(배우자), 창고
질액궁 = 건강·횡액 관장
중정 = 재관(財官)의 생성
호흡 = 생명력 유지, 순환

〈얼굴에서 土(코) 위치〉64)

---

64) 그림 출처 : 『麻衣相法』 「五嶽圖」.

코는 얼굴 중앙에 위치하여 얼굴의 주인공이라 칭하기도 한다. 오성에서 중앙의 별에 비유하고, 오악에서 중앙의 산을 상징하며, 오관에서 심변관이라 하여 최종적으로 판단하고 분별하는 자리이다. 코를 여러 방법을 동원하여 중앙에서 삶(기운)을 조절하고 통제하는 주요한 기능으로 살폈다.

코를 인체에 비유하면 심폐기능으로 호흡을 주관한다. 생명의 원초인 숨을 들이마시고 내쉼으로써 몸 안의 나쁜 기운을 분출한다. 호흡이 조절되지 않으면 생명력을 유지하지 못한다.

또한 산근(山根)을 질액궁(疾厄宮)궁이라 하였으니, 사주에서 토의 조절이 원활하지 않으면 건강 이상은 물론 횡액을 당할 수 있다. 삶의 터전·바탕·근간을 잃는 것과 같다.

● 土는 중재·조절·중화의 조절력이다.

천간에서 戊己 土는 대 음양을 조절한다. 십간을 크게 음양으로 구별하면 甲·乙·丙·丁은 양이고, 庚·辛·壬·癸는 음이다. 목화의 기운을 조절하는 곳이 戊이고, 금수의 기운을 조절하는 곳이 己이다.

지지에서 진·미·술·축은 계절적 환경을 조절한다. 봄·여름·가을·겨울이 자기 계절만 고집하여 계속된다면 계절은 순환하지 않는다. 봄을 억누르고 여름이 오게 하는 것이 진이고, 여름의 열기를 서서히 식혀 가을로 전환하는 곳이 미이고, 가을의 결실을 마무리하고 겨울을 준비하는 곳이 술이며, 얼어붙은 겨울을 서서히 녹여 봄의 기운을 펼치게 하는 곳이 축이다.

● 土는 음양의 전환을 도와 영원성을 주재한다.

토는 목·화·금·수의 움직임을 조절·통제하여 생명력이 영속하게 한다. 木-火-金-水, 봄-여름-가을-겨울의 흐름을 土가 없으면 완성되지 않는다. 오행(五行) 즉 5가지 요소가 움직임을 주관하고 생명력을 갖게 하는 것은 土인 것이다.

토의 조절은 어느 하나를 죽이고 살리는 것이 아니라, 극함을 쇠하게 하고 쇠함을 왕하게 함으로써 천지만물이 영원성을 갖게 하는 것이다. 토는 새로움을 창출하는 발판·바탕이 되는데, 조절력이 떨어지면 자칫 모든 것을 잃는 상황이 되기도 한다.

● 土는 삶의 바탕이다.

기운(수화)과 물상(목금)이 토에 의해 변화되고 전환되니, 인간사에서 신용, 바탕, 터전 등으로 인식된다. 그래서 土 일간은 대체로 옛 것을 소중히 여기고 보수적이고 수구적이다. 변화에 대한 적응력이 떨어지지만, 끈질긴 면이 있다.

● 土는 재성에 해당한다.

흔히 토를 땅에 비유하는데, 땅은 재물(재산)을 상징하기 때문이다. 얼굴에서도 코를 재백궁이라 하여 재물을 관장하는 부위로 본 것 또한 토의 개념과 유사하다.

● 戊는 양을 펼치는 바탕이다.

戊는 지표면 위(양 본위)에서 木·火의 활동을 펼치게 하는 조절력이다. 戊는 펼치고자 하는 양 속성이 강하기 때문에 자기표현이나 성격을 숨기지 못한다.

● 己는 음을 조절하는 바탕이다.

己는 지표면 아래(음 본위)에서 金·水의 활동을 조절하고 응집하는 기운이다. 己는 戊와 달리 응집하려고 하는 음 속성이 강하기 때문에 자기표현을 삼가고 절제하는 경향이 있다. 자기 입장을 잘 정리하지 못하고, 정리정돈이 잘 안 된다. 갈무리하고 매듭지으려 하지만, 생각이 많아 복잡하거나 그렇지 않으면 생각이 없다.

● 土는 육친적 속성이 약하다.

토의 본색이 중재·조절하는 것이니, 어느 하나에 집착하거나 일관성을 보이지 못한다. 특히 지지에서 辰未戌丑 토는 삼합의 방향성에 따라 쉽게 변화된다.

辰 = 壬·辛 등을 입묘시키고, 癸를 조절(입고)한다.
未 = 甲·癸 등을 입묘시키고, 乙을 조절(입고)한다.
戌 = 丙·戊·乙 등을 입묘시키고, 丁을 조절(입고)한다.
丑 = 庚·丁·己 등을 입묘시키고, 辛을 조절(입고)한다.

특별한 색깔이 없다는 것은 조절작용으로 보면 긍정적이지만, 육친 측면에서 보면 확실한 자리매김에 약하다. 대체로 土에 해당하는 육친과는 인연이 약한 것은 土의 특성상 변색되기 쉽고 고유성이 뚜렷하지 않기 때문이다.

● 토가 없으면 조절하는 기운이 없는 것과 같으니 중화·중재능력이 떨어진다. 부귀빈천이 급속하거나 다단하게 되어 삶이 극단적으로 변하거나 역마성을 띠게 된다. 삶에 대한 신념이 부족하고, 행동력에 문제가 발생한다.

또한 부동산과 인연이 약하고, 재물성취가 적다. 재물을 성취하더라도 보관할 땅(창고)이 없으면 재물을 오래 지키지 못한다.

● 토가 많으면 조절 기운이 많으니 어떤 기운이 와도 중화·조절해 버린다. 역동성이 떨어지는 반면에, 생명력이 질기고 부귀빈천이 완만하다. 앉아서 일하려는 성향이 있다.

戊己丙辛 건 庚辛壬癸甲乙 8
辰丑申亥　　寅卯辰巳午未

토목건설 사업체를 운영하고 있는데, 자신은 토목·건설 전문가는 아니다. 부유한 가정에 차남으로 태어났다. 부모가 부유하고 재산이 많지만, 아버지가 장남만 편애하여 부모의 음덕을 입지 못하고 자수성가로 살아간다. 토가 왕하기 때문이다.

3. 오행의 생극(生剋)

1) 오행 생극의 상학적 이해

오행의 상생·상극 의미를 얼굴의 오성(五星)에 대비하면 살펴보자.

	火 이마	
木 오른쪽 귀	土 코	金 왼쪽 귀
	水 입·턱	

〈얼굴 오성(五星)의 상생관계〉

	火 이마	
木 오른쪽 귀	土 코	金 왼쪽 귀
	水 입·턱	

〈얼굴 오성의 상극관계〉

첫째, 오행의 생(生) 관계는 木→火→土→金→水… 즉 목생화 → 화

오행의 생극 83

생토 → 토생금 → 금생수 → 수생목 → 목생화…으로 순행한다.

둘째, 오행의 극(剋) 관계는 木→土→水→火→金… 즉 목극토 → 토극수 → 수극화 → 화극금 → 금극목 → 목극토…로 역행한다.

얼굴 오성에서 土(코)는 상하와 좌우 즉 水火와 木金을 조절·통제하는 위치에 있다. 〈얼굴 오성의 상생관계〉는 흔히 사용하는 오행상생도의 흐름과 같다.

〈얼굴 오성의 상극관계〉를 보면, 이마와 턱이 조응하고, 양쪽 귀가 상응해야 함을 말하고 있다. 양 극단에 있는 상하 또는 좌우는 조화와 균형을 이루어야 함이다.

상하 좌우를 오행으로 보면 水火 기운과 木金의 물상의 관계이다. 水-火와 木-金은 상극 관계에 있고, 상극 관계는 음양의 조화를 의미한다. 서로 다른 성질이 만나 화합함으로써 물상을 만들어내는 것이다. 마치 서로 다른 모습의 남녀가 만나 사랑이라는 氣의 조화를 통하여 자식을 얻는 것과 같다.

이와 같이 오행 생극은 일방적인 生 또는 剋이 아니기에 상생·상극이라 한다. 상생·상극은 서로 생하고 극한다는 의미가 아니라, 생극으로 서로 이어간다는 의미가 크다.

2) 오행 생극의 본질

오행을 크게 음양으로 나누면 木·火는 양에 속하고, 金·水는 음에 속한다. 또 水·火는 기운적 요소가 강하고, 木·金은 물상적 기능이 있다. 음양이 고정되지 않고 상황에 따라 전환되지만 그 고유한 기능은 변하지 않는다. 오행 또한 5가지의 기운과 물상이 순환되는 것이니 상황에 따라 전화·변환을 거듭하지만 그 고유한 기능은 변하지 않는다.

오행을 만물의 생장쇠멸에 비유하면, 나무(木)가 싹을 틔워 생장하여 꽃(火)을 피우고 열매(金)를 맺어 쇠멸하는 과정이고, 씨앗이 水에 저장되었다가 봄에 싹을 틔워 다시 탄생하여 생명력을 영속하는 과정이다. 상생으로 만물이 영원성을 갖기 위해서는 꽃을 떨어뜨리고 씨앗이 싹을 내고 땅을 뚫고 나와야 하니 이를 극이라 한다. 극은 곧 생이고, 생은 곧 극인 것이다.

오행의 생극 논리는 살리고 깨뜨리는 개념이 아니라, 천지만물이 생-장-쇠-멸하는 자연적 운행을 오행의 흐름으로 설명하였다. 오행 중 유일한 생명체인 木을 기준으로 삼아 발생·발산-확산·성장-결실·수렴-저장·보관 등 작용으로 만물이 생장하여 쇠멸하는 과정에서 생극이 작용함을 오행으로 표현한 것이다.

첫째, 상생의 본질

천지만물의 생장쇠멸을 나무의 성장에 비유하면, 木은 씨앗에서 비롯되고 씨앗은 水에 의해 길러져 땅을 뚫고 나오고, 지상으로 발현된 木은 성장하면서 꽃(火)을 피우고, 꽃을 조절(土)하여 열매(金)를 맺음으로써 그 기능을 다하는데, 열매에서 나온 씨앗(金)은 땅으로 들어가 水에서 길러지다가 다시 새순을 내고 발현되는 과정을 반복하게 된다. 이것이 木→火→土→金→水…의 상생논리이다.

다시 말해서 목이 발현되어 꽃을 피우고, 토를 바탕으로 성장하면서 꽃을 떨어뜨려 열매를 맺게 하고, 나무에 달린 열매가 익어 땅으로 떨어져, 씨앗의 형태로 땅에 품어져 水에 의해 길러지다가, 다시 木으로 회생하는 원리인 것이다.

둘째, 상극의 본질

오행이 상생하는 과정에서 극 작용이 일어나는데, 극은 생으로 순행하기 위한 조절력이라 할 수 있다. 극(剋)은 때리고 부수고 깨뜨리고 죽이는 것이 아니라, '바로 잡는다'는 의미가 있다.

木은 스스로 땅을 뚫고 나와야 하니, 목극토이다. 토가 지나치게 견고하면 목이 나올 수 없고, 木은 창신(創新)의 기운이니 스스로 토를 뚫고 나와야 한다. 목은 토를 바탕으로 생장하니 토를 깨뜨리는 것이 아니라 상생하는 것이다.

木이 계속 성장만 하면 꽃을 피울 수 없으니 목의 성장을 막고 꽃을 피우게 하는 것이 하는 것이 금극목이다. 금은 목에서 나오는 열매이고, 꽃을 피우지 못하면 금 열매를 맺을 수 없으니, 금이 직접 목을 극함으로써 화를 내고자 함이다.

목에서 금 열매가 나오면 열매에서 씨앗이 추출되는데 이 씨앗이 바로 목의 본질이 된다. 금 씨앗은 토(땅)에 들어가 수에 의해 길러지는데 수가 씨앗을 품기만 하면 새순·뿌리를 낼 수 없으니 土는 이윽고 水의 저장·보관 작용을 통제하게 되니 이것이 토극수이다.

水는 木으로부터 金 열매를 내어 씨앗을 추출하여 품는(저장·보관) 것이 본성이다. 金 열매를 맺게 하기 위해서는 꽃(火)을 떨어뜨려야 하니 이것이 水剋火이다.

극 작용 중 화극금을 오행으로 보면 화가 금을 극하는 관계이다. 만물의 생장으로 보면 꽃(火)에서 열매(金)이 나오니 화극금을 할 이유가 없다. 꽃을 떨어뜨려 열매를 맺게 하는 작용은 이미 水극화로 진행하였으니, 火는 金을 낼 일만 남았는데 화극금을 할 필요가 없다는 말이다. 그래서 기상명리에서는 화극금이 아니라 화생금이라 하는데, 여기에 대해서는 뒤에서도 계속 논하면서 밝히기로 한다.

이상과 같이 만물의 생장쇠멸은 생으로 순행하지만, 순행하여 윤회하기 위해서는 극이 있어야 생을 이어갈 수 있다. 극 작용을 간략하면, 목은 땅을 뚫고 나오니 토 입장에서 극을 당하는 것이고, 목 기운을 저지해야 꽃을 피울 수 있으니 목 입장에서 극을 당하는 것이고, 꽃이 떨어져야 열매를 맺을 수 있으니 화 입장에서 극을 당하는 것이고, 금 열매를 나무(木)에서 떨어뜨려야 씨앗을 저장할 수 있으니 금 입장에서 극을 당하는 것이고, 水를 빨아들여 조절해야 木이 땅을 뚫고 나올 수 있으니 水 입장에서 극을 당하는 것이다.

만약 木이 무한정 성장하기만 하고, 꽃이 만발하여 시들지 않고, 열매가 나무에서 떨어지지 않고, 水가 씨앗을 품기만 하고, 土가 단단하기만 하면, 만물은 생장쇠멸을 할 수 없게 된다.

꽃이 떨어져야 열매가 맺히듯이 剋이 있어야 生이 발현되고, 生한다는 것은 剋 관계를 해소하여 상생으로 가기 위함이다. 생이 극을 낳고, 극이 생을 낳음으로써 만물이 영원성을 갖게 된다. 그래서 만물의 생성은 剋해야 生이 있게 된다고 하였다.65)

3) 오행 생극의 물상 흐름

얼굴에서 오행의 상생·상극관계를 보면 土를 중앙에 두고 木·火·金·水 사행(四行)이 움직이는 흐름을 알 수 있다. 土의 조절·통제작용에 의하여 木·火·金·水가 생·극하면서 만물은 순환하게 된다.

만물의 순환은 水→木→火→金→水…로 영속하고, 그 과정에서 극작용이 일어난다. 즉 水는 → 木으로, 木은 → 火로, 火는 → 金으로 향하는 방향성에 있다. 만물의 물상(목금)을 중심으로 보면, 水가 木을 낳고, 火가 金을 낳는 것이다.

첫째, 수생목의 흐름

목 물상을 탄생하는 것은 수-목의 生 관계에 있다. 木의 생명력은 水가 木을 생함으로써 목 물상에 뿌리와 새순을 돋게 하니 이것이 水生木이다. 수생목은 水가 새로운 목 물상을 내는 과정이니 순행하는 것이다.

---

65) 『적천수천미』.

둘째, 화생금의 흐름

金 물상을 완성하는 것은 화-금의 극 관계에서 이루어진다. 성장한 木에서 꽃(火)을 피우고 꽃 속에 감춰진 금 물상이 생성케 하는 것이 火-金의 관계이다. 수가 목을 내니 수생목이라 하는 것과 마찬가지로, 화가 금을 내니 화생금이 된다.

생극 논리에서 火-金의 관계를 화극금이라 한다. 만개한 꽃을 떨어뜨려야 꽃 속에 감춰진 금 물상을 낼 수 있으니, 꽃을 떨어뜨리는 작용으로 본다면 화가 극을 당하는 것이다. 이는 만물의 생성과정에서 극함에 의하여 생이 일어난다는 이치에 부합한다.

화극금은 상생원리를 상극원리로 변환하여 대비하는 원칙에 불과할 뿐 만물의 생성원리로 보면 화생금이 합당하다. 이에 화극금의 의미는 木이 → 火에서 → 金으로 물상이 변환되는 과정 즉 꽃이 피고 떨어진 자리에서 금이 익어가는 형상을 눈으로 보이기에 극의 개념으로 이해할 수 있다.

목이 땅을 뚫고(극) 나오는 과정은 인간의 눈으로 볼 수 없기에 수생목이고, 금은 꽃을 떨어뜨려(극) 결실을 맺는 과정이 눈으로 보이기에 인간의 입장에서 극이라 하는 것이다. 만물의 생성과정으로 보면 화극금이 아니라 화생금이 이치에 맞을 것이다.

위 〈얼굴 오성의 상극관계〉를 보면, 火·金의 관계는 바로 순행하지 않고 土(코)를 거친다. 오행에서 土는 나머지 사행(四行)을 조절하는 기능인데, 오행 상생관계를 연결해보면 土가 火를 조절하여 금을 내는 위치에 있다. 오행 중 金은 실질적인 물상이기 때문에 그 물상을 내는 데 많은 조절이 필요하다는 의미이다.

火·金 관계를 계절적으로 보면 여름에서 가을의 숙살지기로 넘어가는데 기운 조절이 필요하다는 의미가 되기도 한다. 한편 金 물상을 형성하는 것이 인간사의 목적이고, 그 목적을 달성하는 과정은 조절·통제의 과정을 거쳐야 함을 암시하는 것이라 하겠다.

※火-土-金의 관계를 오행의 십신적 의미에서 보자.

火는 식상, 土는 재성, 金은 관성에 비유된다. 또 사주와 관상에서 삶의 수단 즉 실질적 물상은 財·官이고, 실질적 물상의 최종완성은 관(명예·벼슬)으로 본다.

이런 관점에서 화생토-토생금의 흐름은 식생재-재생관의 관계로 삶의 최종 목적인 관을 성취하고자 하는 흐름이다. 火가 土의 조절을 통하여 金 즉 재관을 완성하는 것이다.

위 〈얼굴 오성의 상생관계〉에서 보면 코가 재관을 형성하는 주체가 되니, 사주에서 일간에 비유할 수 있겠다. 즉 얼굴에서 코는 '나(자신)'을 상징하고, 재물을 의미한다. 오행에서 木은 물상이자 십신으로 보면 비겁에 해당하고, 오행 중 유일한 생명체이니 사주체계에서 보면 일간에 비유되는 것이다.

木(자신)이 土를 극함은 내가 재물을 차지하고자 하는 木剋土이고, 코(土) 자신을 중심으로 양쪽에서 金剋木하는 것은 자신이 木·金(재관)을 극함으로써 취하고자 하는 인간상을 보여준다. 인간 삶에서 재관을 성취하고자 하는 의지를 상극관계로 표현한 것이리라.

그래서 金은 관(벼슬)을 성취하기 위해 재를 거치게 되고, 木은 재(재물)를 통하여 관을 성취하고자 하는 성향이 있다.

4) 오행 생극과 만물의 생장쇠멸

만물의 생성은 剋해야 生이 있게 된다고 하였다. 만물의 생장쇠멸은 극 작용에서 비롯되니, 생이 길하고 극이 흉한 것이 아니다. 극을 통하여 또 다른 생을 낳으니, 극은 생을 이어가기 위한 전제조건이다. 상생관계에서도 生을 받는 인자는 좋을지 몰라도 生을 해주는 입장에서는 힘든 것이 사물의 이치이다.

만물의 생장쇠멸 과정을 통하여 오행의 생극작용을 이해해보자.

첫째, 오행 생극에 의한 사계절의 순환

봄(木)이 극왕해지면 여름으로 향하고, 여름(火)이 극왕해지면 가을로 향하고, 가을(金)이 극왕해지면 겨울로 향하고, 겨울(水)이 극왕해지면 봄으로 향한다.

금극목이라 함은 가을이 되면 봄의 기운이 완전히 소멸된다는 의미이다. 봄(木) 입장에서 보자. 가을이 봄을 극하니 두렵겠는가? 아니면 여름이 극왕해져서 봄이 제 기능을 못하는 것이 두렵겠는가? 봄 입장에서 보면 가을은 보이지 않고, 화의 출현으로 봄이 제 모습을 잃는 것은 현실적 고통이다. 여름이 극왕해지니 가을이 오고, 가을이 오면 봄 기운이 없어지니 금극목일 뿐이다. 금이 목을 직접 극하는 것이 아니라는 의미이다.

이러한 관점에서 보면 극은 극왕하면 변하게 된다는 논리에 부합한다.66) 그래서 오행의 생극 관계에 있어서, 어느 특정 오행이 극왕하면 剋 당하는 오행보다 설기되는 오행이 더 위험하다.

가령 화가 극왕하면 극을 당하는 금의 문제보다 목이 설기됨으로 인한 목의 손상이 더 위험하게 되는 것이다. 화는 금으로 향하는 것이 순리이니, 화가 극왕하면 금이 급격하게 익어가는 것이 문제가 되지만, 화의 극왕으로 목의 성장이 갑자기 꺾이니 급작하게 시들어지는 목의 문제가 더 심각해지기 때문이다. 즉 火가 金을 형성하니, 금이 왕성해지면 목이 제 기능을 못하니 목이 극을 당하는 꼴이 될 뿐이다.

둘째, 극 작용에 의한 물상의 생성

---

66) "反者道之動"(돌이킨다는 것은 도의 보편적인 운동이다.) → 음양운동은 極端에서 반드시 回歸한다. 物極必返

극(剋) 작용은 生으로 발현되는 동기부여가 된다. 토가 수를 극하면 수는 수생목을 하니 목이 나오게 하는 동기부여이고, 목이 토를 극하면 토는 토생금으로 금 열매를 얻는 동기부여이고, 금이 목을 극하면 목은 목생화로 꽃을 피우게 되는 동기부여가 되는 것이다.

水生木은 土가 없으면 水가 木을 생할 의사가 없고, 木生火는 金이 없으면 木이 스스로 꽃을 피우지 않으며, 火生土는 水가 없으면 火가 土를 생하지 않으니 金을 낼 준비를 하지 못한다. 土生金은 木이 없으면 土가 金을 만들 의지가 없고, 金生水는 火가 없으면 金이 水에 저장되지 못한다.

셋째, 土를 주체로 한 만물의 생장쇠멸

만물의 생장쇠멸은 모두 土에서 이루어진다. 지지에서 보더라도 木이 火로 생하기 위해서는 辰土를 거쳐야 하고, 火가 金으로 생하기 위해서는 未土를 거쳐야 하고, 金이 水로 생하기 위해서는 戌土를 거쳐야 하고, 水가 木으로 생하기 위해서는 丑土를 거쳐야 한다.

천지만물의 입장에서 보면 오행의 상생도 상극도 아니다. 土를 중심으로 木·火·金·水가 돌고 돌면서 영속할 뿐이다. 木·火라는 대양(大陽)과 金·水라는 대음(大陰)의 순차를 戊-己 土가 조절한다는 의미가 담겨 있다.

또한 土는 水火 기운에 의해 木金 물상이 생장하여 쇠멸하는 과정을 조절·통제하는 작용을 한다. 상생·상극 논리는 천간 甲-乙-丙-丁-戊-己-庚-辛-壬-癸의 나열순서에 따라 木生火-火生土-土生金-金生水-水生木으로 만물 순행의 순차를 설명한 수단일 뿐이다.

그래서 오행 중 土는 사주간지에서 실제 존재하는 형상이 아닌 기운적 요소로 보아야 할 것이다. 토는 천간에서 목화와 금수의 기운을 조절하고, 지지에서 봄·여름·가을·겨울의 계절적 순환을 조절하는 요소이다. 만물의 생장과정에서 보면 오행의 생극 관계를 돕고, 수-목-화-금으로 흐르는 만물의 운행을 도와 영속성을 갖게 하는 기운이라 할 수 있다. 마치 음양의 상합을 조절하는 기적(氣的) 요소에 해당하는 것이 土인 것이다.

또한 오행 중 유일한 생명체는 木이고, 사주에서 木은 생명과 관련성이 깊다. 木의 씨앗은 金이고, 水에서 길러지고, 火에서 성장한다. 목이 생장하는 바탕은 土이니, 土는 木의 존재가치를 실현케 하는 근거지이자 살아가는 바탕이요 터전이다.

4. 오행 생극과 십신(十神)

사주에서 오행의 생극(生剋)으로 십신(十神) 또는 육친(六親)을 특징한다. 십신은 사주팔자에서 생극의 논리를 근간으로 하여 10가지의 특성을 상대적 개념에 따라 붙인 명칭이다. 비견, 겁재, 식신, 상관, 편재, 정재, 편관, 정관, 편인, 인수 등이 그것이다.[67]

십신을 육친이라 칭하기도 하는데, 육친은 일간(나)을 중심으로 비·식·재·관·인 즉 십신으로 표현한 것으로 십신의 별칭이라 할 수 있다. 특히 육친은 격국론에서 파생된 명칭으로 일간을 중심으로 오행의 생극에 의해 정해진다. 주로 조상-부모-배우자-자식 등 육친관계를 분별하는 개념으로 사용하기에 육친(六親)이라 하는 것이다.

십간십이지의 각 글자는 대운·세운 등 운세와 상관없이 그 고유의 성향을 가지고 있다. 단지 대운·세운에 따라 그 성향이 발현되기도 하고 응축되기도 할 뿐 그 기질이 없어지는 것은 아니다. 가령 火 일간에게 木은 인성이지만, '시작·발생'이라는 갑의 본질은 변하지 않는다

---

[67] 나를 기점으로 나와 비슷한 무리를 비겁이라 하고, 나를 생하는 인자를 인성이라 하고, 내가 생하는 대상을 식상이라 하고, 나를 극하는 인자를 관성이라 하고, 내가 극하는 대상을 재성이라 통칭한다.
세분하면, 나와 음양이 같으면 비견, 식신, 편인, 편관, 편재 등 5개로 분류되고, 나와 음양이 다르면 겁재, 상관, 정인, 정관, 정재 등 5개로 분류한다.

는 말이다.

이에 마땅히 사주에서 십신을 분별할 때 격국을 정하는 방법을 제외하고는 오행의 원래 속성과 십간십이지의 특성에 따라 십신의 개념으로 살필 필요가 있을 것이다. 십신을 육친으로 살피는 것은 격국을 정하는 방법론이기 때문이다.

1) 생극에 의한 육친생성

사주간지에서 오행 상호간의 생극은 십신(육친)을 만들어낸다. 오행의 상생상극(相生相剋) 논리를 통하여 천지만물의 순환·순리 관계를 간지로 표상(表象)하고, 이를 육친개념으로 확대 적용하였다.

나(자신)을 중심으로 나와 비슷한 관계는 비겁인데, 음양이 같으면 비견이요, 음양이 다르면 겁재이다.

생 관계에서는 나를 생해주는 인자가 인성인데, 음양이 같으면 편인이요, 음양이 다르면 정인이다. 내가 생하는 인자는 식상인데, 음양이 같으면 식신이요, 음양이 다르면 상관이다.

극 관계에서는 내가 극하는 인자가 재성인데, 음양이 같으면 편재요, 음양이 다르면 정재이다. 나를 극하는 인자는 관성인데, 음양이 같으면 편관이요, 음양이 다르면 정관이다.

극에서 생이 발현된다고 하였으니, 사주간지에서 십신(육친)도 극에서 비롯된다 하겠다. 木은 살아 움직이는 생명체인 오행이기에 사주궁위에서 일간에 배속할만하다.

이에 木을 일간으로 삼아 근묘화실 궁위의 육친성으로 대비해보면, 오행의 극 관계로 성립된다. 극 관계에 있는 육친성은 재관(財官)이니, 사주체계의 전개가 남자를 위주로 삼았다는 사실을 여기서도 알 수 있다.

實(時)	花(日)	苗(月)	根(年)
金(자식)	木(자신)	土(아버지)	水
木(며느리)	土(배우자)	水(어머니)	火

〈근묘화실 궁위의 오행 배열〉

궁위 육친에서 木 일간은 자신이고, 木이 극하는 土는 재성(부친)이 되고, 木을 극하는 金은 관성(자식)이 된다. 또 일지는 배우자 자리이니 土 재성(배우자)이 일지에 자리한다. 아버지를 상징하는 土 재성은 월간에 있고, 배우자를 상징하는 土 재성은 일지에 있다. 월지는 아버지의 배우자이니 나에게는 어머니가 된다.

土 월간을 기준으로 보더라도, 土를 극하는 木은 자신이니 자신은 土를 극하여 나오는 존재이다. 또 土가 극하는 水는 土의 재성이 되고, 월지 水는 土의 배우자가 된다.

한편 월지 水는 土(아버지)의 배우자이니 木 입장에서 보면 인성(어머니)이 된다. 자신이 배우자를 극하니, 그 배우자는 자식을 생하는 것과 같다. 극은 곧 생을 낳은 것이다.

오행 생극에 의한 십신(육친)은 사주에서 격국론에서 격국을 정하는 요소로 주로 사용된다. 격국에서 단지 나를 극하는 인자를 편관이라 표현하였을 뿐이다. 그런데 오행 생극을 사주에서 干支로 전환하는 순간 천지만물의 운행 개념이 없어지는 경향이 있다.

예를 들어 화극금을 만물 생성에 비유하면 꽃을 떨어뜨려 열매를 맺고자 하는 작용인데, 병화가 경금을 극한다는 개념으로 이해하는 경향이 있다. 경금 입장에서 병화가 자신을 극하니 흉하게 보고, 이를 편관이라 하여 편관의 관계가 성립되면 아예 흉신으로 보는 경우가 그것이다. 오행 생극을 사주 간지로 전환하여 볼 때는 유독 육친적 성향에 치우쳐 본다는 말이다.

생이 곧 극이고, 극이 곧 생이라 하였다. 극은 생을 위한 것이니 생의 다른 모습이 극이고, 극은 합의 모습이 되기도 하고 충의 모습이 되기 하다. 합은 생하는 것 같지만 본질은 극하는 관계에 있고, 충은 극하는 관계에 있지만 본질은 또 다른 생명을 창출하기 위한 단계이다. 생은 극이 될 수 있고, 극은 생이 될 수 있듯이, 합이 방해요소가 될 수 있고, 충이 발전요소가 될 수 있음이다.

※ 궁위에서의 火·金

천지우주의 생성은 10으로 완성되니 0~9까지 선천수가 있다. 그런데 사주는 8자 4궁으로 구성되니, 사주의 탄생은 태초부터 미완(未完)의 체계에서 시작되었음이다. 미완의 사주체계는 천지인의 영향을 받을 수밖에 없으니, 태어난 순간 정해진 사주팔자가 절대적인 것이 아니다. 천지(天地)의 기운과 주위 환경·인연(人)에 의해 사주팔자의 경향성이 달라질 수 있음을 인정해야 할 것이다.

위 표 〈근묘화실 궁위에 의한 오행 상극관계〉를 보면 사주 궁위에서 천간에 없는 오행은 火이고, 지지에 없는 오행은 金이다. 인간 삶에서 보면 삶의 목적은 실질적인 물상인 金(재관)을 취하는 것이고, 화는 금을 키우는 수단이라 할 수 있다. 金이 없으면 火는 존재가치가 없고, 火가 없으면 金(물상)은 생성되지 못한다.[68]

火는 사주팔자에서 보이지 않는 기운이니, 火는 곧 정신이요 윤회의 인자라 할 수 있다. 사주팔자에서 火·金이 없으면 현실에서 삶의 목적을 이루기 어렵다는 의미가 된다. 火·金이 없으면 정신·윤회(종교·철학)를 추구하는 경향성을 보이는 이유이기도 하다.

---

[68] 火·金은 실질적인 물상을 얻는 과정을 주관하는데, 금 물상을 만드는 火를 정신적(精氣神) 작용으로 보면 정신·윤회의 개념이 된다.

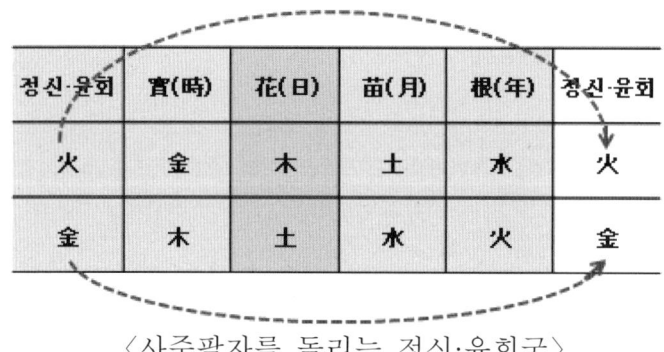

〈사주팔자를 돌리는 정신·윤회궁〉

완성된 10궁 체계로 보면, 일주를 중심으로 양쪽에 2궁씩을 둔다. 時干 옆 궁위를 정신·윤회궁이라 칭하는데, 사주팔자에 나타나지 않는 火·金이 여기에 숨겨져 있다. 이 정신·윤회궁을 년주 앞으로 돌리면 년간(水)이 극하는 것이 火이고, 火가 극하는 것이 金이니, 사주궁위의 극 관계에 정확히 일치한다.

사주궁위는 보이지 않는 정신·윤회에 의해 존재하게 되고, 火·金은 사주팔자를 돌리는 기운(火)이자 인간사에서는 물상(金)이 된다. 그런데 사주 궁위에 火·金을 함께 드러내지 않고 미완으로 둔 이유는 미완의 인간상을 표현한 조치였으리라. 달리 말하자면 재관(물질)에 대한 인간의 집착과 탐욕을 경계하는 메세지일 것이리라.

2) 생극의 만물생성과 육친관계

정신·윤회	實(時)	花(日)	苗(月)	根(年)	정신·윤회
火	金	木	土	水	火
金	木	土	水	火	金

〈사주궁위에서 오행 생극의 순행관계〉

오행 생극의 만물생성과정을 사주궁위에서 정신·윤회궁과 함께 펼쳐서 생극관계로 순행하여 연결해보면 만물의 생성과정을 알 수 있다.

위 표를 보면, 화극금 → 금생수 → 수극화 → 화생토 → 토극수 → 수생목 → 목극토 → 토생금 → 금극목 → 목생화 → 화극금 …으로 영속한다. 만물의 생장쇠멸은 극하니 생하고, 생하니 다시 극하면서 생극 관계로 순행한다. 剋이 生을 낳고, 生이 剋을 낳는 흐름이다.

만물의 생장쇠멸 측면에서 보면, 木은 金의 극으로 발현되고, 土를 극함으로써 터전을 얻을 수 있으며, 水의 보살핌이 있어야 생장할 있다. 木 입장에서 자신의 바탕은 土이고, 土는 재성이니 인간 삶의 바탕은 재성이 된다.

인간사로 보면, 木 일간이 배우자를 만나 자식을 생성하는 이치이다. 剋을 육친으로 보면 재관(財官)이니, 일간(나)이 합하는 것은 배우자(財)이고, 배우자를 통하여 생성되는 것이 관(官)이다. 일지(배우자) 입장에서 보면 식(食)·관(官)이고, 이는 상관견관의 관계로 발현된다.

입장을 바꾸어서, 시간(時干) 金 입장에서 보면 木 일간이 재성이 되고, 木 일간 입장에서 보면 시간 金은 관성이 된다. 그래서 기상명리에서는 실질적인 물상을 木·金이라 하는 것이고, 육친적 관점에서 삶의 수단은 財·官에 있다 하는 것이다.

사주궁위의 오행배열을 음양적 측면에서 간지를 배열해보자.

구분	정신·윤회	實(時)	花(日)	苗(月)	根(年)	정신·윤회
陽氣(기운)	丙火	庚金	甲木	戊土	壬水	丙火
陰相(물상)	辛金	乙木	己土	癸水	丁火	辛金

〈극 관계에 의한 궁위의 간지 배열〉

위 표는 천간 기운이 지지 물상을 낳는다는 이치에 부합하게 배열하였다. 즉 천간은 기운이니 양간을, 지지는 물상이니 음간을 두었다.

간지배열을 육친으로 보면 갑 일간에서 무토는 편재로 아버지이고, 己土는 정재로 배우자이며, 癸水는 정인으로 어머니이다. 또한 생 관계로 보면, 庚金은 편관으로 자식이고, 乙木은 겁재로 며느리가 된다.

년간, 월간, 시간 등 각 궁위의 관점에서 보더라도 육친 관계가 일정하게 구성된다.

위 표를 근거로 천간 기운에 의해 지지 물상의 변환 과정을 보자.

구분	정신·윤회	實(時)	花(日)	苗(月)	根(年)	정신·윤회
陽氣(기운)	丙火	庚金	甲木	戊土	壬水	丙火
陰相(물상)	辛金	乙木	己土	癸水	丁火	辛金

〈사주궁위에서 甲木의 생성과정〉

앞에서 만물의 생명체인 木은 水에서 나오고, 木의 씨앗은 辛金이라 하였다. 木을 기준으로 보면, 갑목은 계수에서 나오는데 계수는 임수에서 비롯된 水이다. 壬水는 辛金을 품게 되니 辛金은 甲木의 씨앗이 되는 것이다.

사주궁위의 간지배열을 각 오행의 생성과정으로 보자.

구분	정신·윤회	實(時)	花(日)	苗(月)	根(年)	정신·윤회
陽氣(기운)	丙火	庚金	甲木	戊土	壬水	丙火
陰相(물상)	辛金	乙木	己土	癸水	丁火	辛金

〈사주궁위에서 각 오행의 생성과정〉

위와 같이 丙에서 丁이 나오고, 壬에서 癸가 나오고, 戊에서 己가 나오고, 甲에서 乙이 나오고, 庚에서 辛이 나온다. 즉 음간은 양간에서 나오는데, 이를 기상(氣相)의 관점에서 보면 기운이 물상을 내는 관계이다. 이는 뒤에서 논할 음생양사 양생음사의 개념에서 음간의 양생처는 양간임을 밝히는 근거가 된다.

사주팔자의 궁위를 인간사로 본다면, 乙·庚이라는 물상을 형성하는 과정에 있다. 乙·庚은 보이지 않는 병화의 기운에 의해 辛金으로 전환되고, 辛金은 다시 壬水에 품어져 木으로 전환됨으로써, 사주팔자는 木·金(乙·庚) 물상을 형성하게 되는 것이다.

이를 보건대 사주궁위에 나타나는 근묘화실(년월일시)은 지표면 위에서의 활동이라면, 사주궁위에 나타나지 않는 정신·윤회궁은 지표면 아래에서의 활동이라 할 수 있다. 완성된 金 물상으로 보면 庚金은 현실의 물상이고, 辛金은 윤회의 물상이 된다.

이와 같이 사주궁위에서 육친은 생극이라는 논리를 뛰어넘어 만물의 생성이치와 만물의 생장쇠멸 과정을 담고 있다. 만물 생성의 기본은 기운에 의해 물상이 전개되는 것이고, 기운과 물상의 전환은 음양의 배합·조화에 있다. 음양의 배합·조화를 천간합으로 보면 극 관계에 있는 음양의 合이다.

근묘화실	정신·윤회	實(時)	花(日)	苗(月)	根(年)	정신·윤회
천간(기운)	丙	庚	甲	戊	壬	丙
지지(물상)	辛	乙	己	癸	丁	辛
음양 배합	丙辛	庚乙	甲己	戊癸	壬丁	丙辛
합화 순행	水	金	土	火	木	水

〈궁위 간지의 천간합화 개념〉

위 궁위 간지를 천간합화 개념으로 보면, 丙辛이 합하여 水가 되고, 壬丁 合木하고, 戊癸 合火하고, 甲·己 合土하고, 庚乙이 合金하고, 다시 丙辛이 합하여 水가 된다. 합화를 순행으로 연결해보면 水 → 木 → 火 → 土 → 金 → 水…로 이어진다.

유일한 생명체인 木은 水에서 나오고, 木은 火에 의해 성장하여, 土를 바탕으로 金 열매를 형성하는데, 金(庚) 열매에서 또 다른 金(辛) 씨앗이 분리되어, 다시 水에 의해 저장되었다가 木으로 환생하는 흐름과 같다.

이와 같이 수생목 → 목생화 → 화생토 → 토생금 → 금생수…로 상생하는 원리는 만물의 생성과정을 말하는 것이지, 일방적인 생 관계를 말하는 것이 아니다. 천간합화의 개념 또한 합하여 특정한 오행으로 변한다는 의미가 아니라 만물의 생장쇠멸 과정을 밝히고자 한 것이다. 그래서 기상명리에서 천간합은 방향성으로 보는 것이다.

여기서 사주 궁위에 드러나지 않은 천간합은 丙辛이다. 앞에서 丙辛은 음양 본위가 명확하지 않은 합이고, 합의 방향성이 없는 합일 뿐이라고 하였던 이유를 여기에서도 찾아 볼 수 있음이다. 丙·辛이 만나면 火-金으로 현실적 물상을 형성한다는 의미보다 정신·윤회 또는 비현실적 물상으로의 전환 즉 生을 이어주는 기운적 의미가 있다.

丙辛이 합하여 水가 된다는 점에서도 그 의미를 알 수 있다. 앞에서 金生水는 지표면 아래에서 활동하는 상생관계라고 하였다. 丙辛이 合水하면 金生水 관계가 형성되는데, 金生水는 양적인 일은 음적인 일로 돌리는 형상이니, 정신·윤회의 개념이 있다 하겠다.

종합해보면 천간은 기운이고 지지는 물상이며, 양간은 기운이고 음간은 물상이다. 천간 기운에 의해 지지 물상이 형성되는데, 이는 극 관계에서 화합으로 전환됨을 말한다.

또한 생 관계는 육친적 의미에서의 일방적인 상생논리가 아니라, 만물의 생장쇠멸 과정을 상생원리로 설명한 것뿐이다. 따라서 오행 生剋에 의한 육친(十神)에 집착하지 말고 오행의 속성으로 만물의 생장쇠멸의 관점에서 생극 논리를 이해해야 할 것이다.

3) 상극(相剋)과 재관(財官)

오행의 상극관계는 '水-火' '土-水' '木-土' '金-木' '火-金' 등이다. 극 관계는 서로를 가치 있게 만들어주는 관계라 할 수 있다. 서로 다른 음양이 만나 또 다른 기운을 생성하는 관계이기도 하고, 재관의 관계이기 때문이다.

木이 극하는 土는 재성이고, 목을 극하는 金은 관성이다. 즉 자신의 입장에서 剋 관계에 있는 십신이 재관(財官)이다. 재성은 자신의 존재가치를 실현하고 삶의 터전이자 바탕이고, 관성은 자신의 존재를 더욱 빛나게 하는 인자이다.

육친으로 보면 재(財)는 관(官)을 내기 위한 나의 터전(배우자·가정)이 되고, 관(官)은 내가 생산한 자식이다. 자식(官)에서 나는 재가 되니, 자식의 바탕은 내가 된다. 자식이 부모에게 의지하여 부모의 희생을 강요하고, 부모를 바탕으로 성장하여 배우자를 만나 좋은 자식을 낳는데, 자식의 성장을 위해 힘쓰는 것이 인생사인 것이다.

재성으로 자신의 모습을 갖추고, 관성으로 자신의 모습을 견고하게 한다. 다만 재성은 자신이 희생을 강요하는 경향성이 있고, 관성은 자신의 희생을 요구하는 관계에 있다.

水-火의 관계에서, 火는 水를 위해 희생하고, 火 자신의 희생은 화생토로 土를 내놓게 된다.

土-水의 관계에서, 水는 土를 위해 희생하고, 水 자신의 희생은 수생목으로 木을 내놓게 된다.

木-土의 관계에서, 土는 木을 위해 자신을 희생하고, 土 자신의 희생은 토생금으로 金을 내놓게 된다.

　金-木의 관계에서, 木은 金을 위해 자신을 희생하고, 木 자신의 희생은 목생화로 火를 내놓게 된다.

　火-金의 관계에서, 金은 火를 위해 자신을 희생하고, 金 자신의 희생은 금생수로 水를 내놓게 된다.

※ 오행의 극 관계를 천간 관계로 이해해보자.
　甲己의 관계에서, 甲은 己가 없으면 뿌리를 내릴 수 없다.
　乙戊의 관계에서, 乙은 戊가 없으면 분산·확산할 터전이 없다.
　丙庚의 관계에서, 丙은 庚이 없으면 키울 물상이 없다.
　丁辛의 관계에서, 丁은 辛이 없으면 품을 씨앗이 없다.
　戊癸의 관계에서, 癸는 戊가 없으면 펼칠 터전이 없다.
　己壬의 관계에서, 己는 壬이 없으면 갑이 키울 수 없다.
　庚乙의 관계에서, 庚은 乙이 없으면 열매를 맺을 근원이 없다.
　辛甲의 관계에서, 辛은 甲이 없으면 목으로 재탄생하지 못한다.
　壬丁의 관계에서, 壬은 丁이 없으면 辛(씨앗)을 품을 수 없다.
　癸丙의 관계에서, 癸는 丙이 없으면 을목의 성장을 돕지 못한다.

　만약 사주간지에서 극 관계를 만나지 못하면 자신의 바탕을 이루지 못하고, 존재가치를 얻지 못하는 꼴이 된다. 설령 재관을 성취하더라도 만족감이 떨어지거나 탐욕을 부리게 되는 것이다.

4) 삶의 수단인 재관

　만물의 생장쇠멸을 사람에 비유하면, 木이라는 어린아이가 태어나(시작·발생), 火로 확산·성장하여, 土의 조절·통제에 의하여 성숙기를 지나, 金의 말년(수렴·결실)에 이르러 생을 마감하고, 水의 보관·저장 단계를 거쳐 다음 세대로 이어진다.

양						음			
木		火		土		金		水	
甲	乙	丙	丁	戊	己	庚	辛	壬	癸
시작	분산	확산	성장	중재	조절	결실	수렴	저장	보관
소년기		청년기		중년기		노년기		윤회기	

〈오행의 생장쇠멸 과정〉

木은 새 생명이고 어린애와 같이 자신밖에 모르니 비겁에 비유되고, 火는 성장을 주도하기에 식상에 비유되고, 水는 나를 생하기 위해 자신을 버리니 인성에 해당한다 하겠다. 삶의 목적과 수단은 재관에 있고, 그 행위는 중년기에서 시작하여 노년기에 완성되니 土·金은 재관(財官)에 비유할 수 있다.

재관의 관점을 얼굴 오성도로 재구성해보자.

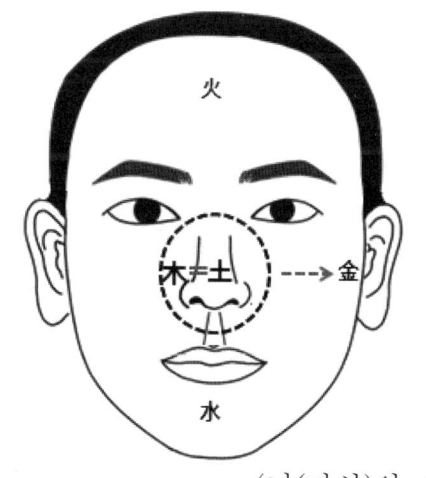

木 = 일간(자신)
코 = 나(자신)
재백궁 = 재물
土 = 삶의 터전(재물)
金 = 관록(벼슬)

木 = 土 → 金
나(인간) = 재생관(財生官)

〈나(자신)의 오행적 의미〉

얼굴 오성에서 土(코)는 중앙에 위치하여 '자신(我)'에 비유되고, 12궁에서 재백궁이라 하여 재물을 관장하는 중심부위이다. 즉 코는 자신이면서 재물을 상징하는 바, 인간의 본질은 재물을 추구하는데 있다는 의미가 된다. 재물에 대한 욕구는 인간(자신)의 본질이니, 삶의 수단은 재물을 얻는데 있다. 재는 재생관으로 이어지니 재물을 통하여 관록을 취하고자 하는 것이 인간의 최종목적인 셈이다.

위 그림에서 보듯이 내가(목) 재물(토)을 취하여 관록(금)을 완성하고자 하는 인간의 본성을 알 수 있다. 즉 '木 = 土 → 金'이라는 공식이 성립되는데, 이는 인간(자신)의 본질은 재물 욕구에 있고 재물을 통하여 관록 즉 다른 사람을 지배하고자 하는 욕망이 숨어 있음을 말해주고 있다.

'木=土'라는 관점을 천간합으로 보면 甲己합이다. 인간의 원초적 본질은 재물에 대한 욕구에 있으니, 천간합은 갑기를 시작으로 순차하여 천간합 관계가 성립된 것이 아닌가 싶다. 또 얼굴에서 '木 = 土 → 金'의 관계가 얼굴 왼쪽(양 본위)에서 형성되는 것은 상학의 태동은 남자를 위주로 하여 전개되어 발전해왔기 때문이다.

이런 점에서 사주와 관상의 전개발전이 다르지 않다. 사주도 상법과 마찬가지로 남자 중심, 관록을 위주로 성립되었으니 정관을 최고의 격국으로 보는 것이다.

다행히 상법에서 '여인상'을 별도로 두어 남자의 상과 구별하고 있다. 마땅히 사주간법에 있어서도 남자와 여자를 보는 관법이 달라야 함이 타당하다.

인간 삶의 수단인 재관이 재생관으로 관록(명예)에 집착하는 모습은 남자의 성향·기질이라 할 수 있다. 재관을 음양으로 분별하면 재는 음이고, 관은 양이라 하였다. 여자는 음이기에 여자의 최종목적은 재(財)에 있고, 남자는 양이기에 남자의 최종목적은 관(官)에 있음이다.

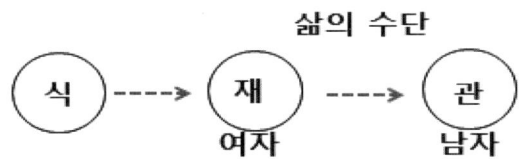

〈삶의 수단인 재관을 취하는 남녀의 방향성〉

남자 = 재를 통하여 → 관을 취하는 것이 최종 목적이다.
여자 = 식상을 통하여 → 재를 취하는 것이 최종 목적이다.

그래서 남자는 재성운이 오면 뭔가 시작하여 財生官하려 하고, 여자는 식상운이 올 때 食生財로 목적을 달성하려 한다. 즉 남자는 재성운에, 여자는 식상 운에, 일을 벌이거나 사업을 시작하는 등 자신의 능력을 펼치고자 하는 경우가 많다.

5. 십신(十神)의 오행 속성

십신의 오행적 속성은 10천간에 부합된다. 천간은 기운으로 만물의 생장쇠멸을 주관하고, 십신은 오행의 흐름에 의한 만물의 생장쇠멸 과정을 인간사에 비유했기 때문이다. 또한 십신의 오행적 속성은 앞에서 살펴본 궁위의 천간기운에서도 살필 수 있다.

1) 사주궁위 천간기운에 의한 십신 성향

궁위	윤회	實(時)	花(日)	苗(月)	根(年)	윤회
천간합화	丙火	庚金	甲木	戊土	壬水	丙火
육친분별		관성	나(비겁)	재성	인성	

〈사주궁위 천간기운에 의한 십신〉

● 年은 水에 해당한다.

년은 조상과 관련된 자리이고, 나를 생성케 한 근본이자, 인생사 변화의 근간이 된다. 윤회를 돌이켜 만물을 생성케 하는 자리이니, 水는 인성의 의미와 상통한다. 얼굴에서 입·턱에 해당한다.

● 月은 土에 해당한다.

월은 부모궁이자 직업궁이니, 자신 삶의 터전이자 바탕이라는 점에서 土의 의미와 상통한다. 사주에서 火土가 공존하니, 火는 木의 성장을 도와 실질적 재관을 생성케 하는 기운이 된다. 얼굴에 비유하면 이마에 해당하고, 특히 월지는 천창에 비유되는 이유이다.[69]

● 日은 木에 해당한다.

日은 자신을 상징하고, 배우자를 만나 자식을 생산하는 본체로 재관을 일구는 주체이다. 木은 생명력을 지닌 물상으로 만물의 주체가 되는 것이다. 얼굴에서 눈썹·눈에 해당한다.

● 時는 金에 해당한다.

時는 자식궁이고, 자신의 모습을 가공하는 곳으로 또 다른 나를 생성케 해야 하는 자리이다. 金은 삶의 최종 목표이고, 재물의 완성이자 결과물이다. 나를 다듬고 가꾸고 마무리하여 윤회를 위한 준비를 한다. 다듬고 가꾸어 완성하는 금은 庚이요, 마무리하여 윤회를 준비하는 금은 辛이다. 辛의 본질은 얼굴에서 치아에 비유된다.

2) 格 명칭에 의한 십신 성향

십신의 오행적 속성은 천간의 격 명칭에서 알 수 있다고 하였다. '목

---

[69] 고대에는 부모의 재물이 곧 나의 재물의 질량(質量)이고, 부모의 벼슬이 곧 나의 벼슬의 고하(高下)였던 시대였다. 이런 관점에서 火는 곧 土인 것이다. 그래서 얼굴에서 코는 얼굴의 주인이라 하고, 土에 배속하여 재록의 성취를 보는 것이다.

=곡직' '화=염상' '토=가색' '금=종혁' '수=윤하'라 한 것이 그것이다.

木·金은 실질적 물상이니 비겁(木)이 관(金)을 완성하는 것이 최종 목표점이다. 木은 비겁(나)으로 재관을 취하는 주체이다. 삶의 수단이 재관에 있음은 재물(토)을 통하여 벼슬(금)을 완성하고자 함이다. 재성(土)과 관성(金)은 자신을 완성하고 삶을 주도하는 능력이고, 인성(水)와 식상(火)는 재관을 완성하게 하는 능력이자 그릇이다.

만약 사주에 木·金이 없으면 삶의 목적과 주체가 없는 꼴이니 삶의 방향성이 없게 된다. 土가 없으면 조절·통제력이 없고 자신의 바탕·터전이 없는 것과 같고, 수·화가 없으면 재관을 공고히 하지 못하니 재관을 성취하더라도 오래 유지하지 못하게 된다.

干	格	十神	자구적 의미
甲	直	비견	스스로 드러내다. 뚫고 나오다. 독립성
乙	曲	겁재	독립 속 경쟁, 의지하다, 눈치보다, 분산하다
丙	炎	식신	확산하다. 집중력은 부족하다. 느긋하다. 밝혀지다.
丁	上	상관	분산 속 하나로 집중, 응집. 독특함, 틀을 깨다.
戊	稼	편재	심다, 삶의 터전, 누구나 거둘 수 있다, 중재, 유동적
己	穡	정재	거두어들이다, 자신만의 터전, 조절, 고정적, 응집
庚	從	편관	숙성, 순리에 따르다, 성장마무리, 억제통제, 결과물
辛	革	정관	딱딱하다, 완성, 경이 만든 틀, 절제된 형상
壬	下	편인	신을 품어 하나로 집중하다, 저장, 잉태, 고요함
癸	潤	정인	윤택하다, 보관, 시작·발생의 준비, 고요 속 태동

〈오행 格의 字句的 의미와 십신의 성향〉

3) 오행 흐름과 십신의 속성

오행에서 생명체를 표상화한 것은 木이고, 木은 → 火에서→ 金으로 변환되고 → 다시 水에서 길러져 탄생한다. 木이라는 생명체를 사주팔자에서 일간에, 십신으로 비겁에 비유하였다.

사주팔자에서 나(자신)는 일간이 되고, 일간을 중심으로 십신(十神)을 따지면 육친(六親)이 된다는 점과 천간 중 양간은 기운이고, 음간은 기운에 의한 물상의 발현이니, 기운(양간)에서 물상(음간)이 나온다고 하였던 점을 상기해두자.

먼저 財·官과 印·食의 관계를 얼굴 오행의 상생흐름으로 살펴보자.

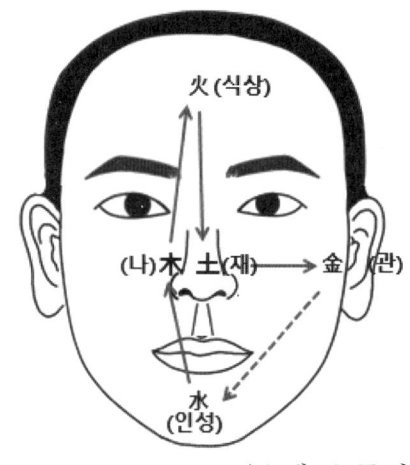

金 = 관(재물을 다루는 힘·능력)

水 = 인성(학문·정신, 성공의 완성)
<u>木 = 나(자신), 비겁</u>
火 = 식상(기술, 재능, 능력발휘)

土 = 재(삶의 터전, 자신의 본위)

〈오행 흐름에 의한 십신의 의미〉

나는(木)는 재(土)를 통하여 관(金)을 성취하는 것이 목적인데, 식상이 돕고 인성이 완전해야 재관의 목적을 달성할 수 있다. 土 입장에서 재·관은 水·木이고, 金 입장에서 재·관은 木·火이다. 나의 재·관인 土·金의 재·관은 水·火인데, 목 입장에서 水·火는 인성과 식상에 해당한다. 즉 재관의 성취는 印·食의 조화가 중요하다는 의미이다.

또한 재생관은 관생인으로 이어지니, 최종목표인 관을 성취한 후에는 水(인성)로 되돌려 주어야 함이 재관 성취의 참 의미이다. 금생수로 되돌리는 것이 바로 인간사에서 덕행(德行)이다. 따라서 인생의 최종 복록은 덕행에 달려있다 하겠다.

한편 오행은 만물의 생장쇠멸 과정에서 고유한 운동성을 갖는다. 위 그림과 같이 오행의 방향성이 木 → 火 → 金 → 水 → 木…으로 향하여 영속한다. 같은 원리로 십신의 방향성 또한 비겁 → 식상 → 재성 → 관성 → 인성 → 비겁…으로 향함이다. 이에 천간 오행의 방향성을 십신에 비유하여 분별하면 다음 표와 같다.

甲	乙	丙	丁	戊	己	庚	辛	壬	癸
비견	겁재	식신	상관	편재	정재	편관	정관	편인	정인
	식상		재성		관성		인성		비겁

〈천간의 십신 분류〉

甲-丙-戊-庚-壬은 각각 비-식-재-관-인의 기운적 성향이라면, 乙-丁-己-辛-癸는 오행의 실질적 형상이고 다음 단계의 기운을 내포하고 있다. 즉 乙은 겁재이면서 식신의 기운이 담겨 있고, 丁은 상관과 편재의 속성을 함께 지니고 있으며, 己는 정재이면서 편관의 기운을, 辛은 정관이면서 편인의 기운을, 癸는 정인이면서 비견의 속성을 지니고 있다.

※ 乙·丁·辛·癸의 특수성

● 乙은 겁재이니 재물을 향한 욕구가 강하다. 자신의 재물을 향한 욕구는 식상을 발휘하게 되니, 乙은 자신의 능력을 배양하고 타인과 더불어 왕성한 활동력을 보인다. 겁재의 물상으로 식상의 기운을 펼치

니 오히려 丙丁보다 더 식상 성향이 강하게 나타난다.

● 丁은 상관으로 관록을 향한 욕구가 있고, 관을 향한 욕구로 편재 성향으로 나타난다. 식상의 물상으로 재성의 기운을 취하고자 하니, 자신만의 독특한 기술(식상)로 재물 성취를 이루고자 하는 성향이 강하다. 오히려 戊己보다 더 편재 성향이 강하게 나타난다.

● 己는 土로 인생의 바탕이고, 자체적으로 재성을 안고 관록으로 향하는 안정된 방향성이다. 바쁠 것도 급할 것도 없는 자신만의 틀이 짜이진 모양새이다. 규칙(규범)을 준수하고 인성을 추구한다. 오히려 庚辛보다 더 고지식한 성향을 보인다.

● 辛은 편관이니 비겁의 결실이고, 비겁으로 향하기 위해 인성을 찾게 된다. 편관의 물상으로 인성의 기운을 펼치는 국가 자격증을 통하여 확고한 관을 취하고자 하는 성향이 있다. 오히려 壬癸보다 더 인성적 성향이 강하고, 맺고 끊는 것이 확실하다.

● 癸는 인성이니 식상을 향한 욕구가 있고, 식상을 향한 욕구는 인성을 통한 방법이라 생각하게 된다. 학문(인성)적 성향이 강하고 인성을 통하여 식상을 펼치고자 하는 방향성이다. 타인의 것을 이용하여 자신의 것으로 만들어 내거나 가공하여 다시 내놓는 재주가 좋다. 오히려 甲乙보다 더 비겁 성향이 강하다 하겠다.

※ 乙·丁과 辛·癸의 차이점

오행 흐름의 십신 성향에서, 乙과 丁은 식상을 바탕으로 하고, 辛과 癸는 인성을 바탕으로 한다는 것을 알 수 있다. 乙·丁은 모두 식상을 위주로 하고, 辛·癸는 모두 인성을 위주로 하지만, 작용적 관점에서 차이가 있다.

● 乙은 재물 성취를 위해 식상을 바탕으로 삼고, 丁은 식상을 통하여 직접 재물을 취한다는 점에서 차이가 있다. 그래서 乙은 이것저것

손대는 경향이 있고, 丁은 한 가지 일(기술)에 몰두하는 경향이 있다.

● 辛은 관을 안정시키기 위해 인성을 바탕으로 삼고, 癸는 인성을 발휘하여 역량을 펼친다는 점에서 차이가 있다. 그래서 辛은 국가(官)와 관련된 자격증 등 확실한 인성을 원하고, 癸는 이것저것 닥치는 대로 자격증을 손에 넣고 보는 경향성이 있다. 辛은 자격증을 통한 관의 성취, 癸는 자격을 통한 재물성취 속성이 강하다.

〈별표〉 五行所屬分野表

陰陽	陽		陽/陰	陰	
五行	木(陰)	火(陽)	土	金(陽)	水(陰)
氣	始作·發散	擴散·成長	仲裁·調節	結實·收斂	貯藏·保管
天干	甲乙	丙丁	戊己	庚辛	壬癸
地支	寅卯	巳午	辰戌丑未	申酉	亥子
四季	春	夏	季末	秋	冬
五方70)	東	南	中央	西	北
五氣	風	熱	濕	燥	寒
五色	靑	赤	黃	白	黑
八卦	辰巽	離	艮坤	乾兌	坎
五觀	眼	舌	身	鼻	耳
五臟六腑	肝/膽	心腸/小腸	脾腸/胃腸	肺腸/大腸	腎腸/膀胱
五味	酸	苦	甘	辛	鹹
五性	仁	禮	信	義	智
五音	牙	舌	脣	齒	喉
한글71)	ㄱ,ㅋ	ㄴ,ㄷ,ㄹ,ㅌ	ㅁ,ㅂ,ㅍ	ㅅ,ㅈ,ㅊ	ㅇ,ㅎ
數	3, 8	2, 7	5, 10	9, 4	6, 1

---

70) 寅卯辰을 동방으로 보고, 巳午未를 남방으로 보고, 申酉戌을 서방으로 보고, 亥子丑을 북방으로 본다. 數 방위로는 1을 正東, 2를 東南, 3을 正南, 4를 南西, 5를 正西, 6을 西北, 7을 正北, 8을 北東, 9는 하늘, 10은 中央으로 본다.

71) 한글해례본이 발견되면서 한글오행에 대하여 순음(ㅁㅂㅍ)은 土이고, 후음(ㅇㅎ)은 水임이 밝혀졌다. 지금까지 잘못 전해졌던 소리오행의 오류를 바로잡아야 할 것으로 보인다.

제 4 장
십신론

십신은 음양·오행의 관계성이다

비겁(木)-식상(火)-재(土)-관(金)-인(水)
관 - 인 - 일간(비겁) - 식상 - 재

십신은 음양오행의 본 모습이라면,
육친은 나를 가공하기 위한 모습이다.

십신론十神論

1. 십신(十神)과 육친(六親)의 의의

1) 십신과 육친의 분별

비견-겁재-식신-상관-편재-정재-편관-정관-편인-정인 등 십신(十神)은 나를 중심으로 생극 관계로 분별한 것이 육친(六親)이다.

육친 상생 : 관성 → 인성 → 비겁(나) → 식상 → 재성 → 관성 …
육친 상극 : 식상 → 관성 → 비겁(나) → 재성 → 인성 → 식상 …

육친 생극관계에서 음양이 서로 같으면 편인, 식신, 편재, 편관, 비견이고, 음양이 서로 다르면 정인, 상관, 정재, 정관, 겁재가 된다.

생극	관계	십신(육친)	
生	生我者 - 나를 生하는 자	편인(偏印)	정인(正印)
	我生者 - 내가 生하는 자	식신(食神)	상관(傷官)
剋	我剋者 - 내가 극하는 자	편재(偏財)	정재(正財)
	剋我者 - 나를 극하는 자	편관(偏官)	정관(正官)
比	나와 비견되는 자	비견(比肩)	겁재(劫財)

〈生剋에 의한 十神(六親)〉

십신은 사주체계에서 어느 하나의 십신을 중심으로 비·식·재·관·인 등 관계성을 분별하는 것이라면, 육친은 사주원국에서 일간을 중심으로 십신을 분별하여 격국을 정하는 용도적 개념이다.

격국 개념에 의한 육친의 무분별한 적용은 자칫 육친성에 오류를 범

할 여지가 있다. 가령 금 일간에게 재성은 목인데, 목이 없으면 재물이 없다거나 아버지 또는 처와 인연이 좋지 않다는 등으로 해석하는 경우가 있고, 목이 많으면 돈이 많다거나 애인이 많다는 의미로 인식하는 오류를 범하는 경우도 있다.

육친성은 사주궁위의 육친궁위로 살피는 것이 합리적이고, 比·食·財·官·印의 성향은 오행의 본질에서 의미를 살피는 것이 마땅하다. 예컨대 己가 사주에서 비·식·재·관·인 어디에 속하든 土의 본질 즉 조절능력, 삶의 바탕, 정재, 편관 장생 등 성향을 보이고, 자신의 것을 소중히 여기고, 순리에 따르고, 절제된 모습을 갖춘 중후하면서도 수구적인 모양새가 있음을 살펴야 함이다.

戊辛己庚 坤 癸甲乙丙丁戊9
戌亥卯戌   酉戌亥子丑寅

이 여명은 관성이 없다. 관성이 없다하여 남편이 없거나 남편 인연이 약한 것은 아니다. 만약 부부인연이 좋지 않다면 관성이 없어서 그렇다 할 것이고, 부부인연이 좋다면 술 중 午火가 있기 때문이라 할 것이다. 이 사주의 남편은 일지 亥가 되고, 亥의 의미와 사주원국에서의 관계로 부부인연을 살펴야 할 것이다.

이 사주의 남편은 의약업계에 종사하고, 시댁의 도움이 있는 여명이다. 비록 辛 일간이지만 토가 많으니 토 성향의 기질이 있다. 중재·조절능력이 있고 대인관계가 원만하다.

丙辛庚壬 乾 丙乙甲癸壬辛1
申丑戌子   辰卯寅丑子亥

이 남명도 재성이 없고, 지장간에도 없지만 결혼하여 잘 살고 있다.
이 사람의 부인은 木이 아니라, 丑(癸·辛·己)으로 보아야 함이다.

2) 십신의 오행 본질

십신을 오행에 의한 천간 글자로 살펴보자.

　甲 - 乙 - 丙 - 丁 - 戊 - 己 - 庚 - 辛 - 壬 - 癸 -甲乙 …
비견-겁재-식신-상관-편재-정재-편관-정관-편인-정인-비겁 …

위 오행적 십신을 인생사에 비유해보자.

나는(木, 비겁) 水 인성에서 나와, 성장하면서 자신의 역량을 펼치는 것이 식상(火)이고, 식상의 터전이자 산출물은 재성(土)이고, 그 결과물은 관성(金)이다. 재관의 결과물을 덕행으로 되돌려 취하는 것이 인성(水)이고, 인성이 발동하여 덕행을 음덕으로 다시 되돌려주니 그 음덕으로 세상에 나온 것이 나(자신)다. 즉,

나는(甲) 水에서 나온 甲乙 비겁과 경쟁하여 → 丙丁 식상으로 능력을 펼치고 경험을 쌓아나가고 → 戊己 재성으로 삶의 바탕을 이루면서 자신의 존재가치를 찾게 되고 → 庚辛 관성으로 자신의 모양새를 완성하여 자식에게 넘겨줌으로써 → 인생을 마감하는데 壬癸 인성에 의해 甲으로 되돌려진다.

이처럼 십신의 의미는 인생사에서 자신의 기운이 자손대대로 이어지는 것이고, 이것이 만물의 생장쇠멸의 과정이요, 철학적 관점에서 윤회이다. 여기서 십신을 생극에 의한 육친 논리로 살피는 것이 아니라, 오행적 성향으로 살피는 이유이다.

인간이 살아가는 모양새 즉 십신의 오행적 성향을 얼굴형에 비유하여 특성을 살필 수 있다.

얼굴형	목형	화형	토형	금형	수형
성향	머리	몸	몸+머리	머리+몸	머리

〈얼굴형의 성향〉

첫째, 목형은 넓은 이마에 해당하니 머리를 주로 쓴다. 木은 막 모습을 드러낸 싹이니 주위의 도움이 필요하고 경험이 부족하니 재(土)를 잘 다루지 못한다. 그래서 木 일간은 재물성취가 약하고 배우자 인연이 순탄하지 못한 경향이 있다.

둘째, 화형은 턱이 풍부한 형상이다. 火는 왕성한 성장력을 발휘하는 시기로 몸(행동력)을 이용하여 경험을 터득하게 된다.

셋째, 토형은 재물적 속성을 지니고 있고, 몸(활동력)을 위주로 머리(정신)를 사용한다. 土는 재물성취에 굴곡이 많은 것은 진·미·술·축이 복잡하고 변색이 심하기 때문이다.

넷째, 금형은 정제된 모습이고, 金은 현실적 재·관을 통괄한다. 삶에서 체험했던 경험을 모두 살리니 심신(心身)을 통괄한다. 金은 머리를 위주로 몸을 이용한다는 점에서 土와 차이가 있다.

다섯째, 수형은 대인관계가 원만하다. 水는 현실세계에서 벗어난 윤회의 인자이니 주로 머리를 이용하여 세상을 살아가는 타입이다.

2. 십신의 오행적 의의와 성향

【1】 木 = 비겁

● 木은 자신을 상징하고, 비겁에 해당한다.

일간 입장에서 비겁은 인성(母)이 만들어낸 동류의 생명체로 형제자매에 해당한다. 형제자매가 많을수록 편재(父)는 힘들어진다. 이를 군겁쟁재(群劫爭財)라 한다. 형제·친구·동료·동업자 등으로 인한 문제, 재물의 분탈, 배우자로 인한 문제, 직장·벼슬·명예 등의 문제, 몸(건강, 횡액)으로 인한 문제 등을 일으키는 인자가 木 비겁이다.

● 木은 생명력을 지닌 물상으로 재관을 취하는 주체이다.

木은 생명체인 물상이니 財官의 원본이기도 하다. 사주 구성에서 木의 모양새가 바로 재관의 모양새가 된다. 만약 木이 혼잡하거나 水가 부족하면, 木이 土를 극하게 된다. 자연히 재관의 성취가 낮게 되는 이치이다.

또한 목(비겁)의 최종목적은 金(관)에 있고, 官의 완성(인생 성공)은 水에 의해 가치를 인정받는다. 만물생성으로 보더라도 木은 절대적으로 水가 필요하다. 만약 목이 많고 수가 없으면 비겁이 발동하여 성공의 기회보다 실패기회가 더 많게 된다.

● 木을 얼굴에서 눈과 눈썹에 비유하였다.

눈을 보좌하는 것이 눈썹이니 눈썹에서 비겁 성향을 본다. 눈썹은 형제궁이니 비겁을 지칭하고, 눈썹의 흉상을 육해(六害)로 분별하였으니 비겁은 육해를 발동시키는 요인이 된다.

● 木은 시작발생의 기운이니 어린애와 같은 존재이다.

어린애는 부주의하고 경거망동하는 경향이 있다. 木이 水·火의 도움이 없으면 발전하지 못하는 이유이기도 하다.

1) 甲 비견, 乙 겁재

甲·乙은 비겁으로 형제, 친구, 동료 등 관계이다.

서로 경쟁구도에서 발전하기도 하고 손해를 보기도 하면서 살아간다. 경쟁에서 살아남는 방법을 배우는 과정이 갑을이다. 경쟁과정에서 살아남는 방법을 경험이라는 자산으로 만들어가는 것은 乙이다. 乙은 삶의 방식을 체험하고 실행하기에 겁재이면서 식신의 성향을 가지는 이유이다.

첫째, 甲 = 비견

비견은 인성에서 바로 나온 십신으로 환경에 완전히 적응하지 못한 상태로 경쟁성이 약하다. 甲은 홀로 자신의 모습을 드러내기에 바쁘다. 새로운 생명이 출현하여 경쟁을 통해 동반 성장해야 하니 水(인성)가 절대적으로 필요하다. 갑은 乙을 통하여 자신의 모습을 드러내니, 비견은 동반성장이라는 상생효과가 있지만 결국 乙에게 빼앗기는 꼴이다. 그래서 甲은 교육업이 가장 좋다.

둘째, 乙 = 겁재

을은 갑 기운으로 木 생명의 성장에 주력한다. 경쟁을 통하여 자신의 영역을 넓혀야 하기 때문에 경쟁심이 강하다. 갑 입장에서 을이 겁재이니, 겁재는 기운과 물상의 다툼으로 뺏으려는 경향이 두드러진다. 乙은 甲의 기운으로 자신을 키우니, 겁재는 도둑 심보가 있다.

癸의 역량에 따라 乙이 발현되고, 乙의 활동력에 따라 癸의 영역을 넓어진다. 乙이 癸를 만나면 자신의 역량을 더욱 가치 있게 된다. 乙도 甲과 마찬가지로 水가 필요하다는 의미이다.

乙의 분산작용은 丙(식상)을 발현시켜 자신을 더욱 키울 수 있다. 그러기 위해서는 남과 차별화된 독특함이 있어야 한다. 화려하게 변신하고 특별함으로 삶을 개척해야 하니 도화성과 인기성을 동반하고 기술, 언변 등이 좋다. 이는 丁의 속성과 유사하다.

2) 비겁은 일간의 동류(同類)

甲은 자신의 분신인 乙이 있어야 자신을 드러낼 수 있고, 乙은 甲이 있어야 모습을 완성할 수 있다. 갑과 을은 서로 경쟁하는 가운데 살아남을 수 있는 것이다. 영원히 혼자 살아갈 수 없는 것이 세상이니 갑을은 경쟁자이면서 함께 할 수밖에 없는 애증의 관계이다. 경쟁을 통하여 세상을 배우게 된다. 도움을 받기도 하고 뒤통수를 맞기도 하면서 성장하고 성숙해진다.

재관을 취하는데 없어서는 안 될 인자는 비겁이다. 비겁은 재관을 직접적으로 취하는 주체이고, 육친으로 보면 일간의 경쟁자이다. 비겁은 삶의 동조자이자 경쟁자인 셈이다. 비겁이 없으면 경쟁력이 떨어지고, 삶을 능동적이고 역동적으로 살아갈 수 없다.

특히 목은 생명체이니 사주에 목(비겁)이 없으면 생명력이 상실되고, 木生火하지 못하니 자신의 능력을 발휘하는데 제약이 있다. 목 비겁은 일간과 경쟁관계에서 시너지 효과를 더하고, 재관의 성취와 삶의 목적에 동기부여가 되는 존재이다.

2) 木 특성과 비겁

비겁(목)은 시작·발생·탄생을 의미하기 때문에 자신의 성장에 집중하게 된다. 木에는 정신과 육체가 모두 공존하지만, 정신보다 육체 성장을 위주로 한다. 그래서 甲乙은 이기적인 성향이 강하고, 육체(몸, 말)를 주로 쓰거나 활동적인 일에 종사하는 경향이 있다.

비겁은 식상으로 향하니 행동이 과감하고 빠르지만 행동에 비하여 생각이 깊지 않은 단점이 있다. 자칫 음란성으로 빠지거나 재록을 탕진하기 쉽다.

겁재+편재가 동반하면 겁재가 보이는 재물을 탐하는 관계이니, 실패·부도 등을 의미한다.

겁재+상관이 동반하면 상관기질이 폭발한다. 불법·탈법·위법 등 비리에 가담하는 경우가 많고, 편법을 이용한 직업적 성향이 있다.

왕한 겁재가 재를 극하면 난폭한 모양새이다. 남을 속이거나 탐욕으로 인한 난폭행위 등 법의 제재를 받을 수 있다.

천간에서 군겁쟁재 또는 쟁합하면 탐욕을 상징한다. 도박, 투기, 노름, 사기, 도둑, 갈취 등 남의 것을 뺏기 좋아하고, 탐욕으로 인한 한

탕주의 성향이 강하다.

【2】 火 = 식상

● 火는 재관의 바탕인 식상(학문·기술)이다.

재관은 곧바로 취할 수 있는 대상이 아니다. 기술(재능)이나 학문적 바탕이 없으면 재관 성취를 완성할 수 없다. 인성과 식상은 상학에서 학당(학문·기술)의 개념이라 할 수 있다.

● 火는 재관을 취하기 위한 필요인자인 능력발휘이다.

얼굴에서 학문의 근원은 이마(火)에 있다고 하였다. 화는 재를 성취하는 식상이고, 관을 펼치는 바탕인 능력발휘의 소양인 것이다. 그래서 식상은 삶의 경험을 쌓고 축적한다는 의미가 있다. 사주에 식상이 旺하면 경쟁심이 생기고, 공부에도 흥미를 느끼고 경쟁구도에서 성과를 얻는다. 편재가 장생해도 마찬가지인데, 편재는 식상에서 비롯되기 때문이다.

사주에 火가 없으면 능력발휘가 미약하고, 財를 얻는데 지장이 있다. 설령 재물을 성취하더라도 다시 내놓아야 하고, 벼슬을 얻더라도 한시직에 불과하다. 학문이 미진하고 능력이 없으니 재관을 오래 유지하지 못하는 것이다. 만약 金(官)이 있는데 火가 없으면 낙하산 인사일 뿐이다.

● 火는 모습을 당당하게 드러내는 독특함이 특징이다.

火는 木을 아름답게 포장하고, 木을 펼쳐 재관을 만들어내는데 없어서는 안 될 인자이다. 자신만의 특별한 공간·세상을 만들어내고자 한다. 단체에 억매이는 것을 싫어하고, 법과 대립으로 인한 법적 문제를 야기하기도 한다. 다만 사주구성에 따라 단체·법 등과 인연을 맺어야 할 경우도 있다.

● 火는 무한히 확산하고자 하는 속성이 있다.

火는 木을 펼쳐 金을 완성해야 하니, 생존본능이 강하고 종족번식에 힘쓰는 경향이 있다. 펼치고 확산하는 기운이 강한 반면에 응집하고 모으는 작용이 약하다. 만약 金이 없으면 육욕적 성향이 강하여 애정적 문제를 일으키거나, 재관을 성취하기 어렵다.

1) 丙 식신, 丁 상관

병정은 식상으로 甲乙 경쟁에서 터득한 체험을 실행한다. 丙식신은 乙겁재의 성향을 발휘하여 실제로 행함으로써 경험을 터득하는 단계이다. 丙은 乙이 경쟁에서 체험한 방법을 통하여 자신의 것을 만들기 위해 확산작용을 하는 성향이 있다.

丙에서 축적한 경험을 통하여 자신만의 고유한 기질을 얻는 것은 丁상관이다. 丁상관은 펼친 것을 응집하여 자신만의 독특한 언행, 색깔, 기술, 재능, 솜씨 등 고유한 모양새로 타인과 차별화한다.

첫째, 丙 = 식신
병(식신)은 자신을 능력을 발휘하고 목의 성장을 주도하여 확장시킨다. 물상(재관)을 성장시키고 확장하여 자신을 키우고 밝히는 기질이 있다. 乙에서 이어진 것으로 겁재의 성향이 내포되어 있지만, 상대적으로 상관 기질은 약하다. 겁재에게서 얻은 물상이 있으니 느긋하고 차분한 편이며, 펼치고 뽐내기는 하지만 욕심은 적다.

둘째, 丁 = 상관
丁은 丙이 펼쳐 놓은 환경을 응집하고 거두어들이는 속성이 있다. 丙의 확산을 수렴하여 자신만의 세계를 이루고자 하는 것이다. 응집작용은 조절력을 갖고, 조절력은 확산을 저해한다. 그래서 丁은 어느 정도 성장하면 자신만의 공간으로 축소하여 끌어들이는 성향이 있다. 다음 단계인 편재로 향하니 재물에 대한 욕구가 강하다.

자신만의 세계를 추구하고, 타인의 지배를 싫어한다. 남과 차별화된 독특함이 있고, 뭐든지 고치고 바꾸려는 성향이 있으며, 화려함을 추구하여 타인과의 차별화된 모습을 추구한다. 도화성과 인기성이 있으며, 자신만의 고유한 삶의 수단이나 방법을 가지고 싶어 한다. 기술, 언변 등이 좋은 장점이 있으나, 즉흥적이고 흥분을 잘하는 단점이 있다. 정(상관)은 자기만의 특별한 재능이나 독특한 기질을 이용하는 화(식상)의 특성을 함축한 인자라 할 수 있다.

2) 여자 상관

여자가 식상이 왕한 경우의 특징은 다음과 같다.

첫째, 남자가 자신만을 바라보기를 원한다. 상관은 관을 제압하니, 남편을 손상시키는 기운이 있다. 여자가 식상이 왕하면 남편이 없어지거나 자신을 버리는 것을 두려워하기 때문에 집착을 보이기도 한다. 그래서 자신만을 사랑해줄 나이 많은 남자를 좋아하는 경향이 있다.

둘째, 남에게 구속받기를 싫어한다. 자유로운 성향은 일탈행위로 이어지고, 그로 인하여 남편의 의심을 받기도 한다. 남편이 의처증이 되거나, 밖에서 다른 여자를 찾거나, 아예 부부애정을 포기하고 살기도 한다.

셋째, 남편을 무력하게 만든다. 능력 없는 남자를 만나 가장노릇을 하거나, 부부관계를 오래 유지하지 못한다. 때로는 경제적으로 능력 있는 남편을 만나 풍족하게 살기도 하는데, 부부관계는 원만하지 못하다. 대체로 상관이 왕한 여자의 남편은 자신의 능력에 비하여 성공정도가 낮은 경향이 있다.

넷째, 도화성은 있지만 자존심이 강하여 아무 남자와 관계를 맺지 않고 쉽게 이혼하지 않는다. 반면에 남편이 바람을 피우면 한방에 끝내버리고 혼자 사는 타입이다.

한편, 식상이 왕하지 않더라도, 여자가 아들(상관)을 낳으면 상관견관하니 남편을 다스리려 하고, 남편과 동등한 위치에서 존재감을 드러내고 기고만장해진다.

특히 여자 火土상관, 土金상관이면서 상관이 왕하면 남편 또는 자식의 사회 활동이 위축된다.

반면에 남자의 일지에 관성이 임하고 세력이 왕성하면, 피곤한 처이거나 처로 인하여 힘들게 된다. 관성은 財의 식상이기 때문이다.

【3】 土 = 재성

● 土는 재성의 본토이다.

水가 木을 내고, 火가 金을 형성하는 곳이 土이다. 즉 土는 水·火 기운으로 木·金 물상을 완성하는 본토인 것이다. 얼굴에서 土는 코이고, 코는 재관의 주체이다.

● 土는 자신의 터전이자, 재관의 바탕이다.

재성은 육친으로 부친에 해당하고, 부친은 나의 근본이자 자신의 존재가치이다. 자신이 살아가는 삶의 근원이자 목적이고, 재성에는 삶에서 겪은 수많은 경험들이 함축된 자리이다. 삶의 경험을 통하여 자신의 본위를 갖추고 자신의 능력을 펼치게 된다. 만약 사주에 土가 없으면 삶의 바탕이 없는 것과 같다.

● 土는 조절·통제 작용이다.

水·火 기운을 펼치거나 응집하여 木·金 물상을 완성하는 작용을 한다. 土가 없으면 통제능력이 없으니 펼쳐지는 기운을 붙들지 못하고, 조절력이 없으니 펼쳐진 기운을 응집하지 못한다. 금 물상을 형성하려면 꽃을 떨어뜨려야 하는데, 꽃을 떨어뜨리지 못하는 것과 같다. 결실을 이루지 못하고 수렴하지 못하니 성과를 내는데 한계가 있다.

● 土의 조절은 水火 기운을 조절·통제이다.

목금 물상은 수화에서 비롯되니, 土의 조절은 水火 기운을 조절하는데 있다. 만약 토가 있는데 수화 기운이 부족하면 목금 물상을 성취하기 어렵다. 즉 재(토)를 취함에는 인성(水)과 식상(火)의 조화가 필요함이다. 얼굴에서 이마(火)와 턱(水)이 코를 중심으로 상응해야 한다는 논리와 같고, 뒤에서 밝힐 수승화강의 원리와도 상통한다.

● 재성의 손상은 삶의 터전이 무너지는 것과 같다.

재성은 돈이나 재물만을 의미하는 것은 아니다. 재는 삶의 수단이자 자신의 터전이니, 삶의 근간이 된다. 남자에게 재는 배우자이니 가정을 상징하기도 한다. 또한 재는 경험의 축적이고, 행운의 요소를 내포하고 있다.

사주에서 土(재성)가 없거나 손상되면, 재물의 분탈 뿐 아니라 가정 애정의 문제는 물론 건강·수명에도 영향을 미친다. 지금까지 경험했던 모든 문제에 대한 제약을 받게 되는 것이다.

1) 戊 편재, 己 정재

戊己는 재성으로 丙丁(식상)에서 축적한 경험·노하우·재능을 펼치는 장소이다. 현실에서 직장·직업 등 능력발현의 장소이고, 사람들과 어우러져 살아가는 공간이다. 그 과정에서 재물성취가 따르니, 이를 식신생재라 한다.

戊편재는 상관 기질을 발휘하여 많은 사람들과 교류하여 자신의 능력을 펼치지만, 공공성 재물이니 자신만의 것으로 만들지는 못한다.

己정재는 戊에서 얻은 재물(결과물)을 자신의 창고에 담는다. 己는 실질적 재물이니 삶의 수단이요 가정(배우자)을 의미하기도 한다. 己에는 삶에서 터득한 인생 고락(苦樂)이 담겨 있다. 그래서 己정재는 일단 자신 속에 들어온 것은 잘 내놓지 않는다.

첫째, 戊 = 편재

무(편재)는 자신 뿐 아니라 모든 사람들의 삶의 바탕이다. 흔히 편재를 공공성 재물이라 하여 누구나 가질 수 있는 드러난 재물을 보는 개념이다. 재물로 보면 현금, 예금, 패물 등 유동자산에 해당한다. 내 것으로 만들려 하지만 누구에게나 보여 지는 재물이니 빼앗기기 쉽고 온전히 내 것으로 만들지 못한다.

사회적으로 보면 재관을 구하는 활동성이나 사업적 기질을 의미한다. 펼쳐진 기운으로 활동범위는 정재보다 넓지만, 취하려는 욕구는 정재에 비하여 약한 것이 특징이다. 丁상관의 기질이 이어져 무토 위에서 기질을 펼친다. 丁상관의 독특함을 활용하는 공간이고, 상관의 활동성으로 많은 사람들과 교류하게 된다. 활동량이 많고 丁상관을 통한 능력발휘는 많은 경험을 축적하게 하고 삶의 지혜를 터득한다.

만약 편재가 입묘하면 도리어 숨기고 감추려는 속성이 있고 구두쇠 기질이 발동한다. 때로는 한방에 밀어 넣어 쫄딱 망하거나 묶이어 고생하기도 한다. 가령 丙이 丑을 만나면 庚 편재가 입묘하는데, 다른 오행보다 金이 입묘할 경우에는 더욱 심하다.

둘째, 己 = 정재

기(정재)는 무와 달리 자신만의 삶의 공간을 의미한다. 무에서 펼쳐진 기운을 응집하여 자신만의 새로운 공간이고, 나만의 안식처를 만든다. 재물로 보면 부동산 등 고정자산을 의미한다. 사회적으로 보면 자신만의 공간에서 은거하니 절제·고독성을 의미하기도 한다.

己는 기운을 응집하여 물상을 만들고자 하니 무토에 비하여 활동범위는 좁지만, 자신의 공간에 축적한다는 점에서 戊와 다르다. 丁상관을 통해 戊에서 축적한 노하우를 바탕으로 결과물을 만들고 성취하는 것이다. 己에는 丁상관과 戊편재에서 경험한 삶의 과정이 들어있다.

2) 재성의 음양 합

재성은 극 관계에 있는데, 음양의 극 관계는 합으로 변한다. 음양 합은 서로 끌어당기는 것이니 애착이 강하게 발동하는데, 이 음양 합을 재성으로 보면 己(정재)이다. 己는 자신만의 영역에 끌어들여 합하려는 속성이 강하고, 일단 수중에 들어오면 내놓지 않으며, 육친에 대한 애착·애정이 강하다.

己가 壬을 만나지 못하면 쓸모없는 불모지·황무지가 된다. 같은 이치로 癸가 丙이 없으면 가치가 없고, 庚의 모양에 따라 乙의 가치가 달라지고, 丙의 확산작용에 따라 庚 열매가 결정되며, 乙의 분산작용에 따라 戊 터전이 달라진다.[72]

【4】 金 = 관성

● 金은 인생의 궁극적인 목적인 관성이다.

자신이 직접 추구하는 것은 재물이지만, 재물은 관록을 얻기 위한 수단이다. 金은 재생관으로 재를 끌어들이니, 財를 지키는 힘(그릇)이자 다루는 능력이다.

● 金은 財의 결과물이다.

관은 재를 담는 그릇이니, 재의 결과물은 관이다. 사주 내에 金이 안정되어 있다는 것은 재물을 다루는 힘·능력이 있고, 재를 담을 그릇이 갖추어졌음을 의미한다. 金은 얼굴에서 치아에 비유되는데, 치아는 최종복록의 결정점이다. 실질적으로 자신의 모습을 다듬고 모양새를 갖

---

[72] 戊乙은 장식의 의미가 있다. 乙의 모양새에 따라 戊土는 무성한 땅이 되든지, 나무 없는 민둥산이 되든지 결정된다.

추는 틀과 같고 삶의 최종 결과물이 金이다.

● 金은 성공의 기회이자 성취의 모양새이다.

금은 삶의 최종복록이니, 일생에서 금의 모양새에 따라 성공의 기회가 주어지거나, 실패의 기회가 주어진다. 만약 사주에 금이 없으면 성공 기회가 없다는 의미이고, 재를 담을 수 있는 그릇이 없는 것과 같다. 水가 있다 한들 金이 없으면 木으로 생성되지 못한다. 결과물이 없으니 삶의 의미가 없어진다. 인생 성공의 모양새는 사주에서 금의 모양새에 달려 있음이다.

● 金의 모양새는 삶의 모양새이기도 하다.

관성의 의미는 자신에게 무언가를 요구하는 인자이고, 자신을 이용하고 희생을 요구하는 인자이다. 사주에서 금의 모양새가 안정되면 자신을 잘 가꾸게 되고, 금이 손상되면 제 모습을 갖추지 못한다. 금이 없으면 자신을 다듬고 통제할 인자가 없는 것과 같으니 안정되지 못하고 삶이 황폐하게 될 수 있다.

● 金관성은 통제, 번거로움, 직장, 법적 문제 등을 야기한다.

관성은 명예 벼슬 직책 직위 자존심 등을 의미한다. 한편으로는 자신을 통제하고 제재를 가하는 인자로 명예실추, 자존심 손상, 법적 문제 등을 의미하기도 한다. 여자는 남편의 문제, 남자로 인한 문제 등을 일으키는 요소가 된다.

1) 庚 편관, 辛 정관

庚辛은 관성으로 戊己에서 얻은 것을 가치 있게 만든다. 마치 벌판에 벼가 보기 좋게 익어 황금들판을 연상시키는 모양새와 같다. 삶의 목적이 완성되는 단계이니, 이를 재생관이라 한다.

庚편관은 己에서 응집한 것을 보기 좋게 만들어 내놓는다. 자신의 새로운 모습이고, 육친으로는 자식이다. 자식 때문에 내 모습을 더욱 다듬게 되고, 자신의 원래 모습을 변모시키고 가공하게 한다. 기존의 나를 버리고 가공해야 하니 아픔이 있고 인내가 요구된다.

　庚의 인내와 고통으로 얻어진 결과물이 辛정관이다. 무르익은 벼를 수확하여 실질적인 쌀(식량) 또는 벼 종자로 변신한 것이 辛이다. 辛은 완성된 가치 있는 실질적 물상이기에 가장 정제된 모습을 보인다. 사주궁위에서 庚이 시간이라면, 辛은 시지에 해당한다. 辛은 윤회궁의 마지막 단계이니 일생을 마감하고 윤회를 거쳐 다시 갑으로 태어나야 할 씨앗(종자)이다.

　첫째, 庚 = 편관
　庚편관은 자신의 모습을 가공하는 틀과 같다. 乙木에 달린 열매로 결실을 이룬 金의 형상이다. 삶의 최종 목적을 완성한 상태이다. 자신의 모양새를 보기 좋게 가공하고 고유한 기운·기세를 바꾸게 도와주는 것이 편관이다. 자신의 모습을 드러나게 하고, 자신의 틀을 갖추게 하며, 보다 좋은 나를 만들어가는 과정이다. 다만 나무에 매달린 누구나 볼 수 있는 관이니 나만의 틀이 아니다.

　庚은 己 정재에서 취한 것과 戊己의 경험들을 토대로 중년 이후에 나만의 세상·영역을 만들고자 한다. 종전의 것을 버리고 새롭게 자신을 가꾸어야 하니 고통이 동반되고 인내가 필요하다. 나를 희생하고 힘들게 노력하면서 인내심으로 무장한다. 변경·변화가 많고 삶이 다단하게 된다. 남을 위해서 살아야 하는 삶의 모양새이기도 하다.

　둘째, 辛 = 정관
　辛은 분리할 수 없는 정제된 완전한 금 물상이다. 경 열매로부터 분리된 씨앗에 비유되니, 목의 근원이기도 하다. 씨앗은 단단하게 뭉쳐야 하고 수기(水氣)를 제거해야 가치가 있다. 다만 木을 내는 구조라면 水가 있어야 辛을 풀어 甲 뿌리를 낼 수 있다.

辛은 庚(편관)의 틀에서 나온 완전한 정관이니, 확고한 자신만의 가치관이 있다. 자신의 틀이 깨뜨려지는 것을 싫어하고 흐트러지는 것을 두려워한다. 인생으로 보면 말년으로 육신은 쇠약하고, 보수적이고 수구적이다. 병을 만나면 벗어날 수도 버릴 수도 없는 관계가 된다.

2) 삶의 수단인 재관의 財生官 의미

일간(木)으로 보면 재성(土)과 관성(金)은 극의 관계이다. 재성은 자신(木)의 고유한 기운·기세로 취하는 삶의 수단이고, 관성은 자신의 모양새를 다듬고 갖추게 하는 삶의 궁극적 목표이다. 즉 재는 자신의 고유한 기운이요, 관은 자신의 고유한 기운을 다듬고 가꾸는 인자이다.

재는 상관이 경험한 것을 펼치는 바탕이고, 관은 재를 다듬어 새롭게 출발하는 기회가 된다. 가령 辛이 → 甲을 보면 辛이 자신의 목적이 달성하는 것이요, 甲이 → 辛을 보면 甲이 스스로를 다듬고 새롭게 출발한다는 의미가 있다.

재생관의 의미는 관을 인생 최고의 덕목으로 보고, 관을 완성하기 위한 수단으로 재를 삼는데 있다. 관 성취를 위해 가는 길목에서 재를 거칠 뿐, 재관을 탐하는 것이 아니다. 만약 財官을 탐하면 일간이 재관에 휘둘리게 된다. 재관은 현실 삶에서 직접 취하는 것이고, 비겁·식상과 달리 정신과 육체를 모두 사용하기 때문에 정신적 현실적 문제가 발생한다.

관의 성취는 官生印으로 이어져야 한다. 재관을 성취하면 결국 水로 되돌려야 하니, 이를 덕행(德行)이라 하였다. 받았던 음덕을 되돌려 덕을 베풀어야 함이니 재관의 성취는 덕을 쌓으라는 의미이다. 만약 사주에 金이 없거나, 金이 있는데 水가 없거나, 土·金이 혼재하면 덕을 베푸는 것에 인색하다. 관인상생으로 되돌려주지 않으면 재관을 오래 누리지 못하게 된다.

사주팔자에서 재관이 바로 서야 하고, 재관을 완전하게 하는 인자는 인식(印食)이다. 재물을 크게 하기 위해서는 인성이 조화로워야 하고, 관록이 안정되기 위해서는 식상이 조화를 이루어야 한다. 관운에 관 성취가 높으면 반대급부로 식상이 발동하고, 재운에 재물 성취가 지나치면 인성이 발동한다.

또한 財官 또는 印食이 왕하면 비겁이 발동하여 재관을 손상시킨다. 재로 관을 탐하거나, 관으로 재를 탐하거나, 인식이 혼재하면, 탐욕이 발동하게 하게 되니 비겁이 몰려든다. 식재(食財)로 권력(官印)을 탐하거나, 권력(官印)으로 식재(食財)를 탐하는 경우이다.

이것이 양이 극하면 음으로 변하고, 음이 극에 이르면 양으로 변한다는 이치이다. 재관의 손상은 건강을 해치거나 수명을 단축시키기도 한다. 인생은 만사형통이 없는 것이다.

【5】 水 = 인성

● 水는 木 생명체를 내는 생명수(인성)이다.

水는 金을 품어 기르고 木을 내는 작용을 한다. 金을 품으니 일생의 성공인자인 관성을 다루는 능력(힘)이고, 목을 내놓으니 생명을 불어 넣는 생명수이다. 水는 木을 내는 것이 숙명이니, 자신(木)이 재관(金)의 뿌리를 얻는 것과 같다. 그래서 자신 삶의 수단과 목적을 재관에 두게 되는 것이다.

● 水는 재관(최종복록)을 담는 그릇이다.

金生水는 재관(金)을 水에 담는 것을 의미한다. 사주에서 水의 모양새에 따라 복록(재관)의 크기가 결정되고, 재관을 담을 수 있는 그릇의 크기가 결정된다. 얼굴에서 水는 입에 비유되고, 입은 모든 복록을 담는 자리이다.

● 水는 재관을 다루는 능력(힘)이다.

水인성은 木 성장의 밑거름이고, 금을 통하여 새로운 시작의 준비하니, 재관을 실질적으로 다루는 능력이다. 나를 존재하게 한 것이 인성이라면, 나의 존재가치를 실현하는 것은 재성이다.

식신생재하는 구조는 노력을 많이 해야 재물을 얻지만, 천간에 인성이 갖춰지면 쉽게 큰 부자나 큰 벼슬을 쉽게 얻거나 순탄하게 발달한다. 사주에 水 인성이 없으면 인생살이에서 도움을 받을 존재가 없다는 의미이다. 받으려고만 하는데서 오는 문제, 정신적 문제, 문서로 인한 문제, 교육 등의 문제가 발생한다.

● 水는 전생의 인자이자 정신세계를 지배한다.

水는 금생수로 지표면 아래에서 생명력을 탄생시키니, 전생의 기운을 돌려 현생으로 발현시키는 인자이다. 水인성은 머리를 위주로 사용하고, 정신적인 것을 추구한다. 행동은 느리지만 지혜롭고 머리회전이 빠르다. 생명체를 내야 하니 생각이 많고 노련하며 욕심이 많다.

문서관련, 학문, 학자, 임대업 등에서 발달하는 경향이 있고, 정신적 세계 또는 윤회와 관련된 직업성을 띤다.

● 水는 신장(생식기) 기운을 주관한다.

신장은 인체 에너지의 원초적 기운이다. 인체의 70%가 물로 구성되어 있으니 사주에도 水가 절대적으로 필요하다. 더불어 水는 木 생명체를 생성하기에 반드시 水의 안정성이 요구된다. 만약 水가 부족하면 인체 에너지가 순환하지 못하고, 삶에 왜곡이 있게 된다.

1) 壬 편인, 癸 정인(인수)

壬癸는 인성으로 만물의 생명수이다.

지표면 아래에서 辛 씨앗(생명력)을 보관하였다가 새 생명(甲)을 발현시킨다. 壬편인이 辛정관(씨앗)을 품어 기르고, 癸정인의 분산작용으로 甲비겁의 모습으로 변환되는 것이다. 이것이 관인상생이고, 윤회를 통하여 생명력을 이어가는 원동력이다.

첫째, 壬 = 편인

壬편인은 인생 최종복록을 담는 그릇이고, 만물의 씨앗(辛金)을 담아 새로운 생명(甲木)을 잉태하는 곳이다. 기존의 것을 정리하고 새로운 생명을 내기 위해 준비하는 단계인데, 확정할 수 없는 불안정한 상태이다. 마치 산모가 자식을 잉태한 상태와 같다.

지금까지와 다른 환경과 또 다른 새로움을 준비해야 하니, 함부로 움직이지 못하고 이것저것 생각할 것이 많다. 몸보다 머리를 이용하려는 속성이 있고, 특별한 기술로 앉아서 하는 일이나 손 안대고 코 푸는 일을 찾게 된다. 기술·자격으로 승부해야 한다. 법무, 치안, 공사기관 등과 인연이 있다.

편인은 재관 활동이 답답한 편이다. 만약 재물 성공을 많으면 몸이 상하거나, 만성 고질병이 드러나기도 한다. 여자가 편인이 왕하면 자식인연이 좋지 않다.

둘째, 癸 = 정인

癸정인은 새로운 생명의 태동이다. 임에서 저장되어 있던 辛金을 풀어서 갑목을 내는 단계이다. 水는 생명수이자 윤회의 인자인데, 癸가 윤회를 돌린다. 癸를 지혜(계산)의 인자로 보는 이유이다. 만약 일간이 인성과 어우러지면 사고가 독특하고, 인성과 어우러지지 않으면 현실과 동떨어진 사고를 갖는다.

산모가 몸을 틀어 새로운 생명(태아)이 나오려는 순간이다. 정신과 육체를 모두 사용해야 하고, 모든 역량을 다 쏟아야 한다. 삶의 지혜를 담아 새로운 것을 창출해내는 능력이 있다. 정신(머리)을 풀어 형상(결과물)을 만들어 내거나, 육체(몸)을 가공하여 새로움을 창조하거나, 기존의 것을 정리하여 새롭게 밝혀낸다.

조열한 사주에 수기(水氣)가 채워지면 크게 발달할 수 있다. 다만 인성(水)으로 식상(火)을 넓히고자 하는 구조는 사기 성향으로 나타난다. 비겁으로 식상을 키우거나 재관이 없는 상태에서 인식이 발동해도 마찬가지이다.

3. 比·食·財·官·印 상호 관계

십신은 비겁을 중심으로 생극의 논리에 따라 식·재·관·인 관계가 성립된다. 食·財·官·印 등은 비겁에 의해 파생되고, 식·재·관·인의 상호작용은 비겁(일간)의 성향과 삶에 영향을 미친다.

食·財·官·印은 상호 관계에서 또 다른 요소를 발현시킨다. 가령 아버지(재성)와 어머니(인성)가 만나 '나'를 만들어낸다. 나는 십신으로 보면 비겁에 해당하고, 아버지 입장에서는 관성이고, 어머니 입장에서는 식상이다. 財·印 관계는 생극 논리로 재성이 인성을 깨뜨린다고 한다. 이를 육친으로 살피면, 아버지가 나와 어머니를 갈라놓는다는 의미가 된다. 십신을 육친관계로 확대 해석할 경우의 오류이다. 십신은 무릇 인생사를 육친에 비유한 것이니, 삶의 논리로 파악해야 함이다.

십신의 인생논리를 재성에 비유해보자.

재성	관성	인성	식상
재-재 → 인	관-재 → 비	인-재 → 식	식-재 → 관
재-관 → 비	관-관 → 식	인-관 → 재	식-관 → 인
재-인 → 식	관-인 → 재	인-인 → 관	식-인 → 비
재-식 → 관	관-식 → 인	인-식 → 비	식-식 → 재

〈食·財·官·印 상호간 생극 관계〉

위 표에서, 재가 재를 보면 즉 재성이 거듭되면 인성이 되고, 재와 관이 혼재하면 비겁이 되고, 재가 인성을 보면 식상을 발휘하고, 재가 식상을 보면 관성이 된다. 이러한 食·財·官·印 상호간 생극 관계가 바로 십신의 인생논리이다.

● 재의 조화는 인성에 있고, 관을 조화롭게 하는 것은 식상이다. 재성-인성의 조화는 식상으로 발현되고, 관성-식상의 조화는 인성으로 발현된다.

재물 성취가 많은 만큼 베풀라는(인성) 의미이고, 재물을 나눌 줄 아는 사람은 자신의 능력(식상)으로 재물을 취득한 사람이라는 뜻이다.

벼슬이 높은 만큼 능력(식상)을 갖추라는 의미이고, 진정 실력을 갖춘 벼슬아치는 어려운 사람을 돕고 베풀 줄 안다는(인성) 뜻이다.

● 관인상생과 식신생재

높은 벼슬을 얻은 사람은 자신의 지위를 어렵고 빈곤한 사람을 위해 사용해야 하니, 관성을 가치 있게 하는 것이 인성이다.

재물은 정상적인 방법 즉 자신의 능력을 바탕으로 성취해야 하니, 식상을 가치 있게 하는 것은 재성이다. 그래서 사주에 재성이 없더라도 식상이 발현되면 재물을 성취할 수 있고, 관성이 없더라도 인성이 왕성하면 관을 취할 수 있음이다.

● 식·재가 발현되면 재생관으로 관성이 실현하고, 관·인이 만나면 관인상생으로 재물을 끌어들인다.

식-재-관으로 구성되면 자신의 능력으로 재물을 성취하여 이상을 높이라는 의미이고, 재-관-인으로 구성되면 벼슬을 취하여 재물을 탐하지 말라는 의미이다.

만약 식-재-관, 재-관-인의 연결고리가 없이 식-인, 재-관이 직접 만나면 재·관을 탐하게 되니 비겁이 발동하는 것이다.

● 재관의 주체는 비겁이고, 비겁을 조화롭게 하는 것은 인·식이고, 비겁을 가치 있게 하는 것은 재관이다. 인·식은 비겁의 방향성을 제시

하는 인자이고, 재·관은 비겁의 목표를 뚜렷하게 한다.

　나(비겁)는 능력(식상)과 덕행(인성)을 갖추어야 하고, 능력(식상)과 덕행(인성)의 값으로 얻어지는 것이 재관인 셈이다. 내가 어떻게 살아가느냐에 따라 재관의 모양새가 결정되는 것이다.

○戊○○
○寅卯未

사주에 식상이 없으나 관성이 과다하니 식상을 발휘한다. 관성 木의 속성에 따라 건축, 디자인, 미용, 설계, 몸을 이용한 직업 등이 좋다.

丁辛壬丙 乾　戊丁丙乙甲癸
酉酉辰子　　戌酉申未午巳

임수상관격을 취용하는 바 子辰 水국이 있어 금수상관을 이루었으나 주중에 甲·乙·寅·卯 등 목 재성이 없으니 일생이 빈한했다고 한다.[73] 이는 진토가 재성에 해당하는데, 子辰합 酉辰합으로 토(재성)이 제 역할을 못한다. 금이 많으므로 관성이 거듭된 것과 같다. 관성이 거듭하여 식상으로 발현되는데 土재성이 무력하니 식신생재가 이루어지지 않은 까닭이다.

甲庚己庚 坤　癸甲乙丙丁戊5
申寅卯申　　酉戌亥子丑寅

금이 거듭되니 식상이 발현되고, 목이 거듭되니 펼치고자 하는 기운이 많다. 목과 식상의 발현은 몸을 이용하는 직업성이 있으니, 유흥업계에 종사하는 여명이다.

---

73) 『命理正宗』에 소개된 사주 명조이다.

제 5 장
기상론

기상(氣相)은 음양(陰陽)의 논리이다
음 중에 양이 있고, 양 중에 음이 있다

양 = 기운, 음 = 물상
천간 = 양, 지지 = 음
수화 = 양, 목금 = 음

만물 생성은 음양조화 즉 음양 분위에서 비롯된다

기상론氣相論

1. 오행의 음양(水火)운동

1) 오행의 음양 속성

음양을 오행으로 분류하는 방법에는 크게 2가지로 분류할 수 있다.

첫째, 만물의 생장쇠멸 측면에서 보면 목·화는 양이 되고, 금·수는 음이다.

둘째, 기운의 상생과 만물의 성장 측면에서 보면 水·火는 氣(기운)로 양이 되고, 木·金을 相(물상)으로 음이 된다. 즉 수는 목을 낳고, 화는 금을 낳는다. 마치 물로써 나무를 키우고, 햇빛으로 과일을 익게 하는 원리와 같다. 인간으로 보면 태아는 모태의 양수에서 길러지지만, 세상 밖으로 나오면 하늘의 기운을 받고 성장하는 것과 같다.

음양은 다시 분화되는데, 음양 분화를 오행상생으로 살펴보자.

음(--)		양(—)	
태음(==)	소양(==)	태양(═)	소음(==)
水	木	火	金
水生木		火生金	

〈음양 분화와 오행 상생〉

위와 같이 水는 음을 주관하고, 목을 기른다. 화는 양을 주관하고 금을 기른다. 水에서 → 木 물상이 생성되고, 火에서 → 金 물상이 생장하는 것이다. 水生木은 음 본위에서 생성되니 목은 음의 물상이고, 火

生金은 양 본위에서 생장하니 금은 양의 물상이다.

동중서는 『춘추번로』에서 "음양을 나누면 사시가 되고 사시를 나열해보니 오행이 되었다"74)고 하였던 바와 같이, 水·木·火·金을 조화롭게 하는 오행 중 나머지 하나는 土이다. 음양 본위를 조절하고, 수생목의 생성을 조절하고, 화생금의 생장을 조절하고, 다시 금생수로 순행·윤회·영속케 하는 보이지 않는 기운은 土이다.

2) 오행의 음양 작용

음양의 분화과정은 음양-사시-팔괘-16괘-32괘-64괘로 분화되는데, 천지인(3)과 오행(5)은 음양의 분화과정에서 나타나지 않는다.75)

천지인에서 人은 음양 조화를 도모하는 기적(氣的) 요인으로 표현한 것이라면, 오행에서 土는 사시(水-木-火-金)의 운행을 돕는 보이지 않는 氣(기운)이라 할 수 있다. 土는 실질적 물상이라기보다 사시(四時)를 조화롭게 하는 보이지 않는 기적요인으로 인식된다.

오행을 방위로 보면, 水는 북방, 火는 남방, 木은 동방, 金은 서방에 해당한다.

오행방위를 음양으로 세분하면, 상하 음양은 水·火이고, 좌우 음양은 木·金이다. 상하(水火)가 천지의 기운이라면, 좌우(목금)은 인간이 추구하는 물상이라 할 수 있다. 목금은 인간이 살아가는 물상으로 천지의 기운에 의존하게 되는 것이 천지음양의 조화인 것이다.

---

74) "天地之氣, 合而爲一, 分爲陰陽, 判爲四時, 列爲五行", 董仲舒, 『春秋繁露』「五行相生」, 弟五十八.
75) 음양의 분화과정에서 천지인 상응 개념이 탄생하고, 사상의 분화과정에서 토가 필요하니 오행이 형성되고, 팔괘의 분화과정에서 음양이 조절되어야 하니 10궁(10선천수)이 있고, 16괘의 분화과정에서 12지지(사계)를 더하니 28수가 된다. 16괘 32괘는 괘상으로 활용되지 않고 64괘에서 육효가 완성된다.

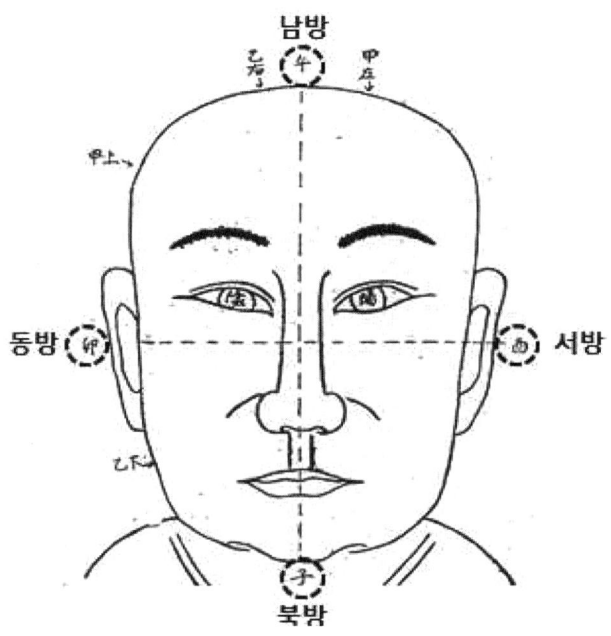

    천지에서 양은 하늘이고, 음은 땅이다. 음양을 사주간지로 보면 천간(양)과 지지(음)의 관계이다. 양을 대표하는 오행은 火이고, 음을 대표하는 오행은 水이다.

    천지만물과 더불어 살아 숨 쉬는 인간세상은 하늘의 기운을 받아 땅에서 물상을 드러내게 된다. 인간을 비롯한 천지만물은 하늘의 기운인 햇빛과 빗물을 먹고 사는 존재인 물상이다. 해와 비를 오행으로 보자면 햇빛은 火요, 빗물은 水이다.

    하늘에서 햇빛과 빗물이 대지를 적셔야 땅에서 만물이 생성되고, 땅에서는 햇빛과 빗물의 융화작용으로 수증기가 상승한다. 하늘에서 수증기를 모으니 다시 비가 되어 대지를 적시게 된다. 이것이 천지의 상응이요, 천지(天地)의 기상(氣相)이 서로 상승·하강작용으로 상응함으로써 천지만물이 살아서 영원성을 이어가는 것이다.

    음양의 작용적 측면에서 양이 극에 도달하면 음이 되고 음이 극에 도달하면 양이 된다고 하였다. 즉 해가 뜨면 달이 지고 달이 뜨면 해가 지는 이치와 같다. 인생살이에서도 항상 좋기만 하고 나쁘기만 한 것이 아니다. 오르막이 있으면 내리막이 있고 내리막이 있으면 오르막이 있게 마련이다.

인생사 둥글게 살아가야 하는 삶의 이치가 바로 수승화강에 있고, 이 水火의 氣的 승강에 의하여 인간의 물상인 木金이 생성되는 것이다. 그래서 기상명리에서는 木·金은 물상이고, 水·火는 목금 물상을 만들어내는 기운이라 하는 것이다.

3) 十干의 음양 속성

사주 천간을 양간-음간으로 보면 甲·丙·戊·庚·壬은 양이고, 乙·丁·己·辛·癸는 음이다. 氣-相의 관점으로 보면 甲·庚·乙·辛 목금은 양이고, 丙·壬·丁·癸 수화는 음이다. 양 중에 음이 있고, 음 중에 양이 있다고 하였다. 천간 10글자에도 각각 음양이 상존하고 있음이다.

천간은 양 기운을 대변하지만, 음간은 양(천간) 중 음에 해당하니 물상적 속성이 있다. 乙·丁·己·辛·癸가 있기에 천간 기운으로 지지 물상을 형성할 수 있는 것이다.

기상(氣相)의 음양 속성을 이해하기 위해서는 천간의 음양 속성을 파악할 필요가 있다. 천간의 음양 속성을 얼굴 방위에서 찾아보자.

얼굴에서 동서남북 방위 개념은 오악(五嶽)과 오성(五星)에서 밝히고 있는데, 오악(五嶽)과 오성(五星)의 좌우 방위에 차이가 있다.

오성에서 왼쪽 귀는 금성(金)이고 오른쪽 귀는 목성(木)이라 하였는데, 오악에서는 왼쪽 관골은 동악(木)이라 하고 오른쪽 관골은 서악(金)이라 하였다.76)

---

76) "額爲衡山(南嶽), 頦爲恒山(北嶽), 鼻爲嵩山(中嶽), 左顴爲泰山(東嶽), 右顴爲華山(西嶽)", 麻衣相士 著, 『麻衣相法』「五嶽」, 37쪽. 五嶽은 중국의 남쪽에 위치한 衡山, 북쪽에 위치한 恒山, 중앙에 위치한 嵩山, 동쪽에 위치한 泰山, 서쪽에 위치

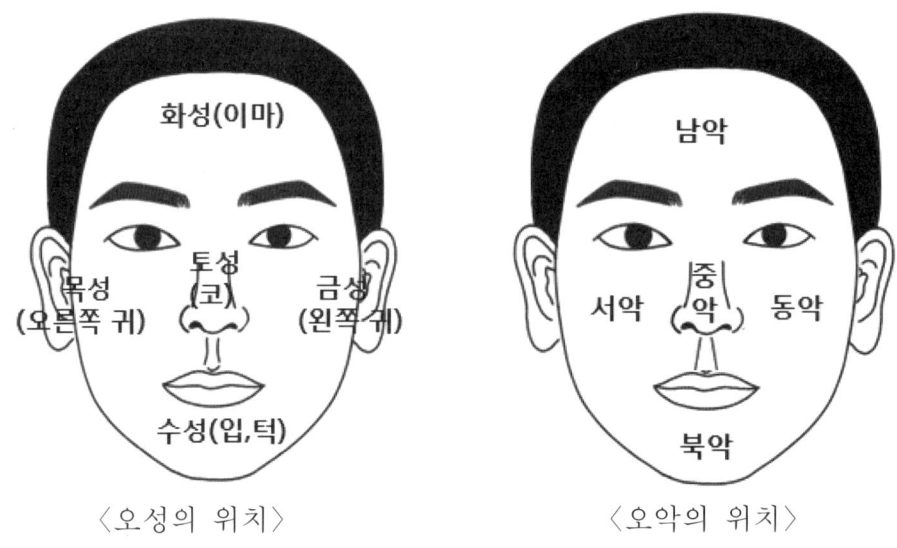

⟨오성의 위치⟩   ⟨오악의 위치⟩

위 그림과 같이 얼굴 좌우에는 귀와 관골이 있는데, 오성과 오악에서 말하는 좌우 방위는 상반된다. 이에 대하여 천도(天道)와 지도(地道)의 개념으로 설명하고 있다.77) 그 의미에 대해서는 '수승화강'편에

한 華山 등을 이르는 天下觀이다.
"火星須得方, 方者有金章(額).…土星須要厚, 厚者有長壽(鼻), 木星須要朝, 五福幷相饒(右耳). 金星須要白, 官位終須獲(左耳).…水星須要紅, 紅者作三公(口)", 『麻衣相法』「五星六曜」, 38쪽. 五星은 하늘의 火星·土星·木星·金星·水星 등 하늘의 5개의 큰 별을 面相에 대비하여 일컬은 것이다.

77) 방위를 볼 때 동양적 관점과 서양적 관점에 차이가 있다. 동양의 방위개념은 동서를 방위기준으로 삼아 天地의 원리에 따라 하늘을 위쪽(남방)에 두는데, 서양의 방위개념은 남북을 중심축으로 삼아 북방을 위쪽에 둔다. 이에 일반적으로 우리에게 익숙한 방위는 위쪽이 북방이고, 아래쪽을 남방이고, 오른쪽이 동방이고, 왼쪽이 서방이다. 그러나 동양의 방위개념은 마땅히 하늘은 위에 있어야 하고 땅은 아래에 있어야 하니 위쪽에 남방을 두고, 아래쪽이 북방을 두니, 왼쪽이 동방이 되고, 오른쪽이 서방이 된다. 즉 서양의 방위개념은 사물을 바라보는 관찰자적 관점에서 방위를 정하는 것이라면, 동양의 방위개념은 대상물을 주체한 주체적 관점에서 바라본 방위이다. 그래서 相學에서의 방위개념은 원칙적으로 대상물의 주체자적 관점에서 보기 때문에 관찰자 입장에서 보는 오른쪽이 실제로 상에서는 왼쪽이 되고, 관찰자 입장에서 보는 왼쪽이 相에서는 오른쪽이 된다.

서 재조명해보기로 하고, 여기서는 '오성·오악'에서의 오행 배치와 '얼굴 월령도'에서의 간지(干支) 배치를 기준으로 얼굴에서 천간 위치를 살펴보자.

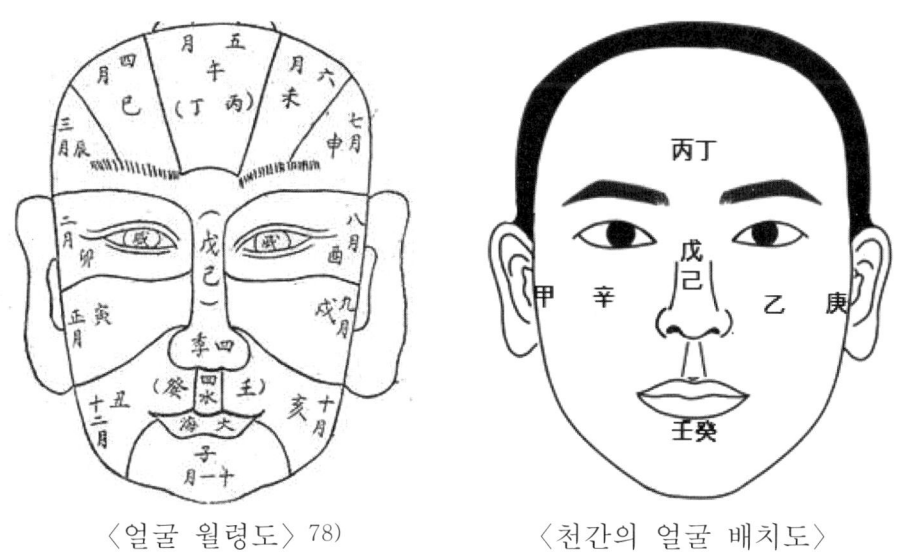

〈얼굴 월령도〉78)　　　　〈천간의 얼굴 배치도〉

위 그림에서 얼굴 왼쪽에는 乙·庚이 배속되고, 얼굴 오른쪽에는 辛·甲이 배속된다. 사주 천간에서 甲·丙·戊·庚·壬 양간은 오성(하늘)의 개념이고, 乙·丁·己·辛·癸 음간은 오악(땅)의 개념이다. 오성은 하늘(양) 기운이니, 왼쪽 귀는 庚이 되고, 오른쪽 귀는 甲이 된다. 반면에 오악은 땅(음) 물상이니, 왼쪽 관골에 乙이, 오른쪽 관골에 辛이 배속되는 것이다.79)

오성은 하늘의 별을 형상화 즉 하늘의 기운을 표현하였기에 관찰자적 관점에서 본 방위이고, 오악은 땅의 산악을 형상화 즉 땅의 물상을 표현하였기에 주체자적 관점에서 본 방위이다. 그래서 얼굴에서 좌우 방위가 서로 다르게 규정하고 있는 것이다.
78) 그림 출처 : 『面相秘笈』「面相十二月令圖」. 상학에서의 面相十二月令圖를 바탕으로 오악(五嶽)과 오성(五星)의 개념을 더하여 명리학적 관점에서 재편하였다.
79) 여기에 대한 자세한 내용은 본 저자의 논문과 관상서를 참조하기 바란다.

오행의 음양운동　143

천간은 모두 기운(양)이니, 甲·庚은 천간(양) 중 양간이고, 乙·辛은 천간(양) 음간이다. 甲·庚은 오성(하늘)의 개념으로 양 중 양이라면, 乙·辛은 오악(땅)의 개념으로 양 중 음이 된다.

기상명리에서 천간과 水·火는 氣(기운)이고, 지지와 木·金은 相(물상)이라 하였다. 천간은 기운이니 丙·壬·丁·癸 수화는 기운적 요소가 강하고, 甲·庚·乙·辛은 목금이니 물상적 요소를 동반한다. 甲·庚·乙·辛을 음양으로 나누면 甲·庚은 양이고, 乙·辛은 음이다. 甲·庚은 물상을 품은 기운이라면, 乙·辛은 기운을 품은 물상이라 할 수 있다. 乙·辛을 물상을 대표하는 천간인자로 보는 이유가 여기에 있다.

2. 수승화강(水升火降)

水는 본래 하강하려는 속성이 있고, 火는 상승하려는 본질적 속성이 있다. 水가 하강을 지속하면 아래로 내려가 버리고, 火가 상승을 지속하면 올라가 버리니, 수화의 음양이 상응하지 못한다. 음양(水火)이 상응하지 못하면 인체는 물론 만물이 생존할 수 없다.

하강하려는 水를 끌어올리고, 상승하려는 火를 끌어내려 음양(수화)을 상통하게 하는 이론이 도교수련공법인 수승화강(水升火降)이다. 水의 상승과 火의 하강을 중앙에서 조절·통제하는 것이 土이다. 기상명리에서 수화 기운이 목금 물상을 만들어내는 과정에서 조절하고 통제하는 기적 요소로 土로 보는 논리이다.

1) 수승화강의 원리

尹君根, 「相學의 道敎修鍊的 접근」, 圓光大學校 大學院 博士學位論文, 2016. 관성서로는 『얼굴지도로 인생을 여행하다』, 『귀눈입코』 등이 있다.

수승화강(水升火降)의 원리는 도교수련공법에서 음양(수화) 상합을 인체에 적용하여 전개한 이론이다. 음을 대표하는 오행은 水이고, 양을 대표하는 오행은 火이니, 음양의 상합을 오행으로 수화의 승강으로 표현한다. 도교수련에서 수승화강 수련공법은 인체 오장육부의 음양(수화)을 순환케 하여 장생(長生)을 얻고자 하는데 목적이 있다.

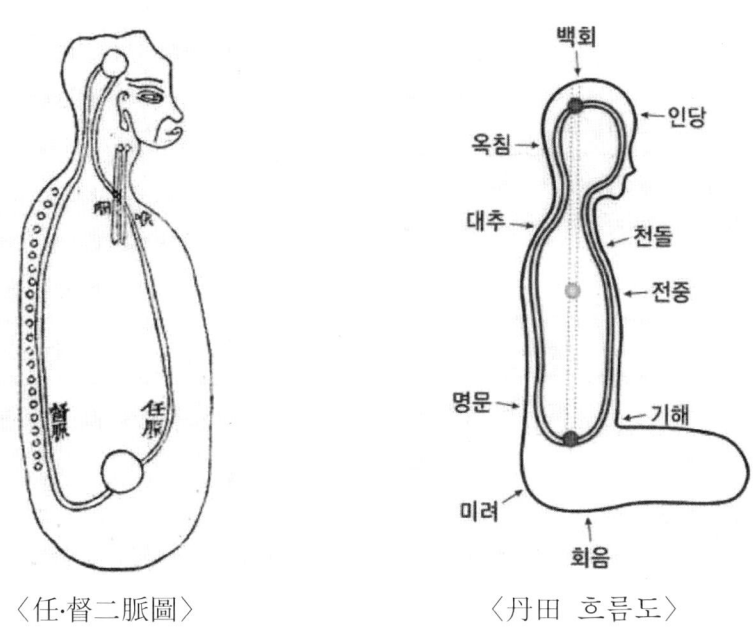

〈任·督二脈圖〉　　　　　　〈丹田 흐름도〉

위 그림과 같이 음(수)은 독맥(督脈)을 타고 올라가고, 양(화)은 임맥(任脈)을 타고 내려오면서 마치 원을 그리듯 회귀한다. 수승화강에서 음(수)이 상승할 때는 음 중 양을 취하여 상승하고, 양(화)이 하강할 때는 양 중 음을 취하여 하강한다고 하였다. 음 중 양을 진양(眞陽)이라 하고, 양 중 음을 진음(眞陰)이라 한다.80)

---

80) "眞氣爲陽, 眞水爲陰, 陽藏水中, 陰藏氣中. 氣主于升, 氣中有眞水, 水主于降, 水中有眞氣, 眞水乃眞陰也, 眞氣乃眞陽也", 鍾離權 著, 『鍾呂傳道集』「論天地」, 464쪽. 즉 眞氣는 陽이고 眞水는 陰이다. 陽은 水 가운데 저장되어 있고, 陰은 氣 가

이를 다시 상학의 관점에서 이해해보자.

얼굴 위쪽(이마)과 왼쪽은 양이고, 얼굴 아래쪽(입·턱)과 오른쪽은 음이라 하였다. 위 인체의 수승화강을 얼굴에 대비하면, 얼굴에서 水의 상승은 입·턱에서 → 이마로 올라가고, 火의 하강은 이마에서 → 입·턱으로 내려온다.

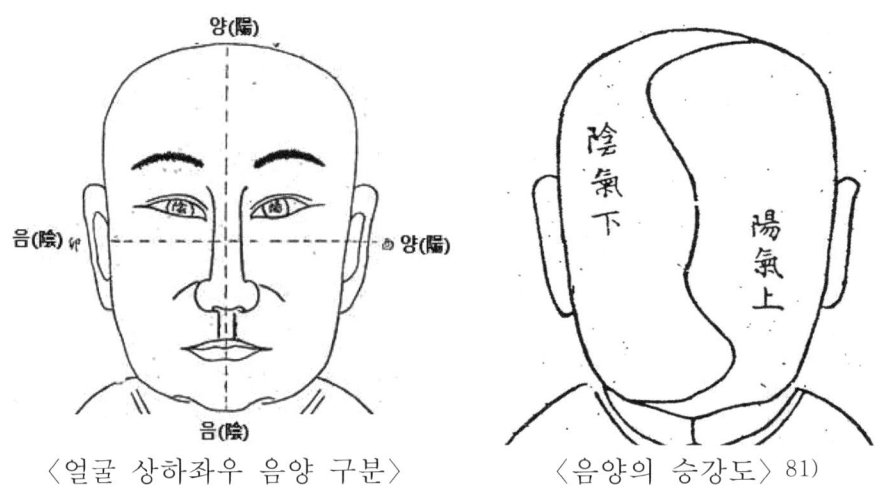

〈얼굴 상하좌우 음양 구분〉　〈음양의 승강도〉81)

얼굴에서 음양(수화)의 흐름에 대하여 『면상비급』에서, "양의 기운은 왼쪽으로 상승하고, 음의 기운은 오른쪽으로 하강한다"82)고 하였다. 얼굴에서 수화 기운의 승강을 적시하고 있는 것은 도교수련에서의 인체 흐름과 상학에서 얼굴의 기운이 상응하다는 증거이다.

水가 상승할 때는 陽을 취해야 하니 얼굴 왼쪽으로 올라가고, 火가 하강할 때는 陰을 취해야 하니 얼굴 오른쪽으로 내려온다. 이것이 얼

운데 저장되어 있다. 氣는 주로 상승작용을 하는데 氣 중에는 眞水가 있고, 水는 주로 하강작용을 하는데 水 가운데 眞氣가 있다. 眞水는 곧 眞陰이고 眞氣는 곧 眞陽이다.
81) 그림 출처 : 『面相秘笈』.
82) "陽氣上, 陰氣下", 『面相秘笈』.

굴에서 음 중 양, 양 중 음을 취하여 상통하게 하는 작용이다.83)

　음양이라는 기적 요소에서 오행이라는 물상적 요소로 분화되고, 오행 중 음양을 대표하는 인자가 수화이다. 水·火는 氣(기운)로써 상하로 오르내리면서 木·金 물상을 조절하는 것이다. 水·火를 사주에서 천간의 氣(기운·기세)가 되는 까닭이다.

2) 子·午(癸·丁)의 승강 작용

　수승화강은 음양(수화)의 승강으로 오행을 상통하게 하는 원리이다. 음(수)이 상승할 때는 음(수) 중 양(화)을 취하여 상승하고, 양(화)이 하강할 때는 양(화) 중 음(수)을 취하여 상승한다고 하였다.
　그렇다면 水의 상승을 주도하는 水 중 양기는 무엇이고, 火의 하강을 주도하는 火 중 음기는 무엇인가?
　사주 천간으로 보면 水에는 壬·癸가 있고, 火에는 丙·丁이 있다. 지지로 보면 亥·子와 巳·午이다.
　子에서 일양(一陽)이 시생하니 수 중 양기(陽氣)는 癸가 되고, 午에서 일음(一陰)이 시생하니 화 중 음기(陰氣)는 丁이 된다. 음 중 양은 癸水를 말하고, 양 중 음은 丁火를 말함이다. 水가 상승한다 함은 癸水(子水)가 상승하는 것이요, 화가 하강한다 함은 丁火(午火)가 하강하는 것이다.
　癸水(子水)의 상승과 丁火(午火)의 하강을 얼굴에서 살펴보자.

---

83) 도교수련에서 水의 상승은 음 중 양을 취하여 상승하고, 火의 하강은 양 중 음을 취하여 하강한다고 하였다. 이에 얼굴에서 음(수)이 상승할 때는 왼쪽(양)으로 상승하고, 양(화)이 하강할 때는 오른쪽(음)으로 하강하게 된다. 이것이 얼굴에서 음 중 양을 취하여 상승하고, 양 중 음을 취하여 하강하는 논리이다. 여기에 대해서는 본 저자의 논문을 참고하시면 도움이 될 것이다. 尹焄根, 「相學의 道敎修鍊的 접근」, 圓光大學校 大學院 博士學位論文, 2016.

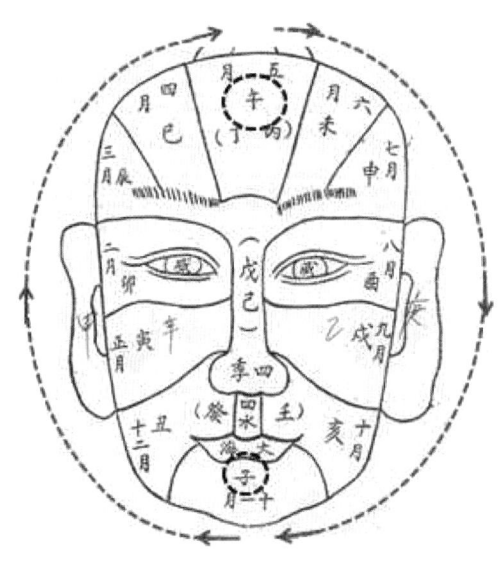

子 → 午
子→丑→寅→卯→辰→巳→午
癸(봄) → 丙(여름)
癸丙(戊)합으로 지표면 위의
물상을 관장한다.

午 → 子
午→未→申→酉→戌→亥→子
丁(가을) → 壬(겨울)
丁壬합으로 지표면 아래의
물상을 관장한다.

〈얼굴에서 子·午(癸·丁)의 승강 방향성〉

위 그림에서 子는 음 본위에 위치하고, 午는 양 본위에 있다.
 비록 子는 음 자리에 있지만 子에서 일양이 시생하니, 子-丑-寅-卯-辰-巳-午로 상승하여 이마(양)로 향하니 양 본위의 기운을 형성한다. 반면에 午는 비록 양 자리에 있지만 午에서 일음이 시생하니, 午-未-申-酉-戌-亥-子로 하강하여 입·턱(음)으로 향하니 음 본위의 특성을 지니게 된다.
 子는 상승하려는 속성을 지닌 기운이고, 午는 하강하려는 속성을 가진 기운이다. 水火 기운의 승강은 천간에서 주도하고, 실질적으로 운동하는 것은 癸·丁이다. 癸는 응축되고 차가운 물이 아니라 양을 표출하고 기운을 상승시키는 수기(水氣)이고, 丁은 열을 응집하고 집중하여 화를 하강시키는 화기(火氣)이다.
 여기서 알 수 있듯이 癸水·子水가 壬水·亥水보다 춥거나 얼어붙었거나 차갑다는 관념에서 벗어나야 한다. 계수·자수는 목을 내고 병화를 내기 위해 분산하고 흩어지는 속성이 있다는 점을 염두에 둘 필요가 있다. 물론 子水가 지지에서 음력 11월이라는 사실은 변함이 없고, 계절적으로 겨울임은 분명하다. 그렇다고 子를 겨울이라는 계절에 집착하여 얼어붙은 水로 고착화해서는 안 된다. 子水는 일양을 품고 있으니 분산작용에 의한 폭발성을 간과하지 말아야 함이다. 子를 천간으로 보면 癸이고, 癸는 子의 원천기운이자 본질이다. 癸·子는 음수(陰水)가 아니라 분산·폭발력을 함축한 水로 보아야 하는 것이다.

丁火·午火도 마찬가지이다. 丁·午는 丙·巳와 달리 火를 응집하여 집중력을 발휘하는 작용이다. 午에서 일음이 시생하기 때문이다. 丁·午를 활활 타오르는 火로 볼 것이 아니라, 화기를 응집하여 한 곳에 집중하는 火로 보아야 함이다.

3. 음양(기상) 본위

1) 천간 기운의 방향성

위 얼굴에서의 수승화강을 통하여 子·午(癸·丁)의 승강을 살펴보았다. 이를 토대로 사주에서 천간합의 방향성을 이해해보자.

앞 〈얼굴에서 子·午(癸·丁)의 승강 방향성〉 그림과 아래 그림을 비교해서 살펴보자.

아래 그림을 보면, 얼굴 아래쪽에 壬과 함께 있던 癸水가 → 왼쪽 부위(陽)를 취해 상승하여 얼굴 위쪽에서 丙(戊)과 합한다. 癸의 상승으로 火가 촉발(動)되어 하강하게 되고, 丙과 함께 있던 丁火가 → 오른쪽 부위(陰)를 취해 하강하여 얼굴 아래쪽에서 壬과 합한다.[84]

---

[84] 〈얼굴에서 子·午(癸·丁)의 승강 방향성〉에서와 같이 子는 축인묘진사로, 午는 미신유술해로, 시계방향으로 흐른다. 도교수련의 수승화강은 역단기법으로 거꾸로 돌리니, 〈얼굴에서 수화승강도〉에서와 같이 子水가 상승할 때는 양을 취하여 상승

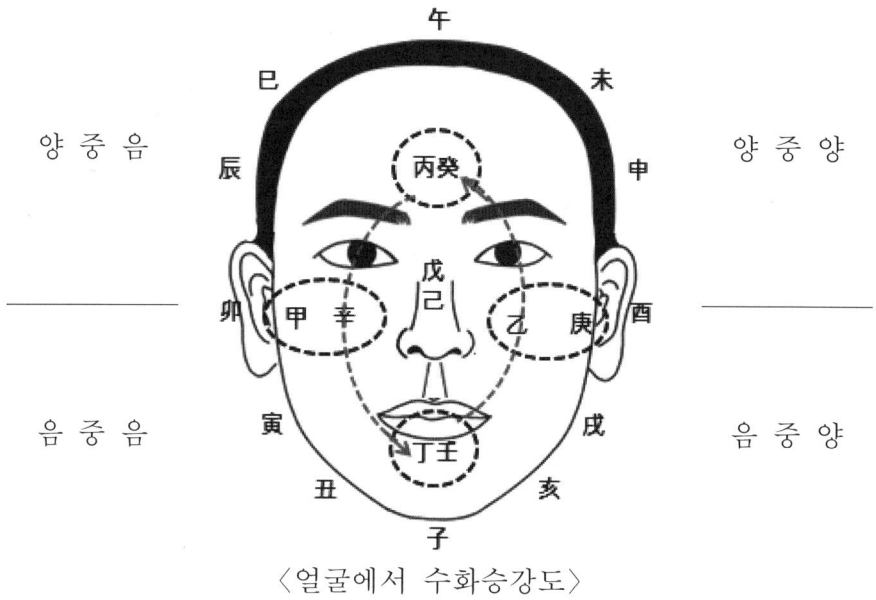

〈얼굴에서 수화승강도〉

癸水는 상승하는 과정에서 水生木으로 乙木을 취함으로써 庚金과 합하고, 丁火는 하강하는 과정에서 火生金으로 辛金을 취함으로써 甲木과 합한다.

한편 얼굴 왼쪽과 위쪽은 양이고, 얼굴 오른쪽과 아래쪽은 음이라 하였다. 癸丙(戊)와 乙庚은 얼굴 왼쪽과 위쪽에서 형성되니 양 본위에서 작용하고, 丁壬과 辛甲은 얼굴 오른쪽과 아래쪽에서 형성되니 음 본위에서 작용한다.

음양 본위를 지상에서 보면 양 본위는 지표면 위에서 작용하는 운동이고, 음 본위는 지표면 아래에서 작용하는 운동이다. 양 본위에서 癸丙(戊)와 乙庚이 작용하고, 음 본위에서 丁壬과 辛甲이 작용하기 위해서는 土가 필요하다.

무토는 펼치는 기운이니 양 본위에서 작용하고, 기토는 응집하는 기

하고, 午火가 하강할 때는 음을 취하여 하강한다.

운이니 음 본위에서 작용한다. 癸丙(戊)와 乙庚의 작용을 조절하는 것은 무이고, 丁壬과 辛甲의 작용을 조절하는 것은 己이다.

여기서 몇 가지 사실을 염두할 필요가 있다.

첫째, 水의 상승으로 水生木의 관계가 성립되고, 火의 하강으로 火生金의 관계가 성립된다.

둘째, 천간합은 합화되는 것이 아니라, 천간 기운의 흐름을 말하고 있음이다. 癸는 → 丙으로 향하고, 乙은 → 庚으로 향하고, 丁은 → 壬으로 향하고, 辛은 → 甲으로 향하는 방향성에 있다.

셋째, 수화 기운의 합에는 癸丙합과 丁壬합이 있고, 목금 물상의 합에는 乙庚합과 辛甲합이 있다. 수화 기운이 목금 물상을 만들어내는 것을 표현한 것이 천간합의 방향성이다.

넷째, 丙·癸·戊·乙·庚은 양 본위에서 작용하고, 丁·壬·己·甲·辛은 음 본위에서 작용한다. 또한 수생목은 양 본위에서의 활동이고, 화생금은 음 본위에서의 활동이다. 여기에 대해서는 다음 장에서 다시 살피기로 한다.

따라서 기상명리에서는 火剋金이 아니라 火生金으로 논하고, 천간합을 합화로 보지 않고 천간 기운의 방향성으로 보는 것이다. 이는 뒤에서 다루게 될 지지에서의 방향성과 이에 부합하는 합·충·형·파·해 등의 작용과 간지의 상관관계를 살피는 중요한 근거가 된다.

여기서 2가지 의문이 있을 수 있다.

첫째, 癸는 丙으로 향하니 癸戊와 癸丙을 함께 양 본위의 합으로 보면서, 丁은 壬으로 향하는 방향성에서 기토가 작용하는데 왜 丁壬과 己壬을 함께 음 본위의 합으로 보지 않느냐는 점이다.

癸가 → 丙으로 향하는 것은 상승작용이니 무토의 도움이 있어야 올라갈 수 있다. 戊는 癸를 이끌고 丙으로 상승하여 함께 기운을 펼치기 때문에 현실적으로 癸가 丙으로의 상승은 戊가 주도하기 때문에 癸丙과 癸戊를 같은 합으로 간주한다.

　반면에 丁이 → 壬으로 향하는 것은 하강작용이니 기토의 도움이 없어도 丁은 壬과 합할 수 있기 때문에 굳이 己壬합이라 하지 않는다. 또한 子·卯·午·酉 중 유독 午에는 기토가 들어 있다. 午에만 己土가 들어 있다는 것은 丁이 壬으로 향하면서 응집하는 작용을 보이지 않게 돕는다는 의미도 있다.

　둘째, 수승화강 운동에서 찾아볼 수 없는 甲己합과 丙辛합은 천간 흐름(방향성)으로 보지 않느냐는 점이다.

　결론부터 말하자면 갑기합과 병신합은 합하는 성질은 있지만, 천간 기운의 방향성이라는 점에서는 합으로 보지 않는다. 갑기합과 병신합은 음양 본위에서 방향성이 명확하지 않기 때문이다.

　甲己는 갑목이 己土에 뿌리를 내린다는 의미가 있고, 기토가 갑목을 품는다는 의미가 있다. 甲己의 작용을 굳이 따지자면 음 본위에서 활동하게 되는데, 甲己가 만나면 기운 또는 물상의 변화를 주도하는 것이 아니라 합으로 끌어당기는 작용만 할 뿐이다.

　丙辛은 甲己와 달리 활동하는 본위가 서로 다르다. 丙은 양 본위의 운동이고, 辛은 음 본위의 운동이다. 이에 丁·壬·己·辛·甲이 작용하는 환경에서 병신이 만나면 합으로 丙이 손상되고, 癸·丙·戊·乙·庚이 작용하는 환경에서 병신이 만나면 합으로 辛이 손상된다.

　그래서 기상명리에서는 甲己합과 丙辛합은 방향성이 모호한 합으로 본다. 갑기와 병신이 만나면 서로 합하는 성질은 있지만, 사주에서 합으로 인한 작용력을 발휘하지 못한다. 그래서 갑기와 병신의 합은 합기(合起)보다 합반(合絆)되는 경우가 많은 것이다.

2) 천간의 음양 본위

앞에서 수승화강의 방향성을 살펴 천간합의 방향성으로 살펴보았다. 癸水가 戊土와 더불어 丙火를 얻고자 상승하는 것이 癸丙(戊)합이고, 그 과정에서 乙이 庚으로 변환되는 방향성이 乙庚합이다.

반대로 丁火가 壬水를 얻고자 하강하는 것이 丁壬합이고, 그 과정에서 辛이 甲으로 변환되는 방향성이 辛甲합이다.

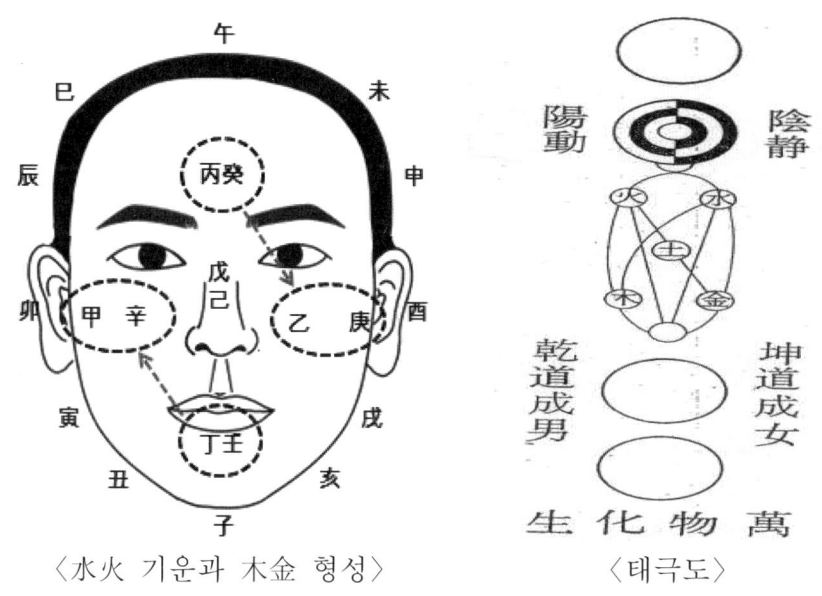

〈水火 기운과 木金 형성〉　　〈태극도〉

위 〈水火 기운과 木金 형성〉을 보면, 丙癸 기운이 乙-庚 물상의 변환을 돕는 운동은 양 본위에서 일어나고, 丁壬 기운이 辛-甲 물상의 변환을 돕는 운동은 음 본위에서 일어난다. 양 본위에서 癸丙(기운)는 → 乙庚(물상)을 만드는 방향성에 있고, 丁壬(기운)은 → 辛甲(물상)을 만드는 방향성에 있다.

즉 水火(丙·癸·丁·壬) 기운이 木金(乙·庚·辛·甲) 물상을 만들어낸다는 것인데, 이에 대한 원리는 〈태극도〉에서 밝히고 있다.

위 〈태극도〉를 보면, 水火는 하늘의 기운이니 위쪽에 위치하고, 木金은 땅의 물상이니 아래에 위치한다. 수화 기운을 중앙에서 土가 조절하여 목금 물상 즉 만물이 생장한다는 것을 그림으로 표현하였다. 음양(수화)의 조화를 통하여 만물(목금)이 화생하게 한다는 것을 설명하고 있는 것이다.

따라서 양 본위에서 戊(丙)癸가 → 乙庚을 형성하고, 음 본위에서 丁壬이 → 辛甲을 발현시킨다. 음양 본위의 운동을 지지에서 육양·육음의 측면에서 살펴보자.

양 기운은 4양에서 가장 왕성하고, 음 기운은 4음에서 가장 왕성하다. 그래서 양 본위는 4양(卯)에서부터 3음(申)까지 작용하고, 음 본위는 4음(酉)에서부터 3양(寅)까지 작용하게 된다.

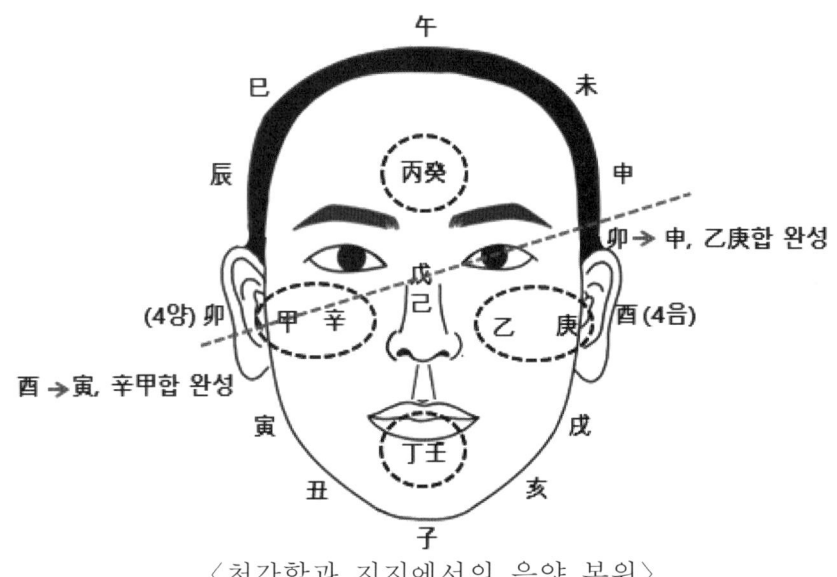

〈천간합과 지지에서의 음양 본위〉

양 본위에서 癸丙(戊)의 기운으로 乙庚이 완성된다. 양 본위의 목적은 乙→庚을 얻고자 하는 방향성이다. 이를 지지로 보면 卯→申에 해당하는 곳이다. 癸丙(戊)과 乙庚은 卯辰巳午未申에서 활동하는데, 이 구역은 지표면 위의 양 본위가 된다.

음 본위에서 丁壬(己)의 기운으로 辛→甲이 완성된다. 음 본위의 목적은 辛甲을 얻고자 하는 방향서이다. 이를 지지로 보면 酉→寅에 해당하는 곳이다. 丁壬(己)와 辛甲은 酉戌亥子丑寅에서 활동하는데, 이 구역은 지표면 아래의 양 본위가 된다.

3) 간지의 음양 본위 운동

위에서 살펴본 바와 같이 사주간지에서 癸·乙·戊·丙·庚은 卯辰巳午未申의 양 본위에서 활발하게 작용하고, 丁·辛·己·壬·甲은 酉戌亥子丑寅의 음 본위에서 작용력을 발휘한다.

이를 인간이 살아가는 땅에 비유하면, 지표면 위에서 癸-乙-丙-庚의 방향성은 卯辰巳午未申에서 양 본위를 형성하고, 지표면(아래)에서는 丁-辛-壬-甲의 방향성은 酉戌亥子丑寅에서 음 본위를 형성한다.

지표면 위와 지표면(아래)로 분별하여 음양 본위를 정리해보자.

구분	양 본위(지표면 위)	음 본위(지표면 아래)
천간 운동	癸乙 戊 丙庚	丁辛 己 壬甲
지지 활동	卯辰巳 午未申	酉戌亥 子丑寅

〈간지의 음양 본위〉

하늘의 양기가 땅에서 물상으로 드러난다. 드러나 펼쳐져 있는 지표면 위의 모습은 양이고, 고정화된 지표면이나 드러나지 않은 지표면(아래)는 음이다.

지표면(아래)에서 물상의 시작은 辛에서 시작된다. 辛은 경으로부터 분리되어 지표면에 떨어져 땅 속으로 들어가 강한 응집작용으로 음 본위인 유술해자축을 거치면서 인에서 갑의 모습으로 드러낸다.

甲이 지표면 위로 드러나면 양 본위에서 갑은 자신의 역량을 펼치지 못한다. 갑은 을에게 양기를 펼치기를 원하고, 을은 양 본위에 있기에 갑 기운을 이어받아 지표면 위에서 자유로운 분산작용으로 묘진사오미를 거쳐 申에서 庚의 모습으로 완성된다.

이처럼 지표면 위에서는 癸·乙·戊·丙·庚이 卯辰巳午未申에서 분산·확산운동을 하고, 지표면(아래)에서는 丁·辛·己·壬·甲이 酉戌亥子丑寅에서 응집·수축운동을 한다. 그 과정에서 무토와 기토는 봄·여름과 가을·겨울의 운행을 조절하고 중재하는 기능을 하게 된다.

戊土는 봄·여름의 분산·확산작용의 바탕이 되고, 乙木이 경금을 만들어내는 시기인 卯辰巳午未申에서 작용력을 갖는다.

己土는 가을·겨울의 응집·수축작용의 바탕이 되고, 辛金이 갑목을 만들어내는 시기인 酉戌亥子丑寅에서 작용력을 갖는다.

첫째, 음 본위 운동

壬이 辛을 응집하여 저장하는 이유는 甲을 내놓기 위함이고, 甲이 모습을 드러내기 위해서는 丁의 열기와 壬의 수기가 필요하다. 甲이라는 물상은 자연히 丁과 壬에 의탁하게 되고, 丁·壬이 합하는 목적은 辛을 응축·저장하여 甲이라는 멋진 모습으로 재탄생하기 위함이다. 丁이 辛을 응집하기 위해서는 甲의 발생 작용이 선행되어야 하고, 갑이 발생하기 위해서는 임의 저장작용이 있어야 한다.

丁의 응집작용으로 辛이 완성되고, 辛은 수축·경화하는 모습을 壬에게 의탁하며, 壬은 丁과 함께 辛을 甲으로 변모시켜 밖으로 드러내게 된다. 임과 갑의 시작·발생작용의 실질적 혜택은 정이 되고, 丁은 辛을 응집하는데 목적이라 할 수 있다. 이에 음의 본위는 壬-甲-丁-辛의 관계가 성립된다.

둘째, 양 본위 운동

丙·庚은 양기의 본위에 있으니, 丙이 乙을 분산하고 확산하는 이유는 庚을 형성하기 위함이고, 庚이 모습을 드러내기 위해서는 丙의 열기와 癸의 수기가 필요하다.

庚 물상은 자연히 丙과 癸에 의탁하게 되고, 癸·丙이 합하는 목적은 乙을 분산·확산시켜 庚이라는 탐스런 열매를 보기 위함이다. 병이 경의 결실을 얻기 위해서는 乙의 분산작용이 선행되어야 하고, 乙이 분산하기 위해서는 癸의 분산작용이 원활해야 한다.

병의 확산작용으로 乙이 완성되고, 乙은 성장하는 모습을 丙에 의탁하며, 丙은 癸와 함께 乙을 庚으로 결실을 맺게 된다. 癸와 乙의 분산작용의 실질적 혜택은 丙이 가지니 확산작용을 왕성하게 하고, 丙의 확산작용은 庚을 키우기 위함이다.

이에 양의 본위는 癸-乙-丙-庚의 관계가 성립된다.

乙庚庚丙 坤　甲乙丙丁戊己5
酉戌寅午　　　申酉戌亥子丑

출판업계에서 성공한 인물이다. 천간이 乙庚庚丙으로 양 본위를 이루었다. 묘월이면 크게 발달하겠지만, 인월이니 인에서 묘를 꺼집어 내는데 시간이 걸린다. 인월이니 책과 관련된 일에서 능력을 발휘하였고, 묘월이었다면 건축·영화 등 관련 일에서 크게 얻으려 했을 것이다. 지지에서 인오술을 이루니 발전성이 크게 되었다.

甲癸辛己 坤　戊丁丙乙甲癸壬1
寅丑未酉　　　寅丑子亥戌酉申

가정주부로 있다가 丙子운부터 영업과 관련된 일을 시작했지만 별로 성과가 없었고, 丙申년부터 부동산 컨설팅업을 하고 있다. 일이 잘 풀리지 않아 고생하고 있다. 천간 구성에서 양 본위 癸일간이 음 본위 甲辛己에 외로이 있으니 자신의 능력을 펼치기 어렵다. 월지 未가 癸를 말리기만 할 뿐 도움이 되지 않고, 辛甲합의 방향성에 따르지 않는 것이 문제이다.

4. 오행의 흐름과 음양 본위

천지만물의 생장쇠멸은 기운(수화)의 조화에 의해 물상(목금)이 변화한다. 水火는 기운으로 정신을 의미하고, 木金은 물상으로 물질을 의미한다. 天干은 양에 해당하니 수화 기운을 주관하고, 地支는 음에 해당하니 木金 물상을 주관한다.

물상은 기운의 조화에 의해 현실로 드러나고, 물상의 발현은 또 다른 기운을 태동시킨다. 木을 기르는 것이 水이고, 金을 형성시키는 것이 火이다. 즉 水生木, 火生金으로 물상이 완성되고, 수·화·목·금의 상호 작용을 조절·통제하여 전환·변환케 하는 요소가 土다.

水生木(음 본위)				火生金(양 본위)	
水	木	土		火	金
임 계	갑 을	무	기	병 정	경 신
해 자 축	인 묘 진			사 오 미	신 유 술
생성기운→	발생·발산→	조절		확산기운→	결실·수렴→

〈수화와 목금의 방향성〉

위와 같이 음 본위의 1양 子가 양 본위의 6양 巳를 취하고, 음 본위의 4양 卯가 양 본위의 3음 申을 취한다. 子·巳와 卯·申을 천간으로 보면 癸·丙과 乙·庚이다.

양 본위의 1음 午가 음 본위의 6양 亥를 취하고, 양 본위의 4음 酉

가 음 본위의 3양 寅을 취한다. 천간으로 보면 丁·壬과 辛·甲이다.

이를 천간합의 방향성으로 보면, 丁壬이 辛甲을 생성하는 수생목 과정이고, 癸丙이 乙庚을 생성하는 화생금 과정이다.

壬이 甲을 내기 위해 丁으로 향하고, 癸가 乙을 키우기 위해 丙으로 향한다. 丙이 庚을 완성하기 위해서는 癸가 필요하고, 丁이 辛을 가공하기 위해서는 壬이 필요하다. 즉 壬이 → 甲을 내고, 癸가 → 乙을 분산시키며, 丙이 → 庚을 키우고, 丁이 → 辛을 응집하는 작용관계에서 천지만물이 운행되는 것이다.

이러한 水火 기운과 木金 물상의 전환-발현은 土의 조절에 의해 현실화된다. 水·火(子·午)의 승강과정을 통하여 木·金 물상이 형성되고, 水·火 기운의 승강과 木·金 물상의 발현을 조절하는 요소는 土라고 하였다. 戊는 양 본위에서 癸-丙-乙-庚 흐름을 조절하고, 己는 음 본위에서 丁-壬-辛-甲 흐름을 조절한다.

1) 水·火 기운의 흐름

땅(土)에서 만물(木·金)이 생성하기 위해서는 하늘의 기운(水·火)이 반드시 필요하다. 水·火는 만물의 생장쇠멸을 주관하는 기운으로 햇빛과 빗물에 비유할 수 있다.

수화 기운은 목금을 내놓기 위해 존재하고 수화 기운의 희생으로 목금 물상이 생성되어 영원성을 갖게 된다. 음 본위에서 水生木으로 木 물상을 내고, 양 본위에서 火生金으로 金 물상을 완성한다.

水火는 기운이기에 자신이 직접 물상을 주도하지 못하고, 木金을 통하여 자신의 목적을 달성한다. 그래서 水·火는 타인을 이용하여 자신의 목적을 달성하고자 하는 성향이 있고, 현실적 성공에 시간이 걸리니 늦게 발현되는 경향이 있다.

● 水는 만물의 어머니(인성)이자 생명수이다.

水는 木을 기르고 키우고, 木의 씨앗은 辛金이다. 水는 金이 있어야 존재가치가 있고, 木이 있어야 가치를 실현시킬 수 있다. 金-水-木의 관계를 보면, 金 물상에 의하여 水 기운이 결정되고, 水 기운에 의하여 木 물상이 결정된다. 만약 水가 木 또는 金을 만나지 못하면 삶에서 할 일이 없는 것과 같다.

● 火는 물상을 가치 있게 하는 식상이다.

화는 목을 성장시키고, 금을 완성한다. 火는 목이 있어야 존재가치가 있고, 금이 있어야 가치를 실현시킬 수 있다. 木-火-金의 관계를 보면, 木 물상에 의하여 火 기운이 결정되고, 火 기운에 의하여 金 물상이 결정된다. 만약 화가 목 또는 금을 만나지 못하면 삶에서 할 일이 없는 것과 같다.

첫째, 水·火 기운의 작용 영역(사계절)

만물은 겨울 → 봄 → 여름 → 가을 → 겨울…로 순환한다. 수화 기운이 만물의 순환(생장쇠멸)을 주관한다. 사계절의 순환을 水火 흐름으로 보면, 壬(겨울) → 癸(봄) → 丙(여름) → 丁(가을) → 壬(겨울)… 순으로 전개된다. 이 과정에서 수화의 작용은 차이가 있다.

- 丁·壬은 응집·응축하는 기운이요, 丙·癸는 분산·확산하는 기운이다.
- 丙·丁은 외부에서 작용하고, 壬·癸는 내부에서 작용한다.
- 활동영역에서 癸·丙은 양 본위(지표면 위)에서 활동하고, 丁·壬은 음 본위(지표면 아래)에서 활동한다.

壬水는 겨울에 기운을 응집하여 저장하고, 임에서 나온 癸水가 발산작용으로 봄을 주관하며, 癸水의 분산작용으로 丙火가 확산작용을 할 수 있으니 여름을 열고, 丁火가 丙火 기운을 응집하여 가을에 결실을 얻으며, 丁火의 수렴으로 금 물상을 壬水에 담아 겨울을 지내고, 다시 壬水에 보관된 금을 풀어 봄에 수기를 펼치는 것이 癸水이다.

壬은 午에서 일음이 시생하면서 겨울을 준비하고, 丙은 子에서 일음이 시생하면서 여름을 준비한다. 壬이 水 기운을 저장할 수 있는 것은 오 중 丁火가 응집작용을 하기 때문이고, 丙이 火 기운을 펼칠 수 있는 것은 子 중 癸水가 분산작용을 하기 때문이다.

계절적 측면에서 보면 水의 본기는 壬이니 겨울을 주관하고, 火의 본기는 丙이니 여름을 주관한다. 癸는 상승하면서 乙을 취하니 봄을 주관하고, 丁은 하강하면서 辛을 취하니 가을을 주관한다.

癸는 분산작용으로 壬에 저장된 辛을 乙로 펼치고자 봄을 주관한다.
丙은 확산작용으로 乙을 키워 庚으로 향하니 여름을 주관한다.
丁은 丙의 확산을 응집하여 辛 결실을 얻으니 가을을 주관한다.
壬은 丁의 응집작용으로 분리된 辛을 품어 겨울을 주관한다.

양음	陽氣	천간	계절	작용력
태음	水	壬	겨울(水) - 자축인	응집 → 저장
음 중 양		癸	봄(木) - 묘진사	저장 → 분산
태양	火	丙	여름(火) - 오미신	분산 → 확산
양 중 음		丁	가을(金) - 유술해	확산 → 응집

〈사계절에서 수화 기운의 작용〉

癸(일양)는 壬이 → 丙으로 가는 과정에서 분산작용을 하게 되고, 丁(일음)은 丙이 → 壬으로 가는 과정에서 응집작용을 하게 된다. 辛을 잉태한 壬은 → 甲을 내놓기 위하여 癸에게 그 기운을 전달하고, 癸는 → 甲을 통하여 乙을 내기 위해 丙으로 향한다. 丙은 → 庚을 완성하기 위해 丁에게 그 기운을 전달하고, 丁은 → 庚에서 분리된 辛을 보존하기 위해 壬으로 향한다.

둘째, 壬·丙과 癸·丁의 전환

水·火의 시작은 壬과 丙에 있다. 지구상에 존재하는 모든 만물에 생명력을 부여하는 것은 壬·丙이다. 수화 승강운동은 음 중 양, 양 중 음을 취하여 발동한다고 하였다. 壬은 癸를 통하여 상승하게 되고, 丙은 丁을 통하여 하강하는 것이다. 천지만물의 순환을 주재하는 것은 壬·丙이지만, 실질적으로 수승화강 작용을 하는 것은 癸·丁이다.

癸는 음 중 양이고, 丁은 양 중 음이다. 子 지장간에는 壬·癸가 있으니 壬 기운을 전달받은 癸가 양 기운을 펼치고, 午 지장간에는 丙·丁이 있으니 丙 기운을 전달받은 丁이 음 기운을 응집하게 된다. 癸는 壬을 대리하여 水 상승을 주도하고, 丁은 丙을 대리하여 火 하강을 주도하여, 만물의 생장과 사계절의 운행을 실질적으로 주도하게 되는 것이다. 음이 극에 이르면 양으로 변하고, 양이 극에 이르면 음으로 변한다는 논리와 상통하는 이치이다.

이상과 같이 壬·癸와 丙·丁은 작용면에서 차이가 있다.

● 壬은 안에서 응집하고 가두는 작용을 주도하고, 癸는 응집된 것을 풀어주고 안에서부터 밖으로 기운을 분산하여 펼치는 작용을 한다.

壬이 품은 金은 辛이고, 辛에서 나오는 木은 甲이니, 壬이 원하는 목금 물상은 甲과 辛이다. 반면에 癸가 발현시키는 목은 乙이고, 乙에서 형성되는 금은 庚이니, 癸가 원하는 목금 물상은 乙과 庚이다.

● 丙은 밖에서 펼치고 상승기운을 주도하고, 丁은 펼쳐진 것을 안으로 끌어들이고 밖에서 안으로 응집하는 기운이다.

丙은 상승하는 기운이니, 丙이 키우는 목은 乙이고, 丙이 만들고자 하는 금은 庚이다. 반면에 丁은 하강하는 기운이니, 庚에서 분리된 辛을 가공하여 甲을 내고자한다. 丙이 원하는 목금은 乙·庚이요, 丁이 원하는 목금은 辛·甲이다.

셋째, 水·火 기운을 주도하는 癸·丁
수화 기운을 직접 돌리는 것은 癸·丁이다.

癸는 봄을 지나 여름으로 향하니 癸丙(戊)합으로 기운을 돌리고, 丁은 가을을 지나 겨울로 향하여 丁壬합으로 기운을 돌린다. 癸水가 丙火로 기운을 돌리는 것은 乙을 통해 庚을 완성하기 위함이고, 丁火가 壬水로 기운을 돌리는 것은 辛을 취하여 甲을 내기 위함이다.

癸는 壬이 → 丙으로 가는 과정에서 乙木 물상을 만들어내고,

丁은 丙이 → 壬으로 가는 과정에서 辛金 물상을 만들어낸다.

癸水는 乙木을 만들어내는 시발점이고, 丁火는 辛金을 만들어내는 시발점이다. 즉 癸·丁의 작용에 의하여 乙·辛이 완성된다. 癸·丁를 지지로 보면 子·午이다.

癸·丁은 천간에서 기운을 전환시키는 정신적 요소가 강하다. 癸·丁이 상존하면 뭔가 바로 잡으려는 속성을 띠게 된다. 군인, 경찰, 검찰, 감찰, 법률, 세무, 법조인 등의 직업에 적합하다.

癸·丁이 년월에 있으면 국가기관과 관련된 일, 멀리서 구하는 일, 균형을 잡거나 조절하는 일에 종사하는 경우가 많다.

癸·丁 구조는 지지에 木 또는 金이 있어야 한다. 지지에 木 또는 金이 있으면 일간과 월지에 대비하여 방향성을 보아야 한다.

만약 목금 물상이 없으면 기운을 전달한 목적물이 없는 것과 같으니 도리어 정신장애, 결정장애, 공황 등 정신적 문제가 발생하거나, 현실적 성취가 약하다.

사주에 癸·丁이 합·沖 등으로 혼재되면 성과가 적다. 가령 천간에서 丁癸壬 또는 癸丁丙로 구성되면 癸·丁의 합충으로 천(穿) 작용이 발동한다. 癸·丁의 손상은 子卯형, 午酉형 등이 발동하게 된다. 정신적 문제가 현실로 드러나거나, 하는 일이 정체되거나, 물질적 또는 신체적 손상이 발생한다.

넷째, 水·火 기운의 본위 운동

수화의 흐름은 壬에서 → 癸가, 丙에서 → 丁이 발현된다. 이는 뒤에

서 살펴볼 12운성의 장생지에서, 癸는 亥에서 장생하고, 午가 巳에서 장생한다고 주장하는 근거가 된다.85)

● 수화 작용을 12운성의 왕지 개념으로 보면,
壬은 겨울을 주관하고 子에서 왕지이니 자축인에서 작용하고,
癸는 봄을 주관하고 卯에서 왕지이니 묘진사에서 작용한다.
丙은 여름을 주관하고 午에서 왕지이니 오미신에서 작용하고,
丁은 가을을 주관하고 酉에서 왕지이니 유술해에서 작용한다.
● 수화의 작용적 측면에서 보면,
壬은 水의 본기(本氣)이니, 자축인묘진사에서 작용하고,
丙은 火의 본기(本氣)이니, 오미신유술해에서 작용한다.
癸는 乙木을 키우니, 묘진사오미신에서 작용하고,
丁은 辛金을 키우니, 유술해자축인에서 작용한다.
● 수화 작용을 총괄하면,
壬은 辛을 통하여 甲을 내고자 하고, 癸는 乙을 통하여 庚을 얻고자 하는 것이 최종 목적이다. 丙은 乙을 통하여 庚을 완성하고자 하고, 丁은 庚을 통하여 辛을 얻고자 하는 것이 최종 목적이다. 그래서 丁·壬은 음 본위에서 작용하고, 癸·丙은 양 본위에서 작용한다고 하는 것이다.

※수화 기운의 부조화

목금 물상은 수화 기운에 의해 발현된다. 수화 기운이 조화롭지 않으면 목금 물상에 치명적 손상이 초래하게 된다.

수화 기운의 부조화는 건강적으로 종양성 질환에 노출되는 경우가 많다. 사주에서 水 불안정, 火 불안정, 水 부족에 火 태과, 火 부족에

---

85) 癸의 왕지는 묘로 보고, 오의 왕지는 유로 본다. 여기에 대하여는 12운성을 참조 바란다.

水 태과 등이 그것이다.

남자의 건강·횡액·질병 등은 火 태과와 水 부족에서 비롯되고, 여자의 건강·횡액·질병 등은 水 태과와 火 부족에서 비롯된다. 관상의 논리로 보면, 남자는 이마(부모)의 기운을 먹고 살고, 여자는 입(자식)의 기운으로 살아가기 때문이다. 또 남자의 기운은 눈에 있고, 여자의 기운은 입에 있기 때문이다.

이에 남자는 火 태과를 조심해야 하고, 여자는 水 태과를 조심해야 한다. 남자는 인오술·해묘미 운에, 여자는 신자진·사유축 운에서 건강에 유의할 필요가 있다.

2) 木金 물상의 흐름

木金은 水火 기운에 의해 발현된 물상이다. 수화는 기운이기에 현실적 성취가 늦지만, 木金은 물상이기에 현실적 성취가 빠르다.

목은 시작·발산의 기운이고, 금은 마무리·결과의 형상이다. 살아 있는 물상인 木은 발생하여 분산하는 성질이 있고, 실질적인 물상인 金은 결실을 맺고 응집하는 성질이 있다.

첫째, 생극에 의한 木金 물상의 생성관계

● 木 물상

土가 마르면 水가 움직이지 않으니 수생목을 하지 못하고, 木은 水에 의존하기에 土를 극하게 된다. 木이 土를 극하는 것은 水를 재촉하여 수생목을 간절히 원한다는 신호이다. 土를 극하여 토생금으로 순행하고자 함이 아니라 목 자신이 살고자 하는 몸부림이다.

그래서 木은 水가 절대적으로 필요하고, 水가 없으면 순리를 거역하게 된다. 즉 수기가 없는 木이 土를 극하는 사주구조는 반극, 반골, 하극상의 형상이 된다.

또한 木은 辛金 씨앗에서 발아된다. 辛金이 壬水에 저장되었다가 癸水에 의해 풀어져 나온 것이 목이다. 목이 발아되기 위해서 水가 절대적으로 필요하게 된다. 이 때는 火도 필요하게 되는데, 火가 화극금으로 金을 재촉해야 금생수하여 水가 木을 내기 때문이다.

● 金 물상

木이 火를 통하여 金으로 전환되는 것이 만물의 생장과정이다. 金이 木을 극하는 것은 木을 재촉하여 목생화로 火를 내고자 함이다. 지표면 위에서 병화가 극함을 통하여 경금을 형성하는 것이 화생금이다.

반면에 지표면 아래에서 금 물상의 생성원리는 화극금이라 할 수 있다. 음 본위에서의 금 물상은 辛金이다. 辛金은 庚金에서 분리되어 수기를 제거해야 완전한 씨앗이 된다. 화극금은 화 기운으로 경금을 조련하는 관계이다. 庚金에 들어있는 수기를 제거하여 辛金을 완성하는 작용이 화극금인 것이다.

그래서 금은 자신의 모양새를 갖추기 위해서 火가 필요하게 된다. 양 본위에서 庚이 火를 보지 못하면 결실을 이룰 수 없다. 음 본위에서 辛이 火를 보지 못하면 금생수하지 않으니 水가 저장·보관을 하지 못하여 목을 낼 수 없다.

둘째, 甲乙과 庚辛의 작용적 차이

● 지표면 위에서 목 물상은 乙이고, 금 물상은 庚이다.

甲에서 나온 乙은 화를 통하여 경금으로 전환된다. 乙에서 → 庚으로의 전환은 분산작용을 통하여 생장한다. 즉 양 본위에서의 목금 전환은 乙木의 결과물로 庚金이 얻어진다.

乙·庚은 지표면 위에서 결실을 얻는 과정이니, 분산작용을 하는 癸와 丙의 작용이 요구된다. 이것이 癸丙합이다.

● 지표면 아래에서 목 물상은 甲이고, 금 물상은 辛이다.

甲木의 씨앗은 辛金이고, 辛金을 통하여 금생수-수생목으로 甲木이 발현된다. 辛에서 → 甲으로의 전환은 응집작용을 통하여 생장한다. 즉 음 본위에서의 목금 전환은 辛金의 결과물로 甲木이 생성된다.

辛·甲은 지표면 아래에서 생명을 내는 과정이니, 응집작용을 하는 壬와 丁의 작용이 요구된다. 이것이 丁壬합이다.

● 火-金의 음양 본위에서 작용

지표면 위에서 火·金의 활동은 丙·庚이고, 지표면 아래에서 화금의 작용은 丁·辛이다. 丙·庚과 丁·辛은 모두 火·金이지만, 丙·庚은 세속적 영역에 있고, 丁·辛은 비세속적 영역에 있다.

앞에서 癸·丁은 사주팔자의 기운을 돌린다고 하였다. 丁이 양 본위의 庚을 음 본위의 辛으로 전환시키니, 丁·辛은 氣(기운)이자, 神(귀신)요, 精(정신·윤회)이라 할 수 있다. 흔히 사주팔자에 火·金이 없으면 세속적인 일에 발달하기 어렵거나, 비세속적인 일에 관심을 가진다고 하는 것은 丙·庚이 없음을 일컫는 말이다.

● 水-木의 음양 본위에서 작용

지표면 위에서 水木의 활동은 癸·乙이고, 지표면 아래에서 수목의 작용은 壬·甲이다. 癸·乙과 壬·甲은 모두 水·木이지만, 癸·乙은 세속적 영역에 있고, 壬·甲은 비세속적 영역에 있다.

癸·丁이 사주팔자의 기운을 돌린다는 측면에서 보면, 癸가 음 본위의 甲을 양 본위의 乙로 전환시키는 것이다. 壬·甲은 氣(기운)이자, 神(귀신)요, 精(정신·윤회)이라 할 수 있다. 사주에 水·木이 없으면 세속적인 일에 발달하기 어렵거나, 비세속적인 일에 관심을 가진다고 하는 것은 癸·乙을 두고 하는 말이다.

셋째, 木·金 물상의 사계절 주관

목금의 방향성은 甲이 태동하여 → 乙로 전환되고, 乙은 분산작용을 통하여 → 庚으로 변환되고, 庚에서 → 辛이 떨어져 나와 → 甲으로 다시 태어난다. 甲에서 다시 乙이 나와 영속성을 거듭한다.

목금 물상의 흐름은 甲 → 乙 → 庚 → 辛 → 甲… 순으로 영속한다. 사계절의 순환으로 보면, 가을에 辛이 분리되어, 겨울에 甲의 씨앗으로 보관되었다가, 봄에 乙로 전화되고, 여름에 庚 열매를 맺는다. 庚은 다시 가을에 辛이 분리되어 壬에 甲의 씨앗으로 저장되었다가, 봄에 을의 모습으로 발현된다. 즉,

乙은 癸의 분산작용으로 성장하니 봄을 주관한다.
庚은 丙의 확산작용으로 완성되니 여름을 주관한다.
辛은 丁의 응집작용으로 모양새를 갖추니 가을을 주관한다.
甲은 壬의 응집작용으로 길러지니 겨울을 주관한다.

양음	陽氣	천간	계절	작용력
태음	木	甲	겨울(水) - 자축인	응집 → 저장
음중양		乙	봄(木) - 묘진사	저장 → 분산
태양	金	庚	여름(火) - 오미신	분산 → 확산
양중음		辛	가을(金) - 유술해	확산 → 응집

〈사계절에서 목금 물상의 작용〉

● 乙-庚의 전환(봄-여름)

乙은 巳에 꽃을 피워 庚 열매를 맺으니, 乙이 庚으로 전환되는 시발점은 巳이다. 간지로 보면 乙巳가 된다. 삼합운동으로 보면 인오술 과정이다. 乙은 寅에서 나와 분산작용을 하다가, 午에서 조절됨으로써, 申에서 庚으로 변환된다. 乙은 酉에서 庚이 辛으로 전환되니, 乙은 戌에서 자신의 역량이 모두 마감된다.

午에서 丙이 → 丁으로 전환된다는 것은 辛으로 가기 위한 준비단계이다. 丙이 庚을 키우지만, 庚이 결실을 맺을 수 있는 것은 午에서 丁이 火를 응집하여 庚을 여물게 만들기 때문이다. 乙의 분산작용을 辰에서 저지해야 巳에서 丙이 꽃을 피워 확산작용을 할 수 있고, 午에서 丙을 조절해야 未申에서 庚을 얻을 수 있다.

● 辛-甲의 전환(가을-겨울)

酉에서 辛이 庚으로부터 분리되어 나온다. 辛은 亥에 자신을 의탁하여 甲을 내기 위해 준비한다. 辛이 甲으로 전환하기 위한 시발점이 亥이다. 간지로 보면 辛亥이고, 삼합운동으로 보면 신자진 운동이다. 辛은 申에서 나와 응집작용을 하다가, 子의 분산작용으로 辛에서 甲 뿌리를 내고, 寅에서 甲으로 변환된다. 卯에서 甲이 乙로 전환되니, 辛은 辰에서 작용력을 잃게 된다.

子에서 壬이 → 癸로 전환된다는 것은 乙로 가기 위한 준비단계이다. 壬이 甲을 키우지만, 甲이 나올 수 있는 것은 子에서 癸水가 분산작용을 하기 때문이다. 무한정 응집하여 딱딱해지는 辛의 응집작용을 戌에서 저지해야 亥에서 壬이 辛을 품을 수 있고, 子에서 분산작용으로 壬을 조절해야 丑에서 寅이 발현되어 甲을 낼 수 있다.

넷째, 木·金 물상의 본위 운동

목금 물상의 흐름은 甲에서 → 乙이, 庚에서 → 辛이 분리되어 나온다. 또한 甲乙 목 물상은 壬癸 水에서 모습을 드러내고, 庚申 금 물상은 丙丁 火에 의해 완성된다.

甲은 겨울을 주관하니 子丑寅에서 응집작용으로 길러진다.
乙은 봄을 주관하니 卯辰巳에서 분산작용으로 성장한다.
庚은 여름을 주관하니 午未申에서 확산작용으로 완성된다.
辛은 가을을 주관하니 酉戌亥에서 응집작용으로 모양새를 갖춘다.

● 목금의 작용적 측면
甲은 목의 본기(本氣)이니, 자축인묘진사에서 작용하고,
庚은 금의 본기(本氣)이니, 오미신유술해에서 작용한다.
乙은 병화를 내니, 묘진사오미신에서 작용하고,
辛은 임수를 얻으니, 유술해자축인에서 작용한다.

● 목금 물상의 전환과정
乙·庚은 전체적으로 卯辰巳午未申 양 본위에서 활동한다.
辛·甲은 전체적으로 酉戌亥子丑寅 음 본위에서 작용한다.
목금 물상 중 乙·辛은 모양새를 띤 물상이니 지지에서 곧바로 드러나지만, 甲·庚은 기운을 함축한 물상이니 현실로 드러나는데 시간이 걸린다.[86]

5. 수화-목금의 본위 운동

癸乙은 묘진사에서, 丙庚은 오미신에서 계절적 환경이 조성된다.
癸·乙·丙·庚(양 본위)은 묘진사오미신에서 결실을 완성한다. 이를 천간합으로 보면 癸丙(戊)을 통한 乙庚의 완성이다.

---

[86] 木은 시작과 과정을 중시하기 때문에 교육·보험·공직에 적합하고, 金은 과정과 결과를 중시하기 때문에 관료·군인·검경계통에 적합하다. 투자적 측면에서 보면 木은 장기투자를 하는 것이 바람직하고, 金은 단기적 목표를 달성하는 일에 적합하다.

丁辛은 유술해에서, 壬甲은 자축인에서 계절적 환경이 조성된다.

丁·辛·壬·甲(음 본위)는 유술해자축인에서 모습이 드러낸다. 이를 천간합으로 보면 丁壬을 통한 辛甲의 완성이다.

이를 총괄하면 다음 표와 같다.

계절	水·火	木·金	地相의 본위	작용
봄	癸	乙	卯辰巳	陽 운동
여름	丙	庚	午未申	
가을	丁	辛	酉戌亥	陰 운동
겨울	壬	甲	子丑寅	

〈수화-목금의 본위와 작용〉

1) 壬-辛-甲

壬은 辛을 잉태하여 甲을 기른다. 壬에서 辛이 甲 뿌리를 내리고 새싹을 내는 것은 순리에 따라 서서히 진행된다. 壬에서 → 甲으로 향하면 甲이 뿌리를 내리고 땅을 뚫고 나와야 하니, 일의 진행속도가 느리고 동요함이 적다.

壬이 → 乙로 향하면 甲을 무시하고 곧장 乙을 내고자 한다. 흐름이 갑작스럽고 일이 급격하게 진행된다. 마치 팔삭둥이가 태어나는 꼴이다. 조급하고 근본을 무시하니 천방지축 엉뚱한 짓을 하거나, 뚜렷한 주관이 없으니 방향성을 바로 잡지 못한다.

壬乙을 간지로 보면 乙亥이고, 壬辰도 이에 해당한다.

壬甲己 관계는 壬이 자신의 땅에서 甲을 내놓는 모습이니, 안정적이고 순리를 따른다.

壬乙戊 관계는 壬이 乙의 땅에 있으니, 壬은 甲의 뿌리를 내릴 근원

을 잃어버린 꼴이다. 戊가 壬을 극하고, 壬은 乙을 생하지 못한다. 壬은 甲을 찾아 방황하거나 엉뚱한 짓을 하게 된다.

壬乙己 관계는 乙이 壬의 땅에 있는 꼴이다. 乙 입장에서는 살아남기 위해서 己를 극하게 되고, 壬은 마지못해 乙을 생한다.

壬甲戊 관계는 壬甲의 환경에 乙의 땅이 있는 꼴이다. 甲은 어쩔 수 없이 戊를 극하여 자신의 터전으로 삼는다. 甲은 불편하고, 戊는 甲의 극으로 상하게 된다.

2) 癸-乙-丙

癸는 乙을 키우면서 丙으로 향한다. 癸 → 乙의 방향성은 壬 → 甲의 방향성에 비하면 빠르게 분산작용을 한다. 乙은 해묘미 木 삼합의 왕지이다. 지지에 해묘미가 구성되는데 癸가 없으면 乙의 분산작용이 약화된다. 해묘미 삼합운동이 무의미하게 되는 것이다. 천간에서 癸丙(戊)의 방향성은 지지에서 亥卯未의 방향성에 있기 때문이다.

분산운동으로 보면 癸가 → 乙로 향하는 것이 순리인데, 만약 癸가 → 甲으로 향하면 乙이 甲에게 발목을 잡히는 꼴이다. 일의 흐름이 정체되고 막히게 된다. 癸가 甲을 만나면 다른 곳에서 찾으려 하거나, 엉뚱한 짓을 한다. 일의 성과는 늦지만, 甲에서 乙을 내기 위해 열심히 노력하는 경향이 있다.

癸甲을 간지로 보면 甲子이고, 甲辰도 유사한 간지이다.

癸乙戊 관계는 癸의 분산작용으로 을을 펼치는 이상적인 관계이다.

癸甲戊 관계는 癸의 땅에 갑이 있는 꼴이다. 갑은 살아남기 위해서 戊를 극하게 되고, 癸는 어쩔 수 없이 甲을 생한다.

癸甲己 관계는 갑의 땅에 癸가 있는 꼴이다. 癸는 乙을 키울 환경이 조성되지 않음이다. 己가 癸를 극하고, 癸는 甲을 생하지 못한다. 癸는 을을 찾아 방황하거나 다른 곳에서 엉뚱한 짓을 하게 된다.

癸乙己 관계는 癸乙의 환경에 甲의 땅이 있는 꼴이다. 乙은 己를 극하여 자신의 터전으로 삼을 수밖에 없다. 乙은 답답하고, 己는 乙의 극으로 상하게 된다.

3) 丙 → 庚

丙火는 확산작용으로 庚을 키운다. 火가 金을 키우는 것은 水가 木을 내는 것에 비해 상대적으로 조심스럽거나 절대적 안정을 요하지는 않는다. 뱃속에 아이를 잉태한 상태에 비하여 출산한 어린아이를 키우는 것은 상대적으로 집중력을 요하지 않는 것에 비유할 수 있겠다.

丙이 → 庚으로 향하는 것이 순리인데, 丙이 → 辛으로 향하면 庚을 뛰어 넘어 곧바로 辛으로 향하는 흐름이다. 일이 조급하고 급작스럽게 진행된다. 마치 익지도 않는 사과를 따먹는 형국이다. 그래서 병신합은 다른 천간합과 달리 방향성이 모호하고, 도리어 합으로 묶이는 경향을 보인다.

丙辛을 간지로 보면 辛巳이고, 丙戌도 이에 해당한다.

丙庚戌, 丙庚己, 丙辛己, 丙辛戌의 관계도 위 癸乙戌, 癸甲戌, 癸甲己, 癸乙己 등의 관계와 유사하게 보면 된다.

4) 丁 → 辛

丁은 辛을 단단하게 한다. 丙은 庚을 빨리 크게 키우는 것이라면, 丁은 辛을 천천히 응집하여 축소시킨다. 丁은 화 기운을 집중하여 庚 열매를 단단하게 만드는 것은 경으로부터 辛을 분리하기 위함이다. 庚에서 분리된 辛은 丁에 의해 단단해지니, 丁의 응집력과 집중력은 대단히 강하다. 이것이 염상(炎上)에서 上 즉 열기의 집중이다.

辛은 사유축 금 삼합운동의 왕지이다. 지지에 巳酉丑이 있는데 丁이 없으면 丁의 집중력이 약화된다. 사유축 삼합운동이 무의미하게 되는 것이다. 천간에서 丁壬의 방향성은 지지에서 사유축의 방향성에 있기 때문이다.

丁이 → 辛으로 향하는 것이 순리인데, 丁이 → 庚으로 향하면 庚이 辛의 발목을 잡는 꼴이다. 일이 막히고 답답하게 진행된다. 丁이 庚을 만나면 다른 곳에서 찾으려 하거나, 엉뚱한 짓을 하게 된다. 일의 성과는 늦지만, 庚에서 辛을 내기 위해 열심히 노력하는 경향이 있다

丁庚을 간지로 보면 庚午이고, 庚戌도 이에 해당한다.

丁辛己, 丁辛戊, 丁庚己, 丁庚戊의 관계도 위 壬甲己, 壬乙戊, 壬乙己, 壬甲戊 등의 관계와 유사하게 보면 된다.

5) 수화-목금의 상호작용

壬은 水의 본기(本氣)라면, 癸는 水의 본질(本質)이다. 화의 본기는 丙이고 본질은 丁이며, 목의 본기는 甲이고 본질은 乙이며, 금의 본기는 庚이고 본질은 辛이다.

수화-목금의 상호작용에 의한 기운-물상의 생성과정을 정리해보자.

甲은 가을 辛에서 겨울을 거쳐 寅에서 땅을 뚫고 나오고, 卯에서 갑→을로 전환되어 乙이 봄을 주관하고, 乙의 분산으로 확산된 丙은 午에서 丙→丁으로 전환되어 丁의 응집작용으로 乙→庚이 전환되니 여름을 마감한다.

辛은 酉에서 庚→辛으로 전환되어 강한 응집작용으로 가을을 주관하고, 丁·壬으로 응집된 辛이 子에서 壬→癸로 전환되어 癸·丙의 분산작용으로 辛→甲이 전환되니 겨울을 마감한된다.

● 수화-목금의 상호작용에 의한 물상전환

음이 극에 달하면 子(壬·癸)에서 일양이 시생하여 壬이 → 癸로 역

할이 바뀌고, 卯(甲·乙)에서 甲이 → 乙로 전환되어 분산작용을 한다. 반대로 양이 극에 달하면 午(丙·丁)에서 일음이 시생하여 丙이 → 丁으로 역할이 바뀌고, 酉(庚·辛)에서 庚이 → 辛으로 전환되어 응집작용을 한다.

실질적으로 기운을 돌리는 것은 癸·丁이고, 실질적으로 물상의 모양새는 乙·辛이다. 癸·丁·乙·辛은 지지에서 子·午·卯·酉이다. 子·午·卯·酉는 지지에서 계절을 전환하고 순환케 하는 원동력이자 전환·변환점이다. 癸·丁·乙·辛 천간 기운이 子·午·卯·酉 지지에 전달되어 물상의 본질을 갖추게 되고, 그 물상은 현실에서 직접 겪게 되는 모양새가 된다.

癸(子)에 의해 발현된 실질적 목은 乙이고, 丁(午)에 의해 수렴된 실질적 금은 辛이다. 子에서 촉발된 癸의 분산작용은 乙을 통하여 庚으로 완성되고, 午에서 촉발된 丁의 응집작용은 辛을 통하여 甲으로 발현된다.

이를 12운성으로 보면, 庚은 乙에서 태지이고, 甲은 辛에서 태지이다. 즉 庚은 乙로부터, 甲은 辛으로부터 생명의 씨앗을 얻는 것이다.

● 수화-목금의 상호작용에 의한 물상의 생성흐름

壬·丙은 水火의 본기이니 모습이 일정한 편인데, 癸·丁은 子·午에서 음양이 전환되니 변화에 민감하고 활동적이다.

壬이 甲을 기르고, 丙이 庚을 키우는 것은 천천히 진행되고 안정적이다. 반면에 癸가 乙을 보면 분산작용이 빠르고 木을 키우려는 욕구가 강하게 발동하고, 丁이 辛을 보면 응집작용이 강하고 金을 단단하게 하려는 집착이 강하게 발동한다.

癸-乙과 丁-辛은 壬-甲과 丙-庚에 비하여 물상에 대한 욕구·집착이 강하다. 탐욕은 도박, 투기, 일확천금, 음란 등으로 드러날 가능성이 있다. 사별·이혼, 사업부도, 파재 등의 원인이 되고, 묶이거나 갇히는 현상이 일어난다.

6) 水火-木金의 바탕 土

토의 원천적 작용은 하늘의 기운에 의해 땅에서 물상이 형성되게 돕는 작용을 한다. 천지인상응의 관점으로 보면 人에 해당하고, 음양을 조절하는 기적(氣的) 요소이고, 기운-물상의 오행적 개념으로 보면 수화-목금을 조절하는 土이다. 수화의 관점에서 수승화강을 주재하는 土이고, 얼굴에서 코에 해당한다. 土는 가색(稼穡)이니, 중재, 조절, 바탕, 터전, 근원이라는 의미를 담고 있다.

土는 水火와 木金의 생장과정에서 조절, 완성, 전환, 태동 등을 도모하여 영속성을 갖게 하는 기운적 요소이다. 인간세상에서 보면 많은 사람과 넓은 장소에서 거래하는 중간자적 입장에 있는 것이 土다. 사주체계에서 천간 기운과 지지 물상을 조화롭게 하는 지장간이라 할 수 있다.

● 오행의 흐름에서 土의 작용을 보면,

土 터전 위에서 수-목이 성장하고 화-금이 완성된다. 水 상승을 돕는 것이 戊土이고, 火 하강을 돕는 것은 己土이다. 양 본위에서 癸→乙과 丙→庚의 흐름은 戊가 주도하고, 음 본위에서 壬→甲과 丁→辛의 흐름은 己가 주도한다.

● 土가 수화 기운을 조절하여 목금 물상을 낸다는 관점에서 보면,

火가 金을 생성하는 과정은 火生土 - 土生金의 흐름이다. 화가 금을 생성하는 과정에서 화가 금을 극하지 않고 화를 조절하기 위해서는 토의 조절력이 선행되어야 함을 의미한다.

토는 기운-물상의 조절자이기 때문에 水가 木을 생성하는 과정에서도 水生土 - 土生木의 흐름이 된다. 목을 내기 위해서는 토가 필요하

고, 수를 조절하기 위해서도 土의 기반이 필요하다. 만약 수생목 과정에서 水가 부족하면 木이 土를 극하여 水를 얻고자 재촉하게 된다. 이것이 목극토이다.

● 土의 생극작용을 음양 본위의 관점에서 보면,
양 본위에서 화→금 생성과정은 토의 생작용으로 완성되고, 음 본위에서 수→목 생성과정은 토의 극작용으로 발현된다. 토는 양 본위에서 순행작용을 하고, 음 본위에서는 역행작용을 하는 것이다.
지표면 위에서 꽃이 피고지면서 庚이 익어가는 과정은 눈으로 확인되니 순행으로 작용하고, 지표면 아래에서 辛이 뿌리를 내면서 甲이 드러나는 과정은 눈으로 확인할 수 없기에 역행으로 설명하였으리라.

● 천간에서 戊己 土의 작용을 보면,
戊己 土는 천간의 순행과정에서 목화(대양)와 금수(대음)의 작용을 조절하고, 지지에서의 사계절 즉 봄·여름과 가을·겨울의 기운을 주재한다. 기운-물상의 전환과정으로 보면, 戊는 癸-乙-丙-庚의 생성과정을, 己는 壬-甲-丁-辛의 생성과정을 주관한다고 하였다.

양·음	양 본위	양	음	음 본위
기운·물상	水·火	土		木·金
음양 본위	癸·乙·丙·庚·戊	戊	己	己·丁·辛·壬·甲
작용·운동	발산·분산·확산	중재	조절	집중·수렴·응집

〈음양 본위와 戊己 土의 관계〉

癸·乙·丙·庚이 戊가 없으면 바탕(터전)이 없고 조절기능이 없는 것과 같고, 丁·辛·壬·甲이 己가 없으면 터전과 통제력이 없는 것과 같다. 戊

己 토가 없으면 삶이 무의미하거나 역량을 발휘하는데 지장이 있다.

● 금 물상의 터전(土)으로 보면,
金 물상을 벼(쌀)에 비유하면, 땅 위에서 무르익은 벼는 庚金이고, 익은 벼를 수확하여 보관된 벼는 辛金이다. 辛金은 식량으로 삼고 일부는 종자로 보관되는데, 종자로 보관되는 볍씨가 辛金이다. 庚은 지표면 위의 무토에서 완성되고, 辛은 지표면 아래의 己土에 저장된다. 볍씨(辛)는 甲의 원신이 되고, 갑에서 나온 乙은 庚의 원신이 된다. 그래서 乙·庚의 터전은 戊이고, 辛·甲의 터전은 己이다.

● 지지에서 辰·未·戌·丑 土의 작용을 보면,
戊己는 기운의 조절이라면, 진미술축은 춘하추동 사계절 환경을 조절한다는 물상적 작용이 있다. 인간이 느끼는 현실적 체감에서 간절기에 해당하는 곳이 辰·未·戌·丑이다.
辰에서 木을 조절해야 巳에서 여름을 시작되고, 未에서 火를 조절해야 申에서 가을이 시작되고, 戌에서 金을 조절함으로써 亥에서 겨울이 시작되고, 丑에서 水를 조절해야 寅에서 봄을 시작할 수 있다.
辰에서 癸·乙의 분산을 조절하기에 巳에서 丙이 확산작용을 하고, 未에서 丁이 乙의 분산을 응집으로 전환시키니 申에서 庚이 결실을 맺게 되고, 戌에서 정화가 辛金을 응집해야 壬에 저장할 수 있고, 丑에서 癸가 분산으로 辛을 풀어헤쳐야 甲이 나올 수 있다.
음양 전환의 시발점은 丑·未이다. 丑에서 癸의 분산작용으로 양 본위가 현실화되고, 未에서 丁의 응집작용으로 음 본위가 현실화된다. 丑未 본질은 己土이니 목금 물상은 기토에서 발현하는 것이다.
천간 흐름이 영속되고 사계절이 순환할 수 있는 것은 土의 조절·통제가 있기에 가능하다. 토는 특정한 오행이라기보다 水·木·火·金, 春·夏·秋·冬 안에 내포되어 있는 기운이고, 만물의 운행을 주재하는 보이지 않는 기(氣)인 셈이다.

6. 오행의 음양적 경향성

木	金	土	水	火
3발	평발	평발	외발	2발
안정구조	안정구조	안정구조	불안정구조	불안정구조

〈오행의 구조〉

오행 글자 구조를 통하여 구조적 안정성과 불안정성을 이해하면, 木·金·土는 안정구조이고, 水·火는 불안정구조이다.

수화는 기운으로 양(陽) 속성이 있고, 목금은 물상으로 음(陰) 속성이 있기 때문이다. 양은 펼치는 기운이라면, 음은 응집하는 형상이다. 이에 사주에서 양이 많은 것보다 음이 많은 것이 좋고, 수화가 많은 것보다 목금이 많은 것이 이로울 수 있다.

첫째, 水·火는 기운(양)이니 펼치는 기운이다.

사주에 水·火가 많으면 펼치는 기운이 강하다. 펼치기는 잘 하는데 물상을 만드는 작용이 약하다. 능력은 있지만 펼쳐놓기만 할 뿐 거두어들이지 못한다. 일에 마무리가 안 되니 결실이 적거나 기복이 있게 된다. 얼굴 왼쪽 부위가 지나치게 크거나, 이마가 지나치게 넓으면 재관 성취에 상관없이 삶이 불안정한 것과 같다. 그래서 水·火 일간은 능력에 비하여 재관 성취가 약하거나 굴곡이 있는데, 운에서 목금이 채워지면 안정적이 된다.

둘째, 木·金이 많으면 결과를 내고자 하는 욕구가 강하다.

木이 많으면 모습을 드러내고자 하는 속성이 강하고, 金이 많으면 거두어들이려는 속성이 강하다. 목금이 많다는 것은 수화가 부족한 것이니, 물상을 만들 원초적 기운이 부족함이다. 능력은 미미하고 환경이 조성되지 않았는데 욕심은 많은 형국이다. 남의 것을 뺏어 자기 것으로 만들거나, 능력에 비해 높은 것을 잡으려는 성향이 있다. 그래서 木·金 일간은 능력에 비하여 이상은 높다. 水火에 비하여 재관을 비교적 수월하게 취하는데, 水火가 채워지지 않으면 모래성을 쌓는 꼴이 되기 쉽다.

음양 운동성에 의한 경향성을 간략해보면 다음과 같다.

	양(氣)	음(相)
운동성	분산·확산, 양적·외적번영	수렴·응집, 질적·내적번영
경향성	명예를 추구한다.	재물을 추구한다.
	공직, 교육, 공익, 사회봉사	학문, 능력발휘, 종교철학
	드러나는 일, 광고판매	드러나지 않는 일, 연구개발
기능	저장기능이 부족하다.	확산기능이 부족하다.

〈음양 운동성에 의한 경향성〉

재관의 논리로 보면, 財(음)보다 官(양)이 발현된 사람은 기복이 심하다. 관이 발현된 사람은 관을 더 키우고자 하는 욕구가 있고, 관을 키우기 위해서는 재물에 탐욕을 부리게 된다. 재생관은 재로써 관을 안정되게 받쳐주는 것이지, 관이 재를 추구하는 것이 아니다.

그래서 관이 발현된 사람이 재물에 탐욕을 부리면 횡액이 따른다. 관이 무너질 때는 모든 것이 한 순간에 무너진다. 반대로 財(음)가 많은 사람은 官(양)을 탐할 때 횡액이 따른다. 다만 부자는 망해도 3대는 먹고산다고 하였으니, 음이 발현된 사람은 양이 발현된 사람에 비하여 상대적 안정성은 있다 하겠다.

남자는 金水에서 경제적 실익이 있다. 申酉戌亥子丑에서 음양이 짝을 이룬다. 얼굴 왼쪽 부위의 아래쪽(턱)에 해당한다.

여자는 木火에서 경제적 실익이 있다. 寅卯辰巳午未에서 음양이 짝을 이룬다. 얼굴 오른쪽 부위의 위쪽(이마)에 해당한다.

남녀모두 목금(물상)에서 현실적인 것을 추구하고, 수화(기운)에서 정신적인 것을 추구하는 경향이 있다.

	양(기운)	음(물상)
오행	水·火	木·金
천간(음양)	甲丙戊庚壬	乙丁己辛癸
천간 방향	癸乙戊丙庚	丁辛己壬甲
음양 본위	卯辰巳午未申	酉戌亥子丑寅
삼합 합화	申子辰 寅午戌	亥卯未 巳酉丑
지지(사계)	寅卯辰巳午未	申酉戌亥子丑

〈음양의 기상(氣相) 관점〉

음양은 고정된 것이 아니라 환경에 따라 변화하고, 음·양이 극에 이르면 변한다고 하였다. 사주간지에서의 음양 또한 고정된 것이 아니라, 사주구성에 따라 음양이 다른 모습을 취하게 된다. 가령 묘는 양에 속하는데 해묘미로 삼합을 이루면 木 물상의 기질이 발동하여 음의 속성을 갖게 되는 것이다.

위 천간 방향과 지지에서의 음양 본위에 의한 음양의 관점은 '수승화강'편에서 살펴본 논리이다. 사주구성에 따라 음양 즉 기상(氣相)의 변화를 읽는 것이 사주통변의 기초이자 원석이라 여긴다.

〈별표〉 24節氣

계절	절기		의미
봄 (春)	입춘(立春)	양력 02/04	봄이 시작되다.
	우수(雨水)	양력 02/18	눈이 녹아 비가 된다.
	경칩(驚蟄)	양력 03/05	겨울잠을 자던 동물이 움직인다.
	춘분(春分)	양력 03/20	낮이 길어지기 시작한다.
	청명(淸明)	양력 04/05	천지가 맑은 공기로 가득하다.
	곡우(穀雨)	양력 04/20	봄비가 곡식을 무르익게 하다.
여름 (夏)	입하(立夏)	양력 05/05	여름이 시작되다.
	소만(小滿)	양력 05/21	본격적인 농번기가 시작된다.
	망종(芒種)	양력 06/05	보리 베고 모 심느라 바쁘다.
	하지(夏至)	양력 06/21	낮의 길이가 가장 길다.
	소서(小暑)	양력 07/07	본격적인 무더위가 시작된다.
	대서(大暑)	양력 07/23	1년 중 가장 무더운 시기이다.
가을 (秋)	입추(立秋)	양력 08/07	가을이 시작되다.
	처서(處暑)	양력 08/23	더위가 수그러든다.
	백로(白露)	양력 09/07	이슬이 내리기 시작한다.
	추분(秋分)	양력 09/23	밤이 길어지기 시작한다.
	한로(寒露)	양력 10/08	찬 이슬이 내린다.
	상강(霜降)	양력 10/23	서리가 내리기 시작한다.
겨울 (冬)	입동(立冬)	양력 11/07	겨울이 시작되다.
	소설(小雪)	양력 11/22	눈이 내리기 시작한다.
	대설(大雪)	양력 12/07	눈이 가장 많이 내리는 시기이다.
	동지(冬至)	양력 12/22	밤의 길이가 가장 길다.
	소한(小寒)	양력 01/05	추워지기 시작한다.
	대한(大寒)	양력 01/20	1년 중 가장 추운 시기이다.

제6장
궁위론

사주팔자 4궁위는 천지자연의 흐름이다

궁위의, 근(根)-묘(苗)-화(花)-실(實)
만물의, 생(生)-장(長)-쇠(衰)-멸(滅)
육친으로, 조상-부모-나(+배우자)-자식
인생사에서, 초년 - 중년 - 장년 - 말년
… 그리고 윤회(輪廻)…

궁위론宮位論

 사주팔자는 연월일시 4개의 기둥으로 구성된다. 대략 연-월-일-시를 초년-중년-장년-말년, 조상-부모-자신-자식 등의 관계성으로 살핀다. 사주팔자 4개 궁위의 의의는 자신의 인생여정(인생흐름)을 시간적(연월일시) 개념과 육친관계로 설명된다.
 '사주궁위 = 자신'이다.
 사람이 태어나면서 정해진 사주팔자는 내 정신이요 자신의 몸이다. 일(日)을 자신으로 삼아 년·월·시 등을 보는 것은 사주 간명의 한 방법론에 지나지 않는다. 일간이 자신이 아니라 사주팔자 궁위 자체가 '자신'이라는 말이다. 연-월-일-시는 자신이 태어나 성장하여 마감하는 생-로-병-사의 흐름이다. 만물의 생-장-쇠-멸 과정을 인간의 사주팔자로 표현한 것이 4개의 궁위인 것이다.

1. 궁위의 기본 개념

1) 근묘화실의 인생총량

 인생은 총량제이다. 얼굴에 육친, 재물, 벼슬, 부모, 형제, 배우자, 자식, 음덕, 행운, 덕행, 건강, 수명 등 자신의 인생이 모두 들어 있듯이, 태어나면서 주어진 사주팔자에는 자신이 살아가면서 취하는 길흉화복과 부귀빈천 등 인생 총량이 정해져 있다.
 인생사는 일률적이지 않고 일방적이지 않다. 길함만 있고 흉함만 있는 것이 아니라 길흉이 상존하고 등락이 있게 마련이다. 재물 복이 없더라도 자식 복이 있을 수 있고, 자식 복이 없더라도 명예 복은 있을 수 있다. 모든 복록의 양이 균등하지 않고 어느 하나가 좋으면 어느 하나가 좋지 않은 것이 인생이고 자연의 순리이다. 복에 넘치는 재물을 얻으면 배우자가 상하거나, 명예를 탐닉하면 건강을 해칠 수 있는 것이다.

사업이 잘된다고 하여 좋아만 할 일이겠는가? 내 사업이 잘 된다는 것은 동종업계의 다른 사람은 손해를 보고 있음이다. 자신의 인생에 주어진 총량이듯이 세상의 이치도 총량이기 때문이다. 나의 성공 뒤에는 피눈물을 흘리는 사람이 있다는 것을 알아야 한다. 나로 인한 타인의 피눈물은 내가 짊어져야 할 업보이고, 내가 그 업보를 청산하지 않으면 대를 이어 자손들이 갚아야 할 빚이 된다.

작금에는 부귀빈천과 길흉은 물론 행복의 가치를 재물의 많고 적음에 두는 경향이 있다. 이혼하고 자식을 버려도 돈만 많으면 잘 산다고 생각한다. 재물이 많다고 행복한 것이 아니고, 벼슬이 높다고 성공한 삶이 아니다. 자신은 성공을 이루었는데 배우자·자식이 불행하다면 과연 보람 있는 인생이라 하겠는가. 인생 행복은 자신에게 주어진 복록의 총량을 얼마나 적절하게 균형과 조화를 이루느냐에 달려 있다. 자신에게 정해진 복록의 총량을 어긋남 없이 누릴 수 있는가가 인생의 큰 숙제이기도 하다.[87]

인생복록을 조상-부모-자신(배우자)-자식 등 육친관계로 설명한 것이 根-苗-花-實이다. 근-묘-화-실은 사주에서 연-월-일-시 궁위로 표현되고, 자신으로 보면 초년-중년-장년-말년의 인생사이기도 하다.

인생의 가치를 어느 하나에 집착하여 길흉화복과 부귀빈천을 논하는 것은 옳지 않다. 사주간명에서 어느 해는 좋고 어느 해는 나쁘다는 식의 판단은 극단적 논리일 뿐이다. 누구를, 무엇을, 어디에, 관점을 두느냐에 따라 달라진다.

사주팔자는 자연의 이치를 글자로 표현한 것일 뿐 길흉화복을 논한

---

[87] '인생 총량제'에 대한 내용은 본 저자의 『얼굴지도로 인생을 여행하다』를 참조하시면 도움이 될 것이다.

것이 아니다. 단지 사람이 자신이 원하는 어느 한 부분만을 보고 길흉화복을 정하는 것뿐이다. 어느 한 해를 막론하고 좋고 나쁨은 항상 존재한다. 좋기만 하고 나쁘기만 한 해는 없다. 설령 올해에 좋았더라도 그 일로 인해 1년 뒤, 10년 뒤에 좋지 않은 일을 당하거나, 건강을 해칠 수 있다. 인생은 만만하지 않고 그저 주어지지 않는다.

 자연 현상은 영원성을 갖는 것이 이치이고, 사주간지의 원리 또한 그러하다. 겨울이 춥다고 나쁜 것이 아니고, 밤이 있다고 하루가 짧은 것이 아니다. 겨울이 춥기에 봄에 싹이 나고 여름에 꽃이 피고 가을에 결실을 맺을 수 있다. 그런 의미에서 힘들고 지체하는 겨울이 바로 인생에서 가장 의미 있는 시간이고 중요한 시기이다. 밤에 잠을 자고 휴식을 취해야 내일을 활기차게 보낼 수 있는 것과 같다.

 사주 궁위에서 根-苗-花-實은 열매가 뿌리를 가지고 지엽과 꽃을 피우고 결실을 이루는 것이니, 어느 하나 무시할 수 없는 하나의 공동체이다. 년과 시는 멀리 있으니 영향을 받지 않는다는 식의 통변은 있을 수 없는 그릇된 사고이다.

2) 근묘화실과 생장쇠멸

 사주팔자는 인간이 태어난 시점을 연월일시라는 시간적 흐름으로 표시한 것이다. 사주팔자의 연월일시 시간적 흐름은 만물의 생장쇠멸(生長衰滅) 과정을 인간이 살아가는 모습으로 표현한 것이 사주팔자에서 근묘화실(根苗花實) 4개의 궁위이다. 인간 삶은 근묘화실 궁위의 시간적 흐름에 따라 사주팔자의 흐름을 살펴야 하는 이유이다.

 사주에서 연-월-일-시는 육친으로 조상-부모-자신(배우자)-자식으로 이어지는 삶의 과정으로 자신이 세상에 태어나 생장하여 쇠멸하는 과정이다. 자신의 모습은 세상에 드러나기 이전에 이미 갖춰진 형상이니 이를 전생이라 하고, 쇠멸한 이후의 자신의 모습은 다음 생으로 이어지고 다시 태어나니 이를 윤회라 한다.

　4개 궁위를 한 인간의 일생으로 보면, 연-월-일-시는 초년-청년-중년-말년의 삶을 의미한다. 사주팔자는 한 인간의 살아가는 모양새이자 기운의 흐름이라 할 수 있다. 궁위는 일생을 연-월-일-시로 표시하였지만, (조상)…조부모-부모-자신-자식…(자손)으로 영속한다.

　만물이 생장쇠멸을 거쳐 영속성을 갖듯이, 인생도 대를 이어 영속한다. 사주궁위를 종이 위에 펼쳐놓으니 분리된 것으로 보일 뿐, 년과 시는 단절된 것이 아니라 이어지는 것이다. 연-월-일-시 사주팔자는 한 몸과 같으니, 종이를 말 듯 돌돌 말아서 보아야 한다.

실	화	묘	근
시	일	월	년

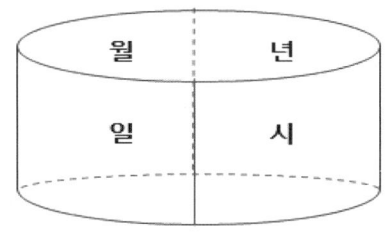

　사주팔자는 연월일시의 干支 기운에 의해 살아가는 형태에 영향을 미치고, 일생의 길흉 또한 각 궁위의 간지 작용에 따라 일어나게 된다. 즉 월주와 일주의 간지 작용은 일생을 통하여 미치겠지만, 현실적 영향은 주로 중·장년기에 벌어진다는 것이다.

　사주팔자에서 궁위는 십신(육친) 개념보다 먼저 정립되었다. 사주팔자라는 4기둥을 세우고 난 이후에 사주팔자를 분석방법으로 육친이 등장하였던 것이다. 이에 사주팔자의 분석기반은 궁위에 있고, 다음으로 십신(육친) 등 분석기법으로 고려해야 할 것이다.

　무극에서 음양이 분화되는 과정에서 천지인 상응이론이 정립되었고, 음양이 사상으로 분화되는 과정에서 오행 개념이 생겨났다. 음양이 분화되고, 분화된 음양이 합하여 다시 음양으로 분화되는 것은 또 다른 생명체를 내기 위함이다.

　음양이 합하고 나누어지는 과정에서 보이지 않는 기운(동기부여)이 있어야 하니 이것이 天人地이고, 사상이 합하여 다시 나누어지는 과정에서 작용하는 것이 土이니 오행이 된다. 마찬가지로 사상이 팔괘로 분화되는 과정에서 음양이 조화를 이루어야 하니 여기서 10궁이라는 개념이 정립되었으리라.

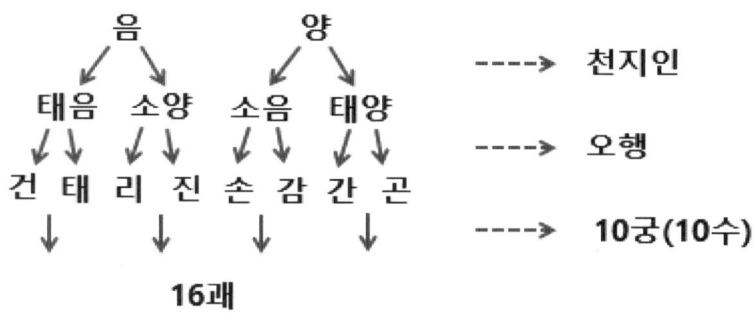

　인생사를 지배하는 사방팔방에 음양 또는 천지 또는 땅에서는 무기토가 존재하니 10궁이 되고, 사주에는 하늘의 기운으로 10개를 두었다. 천지팔방의 기운은 선천수 10개가 관장하고, 사주에서는 천간이 지배한다.

　10개 5궁이 천지만물을 관장하는데, 사주체계는 8자 4궁으로 되어 있다. 인간의 삶은 미완성에서 시작되었다는 의미이고, 천지인(天地人)의 기운을 벗어나서는 살 수 없음을 암시한다. 天은 하늘의 기운이고, 地는 땅의 기운이며, 人은 내 주위 사람들과 만상들이다.

　사주궁위에 없는 2자 5궁은 비록 보이지 않지만 年과 時 사이에 존재한다. 년과 시를 이어주는 기운으로 '전생궁·윤회궁'이라 할 수 있다. 그래서 사주는 연월일시로 펼쳐서 보는 것이 아니라, 돌돌 말아 연결해서 보아야 하는 것이다.

　10개의 선천수를 천간과 천지팔방에 비유하면 다음과 같다.

10수	10	9	8	7	6	5	4	3	2	1
10천간	己	庚	乙	丙	癸	戊	辛	甲	丁	壬
천지8방	地	서남	남	동남	북동	天	서	동북	남서	북
지지	丑未	申	卯	巳	子	辰戌	酉	寅	午	亥

〈10천간과 천지팔방의 개념〉

10천간을 8방위 개념으로 보면 8方에 천지(하늘+땅)을 더하여 10궁을 이룬다. 10천간은 12지지에 영향을 미치고, 12지지는 사계절을 순행하여 만물이 생장쇠멸한다. 인간은 10천간의 기운인 천지와 팔방의 기운에 의해 살아가는 10궁의 모습이라 할 수 있다.

10궁 즉 천-지-팔방에서 천지는 인간이 다룰 수 있는 영역이 아니다. 인간이 살아가는 팔방을 조절하고 다루는 필수불가결한 요소가 천지의 기운이다. 근본적으로 인간은 天-地 기운을 얻어 살아갈 수밖에 없는 존재이다. 오행으로 보면 水-火 기운이다.

인간은 스스로 우주의 기운을 품부 받은 소우주라고 자칭하지만, 천지 즉 수화의 기운에 의해 살아가는 불완전한 존재이다. 사주체계를 보더라도 인간은 4개의 천간기운을 얻을 뿐이고, 복음 등을 감안하면 그마저도 얻지 못한다. 타인과 더불어 살아가야 하는 것이 인간이고, 부족한 기운은 조상-부모-배우자-자식 등 타인과의 조화를 통하여 채워야 하는 것이 인생사이다.

사주팔자는 일간(자신)이 나머지 7개의 자리와 더불어 살아가는 모습이다. 그 중 월지는 사주팔자의 환경조건으로 일간을 위한 환경이 아니다. 일간을 위주로 월지를 보는 것은 자신을 중심으로 냉온을 조절하는 것과 같다. 자신이 춥다고 온도를 높이거나 덥다고 온도를 내리는 것은 타인에게 피해를 주는 일이다.

인생사에서 자신이 처한 환경에 적응하고 현실을 인식하는 것이 중요하다. 비가 내리는 환경이라면 투덜거리며 비를 피하는 사람이 있는가 하면, 그 환경에 적응하여 우산장사로 대박을 터뜨리는 사람도 있다. 사주에서 일간도 월지라는 환경에 적응해야 할 존재일 뿐이다. 사주팔자에서도 자신의 의지가 중요하다는 말이다. 사주팔자를 앎이란 피흉추길함에 있고, 이것이 상학에서 말하는 선악의 추론이다.

한편 위 〈10천간과 천지팔방의 개념〉표에서 10수와 10천간의 나열을 보자. 중앙의 戊己를 빼면, 乙庚, 癸丙, 辛甲, 丁壬 등 천간합 관계로 연결되어 있다. 여기서도 갑기합, 병신합은 천간합의 작용이 명확하지 않음을 볼 수 있다.

3) 근묘화실의 4차원

우리가 살아가는 세상은 3차원(상하·좌우·전후)의 세상인데, 여기에 시간이 더해지면 4차원이 된다.88) 이 시간 개념이 사주에서 궁위(연-월-일-시)의 시간적 환경흐름이라 할 수 있다.

---

88) 뉴턴의 시간과 공간의 개념은 절대시간과 절대공간이라는 개념이 있다. 3차원의 세상에서 보면 사물은 상하좌우·전후로 막혀서 닫혀 있는데, 여기에 시간이라는 개념이 개입되면 살아 움직이게 되는 것이다.
아인슈타인의 상대성이론에 의하면 우리가 사는 건 3차원인데, 여기에 시간을 합쳐 4차원이라 하였다. 3차원이란 어떤 위치를 말할 때 3개의 좌표가 필요하고, 3개의 좌표는 앞-뒤, 좌-우, 위-아래이다. 2차원은 앞-뒤, 좌-우, 1차원은 앞-뒤뿐인 차원을 말한다. 일반적으로 우주 내에서 하나의 사건이 정확히 정의되려면 사건이 일어나는 장소(3차원)와 시간(1차원)이 결정되어야 하니 장소(공간)과 시간은 따로 분리할 수 없다. 가령 종로3가에서 6시에 만난다면 종로3가(공간)와 6시(시간)가 합쳐진 개념이 4차원의 개념이다. 우리가 사는 세상좌표의 3차원에 시간의 1차원을 더한 것이 4차원의 시공간이다. 즉 "4차원의 시공간"은 앞-뒤, 좌-우, 위-아래에 +시간이 가미된 것을 말한다. 공간만을 생각했을 땐 "3차원 공간"이 되지만, 시간개념까지 더하면 "4차원의 시공간"으로 표현되는 것이다. 이에 우리가 아는 우주의 3차원 공간에 더 많은 여분의 차원이 있다는 이론도 가능하게 제시되고 있다.

미술관에서 액자 속의 그림을 감상한다고 가정해보자.
　액자 속 그림의 실제 환경이나 조건은 작가만이 알고 있다. 독자들은 각자 나름대로의 느낌과 감성으로 판단할 것이고, 그 느낌들은 모두 다를 것이다. 작가가 그림을 통하여 전달하고자 하는 바를 독자가 이해하는 것은 작가와 독자의 공감이다. 독자가 작가와 공감대를 이루기 위해서는 그림 속의 환경·사연 등에 빠져드는 것이리라.
　작자의 감성이 담겨 있지 않은 사진이라도 마찬가지이다. 같은 풍경을 찍은 봄·여름·가을·겨울 각 4장의 사진이 있다고 가정하자.

　위 액자 속 4장의 그림 중 어느 그림이 봄인지, 여름인지, 가을인지, 겨울인지를 구분하기 어렵다. 사진 속 환경(계절·시간·때)을 알기 위해서는 그림 속에 들어가서 느껴야 알 수 있다. 사진을 찍을 당시의 환경을 알 때 비로소 4장의 그림은 다르게 느끼게 될 것이다. 이 계절·시간·때 등의 조건 등이 부여된 것이 4차원의 개념이라 할 수 있다.
　만약 사주팔자를 액자 속 그림 자체로만 본다면 액자 속 그림의 실상을 보지 못하게 된다.
　사주팔자를 4차원의 개념으로 본다는 것은
　첫째로, 궁위의 흐름으로 보는 것이고,
　둘째로, 사주팔자의 환경을 지배하는 월지의 방향성이고,
　셋째로, 천간 기운과 지지 물상 사이에 있는 지장간의 흐름이다.
　천지만물은 2차원의 정신(情神)이라는 음양(陰陽)이 만나 새로운 생

명체가 탄생되고, 음양-사상-팔괘…로 분화하여 생-장-쇠-멸-생…을 거듭한다. 2차원의 음양이 분화되기 위한 동기부여의 개념으로 정립된 이론이 천지인상응(天地人相應)이다.[89]

음양이라는 2차원이 천지인이라는 3차원의 동기부여가 주어질 때 사상, 팔괘…64괘로 4차원의 세상이 펼쳐지게 된다. 64괘가 분화되는 과정을 사주 관점으로 이해하면, 대운·세운 등 운(運)에 의해 발동하는 합·충·형·파·해 등의 작용이라 할 수 있다.

태어난 순간 완성된 사주팔자가 3차원이라면, 사주팔자의 흐름인 궁위와 사주팔자를 동하게 하는 요소(대운·세운, 합·충·형·파·해 등)들이 4차원이 시간적(때) 흐름이다.

2. 근묘화실과 윤회궁

1) 궁위의 흐름

근묘화실(연월일시) 궁위의 흐름은 시간적 흐름으로 만물이 생장쇠멸하는 과정이다. 만물의 생장쇠멸은 수화 기운에 의하여 목금 물상이 전화-변환되는 과정을 통하여 영원성을 갖는다.

만물의 생장과정을 '수승화강'에 비유하면, 음(수) 중 양(화), 양(화) 중 음(수)을 취하여 수화 기운이 발동하고, 그 과정에서 목금 물상이 형성된다. 목금 물상 또한 목(양) 중 금(음), 금(양) 중 목(음)을 취하여 완성한다.

앞에서 살펴본 '수승화강도'를 다시 보자.

---

[89] 상학에서 음양은 얼굴을 상하·좌우·전후로 3차원으로 분별하고, 음양의 균형과 조화의 관점에서 얼굴을 3부분으로 나누어 삼정(三停)이라 한다. 얼굴 삼정에 두상(뒤통수)을 포함하면 4차원이 된다.

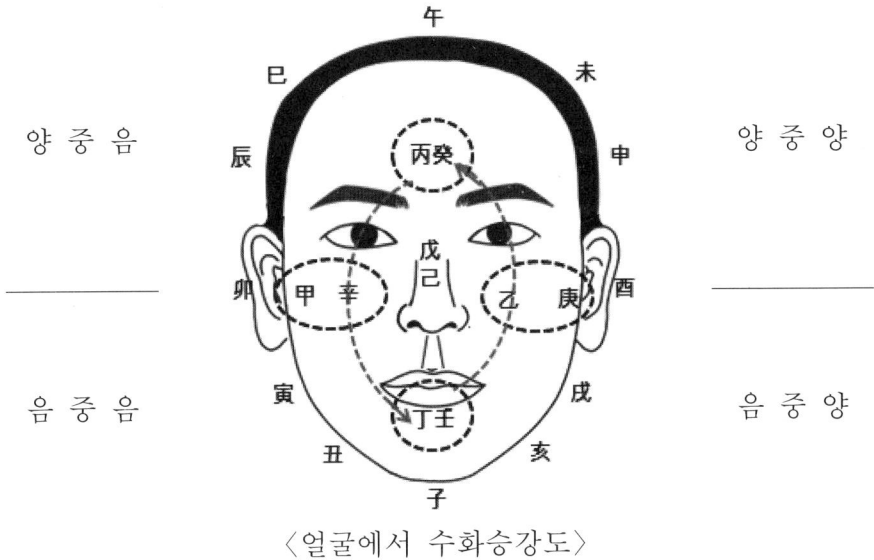

〈얼굴에서 수화승강도〉

水의 상승은 水 중 火를 취하여 水가 상승하게 되는데, 궁위에서 년주에 해당한다. 년간 水는 水 중 火 기운으로 상승하면서 무토를 거치니 화생토의 개념이 되고, 土水가 월주에 자리한다.

水는 木을 내는 것이 목적이니, 수생목으로 木 일간을 만들어낸다. 木 일간은 土 바탕 위에서 토생금으로 일주-시주에 걸쳐 乙庚합을 완성한다. 최종적으로 시주에서 金 결실이 완성되면 木일간은 쇠멸하게 된다.

지표면 위에서 마감한 庚金은 윤회궁에서 辛金으로 전환하여 다시 木으로 변환할 준비를 하게 된다. 신금은 정화에 의하여 표면을 견고하게 만들어짐으로써 썩지 않고 씨앗으로 보존된다. 보관된 辛金 씨앗은 윤회하여 다시 水를 만나 뿌리와 싹을 내면서 모습을 드러내니 년주에 水가 있는 것이다. 이것이 지표면 아래에서 펼쳐지는 과정으로 사주궁위에서 보이지 않는 윤회궁이다.

'수승화강'의 원리를 사주궁위에 비유하여 정리하면 다음과 같다.

구분	윤회	실(시주)	화(일주)	묘(월주)	근(년주)	정자·난자
사주궁위	丙火	庚金	甲木	戊土	壬水	丙火
	辛金	乙木	己土	癸水	丁火	辛金
수승화강	화 중 금	금 중 목	토 조절	화 중 수	수 중 화	화 중 금

〈수승화강과 사주궁위의 관계〉

도교수련의 측면에서 수승화강은 水 中 火를 취하여 癸水가 상승하여 戊(丙)와 합하는 과정에서 乙庚을 완성하는 과정은 지표면 위에서 벌어지는 과정이다. 火의 하강은 水의 상승으로 촉발된 丁火가 하강하여 辛金을 얻어 壬水에서 품어지는 과정인데, 이는 지표면 아래에서 벌어지는 과정으로 윤회궁의 과정이라 할 수 있다.

2) 궁위의 윤회 개념

사주와 관상에서 인간의 삶은 한 대(代)를 마감하고 없어지는 것이 아니라, (조상)…조부모-부모-자신-자식…(자손)으로 영속한다는 윤회의 개념을 내포하고 있다.

사주에서는 만물의 생-장-쇠-멸(근-묘-화-실)을 연월일시 4개의 궁위로 표시하였고, 얼굴에서는 얼굴 앞면(面相)의 삼정(三停)과 얼굴 뒷면(頭相)으로 분별하여 윤회의 과정을 설명하고 있다.

특히 얼굴 나이(유년)에서 인생 윤회의 개념을 알 수 있다. 얼굴 부위의 나이는 75세까지 지정되어 있고, 76세부터는 얼굴 가장자리를 돌아 윤회하여 다시 턱에서 100세에 이른다. 76세 이후에 얼굴 가장자리를 돌아 회귀하는 나이 배열은 사주팔자 4개 궁위에서 보이지 않는 윤회궁과 유사한 개념이다.

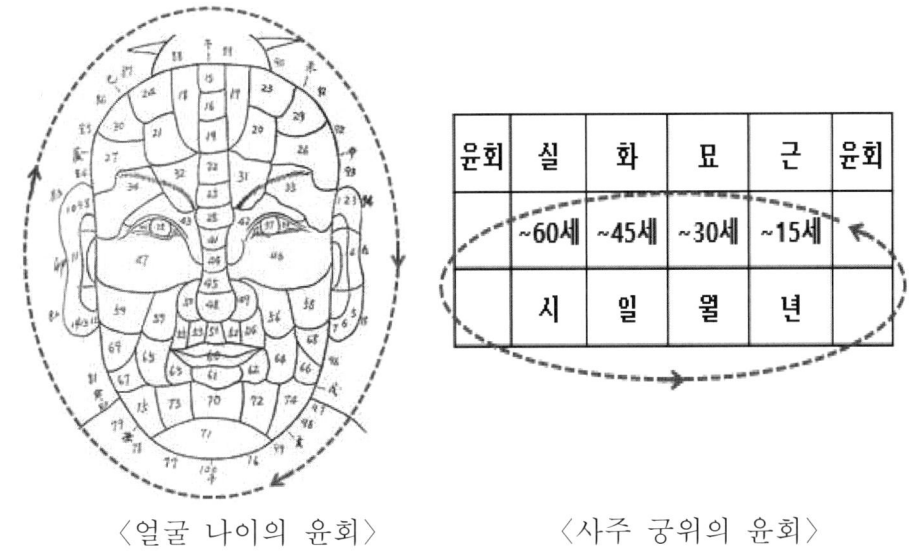

〈얼굴 나이의 윤회〉   〈사주 궁위의 윤회〉

얼굴 나이에서 직접적인 얼굴 부위를 벗어난 시기는 76세이고, 사주 궁위에서 직접적인 사주팔자를 벗어난 시기는 61세이다. 75세 이후에 얼굴 부위에 직접 나이가 부여되지 않고 가장자리를 돌아 회귀한다는 것은 사주궁위에 없는 5궁위(5柱)에 비견된다. 5궁은 사주궁위에는 나타나지 않지만 년과 시를 이어주는 하나의 윤회궁이 된다.

윤회궁은 자신의 인생 말년이자, 자식(자손)이 주도하는 자리이다. 자신이 삶을 주도하는 곳이 아니라 자식이 펼치는 자리라는 의미에서 사주와 관상의 논리는 상통한다. 윤회는 다음 생으로의 영원성을 의미하지만, 인간 삶으로 보면 타인과 더불어 둥글둥글 살아가야 한다는 의미가 내포되어 있다. 이것이 덕행(德行)이다.[90]

윤회를 만물에 비유하면, 금 중 목을 火로써 다시 한 바퀴 돌려서 水로써 씨앗(金)을 품어 다음 생으로 전달해주는 과정이다. 이를 불가(佛家)에서는 윤회(輪回)라 하고, 도가(道家)에서는 선(神)이라 한다.

---

90) 얼굴에서 덕행(德行)의 의미에 대해서는 본 저자의 『얼굴지도로 인생을 여행하다』를 참조하시기 바란다.

인간의 탄생에 비유하면 태어나기 이전 엄마 뱃속에서 정자·난자가 수정된 상태이고, 인생에 비유하면 윤회가 되는 것이다.

인간(사주팔자)은 보이지 않는 氣의 요소에 의하여 탄생하고, 태어난 인간의 사주팔자 또한 氣的 요소에 의해 생로병사(생장쇠멸)와 윤회의 단계를 거친다. 보이지 않는 기(氣)는 생로병사의 관점에서 윤회(輪廻)이고, 귀신(鬼神)이라고도 한다. 철학적 관점에서 보면 정신(精神)이고, 인간이 탄생과정에서 정자·난자에 해당한다 하겠다.

인간은 정자·난자가 합하여 눈으로 보이지 않는 상태에서 길러지다가, 탄생하는 순간에 사주팔자가 정해진다. 태어난 순간을 기점으로 생-장-쇠-멸이라는 과정을 부여받게 된다. 만물이 생명력을 다하면 다시 윤회를 거쳐 재탄생하는 것이 자연의 순환이고, 이것이 사주팔자의 기본 구성원리이다.

인생사에서 한 인간의 생로병사(윤회)를 사주팔자(연월일시)로 분별하면 다음과 같다.

양(火)	음/양				음(水)
신(神)	기(氣)				정(精)
귀신·윤회	실	화	묘	근	정자·난자
	멸	쇠	장	생	
	시	일	월	년	

〈인간의 생장쇠멸과 사주팔자의 궁위〉

인간의 탄생은 부모로부터 생명을 얻지만, 자신(일간) 입장에서 보면 태어나기 전 정자·난자의 상태가 세상에 모습을 드러난 것이다. 수 억 개의 정자 중 하나인 나(일간)은 수많은 정자와 경쟁하여 일간이 원하는 난자와 합을 하여 태어나기 위해서 가장 적합한 부모의 몸을 빌어서 착상하여 모습을 드러내게 된다. 달리 말하면 내가 나오기 위해 부모를 이용한 것이다.

자신의 모습을 드러내기 위해 부모를 이용하였음에도 세상 밖으로 나온 순간 부모의 몸체가 필요하지 않다. 배은망덕하게도 일간은 태어난 순간 부모를 이용했다는 사실 조차도 잊어버린다. 더 나아가 부모가 자신을 생산했으니 자신을 키워달라고 수많은 요구를 한다. 부모 또한 일간이 자신들을 이용했다는 사실을 인지하지 못하고 봉사와 의무를 다하게 된다.

인간이 영원성을 추구하는 것은 보이지 않는 윤회(輪回)와 보이는 양생(養生)에 있다. 현실에서 양생을 구하고자 하는 인간의 노력은 도교수련으로 발전하게 되었다. 천지·음양·수화의 이치를 도교수련에서 정·기·신이라 한다. 정(精)은 水이고, 신(神)은 火이고, 기(氣)는 土이다. 즉 음양(수화)의 작용에서 발현되는 것이 氣이고, 氣는 오행에서 土에 비유된다.

만물은 土의 조절에 의해 태동하고 발동한다. '動'한다는 의미는 길흉화복의 발현이자, 사건·사고와 길흉 발동의 동기부여이다. 즉 사주팔자에 +氣(천지·음양·수화·정신·귀신·영혼·혼백·윤회) 등 조화 인자가 더해질 때 완전하게 발동한다.

3) 사주궁위와 얼굴궁위

만물의 생장쇠멸(근묘화실)을 연월일시 4개 궁위로 표현한 것이 사주팔자이고, 사주팔자는 10천간 12지지로 구성된다. 만물의 생장쇠멸 전체과정을 궁위 간지로 보면 년주에서 수화 기운의 조절로 水가 상승하여, 월주에서 수생목으로 일간을 생하고, 木 일주는 土의 조절을 통하여 시주에서 乙庚합으로 완성하는 과정이다.

만물은 지표면 위에서 생장쇠멸을 펼치고, 만물 각자는 자신의 삶을 주재한다. 자신은 사주팔자에서 일간, 얼굴에서 눈·코에 해당한다.

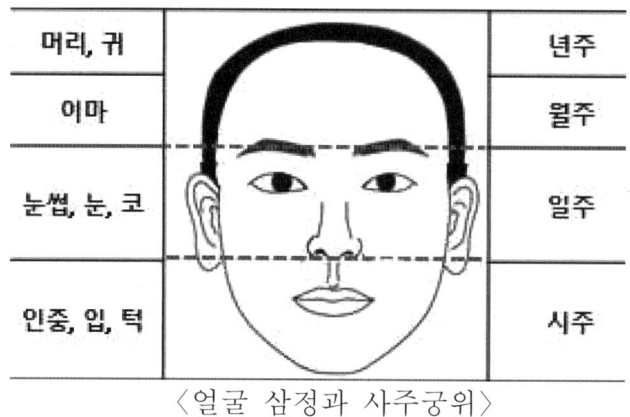

〈얼굴 삼정과 사주궁위〉

얼굴은 면상(面相)과 두상(頭相)으로 분별한다. 얼굴을 사주궁위에 대비하면, 두상(머리카락이 있는 얼굴 뒷면)은 년주에 해당한다. 면상(얼굴 앞면)은 3부분(삼정)으로 나누는데, 이마는 월주(부모), 눈·코는 일주(자신+배우자), 입·턱은 시주(자식)에 해당한다.

사주궁위와 얼굴부위의 상관관계를 정리해보자.

궁위		윤회	시주	일주	월주	년주	윤회
얼굴		시골	인중·입	눈썹·눈	이마	발제	시골
		귀	지고·턱	산근·코	중정·천창	두상	귀

〈사주궁위와 얼굴부위의 상관관계〉

첫째, 귀는 년주에 해당한다.

얼굴은 얼굴(面相)과 머리(頭相)로 구분하는데, 얼굴 뒷면 즉 두상은 사주궁위에서 년주에 비유된다. 얼굴의 기운은 두상의 뼈에서 나오고, 눈·코·입·귀의 발현은 두상의 기운에 의해 발현된다. 두상은 선천 기운을 함축하여 얼굴(면상) 기운의 발현을 돕는 것이다.

둘째, 이마는 월주에 해당한다.

이마는 부모의 자리로 자신 일생의 바탕이다. 중정에서 눈·코의 작용에 직접적으로 영향을 미치는 자리이다. 부모의 음덕은 물론 살아가면서 얻는 행운 등을 주관하는 곳으로 햇빛·빗물과 같은 존재이다.

천창(天倉)은 하늘의 창고이니 월지(月支)에 해당하고, 지고(地庫)는 땅의 창고이니 시지(時支)에 해당한다. 월지와 시지는 일지를 다스리는 자리로 일간의 근간이 된다. 특히 월지는 사주궁위에서 가장 중요한 환경을 지배하는 자리이다. 부모-자신-배우자-자식을 이어주는 바탕이 되고, 재록을 성취하는데 결정적 역할을 한다는 점에서 얼굴에서 천창의 의미와 유사하다.

셋째, 눈썹·눈·코는 일주에 해당한다.

눈썹은 형제궁으로 이마(부모궁)에서 나온 일간을 비롯한 비겁이다. 눈썹의 흐름은 미릉골을 따라 천창-복당-중정-복당-천창을 잇는다. 눈썹은 하늘(이마)의 기운을 눈·코에 전달하여 재관을 생성하는데 가장 중요한 요소가 된다.

눈은 부모로부터 독립하여 자신의 꿈을 펼치고, 자신이 일가를 이루어 자식을 얻는 곳이고, 코는 얼굴의 주인이다. 눈·코는 일간(日干)에 비유된다. 특히 눈은 배우자·자식 등 성(性) 관련 궁위가 포진되어 있으니, 일지(日支) 개념과 유사하다.

넷째, 입·턱은 시주에 해당한다.

입은 노년의 중심부위이고, 이를 보좌하는 곳이 턱이다. 인중을 비롯한 입은 시간(時干)에, 턱은 시지(時支)에 비견된다.

다섯째, 귀와 시골은 윤회궁에 해당한다.

귀는 면상(面相)과 두상(頭相)를 연결하는 곳이고, 오성에서 木·金(물상)을 관장한다. 귀는 얼굴 기운이 빠져나가지 못하게 막는 역할을 하게 되니, 얼굴 기운이 빠져나가지 못하게 막아주는 방패막이자 최후

보루이다.

시골(75세)은 시골은 다음 세대를 이어주는 연결고리라는 의미가 있다. 얼굴에서 윤회의 시발점이자 회귀점은 시골이고, 윤회의 과정을 주관하는 곳이 귀다. 그래서 양쪽 귀가 다르면 삶의 근거지가 완전하지 못하고, 시골이 벌어지면 자손을 방해한다고 하였다.

이상과 같이 얼굴에서 눈·코가 일생을 좌지우지하지 않는 것처럼, 사주에서도 일간이 사주팔자를 좌지우지하지 못한다. 일간은 그 사람의 기본적 십신 성향을 나타낼 뿐이다. 눈·코(얼굴의 주인)의 복록은 다른 형상에 따라 그 방향성이 결정되듯이, 일간(日干)도 사주궁위의 흐름에 따라 복록이 달라진다.

마치 코가 크다고 반드시 돈이 많은 것이 아니라, 돈을 잘 다루는 기질(성향)이 있다는 의미와 유사하다. 다른 부위와의 상관관계에 의하여 코가 재물을 성취할 것인지, 돈을 다루는 은행원이 될 것인지, 돈을 흥청망청 쓰는 사람이 될 것인지 결정되는 것이다.

얼굴에서 선천이자 자신의 바탕이 되는 곳은 이마이다. 사주궁위에서 년월의 구성은 얼굴에서 이마의 형상에 비유된다. 가령 이마 형상이 좋지 않으면 자수성가형이라 하였다.

사주에서 년월의 조건이 좋지 않으면 자수성가해야 한다는 의미로 해석할 수 있다. 이런 사람은 고향을 떠나 성공할 수 있고, 부모 음덕에서 벗어나야 살 길이 생긴다. 다른 곳에서 삶을 개척해야 하니 자신이 주도하는 것이 아니라 남과 더불어 살아가야 한다. 남을 위한 일을 하거나, 타인을 통하여 자신이 성취하고자 하는 바를 이루거나, 멀리서 구하는 일에 종사하면 성공할 수 있는 것이다. 공무원, 해외근무, 영업직, 사회봉사직 등에 적합하다.

여기서 주목할 점은 삶의 주체는 일주(日柱)이고, 눈·코이다. 삶의 실질적 목적은 木·金 물상 즉 재관(財官)을 형성하는 것이다. 재관을 취하는 것은 급박하거나 조급하지 않아야 한다. 그래서 얼굴에서 코를 土에 배속하고, 사주궁위에서 월간과 일지를 土에 배속하였다. 균형과 조화를 필요함을 강조한 것이리라.

3. 궁위와 육친

1) 극 관계에 의한 육친 형성

앞에서 살펴본 사주궁위의 극 관계와 천간합화의 개념을 다시 보자.

근묘화실	윤회	實(時)	花(日)	苗(月)	根(年)	윤회
천간(기운)	丙火	庚金	甲木	戊土	壬水	丙火
지지(물상)	辛金	乙木	己土	癸水	丁火	辛金
천간합화	水	金	土	火	木	水

〈사주궁위의 극 관계와 천간합화의 개념〉

사주궁위의 극 관계에 생성과정은 천간합의 흐름과 유사하다.
庚은 乙에서, 甲은 己에서, 戊는 癸에서, 壬은 丁에서부터 양생되어 간다. 사주 궁위에서 드러나지 않는 천간합은 丙辛이고, 병신은 윤회를 주관하니 水가 된다.
궁위의 간지 상생을 보면, 辛은 → 壬을, 丁은 → 戊를, 癸는 → 甲을, 己는 → 庚을, 乙은 → 丙을 낳는다. 십신의 생성으로 보면, 관성은 → 인성을, 식상은 → 재성을, 인성은 → 비겁을, 재성은 → 관성을, 비겁은 → 식상을 낳고 이어지는 과정이다.
이를 육친으로 보면, 어머니가 자식을 낳는 관계이다. 즉 음(여자)이 → 양(남자)을 낳고 기르는 흐름이다. 여자가 자식을 낳으면 남성화되거나, 남편과 대등한 위치에 올라서려는 속성을 보이는 것과 같다. 여자는 자식을 통하여 자신의 자아를 실현하고자 하는 것이다.

위 간지 궁위의 극 관계에 의한 육친을 분별하면 다음과 같다.

	후천		선천		
윤회	實(時)	花(日)	苗(月)	根(年)	윤회
식	자식(관)	나(비)	부(재)	조부(인)	식
관	며느리(비)	배우자(재)	모(인)	조모(식)	관
	내가 만들어가는 곳		나를 만드는 곳		

〈간지 궁위의 극 관계에 의한 육친 분별〉

위와 같이 재성과 인성이 만나서 자식인 비겁(일간)을 만들어낸다. 일간(자신)의 입장에서 보면 인성(어머니)으로부터 모습이 드러나고, 재성이 삶의 바탕이 되며, 아버지의 희생과 인내로 성장하게 된다.

모친(인성) 입장에서 보면 부친(재성)과 합하여 만들어내는 것이 식상이고, 부친(재성) 입장에서 보면 모친(인성)을 만나 만들어낸 것이 관성이다. 즉 재인이 만나서 만들어진 것은 자식(식상·관성)이고, 이는 곧 자신(일간)이자 형제(비겁)이다.

나(일간) 입장에서 보면, 印(모친)과 財(부친)를 바탕으로 官(자식)을 완성하는 관계이다. 내가 자식을 완성하는 최종점은 일시에 있으니, 나의 목적은 비겁과 더불어 재관(財官)을 취하는데 있다. 내 바탕은 재이고, 재는 인식(印食)과 더불어 나를 만들어내는 곳이다. 이에 년월은 나를 있게 하는 바탕이자 근원인 선천이요, 일시는 내가 만들어가고 펼쳐야 할 후천이다.

인생의 목적은 財를 통하여 官을 취하는데 있는데, 관은 比·食을 통하여 완성된다. 나의 역량(비겁)을 펼침으로써(식상) 가능하다는 의미도 있고, 자신 스스로 행해야 한다는 의미도 있다.

궁위 육친을 얼굴에 비유하여 특징을 살펴보면 다음과 같다.

얼굴 부위	사주 궁위	육친	특징
천창	월지	인성	일생의 바탕
눈썹	일주	비겁	재관을 만드는 수단
눈·코		재관	삶의 목적
인중·입	시간	식상	재관의 완성

〈얼굴 부위에 의한 궁위 육친의 특징〉

비겁은 재관을 주관하는 인자이고, 눈썹은 이마 기운을 함축하여 일가(一家)를 이루고 재관을 생성하는 곳이다. 눈썹을 오관에서 보수관(保壽官)이라 한 이유가 여기에 있다. 특히 남자는 재관을 만드는 주체이기 때문에 눈썹이 중요하고, 비겁을 잘 다루어야 한다.

인중·입은 재관의 복록을 담는 자리이고, 사주에서 식상에 비유된다. 식상은 능력발휘를 의미하고, 여자에게서는 자식을 의미한다. 식상은 재물을 다루는 원동력이자 관(남편)을 다루는 수단이 된다. 식상은 재관을 완성하고 결과물을 향유하는 힘이라 할 수 있다.

식상은 내가 만들어야 할 일시 궁위에서 벗어나 있고, 식상이 없으면 내가 만든 관이 완성되지 않는다. 식상은 덕을 베푸는 행위에 해당하고, 덕행(식상)은 관을 완성하게 하는 인자가 된다. 그래야 다시 윤회하여 선천 년·월에서 인성을 얻을 수 있는 것이다.

2) 사주궁위의 인생사

인간을 비롯한 만물은 음양(수화)의 조화에 의해 살아가게 된다. 수화 기운에 의해 목금 물상이 형성되고, 목금 물상의 바탕이자 양생처는 土이다. 살아 움직이는 생명체는 木이기에 사주팔자에서 일간(자신)에 목을 두었고, 목이 생장하는 바탕은 土이니 극 관계에 있다.

위 오행의 극 관계에 의한 사주궁위를 인생사에 비유하여 살펴보자.

天(양)	人(인간이 살아가는 세상)				地(음)
신(神)	기(氣)				정(精)
수화	토				목금
鬼神·윤회	實(멸)	花(쇠)	苗(장)	根(생)	정자·난자
	시	일	월	년	
화(丙)	금(庚)	목(甲)	토(戊)	수(壬)	화(丙)
금(辛)	목(乙)	토(己)	수(癸)	화(丁)	금(辛)
丙辛	乙庚	甲己	戊癸	丁壬	丙辛
수	금	토	화	목	수

〈사주궁위의 오행적 의미〉

위와 같이 각 궁위 천간은 극하는 관계에 있고, 간지궁위는 각각 천간의 양 기운과 지지의 음 물상이 서로 합하는 관계이다. 간지가 합화한 오행은 水→木→火→土→金→水…로 윤회하는 구조이다.

부모가 합하여 일간(목)을 만들어내고, 내가 부인과 합하여 자식을 만들어낸다. 사주궁위의 흐름은 남자를 기준으로 성립되었다고 하였으니, 庚은 자신 입장에서 관성이요, 처 입장에서는 식상이 된다. 나는 庚金으로 결실을 맺고, 庚에서 분리된 辛 씨앗은 후천(후생)으로 되돌려 다시 선천(전생)으로 윤회하는 것이 인생이다. 육친으로 보면 조상→부모→나→자식→자손…으로 이어지는 개념이다.

이처럼 사주궁위는 서로 극하는 관계성 속에서 합을 이루고, 만물이 생장하는 이치를 담고 있다. 극과 합은 음양 관계에 있고, 음양은 상충·상합하는 과정을 통하여 윤회를 거듭하게 되는 것이다.

양 극단에 있는 음양의 합·충은 스스로 動하는 것이 아니라, 매개체(촉매제) 즉 동기부여가 필요하다. 인간으로 보면 사랑하는 감정이고, 삶의 수단으로 보면 재관이요, 철학적 관점에서 氣이고, 오행으로는 土에 해당한다. 土는 인간 삶의 터전이지만, 물상을 얻는 기적 요소인 정신이라 할 수 있다.

인간은 물질을 추구하지만 정신을 충족하지 않으면 완전하지 못하다. 인간의 재물추구는 궁극적으로 관(명예·이상·정신 등)을 완성하기 위함이다.[91] 이것이 사주 관점에서 재생관이고, 철학적 관점에서 덕행(德行)이다. 덕행은 음덕을 되돌리는 스스로의 행위이고, 말년의 복록은 베풀었던 덕행의 값으로 누리게 된다.

한편 사주궁위의 구성체계는 년간에 의해 월주(月柱)가 결정되고, 일간에 의해 시주(時柱)가 결정된다. 즉 年이 月을 관장하고, 日이 時를 관장하는데, 월주와 일주는 서로 연관성 없다. 년월은 선천의 기운이고, 일시는 후천의 물상이기 때문이다.

후천		선천	
시간	일간	월간	년간
시지	일지	월지	년지

〈사주궁위의 선천·후천〉

사주팔자는 년에 의해 월주 간지가 결정된 후에, 월주의 환경 내에서 일주가 주어지고 일에 의해 시주가 결정된다. 비록 일간은 월주에 의해 결정되지는 않지만, 확정된 년·월의 조건하에서 일간 간지가 성

---

[91] "博學而篤志, 切向而近思, 仁在其中矣", 『논어』 「자장편」.

립된다. 일주의 작용은 년·월 환경에서 벗어날 수 없고, 년·월의 영향을 받을 수밖에 없다.

3) 궁위 나이

사주궁위의 나이 배속은 각 궁위마다 15년 또는 16년씩을 배속하는 것이 통설이다. 현대에서는 수명 연장 등을 이유로 20년씩을 배속하는 경향도 있다. 여기서는 인생 60년(환갑)이라는 개념에 따라 15년씩을 배속하여 살피기로 한다.

근묘화실	윤회	實(時)	花(日)	苗(月)	根(年)	윤회
나이	60세~	~60세	~45세	~30세	~15세	태아

〈사주 궁위의 나이 배속〉

15년 사주궁위 배속은 얼굴궁위의 나이 배속과 유사하다. 그러면 얼굴 궁위의 나이를 대략적으로 살펴보자.

구분	實(時)	花(日)	苗(月)	根(年)
궁위	자식궁	자신·배우자궁	부모·형제궁	조상궁
나이	인중·입 60세~51세 75세~61세 지고·턱	눈썹·눈 40세~31세 50세~41세 산근·코	이마 22세~16세 30세~25세 중정·천창	발제·귀 14세~1세 15세 두상

〈얼굴 부위의 궁위와 나이〉

1세~15세는 선천에 해당하는 귀를 비롯한 두상 부위의 나이이다.

16세~30세는 부모궁을 상징하는 이마의 나이이다.

31세~50세는 자신을 상징하는 눈·코의 나이이다.

51세 이후는 자식을 상징하는 입·턱의 나이이다.

얼굴 궁위를 보면, 눈·코(자신)는 이마 기운을 이어받아 가정을 이루고 입·턱(자식)을 완성한다. 사주에서 조상-부모-자신(배우자)-자식으로 이어지는 흐름과 같다.

이마 기운에 따라 눈·코의 역량이 달라지고, 눈·코의 기운에 따라 입·턱의 복록이 결정된다. 사주에서도 년·월의 구조에 의해 일간의 역량이 결정되고, 일주의 구조에 따라 시주가 결정된다.

이와 같이 얼굴 궁위와 사주 궁위의 나이 배속은 전체적으로 일치하고, 궁위의 의미에서도 유사하다. 그래서 기상명리에서는 사주 궁위의 나이를 15년 단위로 배속하고, 이를 다시 천간과 지지로 분별하여 1/2씩 나누어 살핀다.

사주궁위와 얼굴부위를 연계하여 간지별로 나이를 배속하여 정리해 보면 다음과 같다.

구분	實(時)	花(日)	苗(月)	根(年)
천간	53세~46세 (인중~관골)	37세~31세 (눈~눈썹)	23세~16세 (사공~천중)	7세~1세 (左耳)
지지	60세~54세 (입~식록)	45세~38세 (콧등~어미)	30세~24세 (산림~중정)	15세~8세 (右耳·발제)

〈사주궁위에 대비한 얼굴부위의 나이〉

첫째, 년간(年干)은 1~7세, 년지(年支)는 8~15세이다.

왼쪽 귀(1~7세)는 년간에 해당하고, 오른쪽 귀(8~15세)는 년지에 당한다.

둘째, 월간(月干)은 16~23세, 월지(月支)는 24~30세이다.

이마 부위 중 사공~천중(16세~23세)은 월간에, 중정~산림(24~30세)은 월지에 해당된다. 산림 부위에는 구릉·총묘가 있는데, 이를 천창(天倉)이라 한다. 천창은 하늘의 기운을 이어받아 눈의 역량을 펼치는 바탕이 되니, 사주에서 월지의 기능으로 삼을 수 있다.

셋째, 일간(日干)은 31~37세, 일지(日支)는 38~45세이다.

얼굴에서 중심 부위는 눈·코이고, 사주에서 주재자는 일주이다.[92] 눈·코는 배우자를 만나 자식을 생산하고, 재관을 생산하고 완성하는 자리이다. 눈·코의 나이는 전체적으로 31세~50세를 관장하는데, 코의 기둥인 콧대[93]의 나이는 45세이다. 일간은 31~37세, 일지는 38~45세를 주관한다. 특히 눈 꼬리는 배우자 자리로 사주에 일지에 비견된다. 애정적·성적 요소가 강하고 생식기를 상징하기에 38~45세에 본성(本性)이 드러나는 나이이고 자칫 음란성(불륜)으로 빠져들기 쉬운 자리이다.[94]

넷째, 시간(時干)은 46~53세, 시지(時支)는 54~60세이다.

사주에서 시주(時柱)와 얼굴에서 입은 모두 자식궁에 해당한다. 입을 보좌하는 관골과 인중(46~53세)은 시간(時干)에 해당하고, 입 부위(54~60세)는 시지(時支)에 해당한다.

한편, 61세 이후는 보이지 않는 윤회궁이다. 시주(時柱)와 년주(年柱)는 보이지 않는 기(氣)에 의해 연결되어 사주팔자의 기운을 돌리게 된다. 사주팔자를 돌리는 보이지 않는 기(氣)가 "오행론"에서 火·金이고, 사주궁위로 보면 윤회궁이다. 얼굴에서 시골에서 시작하여 얼굴 가장자리를 윤회하는 것과 같다.

---

[92] 『달마상법』에서 상을 보는 것은 주로 눈을 본다고 하였으니, 눈은 얼굴의 주인 공격이다. 또 『마의상법』에서 얼굴의 주인은 코라고 하였다. 즉 눈과 코는 얼굴의 주인인 "나"를 상징하는 부위이고, 재관을 생산하는 주체이다.
[93] 코는 주로 콧대(연상·수상)를 의미하는바, 콧대로 코 나이의 기준으로 삼았다.
[94] 콧대는 얼굴 상하와 좌우를 나누는 중심부위이다. 45세를 기점으로 여자는 남성화 되어가고, 남자는 여성화 되어가는 이유가 되기도 한다.

4) 궁위의 육친성과 의미

사주궁위에서 년월은 선천기운으로 사주팔자의 환경을 지배하고, 년월이 정한 환경 내에서 일간(자신)이 자리하고, 특히 월지(月支) 환경에 지배를 받는다. 일주는 월에 의하여 간지를 결정되기 때문에 월지(月支) 환경에 의해 삶의 방향을 찾아야 하는 것이 일간이다.

시주는 일간에 의하여 결정되기 때문에 일간(나)의 모양새는 그대로 시주에 전달된다. 현생의 삶이 후생에 그대로 옮겨 가듯이 자신의 행위가 자식에게 그대로 전달되는 흐름이다. 살아가면서 덕을 베풀고 악업을 쌓지 말아야 하는 삶의 이치이기도 하다.

사주궁위의 의미를 총괄하여 정리해보면 다음과 같다.

구분	實(時)	花(日)	苗(月)	根(年)
육친	자식	자신·배우자	부모·형제	조상
나이	말년	중년	청년	소년
	45세~	31세~45세	16세~30세	15세~1세
궁위	개인사·외부	자신	사회	국가·해외
	결과물	배우자·가정	직업	고유의 본성
인체	하반신	몸통·하복부	가슴·상반신	머리·팔다리
	생식기	소화기·간·심폐	소뇌·인후·신경	골수·골격
기상	물상(현실·물질·후천)		기운(이상·정신·선천)	

〈사주궁위의 육친성과 의미〉

첫째, 년주는 조상이자 자신의 선천 기운이다.[95]

둘째, 월주는 부모이자 직업궁이다.
셋째, 일주는 자신이자 배우자(가정)을 의미한다.
넷째, 시주는 자식궁이자 자신이 만든 삶의 결실이다.

4. 궁위별 특징

1) 년주

년주는 월주의 부모궁이자 사회궁이고, 일주의 조상궁이자 전생궁(윤회궁)이다. 사주팔자의 고유한 본성이고, 일생에 영향을 미치는 선천 기운이다. 일간에 비유하면 태어나기 이전의 모태에 수정(정자·난자)된 상태라 할 수 있다. 삶의 환경으로 국가 등 큰 단체에 해당하는 자리이고, 해외 등 먼 곳을 의미한다. 월지의 뿌리·바탕이 되는 자리로 사주궁위의 근간이 되는 기운(이상·정신·선천)적 요소가 강하다.

● 고유 본성, 근본 속성, 근본 터전, 선천 기운(환경)
년주는 60갑자가 순환하는 변화의 기운으로 해당 사주팔자를 지배하고 다스리는 원초적 기운이고, 전생의 기운을 담은 곳이다.
해마다 봄-여름-가을-겨울이 순환되지만, 매년 같은 모습의 계절이 아닌 것처럼, 년주는 그 해의 사계절 기운을 주도한다. 그 해의 기운은 누구에게나 부여되는 조건이기도 하다.
운에서 년주가 동하면 과거에서부터 현재까지의 근본적인 문제 및 상황에 변동이 생기거나 전환점을 맞는다.
● 일생의 방향성, 그릇의 크기

---

95) 자신을 주체자적 관점에서 보면 년은 윤회를 이어받은 곳으로 자신의 탄생 이전 모습인 정자에 해당한다 하겠다.

년주는 조상→부모→나→자식에게 전달될 때까지 영향을 미치는 강한 기운이다. 일생의 운세와 삶의 기본적 방향성을 제시하고, 재관의 크기(그릇)에 영향을 미친다.

● 일간의 정신세계를 지배하고, 선천적 유전인자이다.

년주는 일간의 잠재된 정신적 바탕 즉 정신, 사고, 관념, 자아, 인생관 등 정신세계와 선천기운을 지배한다. 癸일간이 甲辰생이라면 상관견관(傷官見官)하는 구조이다. 자신만의 독특한 인생관을 가진 고집스런 사람이고, 관성의 덕이 불안한 구조이다. 여자는 남편의 덕이 약함을, 남자는 벼슬(명예)의 손상이 있거나 구설시비에 노출되거나 자식인연이 좋지 못함을 암시함이다.

선천적 유전인자(습관·재주·성격·정신·이상 등)의 발현은 일간이 주재하는 시기인 31세~45세에 두드러지게 나타난다. 만약 "간지론"에서 말한 '윤회·정신의 인자'가 년주에 있으면, 중년 이후에 종교·철학, 사주명리, 무속 등 정신세계를 추구하기도 한다.

년주와 일주의 구성조건이나 환경(방향성)이 맞지 않으면 부부 이별, 사별, 별거, 주말부부 등 배우자 관계에도 영향을 미치게 된다.

● 년간은 정신이고, 천간 관계(천간합)를 만들어낸다.

년간에 관이 없으면 명예에 대한 정신적 충족을 항상 치중하고, 재가 없으면 재물에 대한 욕구가 강하다. 명예를 얻고자 함은 재물성취가 약하다는 것을 의미하고, 재물 욕구는 결국 벼슬욕구로 향한다.

년·월의 경향은 평생 가져가니, 년주에서 겁재가 재관을 품고 있으면 근본적으로 부부인연이 약하다.

● 년지는 물상, 지지 관계(합·충·형·파·해)를 만들어낸다.

궁위의 시간 흐름에 따라 년지가 월지, 일지, 시지와의 합·충·형·파·해 관계를 만들어내고, 그 작용력이 발동한다.

● 국가관련, 국가자리, 국가를 위한 일

사주팔자의 흐름이 년주로 향하면 공직계통에 일하거나, 봉사·복지 등 타인을 위해 일하는 경우가 많다. 반면에 일주로 향하면 사업가이 거나, 재관을 자신이 직접 취하는 형상이다.

● 먼 곳, 해외

년주에 일간의 바탕이 있거나 원하는 바가 있으면 먼 곳 또는 국가와 관련된 일에 인연이 있다. 특히 일간이 환경을 잃었거나 간지 구성이 좋지 않은데, 년주가 일간의 바탕이 되는 구조이면 떠돌이생활을 하거나, 해외출입이 잦거나, 국가관련 공직생활에 종사하게 된다.

● 인체에서 먼 부위(다리)

년주의 구성이 좋지 않거나, 일간이 년·월의 환경에 부합하지 않으면 팔다리(뼈, 허리 등)에 근원적 질환이 있다.

2) 월주

월주는 일주의 부모궁이자 사회궁이요 직업궁이다. 일간 입장에서 월주는 삶의 근거지이자 바탕으로 가정을 이루고 직업을 형성하여 재관을 성취하는 근간이 된다. 일간이 해야 할 일은 월지 환경에서 부여되고, 재관 성취의 수단인 직업적 성향을 보는 자리이다. 국가보다 한 단계 아래인 사회단체 등을 의미한다.

월주의 환경조건에 따라 부모·형제의 상황, 일주의 성공과 직업성 등을 알 수 있다. 부모(부친)·형제 또는 일주의 상황을 알려면, 월주의 상황은 년주와의 관계를 살펴야 한다.

만약 월주 환경이 좋지 않거나 년·월의 구성이 좋지 않으면 부모 인연이 약하거나, 배다른 형제가 있음을 의미한다. 자수성가의 상이다.

● 월주는 사주팔자의 환경조건

월주는 사주팔자의 특정한 기후와 환경을 특징하는 자리이다. 특히 월지는 계절적 환경이 뚜렷하니, 사주팔자의 실질적 환경조건이 된다.

월은 년에서 결정되니, 월지는 월간·년간·년지 등과 상응해야 한다.

일간 입장에서 시주가 진행 방향(시간)이라면, 월주는 진행한 곳(장소·공간·바탕)이다. 일생을 펼쳐나가는 방향성은 월주→일주→시주 흐름인 셈이다.

● 계절적·기후적 환경

만물은 하늘이 부여한 계절(월주)에 따라 해야 할 일이 주어진다. 봄에는 씨를 심고, 여름에 곡식을 기르고, 가을에 수확하여, 겨울에 씨앗을 저장하여 보관한다. 봄에 피곤하다고 씨앗을 뿌리지 않거나, 여름에 덥다고 일을 하지 않거나, 가을에 먹을 것이 많다고 게으름을 피우거나, 겨울에 춥다고 움직이지 않으면 하루살이 인생이 될 뿐이다.

여름은 더워야 곡식이 잘 익고, 겨울은 추워야 다음 해에 풍년이 든다는 옛말이 있다. 봄은 봄다워야 하고, 여름은 여름다워야 하고, 가을은 가을다워야 하고, 겨울은 겨울다워야 한다.

가령 여름생인데 수기가 지나치게 많으면 비바람이 잦은 형상이니 곡식이 익지 못하고, 겨울생인데 화기가 지나치게 강하면 씨앗이 발아하니 봄에 모내기를 하지 못한다. 여름에는 적당히 시원한 것이 좋고, 겨울에는 적당히 따스함이면 충분하다. 그래서 『자평진전』에서 "여름의 수와 겨울의 화는 통근의 유무를 불문하고 약하게 보아서는 안 된다"고 하였다.96)

● 부모궁, 형제궁

부모의 음덕을 살피는 자리이고, 부모에게서 태어난 같은 존재인 형제를 살피는 형제궁이다. 월간은 부친의 모양새이고, 월지는 모친의 모습이자 형제의 운세이다. 월지만으로 부모·형제와의 인연, 부모·형제의 운세를 살피기도 한다. 일간이 월지 환경과 부합하지 않으면 부모·

---

96) "今人不知命理, 見夏水冬火, 不問有無通根, 便爲之弱", 『자평진전』. 즉 丙子월에 丙은 근이 없더라도 충분히 쓰임을 얻고, 壬午월에 비록 임이 통근하지 않았더라도 쓰임이 있다.

형제와의 인연이 약하다.

● 배우자궁의 바탕

월지는 얼굴에서 천창(天倉)에 해당하는 자리로 부모와 배우자를 잇는 자리이다. 기운과 물상이 함께 하는 자리로 월지 환경이 좋지 않으면 배우자 인연 또한 좋지 않다. 가정을 이루는 바탕이 되기도 하니, 배우자 인연·애정에 미치는 영향이 크다.

일간이 월지 환경의 본위와 부합하면 부모·형제 인연이 없더라도 배우자의 도움이 있고 살아가면서 행운이 따르게 된다.

● 직업궁, 사회궁

월주는 삶의 수단인 재관의 바탕이자 재관성취의 수단인 직업궁이다. 직업적 성향이나 살아가는 수단을 말하고, 사회생활의 근간이 된다. 인기성과 사회성을 동반하기 때문에 정신과 육체를 모두 사용하는 곳이다. 자칫 음란성으로 빠지기 쉬운 곳이 월주이다.

일간과 월주 환경이 부합하면 머리로 일하는 직업에 종사하고, 본위가 부합하지 않으면 몸으로 일하는 직업에 종사하는 경향이 있다. 일간-월주 환경이 부합하지 않더라도 년·월의 구성이 좋으면 몸으로 일하는 고급직종이고, 일간-월주 환경이 부합하는데 년·월 구성이 좋지 않으면 머리로 일하는 저급직종이라 할 수 있다.

● 묘궁(苗宮), 성장

근묘화실 중 묘(苗)는 지엽을 내고 성장하는 시기이다. 만물의 성장을 주도하는 자리로 사주팔자의 성장조건이 된다.

월주 환경이 좋지 않으면 성장의 문제 즉 사고, 횡액, 질병, 장애, 정신적 미성숙, 재관성취 등 문제가 발생한다. 부모·형제·배우자 인연이 약하거나, 정상적인 교육을 받지 못하는 등의 문제로 일찍 사회생활을 하거나, 가장노릇을 하기도 한다.

3) 일주

일주는 년·월의 기운을 받아 자신의 삶을 꾸려가는 자리이다. 배우자와의 인연을 맺어 자식을 생산하고, 삶의 수단인 재관을 직접 일구는 주체이다. 중년의 삶을 주관하고 일생의 형태를 갖추는 곳이다.

일주(자신·배우자)의 상황은 월주와 함께 보고, 월주-년주의 관계를 살펴야 한다. 일주는 월주의 자식궁이자 월주의 말년이고, 시주의 부모궁이자 사회궁이요 직업궁이다.

● 삶의 주재자(일간)

일간은 년·월의 조건에 따라 살아가는 사주팔자의 당사자이다. 얼굴에서 눈·코의 의미와 유사하다. 재관을 만들어내고 완성해나가는 자리이다. 재관(木·金 물상)을 형성하기 위해서 水·火 기운이 필요한데, 이 기운이 궁위에서 년·월의 환경조건이다.

● 운명의 개척자

일주는 사주팔자의 기운을 돌리지는 못하니, 년·월의 환경에 지배받을 수밖에 없다. 일간은 년·월 환경에 따라 삶의 방향이 결정되고, 생장쇠멸 관점에서 보더라도 日(하루)의 변화는 사자팔자에 크게 영향력을 미치지 못한다.

일주는 자신이 일가(一家)를 이루고 재관을 형성하는 등 삶을 개척하는 영역이다. 부모의 영향 아래에서 육체적으로 성장하고 교육·학문 등을 통하여 정신적으로 완성된 모습이다. 만약 년·월의 구성이 좋지 않으면 완성된 모양새가 좋지 않은 것이니, 부모 품을 벗어나 자수성가하거나 고생스럽게 이루게 되는 것이다.

● 자식(시주)의 바탕

자신(일간)과 배우자(일지)가 합하여 만들어낸 행위(결과물)가 시주(時柱)이다. 시주는 일주가 만들어낸 행위의 결과물이고, 재관의 완성된 모양새이며, 자식의 모양새이다.

부부 인연은 자식과의 인연이 좋고 나쁨에 따라 더 영향을 받는다. 자식 인연이 약하다는 것은 부부 인연이 약함이 전제되기 때문이다. 일지 조건이 좋지 않으면 부부관계를 억지로라도 유지하지만, 시주 조건이 좋지 않으면 도리어 부부 인연을 깨뜨리는 경우가 많다.

● 자신의 말년 복록

시주는 자신의 말년 복록을 의미한다. 시주의 구성조건에 따라 자식의 운세는 물론 자신의 말년 운세를 좌우하는 것이다. 일주의 행위에 따라 시주가 결정된다는 점에서 볼 때, 설령 시주 환경이 좋지 않더라도 성실하게 최선을 다하고 덕을 베풀면 시주의 모양새를 좋게 만든다. 자식과 자신의 말년운세를 좋게 하는 것은 덕행(德行)이다.

● 일지는 복록의 창고이다.

일지가 辰이고 년·월·시에 亥가 있으면 亥를 자신이 끌어들여 담는 형국이니, 결혼하고 발복하는 경우가 많다.

일지가 亥이고, 운에서 辰이 오면 亥가 밖으로 나가는 꼴이니, 복록이 달아나거나, 바람, 이별, 사별 등의 형국이 된다.

● 일지는 배우자 자리이자, 자신의 생식기이다.

일지의 모양새가 배우자의 모양새이자 자신의 생식기를 상징하고 부부의 애정·인연의 정도를 결정한다. 일지가 삼합을 이루거나, 합·충·형·파·해 등이 뒤섞이거나, 합·충이 동시에 일어나거나, 합다(合多)하거나, 일지가 천간에 투출될 경우에 부부 인연에 문제가 발생한다. 자신이 음란하지 않으면 배우자가 음란하다는 의미로도 해석된다.

배우자의 모습은 일지 글자 자체로 보는 것이 마땅하다.

가령 子는 물질적 속성이 약하고 정신적인 것을 추구하는 속성이 있고, 재물의 손상, 배우자로 인한 정신적인 문제 등이 동반된다. 만약 일지가 子이면 부부 문제, 애정사, 생식기 문제, 건강문제, 자식문제 등이 일어나고, 자신 또는 배우자의 성격이 음흉하거나, 비밀스러운 일에 가담하거나, 음란성을 갖게 되는 것이다.

※ 일지의 불안정 = 이별·사별, 외도·바람, 육체적 욕구

일지는 배우자의 모습인 동시에 자신의 생식기이다. 일지가 복잡할 경우 자신의 마음이 여러 갈래이거나, 배우자의 마음이 한결같지 못하다. 마치 눈 꼬리 주름이 산란하면 자신이 바람을 피우거나, 배우자가 바람을 피운다는 논리와 유사하다.

대개 일지의 글자(또는 오행)가 혼잡하거나 투출되면 성욕이 강하다. 색욕으로 인하여 바람을 피우거나, 부부 애정을 길게 가져가지 못한다. 이별하지 않으면 사별하는 경우가 있고, 주말부부 또는 별거 등으로 흉함을 해소하기도 한다.

특히 일지 글자가 천간에 혼재하면서 지지에서 합·충·형·파·해 등으로 복잡하면 이성으로 인하여 화를 입거나, 이성이 손재를 발생시키고는 떠나버리기도 한다.

▷▷ 부부인연을 저해하는 요소들을 정리하면 다음과 같다.
● 일지 오행(비겁)이 천간 투출
남자는 年·月에 투출될 때, 여자는 時·月에 투출될 때 더욱 심하다.
일지가 辰·未·戌·丑일 경우, 여기와 중기 글자도 함께 본다.
중기는 다음 단계에 기운이 → 물상으로, 물상이 → 기운으로 전환되는 인자이다. 중기 글자가 투출되거나 입묘(入墓), 합·충·형·해·파 등으로 혼잡하면 여기보다 흉하게 작용한다.
● 간여지동
일주 간여지동은 일지 오행이 천간에 투출된 것이니 자신의 배우자가 공개되어 있거나 자신의 성적욕구를 드러낸 것과 같다.
다만 일주 간여지동은 배우자의 성취를 의미하는 것이니, 배우자의 도움·혜택이 있는데, 사주팔자의 체계가 무너질 때 한순간에 깨지거나

급작스럽게 애정이 식기도 한다.
- 일지 오행(비겁)이 천간·지지에서 혼재
- 일지가 兩合

월지-일지가 합하고, 일지-시지가 합하여 일지를 중심으로 양쪽에서 합을 할 경우이다. 사주원국에서 日·月이 卯戌로 합하는데 운에서 亥·午·卯·戌 등이 와도 마찬가지이다.

- 남자 년주에 비겁+재성, 여자 년주에 비겁+관성이 동주할 경우
- 년주에 비겁이 있을 경우
- 일주 복음

일주와 년주, 일주와 월주, 일주와 시주가 복음이면 이성에 대한 욕구가 강하다. 일간-시간, 일간-월간, 일지-시지, 일지-월지가 복음이거나 일주 오행(비겁)이 월·시에 혼재해도 마찬가지이다.

- 월·시 복음

일주 오행이 월·시와 혼재하지 않더라도, 월·시가 서로 복음 또는 혼재하면 일주 복음과 유사한 양상을 보인다.

- 월지를 중심으로 좌우에서 복음
- 水 또는 火가 절실히 요구되는 구조

水가 왕한데 火가 약하게 드러나거나, 火가 왕한데 水가 약하게 드러날 때 심하다.

⇒ 위 구조 중 2~3개가 복합적으로 작용하면 경향성이 뚜렷하고, 운에서 동기부여가 될 때 발동하여 현실적인 문제가 벌어진다.

▷▷ 운에서 일지를 동요하는 발동조건들은 다음의 것들이다.
- 일지가 합·충·형·해·파 등으로 혼잡할 경우

시지의 자·오·묘·유가 일지와 합하는데 다시 형·파·해 등을 당할 때 더욱 심하다. 자식 인연의 불미는 난산, 유산, 불임, 부부 이별, 외도 등으로 나타난다.

● 일지가 合·局을 이룰 경우
● 일지가 원하는 字를 합으로 끌어들여 충·형·파·해할 때

만약 끌어들이는 글자 또는 일지가 子·未·卯·辰 등 癸·乙의 속성이면 더욱 심하다.

● 일지 글자가 천간으로 투출될 때

일지가 午인데, 운에서 丁이 올 때를 말한다.

⇒ 위와 같이 운에서 동기부여가 될 때, 일주의 불안한 모습(상황)은 현실로 발현된다. 자신 또는 배우자의 바람·불륜·외정, 이혼·이별·별거·주말부부·사별 등의 상황이 되거나, 건강에 문제가 발생한다.

부부인연이 약하면 애초에 처녀(총각)가 애 딸린 상대와 결혼하거나, 유부남·유부녀와 관계를 맺거나, 비정상적 또는 상식에 어긋난 결혼 관계이거나, 나이 차이가 많은 사람과 결혼함으로써 배우자 인연을 지키는 경우도 있다.[97]

▷▷ 결혼, 이성인연 시기

위에서 열거한 것들은 일주가 동하는 경우들이다. 일간 또는 일지가 움직인다는 것은 변화를 예고하는 것이니, 미혼자는 이 때 결혼하기도 한다.

● 비겁 운이 올 때
● 일간이 합 또는 극을 당할 때
● 위 운에서 일지가 발동할 때

癸癸庚己
丑酉午酉

---

[97] 부부의 나이가 7살(9살) 이상 차이나면 불미한 부부인연 해소된다.
　　남자 연상, 여자 연하 : 7살 이상 차이나면 부부 불안정 해소.
　　여자 연상, 남자 연하 : 4살 이상 차이나면 부부 불안정 해소.
　　형제 나이 차이가 4살 터울이면 동생이 똑똑하고 머리(재능)가 뛰어나다.

아내성이 장생지에 들면 총명한 아내를 얻는데, 이 사주는 아내성이 敗地(목욕지)에 들어 아내가 부정하다고 한 사주이다.[98]
이는 酉일지가 酉丑·酉丑으로 양합하고, 酉 중 庚이 월간으로 투간되었기 때문이다.

庚壬丁壬 坤 辛壬癸甲乙丙8 1972년
戌戌未子   丑寅卯辰巳午
일지 술 중에 암장된 丁이 투출하여 양쪽에서 丁壬 양합을 하고 있는 구조이다. 남편도 애인이 있고, 자신도 애인이 있다. 남편에게 불만이 많지만 헤어질 마음이 없는 것은 정임합-술미형으로 형·합하기 때문이다. 또 사유축으로 금을 얻기 위해서는 술이 있어야 한다.

丙乙壬庚 坤 丙丁戊己庚辛3 1960년
戌亥午子   子丑寅卯辰巳
일지 亥가 월간 壬으로 투출하였다. 부부 중 외도할 수 있는 구조이니, 丁丑운 丁亥년에 이혼하였다. 임오-해오로 암합하는 구조이다. 이혼 후 얼마 지나지 않아서 재혼하고 싶어 여러 군데 물으러 다니는 사람이다.

庚乙壬己 坤 丁丙乙甲癸2 1989년
辰丑申巳   丑子亥戌酉
은행에 다니는 여명이다. 을해운 을미년에 혼전 임신으로 결혼하기로 했는데, 결국 결혼하지 못하고 중절수술을 했다. 정유년에 다른 남자와 결혼하려고 했는데 하지 못하였다. 일지 축 중 癸·己가 壬·己로 투출하였다. 乙亥운에 乙 일간이 동하고, 丑 중 癸 겁재 亥가 壬으로 투출되니 제 짝을 찾지 못하는 것이다.

4) 시주

---

98) 『淵海子平』에 소개된 사주 명조이다. 월지 오화가 재성인데, 午는 12신살로 浴敗지에 해당한다.

시주는 일주에 의해 형성되는 궁위이다. 일주가 만들어낸 결과물로 일주의 말년궁이자 자식이 주관하는 자식궁이다. 월주 입장에서는 손자궁이고 후생궁이다. 그래서 시주는 생(生)과 사(死)를 돌리는 귀결점이자 윤회점이기도 하다.

● 시주는 시차(時差) 환경이다.

시주는 새벽, 오전, 오후, 저녁, 밤 등 시차(時差)를 특징하는 환경이다. 일간은 월지 환경에 지배받고, 시지 환경에서 길흉이 결정된다. 만약 여름생이 水가 부족하다면 낮보다 밤이 좋지 않겠는가.

● 일주가 만들어낸 결과물로 말년 삶의 방향성 또는 말년 복록

시주는 일주가 만들어낸 결실(재관)이자, 자신이 만들어낸 완전한 물상이다. 45세 이후의 삶의 경향성이자, 일생의 최종복록, 결실(결과)의 질량(質量)을 의미한다. 입·턱이 인생의 최종복록이자 자식을 의미하는 것과 같다.

● 자식궁

시주(자식)는 일주의 상황에 따라 운명이 결정된다. 자신의 목적은 말년의 삶을 보장하기 위함이고, 자식에게 전달해야 할 의무가 있다. 일주-시주의 구성이 좋더라도 일주 환경이 불미하면 결혼생활은 물론 자식 인연, 자신의 말년 운세와 건강·수명에도 영향을 미친다. 위에서 말한 '일지의 불안정' 구조들은 자식 인연을 방해하는 요인들이다.

● 개인적 욕구

시주에는 일주가 추구하는 생각·행위가 들어 있다. 자신이 살아오면서 하고 싶었던 일, 남기고 싶은 것 등 지극히 개인적인 욕구가 내재되어 있다. 취미, 취향, 이상향, 못 다한 꿈 등이 이에 속한다. 말년 삶의 방향성, 말년의 직업, 제2의 삶의 수단이기도 하다. 일간이 개인적으로 원하는 것이니 현실과 동떨어진 경향이 있다.

● 정신과 물상이 함께 존재한다.

　시주는 자신이 개척하고 만들어내는 정신이자 물질이다. 시주에는 다음 생을 위한 일간의 정신이 담겨 있다. 정신을 통한 자신만의 완벽함을 추구하려는 경향이 있고, 말년 삶의 수단이 된다. 일주와 더불어 기운과 물질을 형성하는 삶의 중요한 요소이다.

● 윤회궁

　시주는 완전한 물상을 향유하는 자리지만, 다음 생으로의 윤회를 관장하는 곳이기도 하다. 얼굴에서 시골·지고의 의미와 유사하다. 辛金이 辛金이→ 壬水의 생명수에 의해→ 甲木으로의 변환을 준비하는 윤회의 시발점이다. 이생에서 하지 못한 아쉬움, 다음 생에서는 꼭 해보고 싶은 욕구가 남아 있는 자리이다. 현실 삶에서 쉽게 성취할 수 없는 비현적인 것일 경우가 많다.

　　丁壬丙辛 坤　壬辛庚己戊丁1 1981년
　　寅亥申酉　　寅丑子亥戌酉
　　일지 亥가 시간 壬으로 투출하였다. 庚子운 癸巳년에 子가 癸로 투출되니 결혼하였다. 일지 亥 중 壬이 일간으로 투출되고, 정임합을 하니 부부 인연이 좋지 않다. 남편을 무시하고, 결혼한 지 5년이 지나도록 자식이 생기지 않는다. 일주 간지와 시주 간지가 부합하더라도 일주의 환경이 좋지 않으니 자식 인연을 얻지 못하는 것이다. 또 丁壬합으로 시지 인목을 내고자 하지만, 정임-병신으로 수생목이 불미하고, 酉申亥로 금수가 왕하니 해에서 인목이 나오지 못하는 원인도 있다. 丁酉년에 옷가게를 개업하였는데, 이는 정임합으로 인목을 내기 위한 직업적 선택이라 할 수 있다.

　　癸己甲丁 乾　戊己庚辛壬癸3
　　酉未辰酉　　戌亥子丑寅卯
　　낭월스님 사주로 알려진 명조이다. 진월에 수가 필요하니 시간 癸水를 찾게 된다. 천간 구조에서 계가 발현하기 어렵고, 癸酉 간지 자체

가 酉子파의 구조이다. 비현실적 직업성이고, 정신과 물상을 함께 쓰
니 종교·철학·연구·개발 등에서 성취를 이룰 수 있는 구조이다.

※ 시주(時柱)의 복록 정산

시주는 결과물에 대한 정산개념이 있다. 하늘은 인간에게 공평한 기회를 부여하고, 하늘 기운에 부합한지 아닌지에 따라 삶의 방향 또는 최종복록이 달라진다. 인간이 받은 하늘 기운은 공짜가 아니다. 받은 것은 되돌려주어야 하니 되돌려주는 행위가 덕행이다.

만약 덕행으로 되돌려주지 않으면 하늘이 정산절차를 거쳐 평가하게 된다. 하늘의 정산개념은 관상에서 삼관·사애의 개념과 유사하다. 복록의 최종 정산은 사주팔자 마지막 단계인 시주에서 행해지는데, 시주의 육친성으로 드러나기도 한다.

● 시간이 비겁이면 비겁의 문제가 있다.

비겁은 나눈다는 의미가 있다. 시간 비겁이면 자신의 몸을 나누고, 성취한 재관을 나누고, 자식·배우자를 나누니, 완성한 물상을 탈취당하는 형국이 된다. 형제, 친구, 동료, 동업자 또는 배우자, 자식 등으로 인한 문제가 발생한다. 특히 時 겁재이면 자식에게 사전증여 하는 경향이 있고, 日 겁재(양인)이면 배우자 또는 자식에게 사전증여 하는 경향이 있다.

● 시간이 식상이면 식상의 문제가 있다.

시간 식상은 자신만의 세상을 갖고 싶어 한다. 넓히고 펼치고자 하는 자신만의 특유의 기질이 있고, 관(단체·법)과 대립하는 성향이 있다. 시주 관성은 분산으로 인한 문제, 법적인 문제가 발생하기도 한다.

● 시간이 재성이면 재성의 문제가 있다.

시간 재성은 삶의 경험들을 노년에 활용하고자 한다. 재물에 대한 욕구는 많으나 재물 손상이 발생하는 것이 특징이다. 남자는 여자(배

우자)로 인한 문제가 동반된다.

● 시간이 관성이면 관성의 문제가 있다.

시간 관성은 자존심, 명예적 일에 집착하는 경향이 있다. 노년에도 여전히 권력·권위를 지키고자 하는 욕구가 발동한다. 법적 문제 또는 명예·자존심·직위 등이 손상되는 문제, 여자는 남편(남자)으로 인한 고충이 있다.

● 시간이 인성이면 인성의 문제가 있다.

시간 인성은 문서 욕구 또는 받으려고만 기질이 발동한다. 그로 인한 정신적 문제, 불안·초조, 문서·교육 등의 문제가 발생한다. 만약 일간이 시간 인성과 어울리지 않은 구조이면 사고가 독특하지 않으면 정신 이상이 올 수 있다.

5) 각 궁위의 상호관계

첫째, 년월과 일시

년월은 일생의 바탕이 되는 기운(선천)이고, 일시는 현실에서 추구하는 물상(후천)이다. 일월을 세분하면 월간은 부친이고, 월지는 모친이며, 일간은 자신이고, 일지는 배우자가 된다.

만약 일간에 대비한 육친(비·식·재·관·인)으로만 해당 육친을 판단하면 궁위 육친과 배반되는 경우가 발생한다. 가령 일간에 대비한 관성이 년주에 있다면 조상 궁위를 자식의 운세를 보는 것과 같다. 이는 근묘화실이라는 사주체계의 근원적 논리에 반하는 것이다. 사주에서 육친 인연은 궁위의 육친성으로 관찰하는 것이 보다 합리적이다.

둘째, 년월과 일주(日柱)

사주궁위 구성체계는 년에 의해 월이 결정되고, 일에 의해 시가 결정된다고 하였다. 년월과 일시는 별개의 관계에서 사주체계가 구성되지만, 년월 환경에 따라 일주의 향방이 결정된다. 태어난 ○○일 ○○시는 ○○년 ○○월의 환경에 속한 일시이기 때문이다.

년월은 일간이 태어난 순간 주어진 환경이고 부모로부터 물려받은 선천 기운이다. 특히 월주는 부모궁으로 일간에게 직접적으로 영향을 미치는 환경적·물질적 바탕이 된다. 년·월의 경향은 일간이 평생 가져가는 원천기운이다. 가령 년·월 환경이 좋지 않으면 노년건강이 좋지 않거나, 노년에 재물을 향유하면 급속히 몸이 아파진다.

연월일시 중에서 환경적(시간·기후·계절 등) 요소가 가장 뚜렷한 곳은 月이다. 월지 환경은 일간을 비롯한 나머지 7자의 환경을 지배하는 사주팔자의 방향성을 제시한다. 월지의 모양새에 따라 사주팔자가 해야 할 일이 결정된다고 해도 과언이 아니다.

년월의 환경은 일간이 다스릴 수 있는 존재가 아니라, 일간이 지배받는 환경이다. 가령 甲辰월에 丁酉년이면 농번기가 시작되는 시기에 수기가 부족한 환경이니 좋지 않은 것이고, 甲辰월에 壬子년이면 수기가 충분하여 농사를 짓기에 적합한 환경이다.

일간이 무엇이든 년월의 환경이 좋으면 삶의 방향성이 순탄하게 된다. 여기에 일주가 년월 환경에 부합하면 음덕·행운이 따르고 능력발휘로 더욱 발전할 것이다. 반면에 년월 환경이 좋지 않거나 일주가 년월 환경에 부합하지 않으면 음덕·행운이 약하여 역량발휘가 잘 안 될 것이다.

년월 환경이 좋지 않더라도 일간이 월지 환경에 부합하거나 간지 구성이 부합하면, 현실에 안주하지 않고 노력하는 경향이 있다. 이마가 좋지 않더라도 천창이 풍만하거나 눈썹이 수려하고 눈빛이 빛나면 자수성가한다는 논리와 같다. 달리 말하면 년월의 환경이 좋지 않은 사람은 스스로 노력하고 자기개발에 힘써야 한다.

년월은 사주팔자의 선천적 환경이니 년주와 월주 상호간에 구성이 좋아야 한다. 년·월의 구성환경에 따라 일간의 삶이 결정된다 하겠다.

셋째, 일주(日柱)와 시주(時柱)

일주는 시주의 바탕이니, 시주(자식)는 일주를 함께 살펴야 한다. 일주-시주는 일간-배우자-자식을 연결하는 자리이고, 한편으로 다른 일지를 형성하는 자리이기도 하다. 日이 月을 거역할 수 없듯이, 時는 日을 거역하지 못한다. 日의 바탕이 月인 것처럼 時의 바탕은 日이다. 月의 결과물이 日이라면, 日의 결과물은 時다.

日·時의 구성이 좋지 않으면 애정관계에 문제가 있거나 자식생산에 문제 있다. 일·시가 복음이면 부부 또는 자식 인연이 약하거나, 다른 이성을 좋아하거나 이성으로부터 인기가 좋은 경향이 있다.

일시에 水가 마르거나, 木이 상하거나, 金이 강하거나, 木이 자랄 수 없는 환경이라면 더욱 심하다. 가령 사주팔자에서 亥가 있는데 酉를 품지 못하거나, 亥 중 甲을 내지 못하는 환경이면 배우자 또는 자식으로 인한 애환이 있거나 삶이 편안하지 않게 된다.

5. 사주궁위 흐름의 분석

사주팔자 4궁위 즉 근-묘-화-실의 흐름은 인간 삶에 펼쳐진 시간 흐름이다. 만물의 생장쇠멸은 춘하추동의 시간적 흐름에 따라 변화하듯이, 사주팔자의 인생흐름도 생-장-쇠-멸 흐름에 따라 진행된다.

사주궁위는 대개 합·충·형·파·해 등 동기부여에 의해 움직이는데, 그 작용 또한 인생 흐름과 근묘화실 흐름에 맞춰 발동하게 되는 것이다. 시간흐름에 사주팔자의 흐름을 보는 것이 4차원적 사주관법이다.

대운·세운 등의 작용도 사주궁위의 시간 흐름에 따라 발동한다. 운에서 어떤 간지가 오면 사주팔자가 모두 동하는 것이 아니다. 겨울에 비가 내린다고 목 기운을 펼치지 못하는 것처럼, 하늘 기운에 따라 지지 물상이 형성된다.

기운과 물상이 상응해야 발동하니, 운과 사주팔자의 인자가 맞아떨어져야 사주팔자가 동하게 된다. 음양 본위, 궁위 본위, 궁위 흐름 등에 의한 사주팔자의 발동을 잘 파악하는 것이 중요하다.

1) 사주궁위에서 간지의 발동

첫째, 年의 지배력
년은 사주팔자의 선천기운이니, 월·일·시 궁위를 지배한다. 년이 시간적 흐름에 기인하여 월·일·시 궁위의 작용관계를 만들어낸다. 년지가 궁위의 시간 흐름에 따라 월지, 일지, 시지에 작용하고, 합·충·형·파·해 등 작용이 발동하는 것이다.

가령 지지에 亥卯戌辰으로 구성된다면, 20~30대에 辰戌충, 30~40대에 卯辰천, 50대 이후는 亥가 辰에 입묘하는 작용이 일어난다.

둘째, 천간에서 合·沖 등
庚丙乙甲으로 구성되면, 을경은 합하려는 속성이 있고, 乙이 庚으로 향하는 것이 순리이다. 庚이 乙을 끌어들이는 관계인데, 궁위의 시간 흐름에 따라 합의 성향이 달라진다. 20대에는 乙이 庚을 끌어들여 합하고, 50대 이후에는 庚이 乙을 끌어들여 합한다.

庚丙乙庚의 구성이라면, 월간 乙은 10대에 년간의 庚과 합하고, 말년에는 시간 庚과 합하는 작용이 발동한다.

일주가 丙午이고 월·시에 子가 있다면, 20대에는 월지 子가 일지의 午를 충하고, 40대에는 일지 午가 월지와 시지의 子를 충하고, 50대 이후에는 시지의 子가 일지의 午를 沖한다.

셋째, 년월과 일시의 환경조건

년·월·일·시의 환경조건은 '음양 본위' '간지 구성' '천간 흐름(천간합)' '지지 흐름(삼합)' 등으로 살핀다. 년·월과 일·시의 환경이 부합하지 않으면 인생의 방향성을 일정하게 유지하기 어렵다.

사주팔자 환경을 년·월이 주도하면 남을 위한 일을 해야 한다. 국가관련, 공직, 사회봉사, 의료, 교육, 해외관련 등에서 발전한다. 자신이 직접 주도하는 일이나 사업적 성취는 약하거나 등락이 있게 된다.

일·시의 환경조건이 좋지 않은데, 년주 또는 시주에 겁재가 있으면 사업에 실패하는 경우가 많다.

2) 운에 의한 간지의 발동

첫째, 시간 흐름에 따른 궁위의 발동
천간 甲庚丙庚이고 乙운이라면, 乙庚이 합하는 작용이다. 초년에는 년간 경과 합하고, 중년이후에는 일간 경과의 合작용이 발동한다. 지지에서도 마찬가지로 궁위의 나이와 해당 사주당사자의 나이와 부합하는 궁위의 生·剋·合·沖·刑·破·害 등 작용이 발동한다.

지지에 亥卯戌辰이고 丁酉년이라면, 지지에서 亥酉, 卯酉, 酉戌, 酉辰 등 관계가 성립된다. 초년에는 酉辰합이 주도하고, 20대는 酉戌천이 주도하고, 30~40대는 卯酉충이 주도하고, 50대 이후는 亥酉와 亥辰 관계가 주도하는 작용이 발동한다.

둘째, 운에서 오는 글자(오행)의 발동과 궁위의 발동
運에서 오는 간지는 사주팔자에 직접 영향을 미치는 동기부여이다.
年이 동하면 근원적 문제, 큰 일 등을 의미하고, 月이 동하면 부모와 직업적 변동 등을 의미하며, 日이 동하면 건강, 가정·애정적 문제를 동반하고, 時가 동하면 개인적인 일, 왔다 갔다 하는 일 등의 발현이다.
년주 또는 시주가 동하면 해외 등 먼 곳에서 발달하게 된다. 먼 곳으로 가기도 하는데, 年이 발동하면 국가, 큰 일, 근본적인 일, 학문(공부)을 통한 큰 성취를 위해 떠날 것이요, 時가 발동한다면 개인적인 일, 취미, 여행 등의 목적으로 떠날 것이다.

대개 일·월이 동하면 뭔가 벌이려는 경향이 있다. 일지가 운에서 투출되면 성 욕구가 발동하고, 월지가 운에서 투출되면 재관 욕구가 발동하기 때문이다.

庚午 월주이고 丁酉년이라면, 丁에 의해 월지 午가 동하고 酉에 의해 월간 庚이 동한다. 월주는 부모·직업궁이므로 직업 또는 부모의 변동을 살펴야 할 것이다.

셋째, 발동한 간지 궁위의 방향성

궁위 간지의 방향성이 어디로 흐르는지에 따라 길흉의 크기가 달라진다. 궁위 간지 흐름이 年으로 향하면 길흉의 크기가 크고, 다음으로 월로 향하는 것이고, 時로 향하면 크기가 작거나 개인적 성취이다. 日로 향하여 모여들면 길흉의 크기를 불문하고 자신이 취한다는 의미가 있다.

사주간지가 동하여 년·월로 향하면 국가(큰 단체)와 관련되거나 명예 속성이 강할 것이고, 일·시로 향한다면 개인의 영달이나 재물적 속성이 강할 것이다.

대체로 연월일시 방향성이 년·월 또는 일·시 등으로 일정하게 흐르면 순조롭다. 방향성이 일지로 모아지면 이롭고, 방향성이 엉키거나 단절되면 순조롭지 못하게 된다.

乙戊壬壬 乾　戊丁丙乙甲癸
卯午子申　　午巳辰卯寅丑
이 사주는 무오 양인인데 을묘시를 얻어서 좋고 정관이 제복되어 복이 되었다고 소개한 사주이다.[99]

딱히 좋아 보이는 않은 듯한데, 천간에서 乙-戊-壬-壬으로 순행하여 壬申년주에서 子월지에 담고, 지지에서도 卯-午-子로 子월지에 모이는 흐름이다. 壬申년주에서 모아 子월지에 모든 기운을 함축하는 흐름이다. 사주궁위는 만물의 생장쇠멸 과정이고 인생흐름이니 그 흐름이 일정하면 순조롭고, 특히 년월로 향하여 담는 관계이면 더욱 좋다. 이처럼 사주궁위의 흐름만 잘 파악해도 특별한 사주간법이나 기교 없이도 인생사를 알 수 있는 것이다.

넷째, 천간-지지의 방향성과 환경조건
운에서 동하는 간지의 환경은 음양 본위의 방향성으로 살핀다. 천간과 지지의 음양 본위가 서로 맞으면 방향성이 순탄하고, 맞지 않으면 뜻을 이루기 어렵거나 굴곡이 있게 된다.

己甲庚己 坤 乙甲癸壬辛1 1989년
巳子午巳   亥戌酉申未

癸酉운 丁酉년에 공무원 시험에 도전했으나 낙방하였다. 癸酉운에 癸와 丁酉년에 丁이 발동하여 癸·丁의 작용으로 庚午 월주가 동하니 직업적·활동적 성취가 예상된다. 다만 정유년에 천간에서 갑기가 동하여 甲己 양합으로 일간이 묶이고, 庚 관성이 많은 火에 의해 조절됨이 심하니 관을 취하는데 불리해진다. 또한 丁酉년에 酉가 년·시 巳를 끌어들여 사유축 방향성으로 향하고, 자오충으로 子巳가 암합한다. 丁-巳酉丑 운세에 壬을 얻지 못하니 자기발현이 제약받고, 오월지가 변색되니 庚이 발현되지 못한 까닭이다.

무술년에도 역시 경오가 동한다. 이 때는 경의 손상이 없고, 갑기합이 발동하지 않는다. 子巳 암합은 을경-인오술 흐름과 부합하니 직업적·활동적 성취를 이룰 수 있을 것이다.

※ 운(대운·세운)에 의한 발동조건과 작용

---

99) 『연해자평』에서 길참정의 사주라고 소개한 명조이다.

사주팔자는 운에 의해 발동하여 작용력을 갖는다. 다만 사주간지의 발동조건은 천간 기운에 따라 지지에서의 작용력이 발휘되고, 발동한 궁위에 따라 미치는 영향이 달라지며, 궁위의 시간적 흐름에 따라 발동여부가 결정된다.

운에서 맞닿는 生·剋·合·沖·刑·破·害 등 관계만으로 길흉을 판단하면, 좋고 나쁨이 얽히고설켜 길흉을 장단하기 어렵다. 운에 의해 생·극·합·충·형·파·해 등 관계가 성립되더라도 발동하는 경우가 있고 발동하지 않는 경우가 있다. 시간, 지역, 순차, 공간, 본위, 계절 등 궁위의 흐름에 따라 발동조건이 다르기 때문이다.

기본적으로 대운은 10년 동안의 환경으로 월지와 비견되므로 10년 삶의 전체적 변화와 경향성으로 해석한다. 세운은 1년 동안 주어진 환경으로 그 해의 사건·사고 위주, 십신(육친)적 해석 등으로 분석한다.

먼저, 대운에 의해 사주팔자의 전체 흐름을 파악해보자.
㉠ 천간 기운에 의한 지지 물상의 전개·흐름을 파악한다.
㉡ 동하는 궁위의 본질과 경향성을 파악한다.
㉢ 흐름의 방향과 궁위의 움직임을 종합하여 살핀다.
㉣ 궁위의 시간적 흐름에 따라 발동인자의 관계를 결정한다.
아래 사주로 사주팔자의 흐름을 파악하는 방법을 알아보자.

癸癸庚甲 乾　丁丙乙甲癸壬辛5
亥卯午辰　　丑子亥戌酉申未

→ 乙亥운이라면, 천간에서 乙庚합으로 양 본위 운동을 주관한다. 천간에 癸가 동하여 乙庚의 방향성은 월주로 향하고, 일지 卯가 동하여 을경합의 근간을 이룬다.

→ 천간에서 양 본위가 동하니 지지에서 양 본위 운동이 작용한다. 亥·卯·午가 인오술 해묘미 운동을 준비하는데, 발동을 주도하는 궁위가 庚午 월주이니 인오술 방향성을 갖는다. 인오술 운동으로 년간 甲이 동하고, 癸卯 일주가 조력한다.

→ 월주를 중심으로 일주가 동하니 부모, 직업, 가정 등 변화를 의미한다. 천간과 지지의 본위 운동이 같으니 흉하게 작용하지는 않는다. 甲년간이 동하니 근원적 삶의 방향을 고민하게 되고, 자신의 능력을 배양하여 직업적 변화를 모색하는 운이다.

→ 그런데 乙亥 운에 동하는 글자는 일지 卯와 시지 亥이고, 乙亥 운의 시기는 45~54세이니 일주와 시주가 동하는 시기이다. 亥가 甲으로 방향성을 돌리고, 亥의 해묘미 운동을 신자진 운동으로 바꾸려 한다. 정신적인 것을 추구하게 되고, 현실적 성과를 약하게 만든다. 亥가 辰에 입묘하니 더욱 그러하다.

다음으로, 대운의 방향성을 근간으로 하여 세운에서 사주간지의 발동조건과 작용을 알아보자.
㉠ 천간 본위가 동하고, 천간 본위에 지지 본위도 동한다.
㉡ 천간과 지지의 글자(오행)가 동하고, 동한 간지의 궁위가 동한다.
㉢ 동한 글자는 생·극·합·충·형·파·해 작용을 한다.
㉣ 궁위 흐름에 의한 생·극·합·충·형·파·해 작용관계를 파악한다.
㉤ 대운과 세운의 방향성, 작용관계 등을 종합적으로 판단한다.

癸癸庚甲 乾　丁丙乙甲癸壬辛5
亥卯午辰　　丑子亥戌酉申未

→ 丁酉년이라면, 丁은 음 본위이니 천간 甲이 동하고, 따라서 지지에서 亥와 辰이 동한다.

→ 丁酉년에 동하는 글자는 丁·午·辛·酉다. 丁에 의해 午가 동하니 庚午 월주가 동한다.

→ 丁酉년에 甲·庚·亥·午·辰이다. 작용관계를 보면 甲庚충, 卯午파, 卯辰천, 亥입묘 등이고, 甲은 午 중 己를 끌어들이려 한다.

→ 丁酉년 현재 54세이니 시주 癸亥가 본위이다. 위 생·극·합·충·형·파·해 등 관계는 亥가 주도하니 亥는 辰에 입묘하는 작용력이 있다.

→ 癸는 해묘미 운동을 하려 하는데, 亥는 辰에 입묘하고 甲이 동한다. 午가 동하여 직업궁이 발동하였는데, 시간 癸亥가 庚午 궁위의 작용을 돕지 못한다. 이 때는 동한 갑이 甲庚충으로 경오의 작용을 강화시킬 수 있는데, 亥가 입묘하여 갑이 경을 발동시키는 작용이 약하다.

⇒ 종합해보면,

대운에서 일지와 월지가 동하고, 세운에서도 庚午월주가 동한다. 대운 乙과 세운 丁의 기운은 卯·午가 발동하는 요인이고, 대운 亥와 세운 酉는 월주·시주의 발동요인이다.

일주궁과 월주궁이 동하니 가정, 배우자, 직업, 부모 등 변화가 많음을 예고한다. 癸卯 庚午의 방향성이 같고 발동을 주도하니 직업적 성취는 있겠으나, 亥가 동하여 도와주지 않으니 뜻한 바를 이루는데 한계가 있는 운세라 할 수 있겠다.

癸己庚戊 乾 丙乙甲癸壬辛6 1998년
酉亥申寅　　寅丑子亥戌酉

어려서 부모가 이혼하고 엄마와 살고 있다. 부모는 각자 직업적 성취가 있는 사람들이다. 신월에 화기가 부족하니 고등학교부터 외국에 나가 학업을 이어가고 있다. 무계합으로 경금을 키우자니 멀리 갈 수밖에 없다. 그러나 그것은 己일간이 하고자 하는 일이 아니니 딜레마가 많겠지만, 멀리서 구한다면 성과를 얻을 수 있다.

丁酉년에 외국학교에서 한국 친구와의 다툼으로 몸싸움 과정에서 상대 친구의 이빨을 부러뜨려 억대 피해보상소송에 휘말렸다. 운에서

丁이 투출하니 웅크리고 있던 己일간이 몸을 일으키는 형상이 되어 가만히 있지 않을 운세이다. 운에서 酉가 드러나니 시 癸酉가 동하여 酉子파를 하게 된다. 時에서 발동하니 멀리서 일어나는 일이다. 이렇듯 운에서 사주원국을 발동케 하는 것은 시간적 흐름 뿐 아니라 공간적 개념에서도 살펴야 한다. 또 酉子파가 발동하게 된 것은 세운 酉가 癸酉를 발동케 한 것도 있지만, 壬戌 대운이 동기부여가 된다. 여기에 대해서는 『간지와 합·충·형·파·해 비결』에서 자세히 다루게 된다.

제7장
삼합론

삼합은 만물의 생장쇠멸 과정이다.

천간 기운에 의한 - 지지 물상흐름
수화 기운에 의한 - 물상의 전환
천간합의 방향성-지지삼합의 운동성

이것이 기상명리의 기본원리이다

삼합론三合論

 동양철학의 중심사상인 천지인상응론은 사주에서 삼합원리로 자리 잡아 사주체계의 근간이 되었다. 삼합 원리는 사주체계를 구성하는 기본 개념이고, 하늘의 기운에 의해 땅에서 물상이 변화하는 과정으로 설명된다. 만물이 땅에서 생장하여 쇠멸하는 과정에서 또 다른 생명이 잉태되어 생장쇠멸을 거듭함으로써 영원성을 갖는다는 것이 삼합이론의 주요 포인트이다.

 사주에서 천간은 양의 기운이고, 지지는 음의 물상이다. 천간 기운이 지지에 전달되어 물상이 변화하는 과정을 표현한 것이 삼합운동이다. 삼합의 원리는 음양에서 비롯된 것으로 천지인상응론에 근간을 두고 있다. 양이 극에 도달하면 음이 되고, 음이 극에 도달하면 양으로 전환되는데, 양 극단에 있는 음-양이 전환되기 위해서는 동기부여가 필요하다. 음양을 조화롭게 하는 동기부여를 기(氣)라 표현하고, 음-기-양의 개념이 천-인-지 상응이라 한다.

 天-人-地 상응은 하늘과 땅을 가치 있게 하는 것이 인간이라는 개념이다. 물상의 변화과정으로 보면 생-장-쇠멸이고, 인간사로 보면 과거-현재-미래의 개념이고, 행위적 측면에서는 시작·발생-과정·전환-결실·마감·마무리의 단계이다.

1. 삼합의 의의(意義)

 삼합 이론은 1년 12개월 중 9개월을 운행하고, 3개월은 휴식하는 개념이다. 마치 사람이 24시간 중 8시간은 수면하는 것과 유사하다. 9개월 운행을 천지인상응사상을 대입하여 생-장-쇠멸 즉 생-왕-묘의 개념으로 설명하였다.

사주에서 삼합은 木-火-金-水의 천간 기운이 지지에서 물상의 변화 과정 즉 만물의 생장쇠멸을 '생성(시작) - 성장(확산) - 쇠멸(마감)' 과정으로 전개된다. 木이 성장하는 자리에서 火가 장생하고, 火가 장생하는 자리에서 金이 장생하는 등 木-火-金-水가 맞물리면서 각각 생장쇠멸을 거치게 됨으로써 만물은 영원성을 갖고 끝없이 윤회를 거듭하게 된다. 이것이 진정한 삼합의 이치이다.

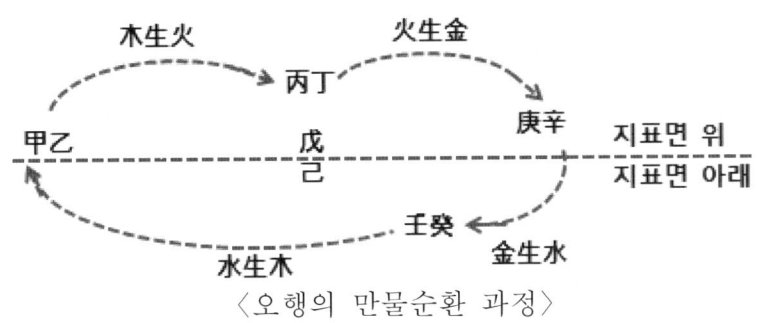

〈오행의 만물순환 과정〉

1) 삼합 논리의 전개

사주간지에서 삼합 운동은 지장간으로 구체화되고, 십이운성과 십이신살 등에서 의미가 부여된다. 특히 지장간은 천간과 지지를 이어주는 人에 상응하는 개념이기도 하다.

삼합의 생-장-쇠멸 과정을, 지장간으로 보면 '기운 발생 - 기운·물상의 전환 - 기운 상실'의 과정이고, 12운성으로 보면 '生(장생) - 旺(제왕) - 墓(묘고)'이고, 12신살로 보면 '地(지살) - 將(장성살) - 華(화개살)'에 해당한다. 이를 인생사에 비유하면, 일의 '시작 - 과정 - 결과(마무리)'로 설명할 수 있다.

다만 삼합과 지장간은 만물의 영원성에 관점을 둔 것이라면, 12운성과 12신살은 1년을 단위로 12개월을 나누어 구체화하였다는 점에서 관점의 차이가 있다. 삼합운동은 9개월에 걸쳐 작용하는데, 지장간은 수화 기운과 목금 물상이 전환되는 과정에 있고, 12운성과 12신살은 9개월 작용이 끝나니 3개월이 남게 된다. 이를 12운성에서는 절·태·양이고, 12신살에서는 겁살·재살·천살이다.

구분	양(陽)	기(氣)	음(陰)
삼합	생성(시작·발생)	성장(분산·확산)	쇠멸(응집·마감)
지장간	여기	중기	본기
12운성	장생	제왕	묘고
12신살	지살	장성살	화개살
인생사	시작	과정	결과(마무리)

〈삼합 과정의 비교〉

첫째, 지장간(地藏干)은 지지에 숨겨진 천간의 기운이라는 뜻이다. 천간 기운이 지지에서 생장쇠멸의 과정을 삼합의 원리와 작용력으로 설명된다. 지장간은 삼합의 생성-성장-쇠멸 과정을 양에서→ 음으로 전환 즉 기운이→ 물상으로 전환하여 쇠멸하는 과정으로 전개함으로써 삼합운동을 더욱 구체화하였다.

둘째, 12운성(十二運星)은 12개의 별자리가 돌아가는 하늘의 기운이라는 뜻이다. 천간 기운이 지지에서 생·왕·사·절[100] 등 12 종류의 변

---

[100] 天干의 生旺死絶을 12運星으로 표현하는데, 여기서『淵海子平』과『命理正宗』의 견해를 살펴보자.『淵海子平』에서 "甲木, 生亥, 沐浴在子, 冠帶在丑, 臨官在寅, 帝旺在卯, 衰在辰, 病在巳, 死在午, 墓在未, 絶在申, 胎在酉, 養在戌, 乙木生午, 沐浴在巳, 冠帶在辰, 臨官在卯, 帝旺在寅, 衰在丑, 病在子, 死在亥, 墓在戌, 絶在酉, 胎在申, 養在未", 徐升 編,『淵海子平』, 32~34쪽. 즉 '天干生旺死絶'에 대하여 陽干은 順行하여 寅巳申亥가 長生이고, 陰干은 逆行하여 子午卯酉가 長生이라고 하였다. 또『命理正宗』에서 "五行發用, 長生, 沐浴, 冠帶, 臨官, 帝旺, 衰, 病, 死, 墓, 絶, 胎, 養, 四生: 火生在寅, 金生在巳, 水土長生居申, 木生在亥. 四敗: 火敗在卯,

화과정을 월별로 체계화하였다. 천간의 기세·기운이 지지에서 변화(강약·왕쇠)하는 과정을 삼합의 원리로 설명한다. 삼합은 양간·음간을 구별하지 않고 木·火·金·水의 기운·물상 변화과정으로 설명되는데, 12운성은 양간 또는 음간이 각각 지지에서의 변화과정을 말한다.

셋째, 12신살(十二神殺)은 땅에서 살고(神) 죽는(殺) 생로병사를 12개월로 표시하였다. 12신살도 삼합의 논리에 부합하지만, 천간 기운과 상관없이 년지(年支)의 삼합을 기준으로 12지지에서 물상의 변화과정을 12달로 나누어 전개하였다는 점에서 차이가 있다. 12신살은 지지에서의 물상변화를 구체화한 것이기 때문에 방위론의 관점이 되기도 한다.

한편, 방국(方局)은 木→火→金→水→木… 오행의 순환과정에서 木·火·金·水 각 오행의 생장쇠멸을 표현한다. 가령 木은 寅에서 발생하여 卯에서 왕지에 이르고 辰에서 완성·마무리되면서 火로 전환된다. 巳-午-未(화), 申-酉-戌(금), 亥-子-丑(수) 등도 마찬가지이다. 방국은 봄·여름·가을·겨울 등 각 계절의 발생-성장-완성을 의미한다.

삼합은 천지만물의 영원성이라는 측면에서 생장쇠멸(발생-성장-완성) 과정을 그린 것이라면, 방국은 만물이 영속하는 과정에서 단계별 생장쇠멸을 의미한다는 점에서 차이가 있다. 다만 방국도 '발생-성장-완성'의 단계를 거치니 삼합 원리와 같고, 천지인상응론에 부합하는 과정이다.

※ 삼합과 지장간·12신살·12운성 등의 관계를 천간 甲의 해묘미 삼

金敗在午, 水土敗在酉, 木敗在子. 四官: 火官在巳, 金官在申, 水土臨官在亥, 木官在寅. 四庫: 火庫居戌, 金庫居醜, 水土庫居辰, 木庫居未. 四絶: 火絶在亥, 金絶在寅, 水土絶在巳, 木絶在申. 右以上五行, 長生, 沐浴, 敗, 官, 庫, 絶等例, 在陽順陰逆圖中考出", 張南 著, 『命理正宗』, 221쪽. 즉 五行의 發用에는 長生, 沐浴, 冠帶, 臨官, 帝旺, 衰, 病, 死, 墓, 絶, 胎, 養이 있는데, 寅巳申亥를 四生이라 하고, 卯午酉子를 四敗라 하고, 戌丑辰未를 四庫라고 하면서 陽은 順하고 陰은 逆한다고 하였다.

합운동으로 비교해보자.

⇒ 목 삼합운동은 甲이 亥에서 장생하여, 卯에서 성장이 극에 달하고, 미에서 기운이 상실된다. 亥子丑寅卯辰巳午未 과정을 거치면서 寅에서 화가 장생하고, 巳에서 금이 장생하고, 未에서 목이 상실되면서 금을 내게 된다. 이러한 과정을 통하여 만물이 생장쇠멸을 거듭하여 영원성을 갖는다는 논리이다.

⇒ 지장간은 삼합 원리를 그대로 반영하여 더욱 구체화하였다.
甲 기운이 亥에서 장생하여, 卯에서 甲→乙로 전환되면서 태동을 준비하고, 丑에서 辛이 癸의 분산작용으로, 寅에서 갑이 드러난다. 甲은 卯에서 乙로 전환되고 乙은 분산작용으로 木 성장을 주도한다. 辰에서 癸·乙의 분산작용을 조절하여 사에서 병화 기운이 드러나고, 丙은 庚 결실을 맺고자 한다. 午에서 병→정이 교체되면서, 丁은 응집작용으로 乙을 庚으로 전환시켜 나간다. 未에서 乙이 庚 물상으로 전환할 준비하니, 갑 기운이 상실되어 입묘한다. 이처럼 지장간은 삼합 논리를 음양의 전환, 기운과 물상의 전환이라는 측면에서 체계화한 관법이다. 기상명리의 관점에 부합하는 이론이 지장간의 원리이다.

⇒ 12운성은 삼합 과정을 음간·양간으로 나누어 전개한다는 점과 천간 기운이 지지에서 변화하는 과정을 12개월을 나누어 구체화하였다는 점에서 구별된다.

양간인 甲은 삼합 운동과 동일하게 전개되고, 음간인 乙은 양간이 사(死)하는 자리에서 장생하여 역행한다. 즉 甲은 亥에서 장생하여 午에서 死하고 未에서 입묘하니, 乙은 午에서 장생하여 巳辰卯寅丑子亥를 거쳐 戌에서 입묘하는 것이다. 나머지 절-태-양에서 목 기능이 완전히 상실됨을 의미한다.

⇒ 12신살은 천간 기운과 상관없이 년지의 삼합을 기준으로 12지지 물상의 변화과정을 전개하였다. 가령,

해묘미生 경우, 해(지살)-자(년살)-축(월살)-인(망신살)-묘(장성살)-

진(반안살)-사(역마살)-오(육해살)-미(화개살)로 목의 변화과정을 설명하였다. 나머지 겁살-재살-천살은 12운성에서 절-태-양과 마찬가지로 목 기능이 완전히 상실됨을 의미한다.

2) 삼합 합화의 의미

지지는 본래 정(靜)하는 성질이 있는데, 지지를 동(動)하게 하는 요소로 합·충·형·파·해 등을 들 수 있다. 합·충·형·파·해 중 가장 운동성이 강한 것이 삼합이다. 삼합은 지지에서 서로 다른 성향을 가진 3글자가 모여서 하나의 성질로 발현된다. 이를 삼합의 합화라 한다.

목	화	금	수
亥卯未	寅午戌	巳酉丑	申子辰

〈삼합의 합화〉

해묘미 3글자가 모이면 목의 성질이 발현되고, 인오술은 화, 사유축은 금, 신자진은 수의 성향을 보인다고 하여 합화(合和)라 한다.

寅·巳·申·亥는 木·火·金·水 운동의 시작·발생의 기운으로 삼합의 시작(생지) 인자이다.

卯·午·酉·子는 木·火·金·水 운동의 과정을 주관하는 삼합의 왕지이다.

辰·未·戌·丑은 木·火·金·水 운동의 결과·결실이자 삼합의 마무리(묘고지) 인자이다.

木·火·金·水의 삼합은 '무리를 이루다' '확대하다' '변화·발전의 계기가 되다' '식구를 늘리다' '생산적 요소' '한 곳으로 집중하다' 등 의미가 있다. 3글자가 무리를 지으니 새로운 변화를 주도하거나, 늘리거나, 한 곳으로 집중하게 된다. 특정 기운(오행)이 강해진 만큼 상대적으로 다른 기운이 약해지거나 다른 부류와 소원해지게 된다. 다른 쪽은 상대적으로 축소되거나, 의미가 상실된다는 말이다.

일반적으로 삼합이 완성되면 生剋작용이 활발해진다. 가령 巳酉丑(金)이 완성되면 土의 설기와 木의 극상이 심각해지고, 강력해진 금에 의해 水 기운이 무력해지기도 한다. 剋 관계 보다 生 관계의 인자가 오히려 손상을 입는 경우가 많다. 만물의 생장쇠멸은 生보다 剋이 우선되고, 극은 새로운 기운(물상)을 생성하기 때문이다.

삼합 인자에 合·沖·刑·破·害 등이 가해지면 생극 작용이 더욱 극심해진다. 巳酉丑(金)에 丑戌, 酉戌 등이 그것이다.

첫째, 申子辰 - 水
신자진은 水의 성향을 따른다. 水는 저장·보관, 잉태하다, 새 생명, 새로운 것을 내놓다, 물, 흐르다, 흘러 다니다, 지혜, 정리하다, 응축하다, 한곳으로 모은다는 의미가 있다. 경금을 신금으로 전환하여 새 생명을 잉태하고 이를 다시 세상에 내놓아야 하니 아픔·고통을 의미하기도 하고, 물 흐르듯 순탄하다는 의미도 있다.

신자진은 신유술해자축인묘진으로 열매를 수확하고 저장하여 목을 내는 것으로 삼합운동을 마감한다. 주로 지표면 아래 음 본위 운동으로 윤회를 통하여 새로운 생명체를 내는 과정이다. 비현실적이거나 정신적을 것을 추구하기 때문에 학문, 종교, 철학, 연구·개발 등 속성을 갖는다.

사오미 지날 때 힘들기도 하다.

둘째, 亥卯未 - 木
해묘미는 목의 성향을 따른다. 木은 시작·발생, 발생한다, 시작한다, 키운다, 자라다, 뽐내다, 성장하다, 세우다, 가꾸다, 한 방향으로 올라간다, 뚫고 나온다는 의미가 있다. 목은 상승하는 기운으로 조절력이 부족하고, 친화력을 발휘하는데 문제가 있을 수 있다. 특히 목은 생명체이니 목 생명체의 성장과 마감을 의미한다.

해묘미는 해자축인묘진사오미로 씨앗을 잉태하여 목을 내고 꽃을 피움으로써 경 열매를 맺는 단계까지이다. 음 운동에서 양 운동으로 전환하여 열심히 일했지만 경 열매를 보지 못하고 마감하는 운동이다. 능력을 발휘했지만 성과를 보지 못하거나, 일만 하고 혜택을 보지 못한 꼴이다.

신자진은 음 본위의 활동이기에 현실적 성과에 대한 기대가 적지만, 해묘미는 양 본위에서 꽃을 피웠기 때문에 물질에 대한 기대치가 높다. 기대치는 높은데 결실을 보지 못하니, 현실적 성취에 불문하고 답답함을 느끼게 된다. 다만 꽃을 보고 열매를 맺는 과정에서 즐거움과 만족감을 얻고, 그 과정에서 현실적 욕구를 채우기는 한다.

그래서 삼합 중 亥卯未는 미정의 인자로 본다. 亥는 현실세계에서 성공·성취가 적거나 결실·보상이 없는 무의미한 성취일 경우가 많다. 묘는 일을 잘 벌이고 보기에는 좋아 보이는데 소득이 적다. 미에서 묘를 말리기만 할 뿐 결실 없는 답답한 상황에 봉착하게 되는 것이다. 교육계통에 종사하면 자신의 역량을 충분히 발휘할 수 있고, 목 관련 직업이 좋다.

대운·세운에서 해묘미를 이루면 과정만 있을 뿐 결과가 없기 때문에 결과 없이 흘러가는 운세가 된다.101) 다만 힘들더라도 굶지는 않는다. 신유술 지날 때 힘들기도 하다.

○戊○○
亥子申辰

---

101) 寅巳申亥는 삼합의 시작인자로 시작발생의 기운이 있다. 즉 해묘미에서 해는 시작이고, 묘는 과정이고, 미는 결실이다. 해묘미는 목의 생장쇠멸을 그린 것으로 목 삼합에 의한 목의 완성은 곧 살아 있는 생명체의 죽음을 의미하기 때문에 寅巳申亥 중 亥는 성공의 기회보다 실패의 기회 또는 결실이 없음을 의미하기도 한다.

목 성향의 직업, 디자인·기획·광고·장식·인테리어·건축·미용, 입으로 먹고사는 직업. 축대운이 오면 반안그룹(해묘미)을 몰아낸다. 사업을 때려치운다. 축대운 지나면 또 한다.

셋째, 寅午戌 - 火

인오술은 화의 성향을 따른다. 화는 능력발휘, 확산·성장, 성장한다, 분산하다, 확장하다, 밝히다, 넓히다, 위로 올라간다는 의미가 있다. 인오술은 화 기운 운동으로 금 결실을 완성하는 과정이다. 목 물상을 키워 화를 내고, 신유술을 거치면서 화로써 금 결실을 완성한다.

인오술은 인묘진사오미신유술로 오롯이 지표면 위에서 활동한다. 인간 세상에 영향력을 가장 많이 미치는 운동이라 할 수 있다. 寅의 시작발생, 午의 과정, 酉의 결실 등 木-火-金의 시작-과정-결과를 완전하게 표현한 운동이다. 인오술을 갖추고 있으면 시작해서 끝을 보려는 성향이 있다.

인오술은 금을 완성하니 재관에 대한 욕구가 많고, 단체적 성향을 강하다. 조직·단체에서 발전하고, 큰 조직과의 결합이다. 큰 손 또는 단체손님이라는 의미도 있다.

해자축 지날 때 힘들기도 하다.

넷째, 巳酉丑 - 金

사유축은 金의 성향을 따른다. 金은 결실·수확, 단체·조직, 결과물, 조절하다, 아래로 향한다, 뭉친다, 응축한다는 의미가 있다. 사유축은 가을의 결실을 이루는 곳으로 풍족하다는 의미도 있다. 인오술과 마찬가지로 조직·단체에서 발전과 성취가 있는데, 특히 사유축은 재물을 저장한다는 의미가 내포되어 있다.

사오미신유술해자축의 과정을 보면 여름에 화려하게 꽃을 피우고, 가을에 풍성한 결실을 얻어, 겨울에 결실물을 저장하여 향유하는 모양새이다. 결실물을 축 창고에 담아 문을 걸어 잠근 상태로 실질적 결실물의 향유인 셈이다. 인묘진 지날 때 힘들기도 하다.

○○乙丙　壬辛庚己戊丁丙5
亥卯未辰　寅丑子亥戌酉申
지지가 해묘미 삼합으로 구성되어 있다. 신유술 운에는 힘들게 보낼 수 있는데, 35세 이후 己亥 대운부터 자신이 주도하는 새로운 삶을 살고자 한다.

2. 삼합 운동

삼합은 수목화금의 4단계 운동이 서로 맞물려 돌아가지만, 엄밀히 말하자면 水가 → 木을 길러서 목 물상을 내는 운동과 火가 → 金을 키워서 금 물상을 얻는 운동이다. 지지의 운동 방향성은 목금 물상을 얻고자 하는 방향성이니, 삼합운동은 목 → 금으로, 금 → 목으로 전환·변환 과정이 거듭되는 것이다. 천지만물의 순환과 윤회의 의미가 담겨 있다.

水·木·火·金의 삼합 운동은 만물의 생장쇠멸로 설명된다. 水·火는 기운이기에 각각 木·金 물상을 내고, 木 물상은 金을 키우는 火 기운을 만들어내고, 金 물상은 木을 키우는 水 기운을 만들어낸다. 오행이 서로 생극하는 가운데 만물이 순환되듯이 기운의 발현과 물상의 형성하는 과정이 거듭되면서 만물은 영원성을 갖는다.

삼합은 기본적으로 천간 기운이 지지에서 움직이는 작용력을 말한다. 지지에서 삼합 운동은 천간의 기운에 의해 펼쳐지는 지지에서의 운동성(방향성)이다.

1) 삼합운동의 기본과정

삼합은 수·목·화·금의 천간 기운이 지지에서 물상으로 전환되는 과정이다.

甲(木) → 해묘미 운동

丙(火) → 인오술 운동

庚(金) → 사유축 운동

壬(水) → 신자진 운동

삼합의 주요 인자인 寅·巳·申·亥는 생지이고, 子·卯·午·酉는 왕지이고, 辰·未·戌·丑은 묘고지이다. 인·사·신·해에서 각 기운이 태동하여, 자·묘·오·유에서 물상으로 전환되고, 진·미·술·축에서 완성함으로써 새로운 생성의 준비하게 된다.

甲이 亥에서 장생하여 기운(양)이 극에 달하는 卯에서 乙 물상(음)으로 전환되고 未에서 목의 성장이 마감된다. 그 과정에서 火가 왕성해지고 金이 잉태된다.

丙은 寅에서 장생하고, 午에서 극에 달하여 丁으로 전환되고, 戌에서 입묘한다. 그 과정에서 金이 완성되고 水가 잉태된다.

庚은 巳에서 장생하고, 酉에서 극에 달하여 辛으로 전환되고, 丑에서 입묘한다. 그 과정에서 水가 왕성해지고 木이 잉태된다.

壬은 申에서 장생하고, 子에서 극에 달하여 癸로 전환되고, 辰에서 입묘한다. 그 과정에서 木이 완성되고 火가 잉태된다.

寅·巳·申·亥 = 기운의 태동과 발현이다.

子·卯·午·酉 = 기운(양간)이 물상(음간)으로 전환되는 곳이다.

辰·未·戌·丑 = 물상을 조절 또는 완성하고, 새로운 시작을 준비하는 곳이다.

첫째, 신자진

임이 申에서 장생하여 子에서 癸로 전환되어 辰에서 마감하는 것이 신자진 수 삼합이다. 壬水는 亥에서 록을 이루어 甲木의 씨앗인 辛을 품고, 子에서 癸로 전환된다. 丑에서 癸가 辛을 조절하여 寅에서 갑목 물상이 나오고, 卯에서 乙이 분산작용을 하니 임수는 응집작용을 하지 못하니 진에서 입묘한다.

둘째, 해묘미

甲이 亥에서 장생하여 卯에서 乙로 전환되어 未에서 마감하는 것이 해묘미 목 삼합이다. 갑목은 寅에서 록을 세워 목을 키워줄 병화의 기운을 내고, 卯에서 乙로 전환된다. 진에서 癸·乙을 조절되고 사에서 병화 기운이 형성되어 경금 물상을 품게 된다. 午에서 丁이 경금 물상을 키우게 되니 갑목 물상은 작용력을 잃고 未에서 입묘한다.

셋째, 인오술

丙이 寅에서 장생하여 午에서 丁으로 전환되어 戌에서 마감하는 것이 인오술 화 삼합이다. 병화는 巳에서 록을 이루어 경금을 맺기 시작하고, 午에서 丁으로 전환된다. 未에서 丁이 乙을 조절하여 申에서 庚金 물상으로 전환하고, 酉에서 辛이 응집작용을 하니 병화는 분산작용력을 잃고 술에서 입묘한다.

넷째, 사유축

庚이 巳에서 장생하여 酉에서 辛으로 전환되어 丑에서 마감하는 것이 사유축 금 삼합이다. 경금은 申에서 록을 세워 임수의 기운을 잉태하고, 酉에서 辛으로 전환된다. 戌에서 辛·丁이 조절되고 亥에서 임수 기운이 형성되어 갑목 물상을 기르게 된다. 子에서 癸가 분산작용으로 甲木 물상이 태동을 준비하니 庚金은 丑에서 세력을 잃고 입묘한다.

2) 삼합의 계절 방향성

수·목·화·금 삼합을 계절로 보면 겨울·봄·여름·가을에 해당한다. 겨울·봄·여름·가을을 1년으로 보면 3개월 단위이지만, 사계절을 만물의 생장쇠멸 과정으로 보면 서로 맞물려서 돌아가게 된다. 삼합 인자를 사계절의 방향성으로 파악해보면 하나의 계절은 9개월에 걸쳐 생장쇠멸하게 된다.

봄-여름-가을-겨울의 흐름도 생명력을 돕고 작용력을 잃지만 그로 인해 다시 태어나게 된다. 봄만 계속된다면 여름이 올 수 없고, 꽃만 무한정 피워대면 열매를 맺을 수 없다. 꽃을 떨어뜨려야 열매를 얻을 수 있고, 열매가 떨어져야 씨앗을 품을 수 있다.

地支	寅	卯	辰	巳	午	未	申	酉	戌	亥	子	丑
수(겨울)	■	■	■				→ ■	■	■	■	■	■
목(봄)	■	■	■	■	■	■				→ ■	■	■
화(여름)	→ ■	■	■	■	■	■	■	■	■			
금(가을)				→ ■	■	■	■	■	■	■	■	■

〈삼합의 계절 방향성〉

위 표와 같이 삼합운동은 겨울-봄-여름-가을을 각각 주도하면서 생장쇠멸을 하는 과정에서 서로 맞물려 돌아간다. 겨울의 水 기운에서 봄(木)이 태동하고, 봄의 木 기운으로 여름(火)이 시작된다. 여름은 봄에서 시작되고, 가을(金)은 여름에서 시작되고, 겨울(水)은 가을 기운에서 태동한다.

신자진 水 운동은 겨울을 주도하면서 봄의 해묘미 목 운동을 돕고, 해묘미 木 운동은 봄을 주도하면서 여름(인오술)의 화 운동을 돕는다. 인오술 화 운동은 여름을 주도하면서 금(사유축) 결실을 이루게 하고, 사유축 금 운동은 신자진 水 운동을 가능하게 한다.

한편 앞 수화승강의 원리에서, 壬·甲은 자축인에서 겨울을 주관하고, 癸·乙은 묘진사에서 봄을 주관하며, 丙·庚은 오미신에서 여름을 주관하고, 丁·辛은 유술해에서 가을을 주관한다고 하였다. 또 실질적인 수화 기운은 癸·丁이 주도하고, 실질적인 목금 물상은 乙·辛이 주도한다고 하였다.

이러한 간지의 계절적 변화와 기상(氣相) 관계를 삼합 운동으로 정리해보자.

壬·甲 = 신자진 수 운동을 주도하고,
癸·乙 = 해묘미 목 운동을 주도하고,
丙·庚 = 인오술 화 운동을 주도하고,
丁·辛 = 사유축 금 운동을 주도한다.

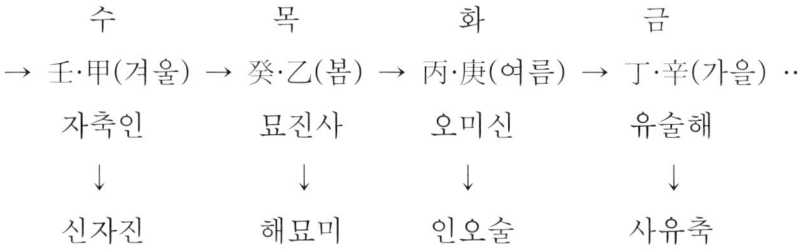

위와 같이 壬·甲은 자축인에서 신자진 수를 통하여 목을 내기 시작하고, 癸·乙은 묘진사에서 해묘미 목을 통하여 화를 내놓기 시작하며, 丙·庚은 오미신에서 인오술 화를 통하여 금을 내놓기 시작하고, 丁·辛은 유술해에서 사유축 금을 통하여 수를 내놓기 시작한다.

그 계절의 중심에는 각각 子·卯·午·酉가 있다. 子는 겨울, 卯는 봄, 午는 여름, 酉는 가을을 관장하는 것이다.

子·卯·午·酉를 천간에 대비하면 癸·乙·丁·辛이 된다. 목금 물상은 수화 양기에 의하여 발현되기 때문에 癸가 → 乙로 목 물상을 만들어내고, 丁이 → 辛으로 금 물상을 완성한다.

3) 수화 기운의 삼합운동

삼합 운동은 천간 기운이 지지에서 물상이 변화하는 과정을 설명한 것이다. 기운이 물상에 미치는 영향을 의미하는바 삼합 운동은 기운에 의하여 발동함이다. 오행에서 수화는 기운이고 목금은 물상이니, 수화가 목금을 만들어낸다.

위 계절적 방향성으로 본 계절별 삼합 운동에서, 수화 기운의 흐름으로 삼합 운동의 방향성을 나열해보자.

→ 壬 → 癸 → 丙 → 丁 → 壬 …
　신자진　　해묘미　　인오술　　사유축

첫째, 壬은 신자진 운동을 한다.
임수가 申에서 시작하여, 子에서 壬이 癸로 바뀌고, 辰에서 생명력을 다한다. 壬은 辛을 잉태하여 甲을 내는 것이 임무이니, 묘에서 甲乙이 전환됨으로써 그 작용력을 잃고 진에서 입묘한다. 임은 신자진 수 운동을 주관하여 금을 품어 목을 내는 운동을 하는 것이다.

둘째, 癸는 해묘미 운동을 한다.
계수는 임수에서 나오니 亥에서 운동을 시작한다. 癸는 亥를 거쳐 子에서 모습을 드러내고, 乙의 분산작용을 돕는다. 乙의 목적은 병화를 키워 庚을 형성하는데 있다. 乙의 분산으로 丙이 작용하는데, 午에서 丙-丁이 전환되면 午가 응집작용을 강화한다. 午의 응집작용으로 癸의 분산작용이 상실되어 미에서 입묘한다.
壬水는 목을 완성하는 수생목의 운동이라면, 癸水는 목생화로 목을 키우고 火로써 金을 생성하는 운동을 하게 된다.

셋째, 丙은 인오술 운동을 한다.

병화가 寅에서 시작하여, 午에서 丙이 丁으로 바뀌고, 술에서 생명력을 다한다. 병은 庚 결실을 이루는데, 丙이 庚을 키우기 위해서는 乙의 분산작용이 필요하다. 乙은 甲에서 나오니, 寅에서 시작하고, 庚이 酉에서 辛金으로 전환되면서 작용력을 상실하여 戌에 입묘한다. 병은 인오술 운동을 주관하여 목을 통하여 금 결실을 이루는 운동을 하는 것이다.

넷째, 丁은 사유축 운동을 한다.

정화는 병화에서 나오니 巳에서 운동을 시작한다. 丁은 巳를 거쳐 午에서 모습을 드러내고, 辛의 응집작용을 돕는다. 丁의 목적은 庚으로부터 辛을 분리하여 임에 저장·보관하는데 있다. 丁은 酉戌亥를 거쳐 辛을 보호하다가, 子에서 壬-癸가 전환됨으로써 癸의 분산작용에 의해 丁의 응집력이 상실되어 丑에 입묘한다.

병화는 금을 완성하는 화생금의 운동이라면, 정화는 금생수로 金을 보호하고 水로써 木을 생성하는 운동을 하게 된다.

4) 목금 물상의 삼합운동

수화 기운이 삼합 운동을 주도한다면, 목금 물상은 삼합 운동의 결과물이다. 지지에서 목금 물상이 형성되는 관계를 살펴보면 삼합의 운동성을 이해할 수 있다. 그러면 위 계절적 방향성으로 본 계절별 삼합운동에서, 목금 물상의 흐름으로 삼합 운동의 방향성을 나열해보자.

→ 甲 → 乙 → 庚 → 辛 → 甲 …
　　신자진　　해묘미　　인오술　　사유축

첫째, 甲은 신자진 운동을 한다.

甲의 씨앗은 辛이고, 辛은 庚에서 나온 물상이다. 목 물상의 원천은 금에 있으니, 갑은 신자진 운동을 하게 된다. 목의 신자진 운동은 壬이 辛을 품어 잉태하였다가 甲을 내는 운동과 같다.

甲의 씨앗인 금은 申酉戌에서 丁의 열기를 끌어들이고 亥에서 품어졌다가 子丑을 거쳐 癸의 분산작용으로 인에서 갑이 태동한다. 갑은 한 방향으로 수직·상승 작용을 하고, 묘에서 을의 분산작용으로 전화되면서 수직·상승 작용력을 잃고 진에서 마감한다.

비록 갑이 해묘미 운동을 주관하지만, 실제로 갑은 묘에서 을이 나오면서 자신의 수직·상승 작용력은 상실되고, 실질적 해묘미 목 운동은 을이 수행한다는 의미이다.

둘째, 乙은 해묘미 운동을 한다.

卯에서 甲-乙이 전환되니, 乙은 갑에서 나온 목 물상이다. 해에서 갑의 장생은 곧 을의 잉태이기에 乙은 亥에서 운동을 시작한다. 자축을 지나면서 계는 분산기운을 모아 寅에서 갑이 나오게 한다. 癸가 寅에서 甲을 내는 이유는 卯에서 甲으로부터 乙이 나와 세상에 드러내기 위해서다.

辰에서 乙의 분산작용은 조절하는데, 이는 乙을 통하여 巳에서 丙을 내기 위함이다. 병이 나와야 乙 물상이 경 열매로 전환될 수 있기 때문이다. 을의 종착지는 경이니 사에서 장생한 경이 申에서 모습을 드러내는 전 단계인 未에서 그 기능을 마감하게 된다. 실질적인 목 운동은 을이 주관한다는 의미이다.

한편 乙의 방향성에서 乙은 庚을 맺는데 목적이 있다. 乙은 갑에서 나오니, 寅에서 갑이 나와 卯에서 乙로 전환되면 분산작용을 하고 辰에서 조절되어 巳에서 병화를 내어 경을 키우기 시작한다. 午에서 丁이 나와 응집작용을 하니 未申에서 庚은 단단해져가고, 酉에서 庚이 辛으로 전환되니 을은 완전히 기능을 상실하여 술에서 입묘한다.

비록 乙이 寅午戌 운동을 주관하지만, 실제로 乙은 丁에서 午가 나오면서 자신의 분산작용이 상실되고, 실질적인 인오술 화 운동은 경이 익어가는 과정으로 경이 수행한다는 의미이다.

셋째, 庚은 寅午戌 운동을 한다.
庚은 乙에서부터 시작되니 경의 씨앗은 乙이라 할 수 있다. 庚은 乙에서 잉태되고, 乙은 甲에서 나온 목 물상이다. 庚의 씨앗인 乙이 갑에서 나오니, 庚은 寅에서 운동을 시작한다.
癸에 의하여 寅에서 甲이 나오게 되고, 甲이 寅에서 나오면 乙이 분산작용을 준비하게 된다. 묘에서 갑-을이 전환되면 을은 계의 수기를 이용하여 분산작용을 하다가 진에서 조절되어 사에서 병화로 꽃을 피워 경 열매를 맺는다. 午未에서 병화 꽃을 떨어뜨려 申에서 경 물상을 얻는데, 경은 실질적 금 물상이 아니기에 酉에서 辛 물상으로 전환되어 술에서 마감한다.
비록 庚이 사유축 운동을 주관하지만, 실제로 庚은 酉에서 辛이 나오면서 자신의 물상 가치는 상실되고, 실질적 사유축 금 운동은 辛이 수행한다는 의미이다.
또한 庚은 완벽한 금 물상이 아니기에 辛에게 자신을 의탁할 수밖에 없고, 庚이 다시 乙에서 태어나기 위해서는 甲에서 乙이 나와야 한다. 경은 辛에게 자신을 내주는 것은 辛에서 甲이 나와야 甲에서 乙을 얻을 수 있기 때문이다. 이렇듯 서로의 상호 작용관계에 따라 만물은 순행하게 된다.

넷째, 辛은 사유축 운동을 한다.
酉에서 庚-辛이 전환되니, 辛은 庚에서 나온 금 물상이다. 巳에서 庚의 장생은 곧 辛의 잉태이기에 辛은 巳에서 운동을 시작한다. 신은 경의 성장과 더불어 자신의 모습을 갖추어 가고, 정의 응축작용이 있어야 자신의 모습을 갖출 수 있다.

　巳에서 병의 확산작용으로 경 열매가 맺히고, 午에서 丙丁이 전환되면서 분산에서 → 응집작용으로 전환되어 庚이 단단하게 무르익고, 酉에서 辛이 분리되어 완벽한 금 물상을 완성한다. 辛의 종착지는 甲이니, 辛은 寅에서 甲 모습이 드러나기 전 단계인 丑에서 기능을 마감한다.

　한편 辛의 방향성에서 신은 갑을 내는데 있다. 辛은 庚에서 나오니 申에서 응집작용을 시작한다. 辛은 酉에서 분리되어 금 물상을 완성하고, 亥에 품어졌다가 子丑에서 癸의 분산작용으로 寅에서 완전히 다른 甲 모습으로 변환된다. 卯에서 甲-乙로 전환됨에 따라 辛은 자신의 작용을 다하고 辰에서 입묘한다.

　비록 辛이 신자진 운동을 주관하지만, 실제로 신은 자에서 계가 나오면서 자신의 응집작용이 상실되고, 실질적인 신자진 수 운동은 임이 수행한다는 의미이다.

5) 기운과 물상의 삼합작용

　삼합은 만물의 생장쇠멸을 오행에 대비하여 설명한 것이니, 인간의 삶과 상관없이 만물의 영원성에 관점을 둔 것이다. 자연의 순리는 인간을 중심으로 돌아가는 것이 아니라는 것을 인식해야 한다.

　자연의 순리는 기운이 물상을 낳고, 물상이 기운을 냄으로써 순행하게 된다. 기운과 물상이 전환되고, 만물이 순행하기 위해서는 조절기능이 필요하다. 음양을 조절하는 것이 氣이고, 오행을 조절하는 것이 土라고 하였다.

　진·미·술·축은 천간 戊己를 함축한 지지토이다. 戊는 양 본위 운동을 돕고, 己는 음 본위 운동을 돕는다. 지지에서 辰·戌은 水·火(기운) 운동을 마감하니 무토를 암장하고, 未·丑은 목금(물상)을 완성하니 기토의 암장한다.

삼합 운동 土 지장간	수화 기운		목금 물상	
	신자진 水	인오술 火	해묘미 木	사유축 金
	을계무	신정무	정을기	계신기

〈진술과 미축의 지장간 土〉

위와 같이 수화 기운은 戊土가 펼치고, 목금 물상은 己土가 완성한다. 즉 진술에서 수화를 조절하고, 축미에서 목금을 조절한다.

진에서 乙·癸를 조절하는 것은 병화를 내기 위함이고, 술에서 辛·丁을 조절하는 것은 임수를 내기 위함이다. 반면에 미에서 丁·乙을 조절함 경금을, 축에서 癸·辛을 조절함은 갑목을 내기 위함이다.

삼합 운동을 수화 기운과 목금 물상으로 분별하면 申子辰(수)·寅午戌(화)은 기운 운동이고, 亥卯未(목)·巳酉丑(금)은 물상 운동이다. 이를 물상 생성과정으로 보면 신자진(수)이 → 해묘미(목)를 낳고, 인오술(화)이 → 사유축(금)을 완성한다.

삼합의 순행과정을 다시 간략해보자.

● 신자진은 금생수-수생목의 과정에 있으니, 천간으로 보면 辛이 → 甲을 내는 과정이다. 辛은 壬과 함께 신자진 운동을 한다. 기상명리에서 辛甲을 천간합의 방향성으로 보는 이유이다.
● 해묘미는 수생목-목생화의 과정에 있으니, 천간으로 보면 癸가 → 丙을 내는 과정이다. 癸는 甲과 함께 해묘미 운동을 한다. 이를 천간합으로 보면 癸丙합에 해당한다.
● 인오술은 목생화-화생금의 과정에 있으니, 천간으로 보면 乙이 → 庚을 얻는 과정이다. 乙은 丙과 함께 인오술 운동을 한다. 이를 천

간합으로 보면 乙庚합이다.

● 사유축은 화생금-금생수의 과정에 있으니, 천간으로 보면 丁이 → 壬을 취하는 과정이다. 丁은 庚과 함께 사유축 운동을 한다. 이를 천간합으로 보면 丁壬합이다.

	물상의 생성과정			
삼합운동	신자진(水) →	해묘미(木)	인오술(火) →	사유축(金)
천간운동	辛→甲	癸→丙	乙→庚	丁→壬

〈물상 생성과정에서 천간과 삼합의 방향성〉

위와 같이 목 물상은 신금 물상에서 시작되고, 금 물상은 인목 물상에서 시작한다. 또 인신은 물상을 내기 위한 기운의 발현이고, 사해는 물상을 만들어내는 실질적 성취를 위한 시작점이다.

위 천간합 구성을 보면 辛甲을 합으로 보고, 병신합과 갑기합이 없다. 丙辛과 甲己는 합을 통하여 기운·물상을 만들어내는 작용이 없다는 의미이다. 다른 의미로는 합으로 서로를 끌어들이는 작용이 강하니, 애정이 깊거나 합으로 기반되는 경우가 많게 된다. 천간 운동의 방향성과 지지에서 삼합 운동의 방향성에 대하여는 본 저자의 『합·충·형·파·해 강론』에서 자세히 논하기로 한다.

6) 삼합의 음양 분별

삼합을 대양·음양의 관점에서 보면 해묘미(목)와 인오술(화)은 양에 속하고, 사유축(금)과 신자진(수)은 음에 속한다. 또 삼합을 기운·물상의 관점에서 보면 신자진(수)과 인오술(화)은 수화 기운이고, 해묘미(목)와 사유축(금)은 목금 물상이다.

구분	양	음
대양/대음	해묘미(목) 인오술(화)	사유축(금) 신자진(수)
수화/목금	신자진(수) 인오술(화)	사유축(금) 해묘미(목)

〈삼합의 음양본위 분별〉

양(陽)은 지표면 위 활동을 주관하고, 음(陰)은 지표면 아래의 활동을 주관한다. 공통적으로 지표면 위 양 본위는 寅午戌이 주관하고, 지표면 아래 음 본위에서는 巳酉丑 운동이 주관한다. 인오술은 목 물상이 금 물상으로 전환되는 과정이고, 사유축은 금 물상이 완성되는 운동이다.

인오술(화)과 사유축(금)의 삼합 운동은 화생금의 관계이고, 인간 세상에서 실질적인 삶의 목적은 금(재관)을 생성하고 성취하는데 있다. 인간의 입장에서 현실적 삶에 영향을 미치는 것은 인오술과 사유축 운동에서 일어나는 경향이 높다.

이에 비하여 신자진과 해묘미는 음양 본위가 명확하지 않다. 신자진(수)과 해묘미(목)의 삼합 운동은 수생목의 관계에 있고, 전체적으로는 금 물상을 통하여 목 물상을 내는 방향성에 있다. 즉 辛에서 → 甲을 내는 과정은 지표면 아래 음 본위에서 일어나기 때문에 인간의 눈에 보이지 않는 구역이다.

신자진과 해묘미는 방향성이 명확하지 않고, 지표면 아래에서 활동하는 작용이기 때문에 인오술과 사유축에 비하여 현실적 성과에 작용력이 크지 않다. 이에 지지에서 해묘미(목)와 신자진(수)이 합하더라도 현실적·물질적인 면에서 결과(성과)가 미미하거나, 재관의 성취와 상관없이 답답함을 느끼게 된다.

특히 해묘미는 목의 생장쇠멸을 그린 것으로 木 성장·완성에는 결실이 없다. 비록 寅巳申亥는 시작의 인자로 번영의 기회이기도 하지만, 亥는 결실이 없기에 寅巳申亥 중 성공의 기회가 적다. 결실·보상이 적은 무의미한 성취일 경우가 많다.

지지가 인오술·사유축 등 인자로 구성되면 실질적이고 현실적인 것을 추구하는 경향이 있고, 신자진·해묘미 등 인자로 구성되면 정신적인 것을 추구하는 경향이 있다.

한편 수화는 기운이기 때문에 지지가 인오술 또는 신자진으로 구성되면 정신적 성향이 강하고, 목금은 물상이기 때문에 해묘미 또는 사유축으로 구성되면 물질적 성향이 강하다.

이를 다시 정리해보자.

현실적·물질적 성향은 사유축 - 인오술 - 해묘미 - 신자진 순이고, 이상적·정신적 성향은 신자진 - 해묘미 - 인오술 - 사유축 순이다. 그래서 해묘미가 합을 이루면 사회적 소통을 통하여 물질을 추구하는데 성과와 상관없이 답답함을 느끼게 되고, 신자진이 합을 이루면 사회활동에 제약을 받거나 스스로 사회활동을 줄이거나 종교·철학적으로 빠져들기도 한다.

또한 삼합은 천간 기운의 흐름이기 때문에 지지에서 해묘미가 모이면 천간에 甲이 있거나 甲이 운동성을 발휘할 때 해묘미 삼합은 가치를 얻을 수 있다. 만약 지지에서 해묘미가 구성되었는데 천간에서 木이 무력하거나 金이 발현된다면 해묘미 삼합은 무의미하거나 흉하게 작용할 수 있다.

만약 삼합에 형·파·해가 작용하면 다음 단계의 기상(氣相)을 생성하는데 어려움이 있게 된다. 가령 해묘미 운동을 하는데 卯午, 子未, 辰未, 未戌 등이 작용하면 未에서 庚金을 생성하는데 걸림돌이 된다. 때로는 대박을 터뜨리기도 하니, 이것이 형·파·해 작용이다.

7) 삼합의 생성론

지금까지 여러 각도에서 삼합의 의미를 살펴보았다. 앞에서 살펴본 삼합운동의 의미를 총괄하여, 수화 기운에 의한 목금 물상의 생성과정으로 정리하면 다음 표와 같다.

신자진	해묘미	인오술	사유축
겨울(壬·甲)	봄(癸·乙)	여름(丙·庚)	가을(丁·辛)
壬·辛 운동	甲·癸 운동	丙·乙 운동	庚·丁 운동
水완성-木형성	木완성-火형성	火완성-金형성	金완성-水형성
木→火전환점	火→金전환점	金→水전환점	水→木전환점
癸 조절(일양)	乙 조절(사양)	丁 조절(일음)	辛 조절(사음)
수 기운 → 목 물상 형성		화 기운 → 금 물상 형성	

〈삼합운동의 의미〉

첫째, 수화 기운과 목금 물상이 서로 상생하면서 만물이 순환되는 관점에서 삼합 운동은 수생목-목생화-화생금-금생수-수생목…으로 영속성을 갖는다.

● 신자진 = 壬 운동으로 甲을 키우는 운동이다.

수의 완성은 갑목을 기르는데 있고, 병화를 내놓기 위한 전초단계이다. 壬이 辛을 품어 수생목으로 木을 내는 과정이 신자진 운동이다.(壬→甲)

● 해묘미 = 甲 운동으로 丙을 키우는 운동이다.

목의 완성은 병화를 기르는데 있고, 경금을 내놓기 위한 전초단계이다. 癸가 甲에서 乙을 내어 목생화로 화를 내는 과정이 해묘미 운동이다.(癸→丙)

● 인오술 = 丙 운동으로 庚을 키우는 운동이다.

화의 완성은 경금을 기르는데 있고, 임수를 내놓기 위한 전초단계이다. 丙이 乙을 키워 화생금으로 금을 얻는 과정이 인오술 운동이다.(丙→庚)

● 사유축 = 庚 운동으로 壬을 키우는 운동이다.

금의 완성은 임수를 기르는데 있고, 갑목을 내놓기 위한 전초단계이다. 丁이 庚에서 辛을 분리하여 금생수로 水에 보관되는 과정이 사유축 운동이다.(辛→壬)

둘째, 삼합에 의한 만물의 영속성은 진미술축에서 조절하기에 가능하다. 진에서 목을 조절하여 火 태동을 준비하고, 미에서 화를 조절하여 金 태동을 준비하고, 술에서 금을 조절하여 水 태동을 준비하고, 축에서 수를 조절하여 木 태동을 준비하는 전환점이다. 진미술축의 토는 다음 단계의 기운 또는 물상을 내놓는 전초기지인 셈이다.

진미술축은 기존의 기운을 조절하여 다음 단계의 방향성을 제시하는 자리이다. 삼합이 완성되는 과정에서 기운과 물상의 전환·변환을 주도하는 곳이 진미술축이다. 삼합이 단지 수목화금의 완성이 아니라, 만물이 영원성을 갖게 되는 이유가 진미술축의 방향성에 있다.

● 신자진 = 수 완성, 목 형성, 화 전환점

수 기운은 금 물상에서 태동하여 금을 품어 수를 완성하는 것은 목을 기르기 위함이다. 목은 화에 의해 성장하게 되니 진에서 화를 돕게 된다. 수 기운을 완성하여 화 기운으로 전환하는 통로가 辰이다.

진에서 임수가 입묘하고 계수가 조절되는 것은 사에서 병화를 생성하기 위함이다. 계수가 을의 분산을 돕는 것은 결국 병화를 내고자 하는 방향성이고, 진에서 癸乙을 조절해야 巳에서 화가 나올 수 있다.

● 해묘미 = 목 완성, 화 형성, 금 전환점

목 물상은 수 기운에서 태동하여 수를 통하여 목을 완성하는 것은 화를 내놓기 위함이다. 목의 목적은 경을 얻는데 있으니 미에서 금을 내는데 조력한다. 목 물상을 완성하여 금 물상으로 전환하는 통로가 未이다.

未에서 갑목이 입묘하고 을목이 조절되어야 申에서 경금을 얻을 수 있다. 癸가 마지막 힘을 다하여 乙을 돕고 未에 입묘함으로써 丁이 庚을 단단하게 만들 수 있다. 未에서 丁이 乙을 조절해야 申에서 금을 얻을 수 있다.

● 인오술 = 화 완성, 금 형성, 수 전환점

화 기운은 목 물상에서 태동하여 목에 의해 화를 완성하는 것은 금 결실을 완성하기 위함이다. 금은 화에 의해 완성되지만 수에 의해 품어져야 하니 술에서 水를 내기 위해 준비한다. 화 기운을 완성하여 수 기운으로 전환하는 통로가 술이다.

戌에서 병화가 입묘하고 정화가 조절되는 것은 亥에서 임수를 생성하기 위함이다. 정화가 辛의 응집작용을 돕는 것은 결국 임수를 내고자 하는 방향성이고, 술에서 丁이 辛을 조절해야 亥水에 辛을 담을 수 있다.

● 사유축 = 금 완성, 수 형성, 목 전환점

금 물상은 화 기운에서 태동하여 화에 의하여 금을 완성하는 것은 水를 내놓기 위함이다. 금의 목적은 목으로 탄생하는데 있으니, 축에서 목을 내는데 조력한다. 금 물상을 완성하여 목 물상으로 전환하는 통로가 丑이다.

丑에서 경금이 입묘하고 辛金이 조절되어야 寅에서 목을 낼 수 있다. 丁이 마지막 힘을 다하여 辛을 보호하고 丑에 입묘함으로써 癸가 辛을 풀어낼 수 있다. 丑에서 癸가 辛을 조절해야 寅에서 목을 낼 수 있다.

3. 방국과 삼합의 관계

삼합은 기운에 의한 물상의 전화·변환을 의미한다면, 방국은 각 계절에서 기운이 물상으로 전환되는 것을 표현한다. 하늘의 특정 오행의 기운이 각 계절에서 펼쳐지는 현상이 방국이다.

삼합은 1년을 9개월 단위로 만물의 생장쇠멸을 그린 것이라면, 방국은 특정한 계절이 3개월 단위로 생장쇠멸하는 과정을 그린 것이다.

방국과 삼합의 공통점은 인사신해 생지에서 시작하여, 자오묘유 왕지에서 록을 이루고, 진미술축 묘고지에서 마무리한다는 점에서 같다.

1) 방국의 계절 흐름

방국은 지지에서 오행의 성정에 따라 계절적 의미로 인식된다.
● 인묘진 = 木으로 봄을 주관한다.
목기(木氣)는 寅에서 록을 세우고, 묘에서 목기는 乙 물상으로 전환되고, 진에서 목기의 활동력이 억제된다. 진에서 목기를 조절해야 사에서 병화 기운이 나올 수 있다. 진에서 봄을 마무리하고 여름을 준비하는 것이다.
● 사오미 = 火로 여름을 주관한다.
화기(火氣)는 巳에서 록을 세우고, 오에서 화기는 丁 모양새로 전환되고, 미에서 화기의 활동이 억제된다. 미에서 화기를 조절하는 것은 신에서 경금 물상을 얻기 위함이다. 미에서 여름을 마무리하고 가을을 준비한다.
● 신유술 = 金으로 가을을 주관한다.
금기(金氣)는 申에서 록을 세우고, 유에서 금기는 辛 물상으로 전환되고, 술에서 금기의 활동력이 억제된다. 술에서 금기를 조절해야 해에서 임수 기운이 나올 수 있다. 술에서 가을을 마무리하고 겨울을 준비한다.

● 해자축 = 水로 겨울을 주관한다.

수기(水氣)는 亥에서 록을 세우고, 자에서 수기는 癸 모양새로 전환되고, 축에서 수기의 활동력이 억제된다. 축에서 수기를 조절하지 않으면 寅에서 갑목 물상을 내지 못한다. 축에서 겨울을 마무리하고 봄을 준비한다.

이처럼 방국은 각 계절을 주관하여 시작-과정-마무리 과정을 거친다. 목화금수 각 방국에서 해당 오행의 양간이 음간으로 전환되고, 진미술축에서 다음 계절을 준비하는 흐름이다. 이를 지장간을 통해서 살펴보자.

봄			여름			가을			겨울		
인	묘	진	사	오	미	신	유	술	해	자	축
무	갑	을	무	병	정	무	경	신	무	임	계
병		계	경	기	을	임		정	갑		신
갑	을	무	병	정	기	경	신	무	임	계	기

〈방국의 구성과 지장간〉

인묘진 = 갑이 → 을로 전환되고 → 진에서 병을 준비한다.
사오미 = 병이 → 정으로 전환되고 → 미에서 경을 준비한다.
신유술 = 경이 → 신으로 전환되고 → 술에서 임을 준비한다.
해자축 = 임이 → 계로 전환되고 → 진에서 갑을 준비한다.

즉 인사신해에서 기운을 발현하여, 자묘오유에서 물상으로 전환되고, 진미술축에서 조절함으로써 다음 생을 연결하는 것이다.

2) 방국의 운행 방향성

방국은 삼합과 마찬가지로 시작-과정-마무리 3단계의 흐름이다. 방국이 시작되는 자리에서 다음 단계의 삼합이 시작된다. 즉,

인묘진 = 목 방국이자 화 삼합의 시작이니, 병을 키우는 과정이다.
사오미 = 화 방국이자 금 삼합의 시작이니, 경을 키우는 과정이다.
신유술 = 금 방국이자 수 삼합의 시작이니, 임을 키우는 과정이다.
해자축 = 수 방국이자 목 삼합의 시작이니, 갑을 키우는 과정이다.

첫째, 寅卯辰

인묘진은 목기(木氣)의 시작-전환-마감이다. 인묘진에서 목기를 조절하는 것은 인에서 병이 장생하기 때문이다. 인묘를 거친 병은 辰 중 癸가 乙을 조절함으로써 사에서 드러나게 된다. 즉 水의 도움으로 목기가 생장쇠멸하면서 火를 생성하는 과정이 인묘진이다.

해자축에서 발현된 계수는 수생목으로 목을 키우고, 목기의 성장과 함께 화기가 생성되니, 진에서 임수 기운은 마감되고 계수는 조절된다. 辰에서 수 삼합이 마감되고, 목 방국이 마무리되니, 사에서 병화 기운이 나오는 것이다. 계와 병이 합하여 화기를 펼치고, 을의 분산작용을 돕고 키워나간다.

둘째, 巳午未

사오미 화기(火氣)의 시작-전환-마감이다. 사오미에서 화기를 조절하는 것은 사에서 경금이 장생하기 때문이다. 巳午를 거친 庚金 기운은 未 중 丁이 乙을 조절하니 申에서 완성된다. 즉 木의 도움으로 화기가 생장쇠멸하면서 금을 생성하는 과정이 사오미이다.

인묘진에서 발현된 을목은 목생화로 화의 분산작용을 돕고, 화기의 성장과 함께 금기가 생성되니, 未에서 갑목 기운이 마감되고 乙木이 조절된다. 未에서 목 삼합이 마감되고 火 방국이 마무리되니 申에서 경금 물상이 나올 수 있음이다. 을이 경으로 전환될 수 있는 것은 未

중 기토가 乙을 조절하고 丁이 응집하기 때문이다. 乙과 庚이 합하여 금 물상이 생성되고, 丁은 응집작용으로 금 물상을 단단하게 만들어간다.

셋째, 申酉戌

신유술은 금기(金氣)의 시작-전환-마감이다. 신유술에서 금기를 조절하는 것은 신에서 임수가 장생하기 때문이다. 申酉를 거친 壬은 戌 중 丁이 辛을 단단하게 가공하니 亥에서 辛을 품는다. 즉 火의 도움으로 금기가 생장쇠멸하면서 水를 생성하는 과정이 신유술이다.

사오미에서 발현된 정화는 화생금으로 금을 키우고, 금기의 성장과 함께 수기가 생성되니, 술에서 병화 기운은 마감되고 정화는 조절된다. 술에서 화 삼합이 마감되고, 금 방국이 마무리되니, 해에서 임수 기운이 나오는 것이다. 정과 임이 합하여 수기를 끌어들이고, 신을 품으니 갑목을 키워나가는 것이다.

넷째, 亥子丑

해자축은 수기(水氣)의 시작-전환-마감이다. 해자축에서 수기를 조절하는 것은 해에서 갑목이 장생하기 때문이다. 亥子를 거친 갑목 기운은 축 중 癸가 辛을 조절하니 寅에서 드러난다. 즉 金의 도움으로 수기가 생장쇠멸하면서 목을 생성하는 과정이 해자축이다.

신유술에서 발현된 辛金은 금생수로 水의 응집작용을 돕고, 수기의 성장과 함께 목기가 생성되니, 축에서 경금 기운이 마감되고 신금이 조절된다. 축에서 금 삼합이 마감되고 수 방국이 마무리되니 인에서 갑목 기운이 나올 수 있음이다. 辛과 甲이 합하여 갑 물상이 생성되고, 癸가 분산작용으로 목기를 내고 을 물상을 키우게 된다.

이상과 같이 방국은 계절적 변환과정과 삼합의 방향성을 의미한다.

겨울의 기운으로 봄이 태동하고, 봄이 펼쳐지는 과정에서 여름이 시작되고, 여름에서 가을을 준비하고, 가을에서 겨울을, 겨울에서 봄이 시작되니 순행하여 영속하게 된다.

방국의 의미와 방향성을 정리해보면 다음과 같다.

인묘진(목)	사오미(화)	신유술(금)	해자축(수)
봄(시작·발산)	여름(확산·성장)	가을(결실·수렴)	겨울(저장·보관)
木氣의 발현	火氣의 발현	金氣의 발현	水氣의 발현
水완성→火전환	木완성→金전환	火완성→水전환	金완성→木전환

〈방국의 의미와 방향성〉

인묘진은 癸의 분산작용으로 → 乙이 → 丙을 키운다. 인묘진은 수가 있어야 생성할 수 있고, 화가 있어야 성장할 수 있다. 목이 왕하니 수화 조절이 미비하면 水를 말리고, 寅 중 병화가 나오지 못하니 금을 생성할 수 없다.

사오미는 乙의 분산작용으로 → 丁이 → 庚을 여물게 만든다. 사오미는 목이 있어야 가치가 있고, 금이 있어야 목적을 이룬다. 화가 왕하니 목금이 없으면 木을 말리고 巳 중 경금을 태운다.

신유술은 丁의 응집작용으로 → 辛이 → 壬으로 향한다. 신유술은 화가 있어야 완성되고, 수가 있어야 가치를 실현시킬 수 있다. 금이 왕하니 수화 조절이 미비하면 木은 물론 寅 중 병화를 손상시킨다.

해자축은 辛의 응집작용으로 → 癸가 → 甲을 드러나게 한다. 해자축은 금이 있어야 가치를 얻고, 목이 있어야 목적을 이룬다. 수가 왕하니 목금 없으면 금을 손상시키고 亥 중 목을 내지 못한다.

3) 辰·未·戌·丑의 작용

진·미·술·축의 작용은 삼합-지장간-12운성-12신살 등에서 대체로 조절적 기능을 의미한다.

삼합에서 진·미·술·축은 기운과 물상의 조절·마감·전환을 의미하고, 이를 지장간에서는 입묘와 입고 개념으로 표현하고 있다. 12운성에서 진·미·술·축은 기운의 완성·마무리 즉 氣的 작용력의 상실-전환을 의미하고, 12신살에서는 화개살·천살·반안살·월살 등이니 활동력 장애와 관련이 많다.

辰에서 임수가 입묘하고, 목이 성장을 마무리하여, 화 기운을 내기 위해 준비하는 전환점이다.

未에서 갑목이 입묘하고, 화의 확산을 마무리하여, 금 물상을 내기 위해 준비하는 전환점이다.

戌에서 병화가 입묘하고, 금의 응집을 마무리하여, 수 기운을 내기 위해 준비하는 전환점이다.

丑에서 경금이 입묘하고, 수의 응집을 마무리하여, 목 물상을 내기 위해 준비하는 전환점이다.

辰未戌丑의 작용을 물상의 생장쇠멸의 측면에서 이해해보자.

▶ 辰월은 청명(淸明)·곡우(穀雨)에 해당한다.

辰월에는 추위가 완전히 물러가고, 하늘과 땅에 맑고 밝은 공기가 가득하여 만물이 살아 숨 쉬게 된다. 겨울눈이 녹아 봄비로 바뀌니 곡식을 무르익게 한다. 겨울에 보관했던 종자(씨앗)를 심고, 밭갈이를 해야 하는 농번기가 시작되는 시기이다. 곡식을 심고 기르기 위해서는 많은 물이 필요하기에 辰에서 水가 입묘하는 것이다. 이 시기는 일은 많은데 먹을 게 없는 춘곤기(春困期)에 해당한다. 힘들고 고된 일을 했는데도 불구하고 결실이 없다는 의미가 있다. 다만 생명을 길러 수확에 대한 기대와 희망은 있다.

▶ 未월은 소서(小暑)·대서(大暑)로 더위가 극성을 부리는 계절이다.

생물의 성장은 멈추고 만발했던 꽃이 떨어지는 시기이다. 꽃이 떨어진 자리에 열매가 모습을 보이고, 열매를 익히기 위해서는 적정한 햇빛과 빗물이 필요하다. 미월은 여름이니 수기가 요구되고, 계수가 입묘하니 수가 필요하게 된다. 이 때 水는 목을 키우는 것이 아니라 열매에 수기를 채우는 것이니 왕할 필요는 없다. 만약 수가 많으면 도리어 목이 왕성해지니 금을 내지 못하는 문제가 있다. 갑은 미에서 입묘하는 것이 순리이고, 乙은 살아 있어야 금을 내기 때문에 乙과 庚을 연결하는 수기만 있으면 된다.

▶ 戌월은 한로(寒露)·상강(霜降)으로 결실을 거두는 계절이다.

벼가 익어 고개를 숙이고 과일이 여물어 꼭지가 마르면서 땅에 떨어진다. 을은 낙엽이 되어 땅에 묻히고, 병화가 없어진다. 한기가 느껴지고 서리가 내리니 화기가 필요하고, 거두어들인 곡식이 말리고 보관해야 하니 수기가 오면 반갑지 않다. 술에서는 丁이 모든 화기를 끌어 모아서 신금을 품는다.

▶ 丑월은 소한(小寒)·대한(大寒)로 가장 추운 계절이다.

만물이 생명력을 잃고 추위에 동면을 하는 시기이다. 가을의 결실로 겨울을 나야 하고, 씨앗을 보관하여 새 생명을 길러 내야 하는 인고의 계절이다. 꽁꽁 얼은 땅 속에서 새 생명이 뚫고 나오려는 고통은 미월에 경이 뚫고 나오는 고통보다 크다. 인간의 눈에 보이지 않으니 느끼지 못할 뿐이고, 산모의 출산직전 고통을 남자가 모를 뿐이다. 축에서 庚은 입묘되고 辛은 살아 있어야 목이 나올 수 있다. 수화의 조절이 특히 중요하니 丁壬이 辛을 보호하는 것이고, 축에서 갑이 나오기 위해서는 땅을 녹여야 하니 화기가 절대적으로 필요하다.

4. 묘·고(墓·庫)

辰·未·戌·丑는 삼합과 방국의 마지막 단계로 완성·마감 또는 저장·보관의 의미가 있고, 전환·변환점이라는 특성이 있다.

첫째, 기운을 완성한다는 점에서 墓(묘지, 상실·죽음·저장)의 의미가 있다.

수화 기운의 완성은 상실된다는 의미가 있으니, 辰에서 水가 상실되고, 戌에서 火가 상실된다. 그래서 진에는 수가 필요하고, 술에는 화가 필요하다.

둘째, 물상을 완성한다는 점에서 庫(창고, 보관)의 의미가 있다.

목금 물상의 완성은 창고에 보관하니 다음에 꺼내 쓸 수 있다. 미에서 을이 보관되고, 축에서 신이 보관된 상태이다. 보관된 乙을 꺼낸 모습이 경이고, 辛을 꺼낸 모습이 甲이다.

셋째, 다음 단계의 기운·물상을 내니, 전환·변환의 의미가 있다.

氣(기운)→相(물상)으로, 相(물상)→氣(기운)로 전환되는 길목이 진·미·술·축이다. 조절·통제라는 진·미·술·축 고유기능을 수행하는 자리인 것이다.

1) 입묘와 입고의 개념

사주에서 입묘(入墓)와 입고(入庫)의 분별은 명확하지 않고, 통상 묘고지(墓庫地)라 통칭하여 사용하는 경향이다. 엄밀히 구분하면 묘(墓)는 무덤이니 사용하지 못한다는 뜻이고, 고(庫)는 창고이니 다시 꺼내 쓸 수 있음을 의미한다.

1년을 365일이라고 잘라 말하면 영원성이란 있을 수 없다. 만물은 365일 1년이 끝나고 다시 1년이 시작하는 것이 아니라, 24절기 주기로 끊임없이 순환한다. 사주에서도 甲이 乙로 변하고 乙이 丙을 통하여 庚으로 결실을 맺고 庚에서 분리된 辛은 씨앗으로 壬을 통하여 다시 甲으로 탄생하게 된다.

금 물상을 예로 묘(墓, 무덤·묘지)와 고(庫, 창고·곳간)의 의미를 생각해보자.

庚 열매가 땅에 떨어지면 辛으로 전환되고, 땅에 떨어진 辛은 甲의 씨앗이 된다. 축에서 금이 입묘된다는 것은 경의 죽음을 의미하지만, 辛은 갑으로 태어나기 위해 입고한다. 辛 입장에서 윤회하기 위한 자구책인데, 인간의 눈에는 땅으로 들어가 보이지 않으니 墓(무덤)로 볼 뿐이다.

그래서 기운이 입묘하는 자리에 물상이 입고하고, 물상이 입고하는 자리에 기운이 입묘한다. 즉 양간이 입묘하면 음간이 입고하고, 음간이 입묘하면 양간이 입고한다.

- 辰에서, 壬은 입묘하고, 癸는 입고한다.
- 未에서, 甲은 입묘하고, 乙은 입고한다.
- 戌에서, 丙은 입묘하고, 丁은 입고한다.
- 丑에서, 庚은 입묘하고, 辛은 입고한다.

가령 갑이 미에서 입묘되는 것은 목기가 상실되는 것이고, 목 물상은 乙을 통하여 금으로 재탄생하기 위해 인고의 세월을 보내니 을은 입고한다. 申酉를 거쳐 금이 완성되면 을목 물상은 완전히 없어지니 술에서 입묘한다. 술에서 丙 화기는 상실되니 경을 키울 수 없고, 丁은 亥에서 壬과 만나기 위해 입고한다. 축에서 금 기운은 완전히 상실되어야 목이 나오니 금기는 입묘되고, 辛은 甲으로 재탄생하기 위해 입고된다. 寅卯를 지나 목이 완성되면 辛은 완전히 모습을 잃으니 진에서 입묘한다. 辰에서 辛이 입묘하니 庚이 입고하여 乙을 통하여 재탄생할 준비를 하는 것이다.

이처럼 辰·未·戌·丑에서 기운-물상이 전환되면서 생장쇠멸하는 과정을 인간의 눈으로 볼 때 입묘와 입고를 구별할 뿐이다. 만물은 수-목-화-금이 전환하는 과정에서 모습이 바뀌면서 순환을 계속한다. 즉 기운-물상이 순환하면서 윤회를 거듭하게 되는데, 모습이 바뀌었다고 하여 그 기운·영혼이 없어지는 게 아니다. 辰·未·戌·丑의 조절·통제·마감·완성·마무리·저장·보관 등 작용에 의해 영원성을 갖게 된다.

2) 水火와 木金의 묘고 의미

만물은 수화 기운으로 목금 물상이 생장쇠멸한다. 수에서 길러진 목은 금 물상으로 변환되고, 화에서 길러진 금은 목 물상으로 변환된다. 목금 물상은 없어지는 것이 아니라 목↔금으로 서로 모양새가 바뀌는 것이다.

예를 들어서 목 물상은 갑이 미에서 입묘하지만 목기가 상실될 뿐 갑 목기는 乙 물상에게 전달된다. 乙이 寅에서 나와 巳에서 꽃을 피우고 未에서 조절되어 申酉를 거쳐 금 물상으로 전환된 후에 술에서 입묘한다. 乙이 戌에 입묘하지만 목이 완전히 없어지는 것이 아니다. 乙은 辛 몸체에서 목기로 살아 숨 쉬고, 辛이 亥에 몸을 의탁하니 甲이 장생하면서 태동을 준비하게 된다.

같은 논리로 금 물상은 庚이 丑에서 입묘하지만 금기가 상실될 뿐 금 물상은 辛에게 전달된다. 辛은 해자축을 지나 인묘에서 목 물상으로 전환된 후에 진에서 입묘한다. 辛이 辰에 입묘하지만 금이 없어지는 것이 아니다. 辛 금 물상에서 갑 목기를 내고, 甲에서 乙로 전달되어 申에서 경금 모습을 드러내게 된다. 辛이라는 씨앗(금)에서 나무(목)로 모양새가 바뀐 것이다.

이처럼 목 기운은 목 물상으로 전환하고, 목 물상은 금 기운으로 변환되고, 금 기운은 금 물상으로 전환하고, 금 물상은 목 기운으로 변환되고, 다시 목 물상으로 전환된다. 만물은 전환-변환하면서 순환할 뿐 없어지는 것이 아니라는 말이다.

목금 물상은 입묘로 소멸되지 않는다는 것은 60갑자에서도 살필 수 있다.

10천간이 입묘하는 간지를 조합해보자.

천간	갑	을	병(무)	정(기)	경	신	임	계
입묘	미	술	술	축	축	진	진	미
	×	×			×	×		

〈10천간의 입묘 간지〉

60갑자에서 수·화는 丙戌 丁丑 己丑 壬辰 癸未 등 입묘되는 간지가 있다. 그런데 목·금은 甲未, 乙戌, 庚丑, 辛辰 등 입묘 간지는 없고, 甲戌, 乙未, 庚辰, 辛丑 등 입고 간지가 있음을 알 수 있다.

수화는 물상을 만드는 기운이고 계절을 확정짓는 요소이기 때문에 수화의 입묘는 명확해야 한다. 반면에 물상은 기운에 의해 현상으로 보이지는 모습이니 만물순환의 개념으로 보면 없어지는 것이 아니다. 수화 기운이 들어가고 나오는 과정에서 목금 물상이 변환될 뿐이니 물상의 생명력 또한 전환될 뿐이다.

그래서 丁丑, 午丑, 癸未, 子未 등 수화 기운이 입묘지를 만나면 기운이 상실되는 현상이 일어난다. 특히 지지는 현실을 반영하니, 지지에서 수화 기운이 입묘하는 午丑 子未를 천(穿)이라 한다.

반면에 乙戌, 卯戌, 辛辰, 酉辰 등 목금 물상이 입묘지를 만나면 창고에 저장한다는 의미가 있다. 갑자기 대박을 터뜨리거나 폭발성을 갖기도 한다. 卯戌 酉辰은 물상의 입묘는 재물을 묻어두는 것이니 합이라 한다. 특히 酉는 완전한 현실적 물상이니 곡식을 쌓아두거나 보석을 숨겨놓는다는 의미도 있다.

壬丙癸甲 乾 庚己戊丁丙乙甲4 1954년
辰戌酉午   辰卯寅丑子亥戌

중견기업인으로 성공한 사람이다. 酉월에 水가 필요한데 癸酉 간지가 좋고, 酉가 癸에 의해 천간 甲으로 발현되는 흐름이다. 년지 午는 午酉형으로 酉를 조절하고, 일지 戌은 酉戌천으로 가공하여 辰에 담는다. 지지 흐름이 午-酉-戌-辰으로 순행하고, 특히 가공된 酉를 담을 辰이 구비되어 있으니 재물 창고가 가득하게 되는 것이다.

3) 목금 물상의 묘·고

목금 물상을 기운-물상으로 세분하면, 甲은 목 본기(本氣)이고, 乙은 목 본질(本質)이며, 庚은 금 본기이고, 辛은 금 본질이다.
甲은 목 본기이니 수생목으로 목 물상을 발현시키려 하고,
乙은 목 본질이니 목생화로 금 기운을 내고자 한다.
庚은 금 본기이니 화생금으로 금 물상을 발현시키려 하고,
辛은 금 본질이니 금생수로 목 기운을 내고자 한다.
木 물상은 水 기운에 의해 드러나고, 金 물상은 화 기운에 의해 완성된다. 목금 물상의 완성을 삼합으로 보면, 甲은 해묘미, 乙은 인오술, 庚은 사유축, 辛은 신자진 운동을 한다.

甲	乙	庚	辛
해묘미	인오술	사유축	신자진

〈목금 물상의 삼합운동〉

甲은 해자축인묘진사오미 즉 수생목으로 목을 키우고, 乙은 인묘진사오미신유술 즉 목생화로 목을 완성하여 → 금으로 전환한다. 庚은 사오미신유술 즉 화생금으로 금을 완성하고, 辛은 신유술해자축인묘진 즉 금생수로 금을 완성하여 → 목으로 전환한다.
한편 목금 물상은 입묘 대신 입고 간지가 있으니, 목금 물상은 입묘

묘고(墓庫) 273

보다 입고가 현실적으로 더 답답함을 느끼거나 실질적인 문제로 발생한다. 물상 입묘는 다른 물상으로 변환되기에 현실을 수긍하거나 다른 모습에 대한 희망이 있지만, 물상 입고는 움직이려는 놈을 잡는 격이니 활동력을 제지당하기 때문이다.

木 물상은 甲이 未를 만나는 것보다 乙이 未를 만나는 것이 더 답답하고, 乙이 戌을 만나는 것보다 甲이 戌을 만나면 더 답답해진다. 또 金 물상은 庚이 丑을 만나는 것보다 辛이 丑을 만나면 더 답답하고, 辛이 辰을 만나는 것보다 庚이 辰을 만나면 더 답답해진다.

목 물상이 작용력을 잃는 간지는 甲戌 乙未 등 목 입고 간지이고, 금 물상이 작용력을 잃는 간지는 庚辰 辛丑 등 금 입고 간지이다.

목금 물상의 입고 간지를 삼합으로 살펴보자.

간지	甲戌	乙未	庚辰	辛丑
천간 삼합	해묘미	인오술	사유축	신자진
지지 삼합	인오술	해묘미	신자진	사유축
합·파	卯戌합, 卯午파		酉辰합, 酉子파	

〈木·金의 묘·고 삼합의 합·파 관계〉

● 甲戌

갑은 亥卯未 운동을 주관하는데, 술은 寅午戌 운동을 마감한다. 술에서 갑의 모습은 찾아볼 수 없으니, 갑술에서는 甲보다 오히려 乙의 손상으로 드러난다. 갑술에서 乙 물상이 묘술-묘오 합·파로 완전히 작용력을 상실하기 때문이다. 여기에 未가 오면 卯戌未 卯午未 구조가 되니 더욱 심각해진다.

● 乙未

乙은 인오술 운동을 주관하는데, 未는 해묘미 목 운동을 마감한다.

未에서 甲은 입묘되지만, 甲의 본질인 乙이 작용력을 유지하고 있는 단계이다. 乙이 미에서 작용력이 묶이다보니 답답함이 심각해지고, 여기에 戌이 오면 더욱 심각해진다. 다만 乙은 未에서 분산작용이 묶이지만, 금 물상으로의 전환을 꿈꾸게 된다. 만약 乙未에 庚이 있으면 甲戌에 비하여 乙의 가치가 상실되지는 않는다.

● 庚辰

庚은 사유축 운동을 주관하는데, 辰은 신자진 수 운동을 마감한다. 진에서 경은 찾아볼 수 없으니, 庚辰에서는 庚보다 오히려 辛의 손상으로 드러난다. 경진에서 辛 물상이 酉辰-酉子 합·파로 완전히 작용력을 상실하기 때문이다. 여기에 丑이 오면 酉辰丑·酉子丑이 구조 되니 더욱 심각해진다.

● 辛丑

辛은 신자진 운동을 주관하는데, 丑은 사유축 금 운동을 마감한다. 축에서 辛이 입묘되지만, 庚의 본질인 辛이 작용력을 유지하고 있는 단계이다. 辛이 丑에서 작용력이 조절당하니 답답함이 심각해지고, 여기에 戌이 오면 더욱 심각해진다. 다만 辛은 축에서 조절되지만, 목 물상으로의 전환을 꿈꾸게 된다. 만약 辛丑에 甲이 있으면 庚辰에 비하여 辛의 가치가 상실되지는 않는다.

목금 물상의 입고는 木이 → 金으로, 金이 → 木으로 전환을 의미한다. 인간사로 보면 지금과 전혀 다른 모습으로의 변환이다. 목↔금의 변환은 번거로움, 상실감, 아픔 등이 동반된다. 갑자기 다른 모습으로 바뀐다는 것은 거지에서 거부로, 사장에서 노숙자로, 국회의원에서 죄수로, 노동자에서 유명인으로, 대박 아니면 쪽박, 명예실추 아니면 명성을 얻는 모습이 되기도 한다.

현실에서 부도, 실패, 사기, 갇히는 형상 등으로 드러나는 경우가 많다. 특히 甲戌에서 甲乙이 모두 작용력을 상실하고, 庚辰에서 庚辛이 모두 작용력을 완전히 상실하니, 乙未와 辛丑보다 甲戌과 庚辰이 흉하게 작용한다. 乙·辛은 실질적 물상이기 때문이기도 하다.

입고(庫)는 갑자기 부풀어진 상태로 좋아 보이지만 일이 묶이기 때문에 능력을 발휘하지 못한다. 절(絶)·태(胎)·양(養)도 입고의 성향이 있으니, 허울만 좋아 보이는 속 빈 깡통 꼴이다. 다만 목금 입고 구조는 보기 좋게 부풀어진 모습 또는 활동력이 제한된 모습으로 가공하면 성과가 있다. 눈속임, 공갈빵, 붕어빵, 부피는 크고 속은 비어 있는 장사, 고달픈 사업, 현물거래 없는 인터넷 사업, 종교·철학, 연구·개발, 수술·가공 등에서 성과를 얻을 수 있다.

반면에 목금 입묘는 사주간지 구성에 따라 길흉이 결정된다.

가령 辛(酉)이 辰을 만나는 구조에서 壬寅 등으로 수기를 채우면서 목을 내는 구조라면 죽을 것 같은 현실 속에서 재도약 또는 발전의 기회가 된다. 만약 수기가 없거나 목이 없으면 酉는 갇혀 나오지 못하는 형상이 된다. 乙(卯)이 戌을 만나도 마찬가지이다.

비록 辛(酉)이 진에 입묘하고, 乙(卯)이 술에 입묘하지만, 자신의 삼합 운동을 완성하는 자리이니 물상을 채운다는 의미가 있기 때문이다.

```
戊甲丙癸  坤  壬辛庚己戊丁9
辰戌辰丑      戌酉申未午巳
```

재주와 능력은 뛰어나지 않지만, 시댁의 경제적 도움과 10억대 유산을 받았다. 甲戌 일주로 甲은 戌에 입고하니 戌 중 辛金에 의지할 수밖에 없다. 시댁의 도움은 있지만 그로 인한 번거로움과 남편의 집착이 심한 편이고, 가슴 종양수술을 한 것은 甲戌 간지가 乙 손상을 동반하기 때문이다. 甲戌에서 목이 작용력을 상실하니 벗어나려는 속성이 발동하고, 한편으로는 乙 겁재(시부)의 재물을 채운다는 의미도 된다. 더불어 갑 일간이 사주팔자를 주도할 수 없는 환경이니, 乙을 이용하여 戌에 담는 일이라면 성취가 있다 하겠다. 유명 의류의 매니저 일을 하다가 丁酉년에 아웃도어 매장을 개업하였다.

4) 12운성에서의 묘고(墓庫)

12운성에서 묘고지는 양간과 음간의 흐름이 다르다. 양간은 삼합의 논리와 마찬가지로 순행하고, 음간은 양간이 사(死)하는 자리에서 장생하여 역행한다. 이를 양생음사(陽生陰死) 또는 음생양사(陰生陽死)라 한다.

12운성을 표로 살펴보자.

양간	장생	목욕	관대	건록	제왕	쇠	병	사	묘	절	태	양
甲	亥	子	丑	寅	卯	辰	巳	午	未	申	酉	戌
乙	午	巳	辰	卯	寅	丑	子	亥	戌	酉	申	未
丙戊	寅	卯	辰	巳	午	未	申	酉	戌	亥	子	丑
丁己	酉	申	未	午	巳	辰	卯	寅	丑	子	亥	戌
庚	巳	午	未	申	酉	戌	亥	子	丑	寅	卯	辰
辛	子	亥	戌	酉	申	未	午	巳	辰	卯	寅	丑
壬	申	酉	戌	亥	子	丑	寅	卯	辰	巳	午	未
癸	卯	寅	丑	子	亥	戌	酉	申	未	午	巳	辰

〈12운성〉

12운성에서 甲-丙-庚-壬 양간은 삼합 순행과 같이 각각 亥-寅-巳-申에서 장생하여 未-戌-丑-辰에서 입묘한다. 입묘의 순서를 보면 甲→丙→庚→壬 즉 물상이 기운을 내기 위해 힘을 다하여 입묘하면, 기운이 살아나 물상을 키우고, 물상이 커지면 기운이 쇠하여 입묘하면서 순행하게 된다.

그 과정에서 음간은 양간이 사하는 자리에서 장생하여 역행하여 운동한다. 가령 갑이 死하는 오에서 을이 장생하여 오-사-진-묘-인-축-자-해-술에서 입묘한다. 이에 정은 丑에서, 辛은 辰에서, 癸는 未에서 입묘한다.

양생음사(陽生陰死)의 논리는 천간 기운 뿐 아니라, 지지 물상의 전환에도 적용되는 개념이다. 또 양간이 입묘하는 자리에 음간이 입고하고, 음간이 입묘하는 자리에 양간이 입고(양지)한다. 즉,

辰에 → 辛이 입묘하니 酉가 입묘하고, 壬이 입묘하니 亥가 입묘한다. 辛이 입묘하니 庚이 입고하고, 壬이 입묘하니 癸가 입고한다.

未에 → 癸가 입묘하니 子가 입묘하고, 甲이 입묘하니 寅이 입묘한다. 癸가 입묘하니 壬이 입고하고, 甲이 입묘하니 乙이 입고한다.

戌에 → 乙이 입묘하니 卯가 입묘하고, 丙이 입묘하니 巳가 입묘한다. 乙이 입묘하니 甲이 입고하고, 丙이 입묘하니 丁이 입고한다.

丑에 → 丁이 입묘하니 午가 입묘하고, 庚이 입묘하니 申이 입묘한다. 丁이 입묘하니 丙이 입고하고, 庚이 입묘하니 辛이 입고한다.

이를 표로 정리하면 다음과 같다.

	辰(申子辰)	未(亥卯未)	戌(寅午戌)	丑(巳酉丑)
입묘	壬·亥 辛·酉	甲·寅 癸·子	丙·巳 乙·卯	庚·申 丁·午
입고	癸·子 庚·申	乙·卯 壬·亥	丁·午 甲·寅	辛·酉 丙·巳

〈간지의 입묘(墓)와 입고(養)〉

첫째, 辰은 金·水의 묘고

壬은 신자진 운동으로 진에 입묘하고, 癸는 해묘미 운동으로 未에 입묘한다. 癸는 辰에서 입고하니 巳에서 병을 얻을 수 있다. 계수의 방향성은 병화에 있으니 진에서 무계합을 실현한다.

辛은 신자진 운동으로 辰에서 입묘하고, 庚은 사유축 운동으로 축에 입묘한다. 경은 진에서 입고하니 乙을 통하여 금으로 완성될 수 있다. 乙의 방향성은 庚에 있으니 辰에서 乙庚金을 시도한다.

한편 金의 입묘는 물상을 저장한다는 의미가 있고, 축은 금(재관)을 완성하는 곳이다. 금이 축진을 만나면 저장작용이 있는데, 이 때 수화 조절이 되면 대박의 기회가 주어지는 것이다. 가령 辰酉亥 酉辰巳 등은 酉가 辰에 저장되었다가 木으로 또는 火로 드러나게 되니 부귀를 누리는 구조가 된다. 亥辰도 입묘 관계이지만 목 또는 화가 있으면 辰이 亥 중 甲을 풀어낸다.

둘째, 未는 水·木의 묘고

甲은 해묘미 운동으로 미에 입묘하고, 乙은 인오술 운동으로 戌에 입묘한다. 乙은 未에서 입고하니 을을 통하여 申에서 경을 얻을 수 있다. 을이 경으로 전환되는 길목으로 미에서 乙庚합이 실현된다.

癸는 해묘미 운동으로 미에 입묘하고, 壬은 신자진 운동으로 진에 입묘한다. 임이 未에서 입고하니 丁을 꺼내 쓸 수 있다. 丁이 壬水로 전환되기 시작하니 未에서 丁壬합을 시도한다.

셋째, 戌은 木·火의 묘고

丙은 인오술 운동으로 술에 입묘하고, 정은 사유축 운동으로 丑에 입묘한다. 丁은 술에서 입고하니 亥에서 임을 얻을 수 있다. 정의 방향성은 임에 있으니 술에서 정임합을 실현한다.

乙은 인오술 운동으로 술에 입묘하고, 甲은 해묘미 운동으로 未에 입묘한다. 갑은 戌에서 입고하니 亥에서 辛 씨앗으로 전환할 수 있다. 갑의 근원은 신에 있으니 술에서 辛甲합을 시도한다.

넷째, 丑은 火·金의 묘고

庚은 사유축 운동으로 丑에 입묘하고, 辛은 신자진 운동으로 辰에서 입묘한다. 辛은 丑에서 입고하니 寅에서 갑으로 재탄생할 수 있다. 신은 갑으로 변신하여야 하니 축에서 辛甲합을 실현한다.

丁은 사유축 운동으로 축에 입묘하고, 丙은 인오술 운동으로 술에 입묘한다. 병이 축에 입고하니 癸를 통하여 나올 수 있다. 癸의 방향성은 병으로 향하니 丑에서 癸가 분산작용으로 癸丙합을 시도한다.

※ 묘고에서 양간·음간의 방향성

위 양간·음간의 묘고지에서 작용을 천간합의 방향성으로 보면,
진에서 癸丙합을 실현하고, 乙庚합을 시도한다.
미에서 乙庚합이 실현하고, 丁壬합을 시도한다.
술에서 丁壬합을 실현하고, 辛甲합을 시도한다.
축에서 辛甲합을 실현하고, 癸丙합을 시도한다.

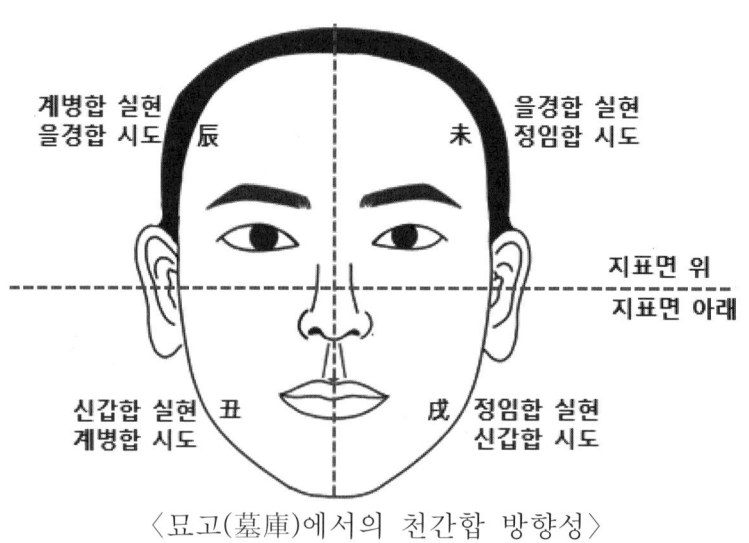

〈묘고(墓庫)에서의 천간합 방향성〉

천간합의 방향성에 대해서는 본 저자의 『합·충·형·파·해 강론』에서 자세히 다루기로 하고, 여기서는 위 관계에서 수화 기운과 목금 물상의 변환을 살펴보자.

　위와 같이 지표면 위 양 본위에서는 癸丙합을 실현하여 乙庚합으로 완성되고, 지표면 아래 음 본위에서는 丁壬합을 실현하여 辛甲합으로 완성된다.

　첫째, 음 본위에서는 辛에서 甲이 나오니 丁火와 壬水가 필요하고, 丁에서 壬이 나오니 辛金과 甲木이 필요하다.

　甲·丁·己·辛·壬의 조합에서 임수가 왕해도 갑목이 있고, 신금이 왕해도 임수가 있고, 정화가 왕해도 신금이 있고, 갑목이 왕해도 정화가 있으면 조절된다. 임수는 갑목이 있어야 하고, 갑목은 정화가 있어야 하고, 정화는 신금이 있어야 하고, 신금은 임수가 있어야 하는 것이다.

　둘째, 양 본위에서는 乙에서 庚이 나오니 丙火와 癸水가 필요하고, 癸에서 丙이 나오니, 乙木과 庚金이 필요하다.

　乙·丙·戊·庚·癸의 조합에서 계수는 을목을 키우고, 을목은 병화를 키우고, 병화는 경금을 키우고, 경금은 계수를 낸다. 계수는 을목이 필요하고, 을목은 병화가 필요하고, 병화는 경금이 필요하고, 경금은 계수가 필요하다.

※ 참고) 얼굴의 묘고 관계

　육합 중에서 卯戌은 목이 손상되고, 酉辰은 金이 손상된다. 얼굴에서 卯·酉는 눈과 명문의 입묘 관계에 있다. 卯戌과 酉辰이 발동하면 목↔금의 전환을 의미하니, 크게 터뜨리려고 한다. 재관을 탐하게 되는데, 크게 성취하더라도 결국 잃거나 내놓게 된다.

　또한 癸未, 子未, 壬辰, 亥辰 등은 원진으로 천장-지고의 관계이니, 재관을 채우더라도 오래하지 못하는 경향이 있다.

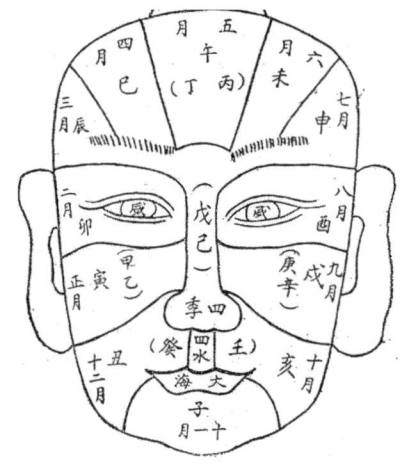

甲·寅 → 未에 입묘
癸·子 → 未에 입묘
丙·巳·戊 → 戌에 입묘
乙·卯 → 戌에 입묘
庚·申 → 丑에 입묘
丁·午·己 → 丑에 입묘
壬·亥 → 辰에 입묘
辛·酉 → 辰에 입묘

● 甲·寅→未에 입묘(관골과 천창의 관계)

관골이 바르지 않거나, 천창(이마)이 바르지 않거나, 천창이 풍만하더라도 입이 바르지 않으면 재물이 손상되거나 명예가 손상된다. 특히 오른쪽 관골의 형상이 좋지 않거나 기색이 좋지 않거나, 오른쪽 부위의 기색이 좋지 않거나, 오른쪽 이마가 좁거나 비뚤면 더욱 심하다. 여자는 남편의 덕이 적고, 남자는 처자식의 덕이 적다.

甲未·寅未 등이 동반되거나 動할 때 발생한다. 甲·寅년에는 이마가 밝아야 하니, 이마·인당에 흠이 있으면 흉하게 된다.

● 癸·子→未에 입묘(입·턱과 천창의 관계)

입이 삐뚤거나, 천창이 함몰되거나, 천창이 풍만하더라도 입이 바르지 않으면 재물이 손상되거나 명예가 손상된다. 특히 왼쪽 입술 꼬리가 위로 향하거나, 오른쪽 입 꼬리가 아래로 처지거나, 왼쪽 부위의 기색이 좋지 않거나, 왼쪽 이마가 좁거나 비뚤면 더욱 심하다. 여자는 남편의 덕이 적고, 남자는 처자식의 덕이 적다.

癸未·子未 등이 동반되거나 動할 때 발생한다. 癸·子년에는 왼쪽 관골이 빛나야 하니, 관골·간문에 흠이 있으면 흉하게 된다.

● 丙·巳·戌→戌에 입묘(이마와 지고의 관계)

이마가 좁거나, 턱이 빈약하거나 함몰되거나, 입술이 삐뚤거나, 지고 또는 뺨이 함몰되면 재물이나 관록을 손상시키게 된다. 특히 왼쪽 지고와 뺨이 치우치거나 함몰되면 더욱 심하다.

丙戌·戊戌·巳戌 등이 동반되거나 動할 때 발생한다. 丙·戊·巳년에는 오른쪽 눈이 밝아야 하니, 눈이 맑지 않으면 흉하게 된다.

● 乙·卯→戌에 입묘(눈·명문과 지고의 관계)

눈이 바르지 않거나, 턱이 빈약하거나 함몰되거나, 입술이 삐뚤거나, 지고 또는 뺨이 함몰되면 재물이나 관록을 손상시키게 된다. 특히 오른쪽 눈이 작거나 삐뚤거나, 왼쪽 지고와 뺨이 치우치거나 함몰되면 더욱 심하다.

乙戌·卯戌 등이 동반되거나 動할 때 발생한다. 乙·卯년에는 입이 밝아야 하니, 입·턱에 흠이 있으면 흉하게 된다.

● 庚·申→丑에 입묘(관골과 지고의 관계)

관골이 바르지 않거나, 지고(턱)가 바르지 않거나, 입술이 삐뚤거나, 지고가 풍만하더라도 관골이 바르지 않으면 재물이 손상되거나 명예가 손상된다. 특히 왼쪽 관골의 형상이 좋지 않거나 기색이 좋지 않거나, 왼쪽 부위의 기색이 좋지 않거나, 오른쪽 지고가 함몰되거나 비뚤면 더욱 심하다.

庚丑·申丑이 동반되거나 動할 때 발생한다. 庚·申년에는 이마가 빛나야 하니, 이마·천창에 흠이 있으면 흉하게 된다.

● 丁·己·午→丑에 입묘(복서골과 지고의 관계)

이마가 좁거나, 턱이 빈약하거나 함몰되거나, 입술이 삐뚤거나, 지고 또는 뺨이 함몰되면 재물이나 관록을 손상시키게 된다. 특히 산근이 함몰되거나, 오른쪽 지고와 뺨이 치우치거나 함몰되면 더욱 심하다.

丁丑·己丑·午丑 등이 동반되거나 動할 때 발생한다. 丁·己·午년에 왼쪽 눈이 밝아야 하니. 눈이 맑지 않으면 흉하게 된다.

● 壬·亥→辰에 입묘(입·턱과 천창의 관계)

입이 삐뚤거나, 천창이 함몰되거나, 천창이 풍만하더라도 입이 바르지 않으면 재물이 손상되거나 명예가 손상된다. 특히 오른쪽 입술 꼬리가 위로 향하거나, 왼쪽 입 꼬리가 아래로 처지거나, 오른쪽 부위의 기색이 좋지 않거나, 왼쪽 이마가 좁거나 비뚤면 더욱 심하다.

壬辰·亥辰이 동반되거나 動할 때 주로 발생한다. 壬·亥년에는 오른쪽 관골이 밝아야 하니, 관골·간문에 흠이 있으면 흉하게 된다.

● 辛·酉→辰에 입묘(눈·명문과 천창의 관계)

눈이 바르지 않거나, 천창이 함몰되거나, 천창이 풍만하더라도 눈이 바르지 않으면 재물이 손상되거나 명예가 손상된다. 특히 왼쪽 눈이 작거나 삐뚤거나, 오른쪽 천창이 돌출되거나 함몰되면 더욱 심하다.

辛辰·辰酉가 동반되거나 動할 때 발생한다. 辛·酉년에는 입이 밝아야 하니, 입·턱에 흠이 있으면 흉하게 된다.

제 8 장

지장간

지장간은 지지에 담겨 있는 천간기운이다

천(天) - 인(人) - 지(地)
천간 - 지장간 - 지지
기운 - 조절.통제 - 물상
水火 - 土 - 木金

지장간地藏干

　지구상에 존재하는 모든 생명체는 하늘의 기운을 받아 생장쇠멸을 거듭한다. 하늘에서 햇빛과 빗물을 내려주지 않는다면 땅에서 만물이 생장할 수 없다. 사주간지에서 하늘의 기운을 표시한 것이 10천간이고, 하늘의 기운 변화에 따라 땅에서 계절의 순환과 물상의 생장쇠멸을 그린 것이 12지지이다. 지장간(地藏干)은 말 그대로 지지(물상)에 들어 있는 천간(기운)이다.

　천지를 바탕으로 인간이 살아가는 모습 또는 삶의 방향성을 제시하는 것이 지장간이라 할 수 있다. 고정화된 사주팔자를 궁위·대운·세운 등 흐름에 따라 변화를 주도하는 것이 지장간인 셈이다. 인간이 하늘의 기운을 받아 땅에서 살아가는 존재라는 관점에서 인간이 해야 할 일이 지장간에 있음이다.

1. 천지인상응론(天地人相應論)

　동양철학의 근간은 천지(음양)를 바탕으로 인간이 살아가는 원리를 담고 있다. 천지인상응론은 인간을 중심으로 천지의 조화를 살피는 것이다. 사주에서 천지인상응론은 하늘(천간)의 기운이 땅(지지)에서 물상의 변화·전환 과정으로 설명된다.

　사주간지에서 천간은 양이고, 지지는 음이다. 사주간지의 음양을 조화롭게 하는 기적(氣的) 요소(촉매제)로 人을 두어 천지인 삼단논법을 근본으로 삼았다. 천지만물의 음양을 조화롭게 것이 인간이라면, 사주에서 간지 음양을 조화롭게 하는 것은 지장간이다. 천-인-지 개념을 사주에서 천간-지장간-지지로 밝히고 있다.

　고대명리와 현대명리의 공통점은 모두 천지인상응을 기본개념으로 삼는다. 사주간지에서 보이지 않는 기적(氣的) 요소로 고대명리에서는 납음(納音)을 두었고, 현대명리에서는 지장간에 함축하였다.102)

1) 사주와 얼굴의 천지인

천지인상응론은 사주에서 삼합(三合) 원리로 전개되고, 상학에서는 삼정(三停) 논리로 전개된다. 천지(天地)에 의존하여 살아가는 인간의 모습을 사주에서 천간-지장간-지지로 표현하였고, 얼굴에서는 이마-눈·코-입·턱으로 분별하였다.

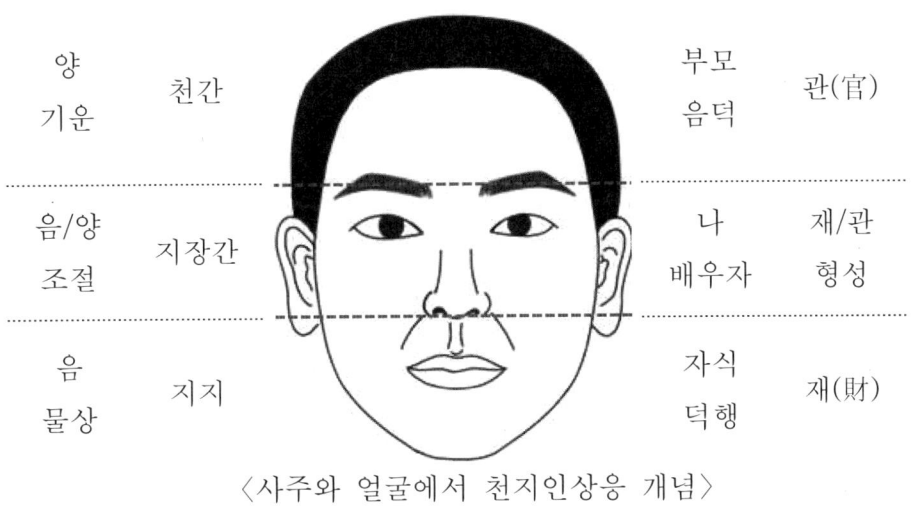

⟨사주와 얼굴에서 천지인상응 개념⟩

위와 같이 천간은 하늘이고 양이고 기운이고, 인생에서 부모를 상징

---

102) "三元者, 日干爲天元, 支爲地元, 納音爲人元", 徐子平 撰, 『珞琭子三命消息賦注』, 卷下. 즉 삼원이라는 것은 일간을 천원으로 하고, 지지를 지원으로 삼으며, 납음이 인원이 된다고 하였다.
"凡看命先看四柱年月日時, 次分天地人三元, 干爲天元地爲地元以支中所藏者爲人元", 張楠, 『命理正宗』, 「喜忌篇」. 즉 천지인 삼원에서 천간은 천원이 되고, 지지는 지원이 되며, 지장간은 인원이라고 하였다.

하고 관(官)을 의미한다. 천간은 얼굴에서 이마에 해당하는 곳으로 명예·이상 등을 의미하고 기운에 해당하니 상징적 요소를 중요시한다.

이에 비하여 지지는 땅이고 음이고 물상이다. 인생에서 자식을 상징하고 재물(財)을 의미한다. 지지는 얼굴에서 입·턱에 해당하는 곳이다. 실질적이고 현실적인 물상을 추구하기에 가시적 성취·성과를 중요시한다.

음·양	기·상	사주간지	삼정(관상)	재·관	음·덕
양(火)	氣(기운·기세)	천간	상정	관	음덕
조절(土)	천지만물 생장쇠멸	지장간 (여·중·본기)	중정 (눈·코)	재/관	나/배우자
음(水)	相(물상·형상)	지지	하정	재	덕행

〈천간-지장간-지지의 개념〉

얼굴에서 하정(下停)의 기운은 윤회하여 입·턱에서 이마로 다시 올라갔다가 다시 턱으로 회귀한다. 인간의 최종목표점은 명예를 지키는 데 있고 한편으로 자손 대대로 이어지도록 하는데 있다. 그래서 이마와 턱이 조응(調應)해야 한다고 하였으니, 눈·코가 천지를 상응하게 하고, 사주간지에서는 지장간이 이에 해당한다.

인륜의 측면에서 보면 조상·부모로부터 물러 받은 음덕을 다시 자식·자손에게 이어주는 숙명이고, 살아가면서 입었던 음덕을 다른 사람에게 돌려주는 덕행이 천지인이다. 이를 도교수련적 관점에서 보더라도 자기수련을 통하여 선인(仙人)에 이르면 마지막으로 해야 할 일은 사람을 구하는데 있다고 하였다.

만물이 생장쇠멸하는 과정은 삶의 수단을 성취하는 과정이고, 음덕을 덕행으로 되돌리는 윤회를 주관하는 것 또한 지장간이다.

2) 상대성 이론과 지장간

지장간은 하늘 기운이 땅 물상으로 전달되는 변화과정이다. 지장간에 하늘의 기운이 담겨 있으니 땅에서 물상이 생장할 수 있다. 만물이 영원성을 갖는 것은 천지의 조화에 있으니, 사주에서 지장간이 간지(干支) 즉 기상(氣相)의 조화를 주관한다. 고정화된 사주팔자를 궁위와 대운·세운 등 사주팔자의 흐름에 따라 유동·변화를 주관하는 요소 중 하나가 지장간인 것이다.

뉴턴의 시간과 공간의 개념은 절대시간과 절대공간이라는 개념이 있다. 1차원은 앞-뒤 뿐이고, 2차원은 앞-뒤, 좌-우 등 쌍방이다. 3차원이란 어떤 위치를 말할 때 3개의 좌표가 필요하고, 3개의 좌표는 앞-뒤, 좌-우, 위-아래 등이다.

아인슈타인의 상대성이론에 의하면 우리가 사는 건 3차원인데, 여기에 시간을 합쳐 4차원이라 하였다. 3차원의 세상에서 보면 사물은 상하·좌우·전후로 막혀서 닫혀 있는데, 여기에 시간이라는 개념이 개입되면 살아 움직이게 된다.

일반적으로 우주 내에서 하나의 사건이 정확히 정의되려면 사건이 일어나는 장소(3차원)와 시간(1차원)이 결정되어야 한다. 장소(공간)와 시간은 따로 분리할 수 없고, 분리되면 확정되지 않는다. 가령 약속을 할 때 종로3가에서 만나기로 6시에 만나기로 했다면, 종로3가(공간)와 6시(시간)가 합쳐진 개념이 4차원의 개념이다.

우리가 사는 세상좌표의 3차원에 시간의 1차원을 더한 것이 4차원의 시간·공간이다. "4차원의 시간·공간"은 앞-뒤, 좌-우, 위-아래에 '+시간'이 가미된 것을 말한다. 공간만을 생각했을 땐 "3차원 공간"이 되지만, 시간 개념이 더해지면 "4차원의 시간·공간"이 되는 것이다. 이에 우리가 아는 우주의 3차원 공간에 더 많은 여분의 차원이 있다는 이론도 가능하게 제시되고 있다.

　아인슈타인의 4차원적 '시간·공간' 개념을 사주체계에서 '氣·相'으로 보고자 하는 것이 기상명리이다. 아인슈타인의 '시간·공간' 개념을 '氣·相'의 개념으로 사주팔자에 비유해보자.

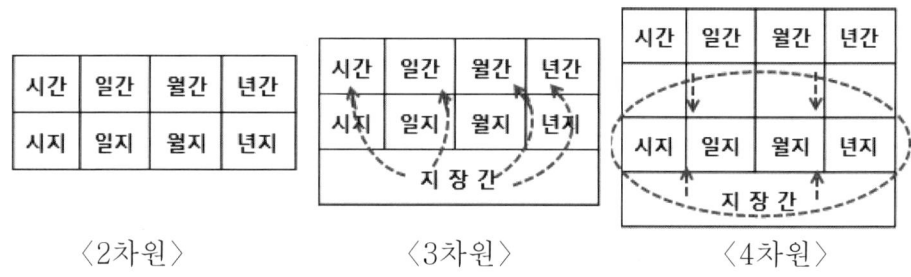

〈2차원〉　　　　〈3차원〉　　　　　〈4차원〉

　사주팔자 4개의 궁위에서 천간과 지지만을 보는 것은 2차원의 관법이고, 지지에 암장된 천간의 기운을 읽는 것은 3차원적 관법이며, 천간의 기운과 지지의 물상 관계를 지장간의 움직임을 살피는 것은 4차원적 관법이라 할 수 있다.

　지장간의 움직임을 살피는 것은 천간 기운이 지지 물상에 작용하는 관계를 살피는 것이다. 천간 기운에 의한 지지에서의 물상 흐름은 삼합의 논리로 전개된다. 즉 지지에서 만물의 생장쇠멸은 하늘의 기운이 작용해야 가능하다는 의미이다.

　예컨대 천간 기운이 겨울이면, 겨울비가 내린다하여 땅에서 경금 열매가 익지는 않는다. 겨울의 비는 땅 속에 저장되어 辛金이 甲木으로 드러날 준비를 하는 빗물이다. 그런데 지지에서 경금을 수확하겠다고 생각한다면 2차원적 관법이 되는 것이다. 마치 약속을 할 때 시간은 정하지 않고 종로3가에서 만나기로 했다거나, 장소는 정하지 않고 6시에 만나기로 한 것과 같다. 공간·시간이 확정되지 않으니 만남이 이루어지지 않는다.

만약 겨울비라는 천간 기운으로 지지에서 辛金을 살펴 다루고자 한 다면 3차원의 관법이고, 운에서 辛金이 합·충·형·해·파 등 작용에 의해 어떻게 발동되느냐를 보는 것은 4차원의 관법이 된다. 설령 사주원국에서 경금이 손상되더라도 천간 기운이 겨울비라면 큰 문제가 없다는 의미이다. 겨울에는 경금이 활동력을 잃은 시절이기 때문이고, 오히려 신금이 손상될 때 문제가 발생하는 것이다.

사주분석에서 4차원의 관법은 사주팔자의 기운을 읽는 것이라 할 수 있다. 합·충·형·파·해 등 작용도 천간 기운이 지지 물상에 미치는 생장쇠멸의 흐름이니 삼합 원리에 의해 그 발동조건을 보아야 한다. 만약 천간 기운을 보지 않고 지지에서 합·충·형·해·파 등에만 집착하여 길흉을 논한다면 오류가 있을 수밖에 없다.

사주원국의 기운을 본다는 것은 마치 그림 액자 속으로 들어가는 것과 같다. 액자 속 그림의 환경을 체감하지 않고는 진정으로 그 그림을 이해할 수 없다. 차가움과 따뜻함, 시원함과 후덥지근함, 습도와 열기, 비와 바람, 안개와 아지랑이, 조양(朝陽)과 석양(夕陽) 등은 직접 체감하지 않으면 감응할 수 없기 때문이다. 이것이 천간 기운이자 水火의 기운이요 풍수(風水)이다.

여기에 대해서는 본 저자의 『합·충·형·파·해 강론』에서 자세히 다루기로 한다.

2. 지장간의 논리

1) 지장간의 구성원리

지장간은 만물의 생장쇠멸과 천지자연의 영원성을 표현한다. 지장간의 구성원리는 앞에서 살펴본 바와 같이 장생-왕지-묘고 등 삼합 요소로 전개된다. 12지지에 들어 있는 지장간의 구성에서도 여기-중기-본기 등 3단계로 구성된다.

지지	寅	卯	辰	巳	午	未	申	酉	戌	亥	子	丑
여기	戊	甲	乙	戊	丙	丁	戊	庚	辛	戊	壬	癸
중기	丙		癸	庚	(己)	乙	壬		丁	甲		辛
본기	甲	乙	戊	丙	丁	己	庚	辛	戊	壬	癸	己

〈지장간의 구성요소〉

첫째, 인·사·신·해의 지장간

인·사·신·해 여기 = 기운을 펼친다는 의미이니 戊土가 자리한다.

인·사·신·해 중기 = 다음 단계 삼합 운동의 시작 기운이다.

인·사·신·해 본기 = 해당 오행의 본기(本氣)이다.

이처럼 인·사·신·해의 여기는 다음 계절의 바탕을 마련해줌으로써, 중기에서 다음 계절의 오행이 장생하고, 본기에서는 자신의 본기를 갖추어 물상을 만들어가니, 다음 달에 여기로 전환되어 생을 연결한다.

인·사·신·해는 해당 오행의 본기와 다음 단계의 본기 등 기운이 시작되고 펼쳐지는 곳이다. 특히 중기는 드러나지 않은 잠재된 상태이다.

둘째, 자·묘·오·유의 지장간

묘·오·유·자 여기 = 오행의 본기(本氣)가 투출된 것이다.

묘·오·유·자 중기 = 오행의 기운을 물상으로 전환하는 통로이다.

묘·오·유·자 본기 = 해당 오행의 본질(本質) 즉 물상(物相)이다.

이처럼 자·묘·오·유의 여기는 전월의 본기(本氣)가 그대로 투출되어 연결해줌으로써, 중기의 기적(氣的) 공간을 통하여, 본기에서 기운(양간)이 물상(음간)으로 전환되어 확실한 모습을 갖춘다. 해당 방국 오행의 모습이 완전해야 다음 달로 이어갈 수 있기 때문이다.

자·묘·오·유는 기운(양간)이 물상(음간)으로 전환되는 곳이다. 중기가 없는 것은 보이지 않는 기(氣)에 의해 기운(양간)이 → 물상(음간)으로 전환되는 것을 의미한다.

다만 午에만 己가 있는 것은 6陽이 → 1陰으로 전환이고 양을 끌어들여 응집하기 위해서는 집중력이 필요하기 때문이다.

셋째, 진·미·술·축의 지장간
진·미·술·축 여기 = 전월(前月, 방국)의 본질(물상·성질·계절)이 투출된 것이다.
진·미·술·축 중기 = 전 단계의 삼합운동이 마감되는 곳이다. 음간이 입고하는 자리로 수화 기운 또는 목금 물상이 전환되는 분기점이다.
진·미·술·축 본기 = 오행 본래의 모습으로 조절·통제작용을 한다.

이처럼 진·미·술·축 여기는 전월 방국 오행의 모습이 투간되어 발현되고, 중기에서 전 단계의 삼합 운동이 마감되니, 본기는 다음 단계의 전환을 준비하게 된다.

辰·戌은 무토가 있으니 水·火 기운을 낼 준비를 하고, 丑·未은 기토가 있으니 木·金 물상을 내고자 한다. 진·미·술·축에서 전월의 본기를 받아 조절·전환함으로써 전 단계 삼합 운동을 마무리해야 기운·물상이 전환될 수 있고 만물이 순환할 수 있는 것이다.

한편 진·미·술·축에서 계절이 마감되니, 방국(方局)의 본 모습을 잃지 않으려고 마지막 남은 기질을 발휘하여 발버둥을 치게 된다. 방국 오행의 성질(물상)을 표출하게 되고, 계절적 환경이 두드러진다.

2) 지장간의 흐름

천간 기운으로 지지에서 물상이 전화하니, 지지에 숨어 있는 천간 기운 즉 지장간의 흐름을 알면 물상의 생장쇠멸은 물론 인간(자신)이해야 할 일을 알 수 있다.

지장간은 천간 기운의 생-장-쇠-멸 흐름을 12계절로 나누어 표현하였다. 인·사·신·해에서 새로운 기운이 태동하여 길러지고, 자·묘·오·유에서 기운이 물상으로 전환되어 모양새를 완성하고, 진·미·술·축에서 물상이 제 기능을 다함으로써 다음 단계의 기운 태동을 준비한다.

여기서 기운-물상의 개념을 이해해야 한다. 10천간을 음양으로 분별하면 양간은 기운이고 음간은 물상이다. 오행을 음양으로 분별하면 수화는 기운이고 목금은 물상이다.

지장간의 흐름은 수→목→화→금→수⋯ 기운→물상의 흐름이다.

지지	寅	卯	辰	巳	午	未	申	酉	戌	亥	子	丑
여기	戊	甲	乙	戊	丙	丁	戊	庚	辛	戊	壬	癸
중기	丙		癸	庚	(己)	乙	壬		丁	甲		辛
본기	甲	乙	戊	丙	丁	己	庚	辛	戊	壬	癸	己

〈지장간의 구성요소〉

첫째, 여기와 본기의 흐름을 子에서부터 연결해보면, 壬→癸→甲→乙→丙→丁→庚→辛→壬→癸⋯ 순으로 순환한다.

양간(기운)이 음간(물상)으로 전환됨으로써 다음 기운이 드러나게 된다. 가령 임수(기운)는 계수(물상)로 전환되어 갑목(기운)을 드러나게 하고, 갑목(기운)은 을목(물상)으로 전환되어 병화(기운)을 내게 하고, 병화(기운)은 정화(물상)으로 전환되어 경금(기운)을 내고, 경금(기운)은 신금(물상)으로 전환되어 임수(기운)을 내는 식이다. 이 흐름은 대략 水가 木을 기르고, 火가 金을 키우는 순행 관계이다.

둘째, 중기와 본기의 연결흐름을 보면, 丑寅에서 辛→甲, 辰巳에서 癸→丙, 未申에서 乙→庚, 戌亥에서 丁→壬⋯ 생성으로 흐른다.

甲은 辛에서, 丙은 癸에서, 庚은 乙에서, 壬은 丁에서 나오는 순리이다. 丑에서 甲이 태동을 준비하면 辛이 쇠멸하고, 辛이 쇠멸해야 甲이 나올 수 있음이다. 丙-癸, 庚-乙, 壬-丁 관계도 마찬가지이다. 이를 천간합의 방향성으로 보면 辛-甲, 癸-丙, 乙-庚, 丁-壬의 관계이다. 즉 木↔金 물상끼리, 水↔火 기운끼리 전환되는 것이다.

地支	寅	卯	辰	巳	午	未	申	酉	戌	亥	子	丑	寅
餘氣	戊	甲	乙	戊	丙	丁	戊	庚	辛	戊	壬	癸	戊
中氣	丙		癸	庚	(己)	乙	壬		丁	甲		辛	丙
正氣	甲	乙	戊	丙	丁	己	庚	辛	戊	壬	癸	己	甲

〈지장간의 흐름〉

지장간의 흐름을 전체적으로 보면,

子에서 壬-癸가 교체하여 寅에서 甲을 내고 → 卯에서 甲-乙이 교체하여 巳에서 丙을 내고 → 午에서 丙-丁이 교체하여 申에서 庚을 내고 → 酉에서 庚-辛이 교체하여 亥에서 甲을 내고 → 다시 子에서 壬-癸가 교체하는 등 순환한다.

壬-癸가 교체하는 것은 갑을 내기 위함이고, 갑-을이 교체하는 것은 丙을 내기 위함이고, 병-정이 교체하는 것은 庚을 내기 위함이고, 庚-辛이 교체하는 것은 壬을 내기 위함이다. 즉 오행의 기운(양간)이 물상(음간)으로 전환되어야 다음 단계의 기운을 발현시킬 수 있다.

계수가 갑목을 내면 그 위에 병화가 장생하고, 을목이 병화를 내면 그 위에 경금이 장생하고, 정화가 경금을 내면 그 위에서 임수가 장생하고, 신금이 임수를 내면 그 위에 갑목이 장생한다. 水가 木을 기르고, 火가 金을 키우는 만물의 생장쇠멸을 말하고 있는 것이다.

결국 지장간의 흐름은 인·사·신·해에서 기운이 장생하여, 자·묘·오·유에서 물상이 왕지에 이르고, 진·미·술·축에서 쇠멸하는 水·木·火·金의 삼합 운동과 같다. 지장간의 삼합 방향성은 양간의 본기(本氣)를 음간 본질(本質)로 발현시키는 흐름이다.

삼합	木			火			金			水		
	亥	卯	未	寅	午	戌	巳	酉	丑	申	子	辰
여기	戊	甲	丁	戊	丙	辛	戊	庚	癸	戊	壬	乙
중기	甲		乙	丙	(己)	丁	庚		辛	壬		癸
본기	壬	乙	己	甲	丁	戊	丙	辛	己	庚	癸	戊

〈지장간의 삼합운동〉

위와 같이 양간이 음간으로 전환되어 발현되고, 음간의 발현으로 다음 단계의 기운이 태동하게 한다.

해묘미 木운동을 예로 들어보면, 木은 해에서 갑 기운이 장생하고, 묘에서 갑-을이 전환되어, 미에서 乙 물상이 조절된다. 해자축인묘진 사오미를 거치는 과정에서, 병이 인에서 장생하여 사오미에서 왕성하게 활동하다가, 未에서 乙이 조절(입고)되니, 巳에서 장생했던 庚이 乙을 통하여 申에서 제 모습을 갖춘다. 庚은 사오미신유술을 거쳐 辛으로 완성되고, 辛은 임수에 품어지게 되니 다시 목을 키우게 된다.

3) 辰·未·戌·丑의 입고(入庫) 의미

진·미·술·축은 삼합을 마무리하고 다음 기운을 열어주는 전환 土이다. 辰·戌(양)에는 무토가 있고, 丑·未(음)에는 기토가 있다. 무토는 분산·확산하는 상승 기운이고, 기토는 응집·저장하는 하강 기운이다.

戊 = 양 본위의 토, 분산작용, 기운을 펼쳐 물상을 키운다.
己 = 음 본위의 토, 응집작용, 기운을 거두어 물상을 변환시킨다.

	진	사	술	해	미	신	축	인
여기	을	무	신	무	정	무	계	무
중기	계	경	정	갑	을	임	신	병
정기	무	병	무	임	기	경	기	갑

〈진·미·술·축 지장간의 의미〉

위와 같이 辰·戌에서 목↔금이 전환을 시도하니 戊土가 수↔화 기운을 전환시키고, 丑·未에서 수↔화 기운이 전환을 시도하니 己土가 목↔금 물상이 전환시키는 것이다.

한편 진·미·술·축은 목·화·금·수 본기(本氣)가 입묘하는 자리이니, 진·미·술·축 중기에서 본질(本質)이 입고(조절)한다.

입고 인자의 방향성을 보면, 진·술은 癸·丁(수화) 기운으로 乙·辛(목금) 물상을 완성하는 상승 방향성이고, 축·미는 癸·丁(수화) 기운으로 辛·乙(금목) 물상을 변환하는 하강 방향성에 있다.

辰	戌	未	丑	비고
乙 ↑	辛 ↑	丁 ↓	癸 ↓	전월의 본기
癸 ↑	丁 ↑	乙 ↓	辛 ↓	조절·마감(입고)
戊 ↑	戊 ↑	己 ↓	己 ↓	전환 토

〈진·미·술·축 지장간의 방향성〉

첫째, 辰

辰에 癸水가 입고하지만, 戊→癸→乙로 상승하니, 무토를 기반으로 계수가 을목을 키우는 방향성에 있다. 진에서 癸의 입고는 자신의 수기를 乙에게 채워줌으로써 乙을 통하여 丙을 내기 위함이다. 癸가 乙에게 수기를 빼앗기니 辰에서 수기가 필요하게 되는 것이다.

둘째, 未

未에 乙木이 입고하지만, 丁→乙→己로 하강하니, 기토를 기반으로 丁이 乙을 조절하여 가공하는 방향성에 있다. 미에서 乙의 입고는 정의 응집작용으로 가공되어 申에서 새로운 庚으로 변신하기 위함이다. 미는 乙이 →庚으로 전환되는 분기점이고, 丁의 응집으로 乙木이 마르니 수가 필요하다.

셋째, 戌

戌에 丁火가 입고하지만, 戊→丁→辛로 상승하니, 무토를 기반으로 丁火가 辛金을 완성하는 방향성에 있다. 술에서 丁의 입고는 자신의 화기로 辛을 가공하고 품기 위해 壬을 얻기 위함이다. 丁이 辛에게 화기를 빼앗기니 戌에서는 화기가 필요하게 되는 것이다.

넷째, 丑

丑에 辛金이 입고하지만, 癸→辛→己로 하강하니, 기토를 기반으로 癸가 辛을 조절하는 방향성에 있다. 축에서 辛의 입고는 癸의 분산작용으로 가공되어 寅에서 새로운 甲으로 변신하기 위함이다. 축에서 辛이 →甲으로 전환되는 분기점이고, 癸가 辛을 분산시켜야 하니 화가 필요하게 된다.

※ 진·미·술·축의 기운–물상 조절(입고)

戊土 위에서 수화 기운은 목금 물상을 키우는데 조력하고, 己土 위에서 수화 기운은 목↔금 물상을 변환시키는데 조력한다. 이에 辰·戌에서 수화 기운이 힘이 빠지고 조절(입고)되는 이유이고, 未·丑에서 목 또는 금 물상이 조절(입고)되는 원인이다.

癸水는 辛 물상을 풀어내 甲 물상으로 전환시키고, 갑에서 을을 꺼내 乙 물상을 키운다. 丁火는 乙 물상을 응집하여 庚 물상으로 전환시키고, 庚에서 辛을 꺼내 辛金 물상을 단단하게 완성시킨다.

이것이 辰·未·戌·丑 지장간으로 보는 기운과 물상의 입고이고, 기운의 조절에 의한 물상의 전환이다. 여기서 戊土는 물상을 완성해가는 터전이 되고, 己土는 물상을 전환시키는 터전으로 새 생명의 탄생시키는 곳이다. 辰·戌은 수화 기운을 조절·저장하는 곳이고, 丑·未는 목금 물상을 조절·저장하는 터전인 것이다.

※ 물상의 입고와 기운의 입묘

진·미·술·축을 삼합에 의한 입묘/입고로 분별하면, 해묘미와 사유축은 목금 물상(乙·辛)의 입고이고, 신자진과 인오술은 수화 기운(壬·丙)의 입묘이다.

진·미·술·축 지장간을 보면 戊己 토 외 癸·乙·丁·辛이 있다. 癸·乙·丁·辛은 각각 진·미·술·축에 입고(入庫)하는 자리이다.

乙·辛 물상은 乙未 辛丑으로 입고 간지가 형성되는데, 癸·丁 기운은 癸辰 丁戌 등 입고 간지가 없고 대신에 壬辰 丁丑 등 입묘 간지가 있다. 여기서 진·미·술·축의 묘고 개념은 목금 물상의 입고(조절)에 있고, 물상의 조절은 수화 기운의 입묘에서 비롯된다는 것을 알 수 있다.

乙未 辛丑은 목금 물상이 입고(조절)하는 간지이고, 壬辰 丙戌은 수화 기운이 입묘하는 간지이다. 乙은 未에서 庚으로 전환되고, 辛은 丑에서 甲으로, 壬은 辰에서 丙으로, 丙은 戌에서 壬으로 각각 전환된다. 즉 목금 물상은 입고(조절)함으로써 다른 물상을 내고, 수화 기운은 입묘(저장)함으로써 다른 기운을 내는 것이다.

辛丑 = 辛金 물상의 입고 간지이다. 축은 금(재물)을 완성하는 자리이니 창고에 쌓아둔다는 의미도 있다.

乙未 = 乙木 물상의 입고 간지이다. 살아 있는 생물을 가두는 것이

니 활동장애 등으로 금 물상에 비하여 사용가치가 떨어진다.

壬辰 = 임수 기운의 입묘이니, 수기를 채워야 한다.

丙戌 = 병화 기운의 입묘이니, 화기가 집어넣어야 한다.

만약 壬辰에 巳가 오면 辰巳(지망)이 발동하고, 丙戌에 亥가 오면 戌亥(천라)가 발동한다. 辰巳와 戌亥는 정체된 상태로 이중성을 띠거나 삶에 대한 회의, 정신적인 것 추구하여 돌파구를 찾는 경향이 있다.

3. 지장간의 천지조화

1) 천지를 연결하는 기운(氣運)

사주간지에서 천간과 지지를 연결하는 보이지 않는 요소가 지장간이고, 음양(水火)조화의 관점에서 하늘의 기운이 땅에 전달되는데 보이지 않는 기적(氣的) 요소가 土이다. 하늘에서 甲 기운이 형성되면, 土의 조절을 통하여 지지에서 갑 물상이 형성되는 것이다.

지지	寅	卯	辰	巳	午	未	申	酉	戌	亥	子	丑
여기	戊	甲	乙	戊	丙	丁	戊	庚	辛	戊	壬	癸
중기	丙		癸	庚	(己)	乙	壬		丁	甲		辛
본기	甲	乙	戊	丙	丁	己	庚	辛	戊	壬	癸	己

〈지장간의 구성요소〉

위 지장간에서 甲 모습이 나타나는 곳은 亥(戊甲壬)-寅(戊丙甲)-卯(甲乙)이다. 亥에서 戊土가 甲을 펼치고, 寅에서 戊土가 甲을 드러냄으로써 卯에서 甲이 木 모양(乙)을 완성할 수 있다. 亥에서 처음 모습을 비추었던 甲은 子丑에서 보이지 않다가 寅에서 록을 이루고 卯에서

乙에게 기운을 전달하여 木 모양새를 갖춘다. 갑이라는 하늘의 木 기운이 해-인-묘를 거쳐 현실화됨이다.

丙·庚·壬도 마찬가지로 戊에서 기운을 펼쳐 모양새가 완성된다.

지장간의 흐름은 하늘 기운이 땅 물상에 전달되는 과정인데, 사주간지에서 기운-물상의 조화를 돕는 기적 요소가 지장간이다. 즉,

목 물상은 辛이라는 금 물상에서 발현되기 시작한다. 辛 속에 甲木 기운이 들어 있으니, 辛이 壬에 품어지는 것은 목 씨앗이 품어진 것과 같다. 亥 중 甲은 木 씨앗이 품어졌음을 알리는 것이다. 亥에서 목기(木氣)를 열어주고, 子에서 일양 시생으로 목기를 키우기 시작하고, 축에서 목기(木氣)가 목질(木質)로 전환되어 寅에서 드러나게 된다.

이처럼 하늘 기운에 의한 지지에서 물상의 전환을 보면, 甲은 亥-寅-卯, 丙은 寅-巳-午, 庚은 巳-申-酉, 壬은 申-亥-子 등 3단계를 거쳐 형성된다는 것을 알 수 있다. 첫 단계인 亥寅巳申에서 기운이 장생하고, 두 번째 단계인 寅巳申亥에서 본기(本氣)를 발현함으로써 다음 단계의 기운을 장생시키고, 마지막 세 번째에서 본질(本質)로 전환하게 된다.

하늘 기운이 3단계를 거쳐 전환되는 것은 땅 물상을 완성하는 시차적 의미가 있다. 마치 하늘에서 번개가 번쩍했는데도 아무 조짐이 없다가 일정시간이 지난 후에 우루루쾅쾅~하고 천둥소리가 들리는 것과 같다. 천간 기운이 지지에 전달되어 물상이 형성되는데, 천간 기운이 선행하고, 그 기운에 따라 지지 물상이 후행하는 것이다.

2) 지장간의 천간 방향성

하늘에서 음양이 거듭되고, 땅에서 밤낮이 거듭된다. 천간 기운이 지지에서 물상으로 드러나는데 시간이 걸리지만, 천간과 지지의 방향성은 일정하다. 즉 甲이 乙로 향하니 寅도 卯로 향하게 된다. 천간 흐

름의 방향성은 천간합의 요소로 설명되고, 지지에서 물상이 만들어지는 과정은 삼합 운동으로 표현하였다.

만물은 목금 물상으로 표상(表象)화되고, 지장간의 흐름은 목금 물상이 만들어지는 단계를 삼합과정으로 표현하였다. 목금 물상의 완성은 목↔금 물상의 전환과정을 통하여 순환한다. 즉 辛이 → 甲으로, 乙이 → 庚으로 전환되는 것이다.

지장간을 통하여 목↔금 물상의 전환과정을 살펴보자.

구분	양 본위(乙→庚)						음 본위(辛→甲)					
지지	卯	辰	巳	午	未	申	酉	戌	亥	子	丑	寅
여기	甲	乙	戊	丙	丁	戊	庚	辛	戊	壬	癸	戊
중기		癸	庚	(己)	乙	壬		丁	甲		辛	丙
본기	乙	戊	丙	丁	己	庚	辛	戊	壬	癸	己	甲

⟨지장간에서 목금 물상의 생성범위⟩

첫째, 양 본위에서는 을이 → 경으로 향하는 방향성에 있다. 지지로 보면 묘에서 을이 처음 드러나서 미신에서 경으로 변환된다. 삼합으로 보면 인오술 과정으로, 목생화-화생금의 순행이다.

둘째, 음 본위에서는 辛이 → 甲으로 향하는 방향성에 있다. 지지로 보면 酉에서 辛이 처음 드러나서 축인에서 갑으로 변환된다. 삼합으로 보면 신자진 과정으로, 금생수-수생목의 순행이다.

그래서 기상명리에서는 천간에서 乙-庚, 辛-甲의 방향에 따라 지지에서 삼합운동으로 작용을 살핀다. 이에 화생금은 양 본위 운동이고, 수생목은 음 본위 운동으로 보는 것이다.

음양 본위 흐름을 보면, 癸·丙은 양 본위에서 乙→庚 과정을 돕고, 丁·壬은 음 본위에서 辛→甲 과정을 돕는다.

구분	양 본위					음 본위				
지지	卯	辰	巳	午	未	申	酉	戌	亥	子	丑	寅
여기	甲	乙	戊	丙	丁	戊	庚	辛	戊	壬	癸	戊
중기		癸	庚	(己)	乙	壬		丁	甲		辛	丙
본기	乙	戊	丙	丁	己	庚	辛	戊	壬	癸	己	甲

〈지장간에서 수화 기운의 생성범위〉

● 癸는 子 일양에서 시생하여 子丑에서 辛 씨앗을 발화시켜 甲乙 木을 발현시키고 丙火를 낸다. 癸→丙으로 향하는 것은 庚을 완성하기 위함이고, 이것이 癸丙합의 방향성이다.

● 乙은 癸에 의지하여 발현되고, 병화에 의해 성장하여 경금 열매 로 결실을 맺는다. 乙이 癸·丙에 의해 묘진사오미신을 거쳐 庚으로 열 매를 맺으니, 이를 乙庚합이라 한다.

● 丁은 午 일음에서 시생하여 午未에서 병의 확산을 응집하여 庚에 서 辛을 꺼내 壬에 저장한다. 丁→壬으로 향하는 것은 辛을 저장하기 위함이고, 이것이 丁壬합의 방향성이다.

● 辛은 오에 의지하여 완성되고, 임수에 의해 안전하게 저장되어 갑목으로 다시 태어난다. 辛이 丁壬에 의해 유술해자축인을 거쳐 甲으 로 변환되니, 이를 辛甲합이라 한다.

```
→ 癸 → 乙 → 戊 → 丙 → 庚 →  으로 양 본위 운동을 하고,
↑ ----------------------- ↓
  ← 甲 ← 壬 ← 己 ← 丁 ← 辛 ←  으로 음 본위 운동을 한다.
```

위 癸丙, 乙庚, 丁壬, 辛甲 4개 조합은 기상명리에서 보는 천간 기운 의 방향성에 의한 물상의 완성이다. 여기서 기존 천간합 관계 중 甲己

와 丙辛은 나타나지 않고 대신에 辛甲합이 등장한다. 그래서 기상명리에서는 甲己와 丙辛을 천간 기운의 방향성에 의하여 물상이 완성되는 작용으로 보지 않고 단지 합하는 성질로 보는 것이다.

甲己합과 丙辛합을 물상형성의 방향성으로 해석해보자.

첫째, 甲己합

甲은 辛에서 나오고, 辛은 土에 자신의 몸을 의탁한다. 갑기가 합하여 토가 된다는 것은 갑 씨앗인 辛이 土에 들어간다는 의미이다. 甲이 → 己로 들어가는 것은 음 본위 운동으로의 전환이고, 土에 저장되었다가 재탄생을 기약한다는 점에서 윤회의 合이다. 甲이 己를 보면 무조건 합하여 본토로 돌아가고자 하는 속성이 발현된다. 목적이 뚜렷하지 않은 합이니 대체로 기반(羈絆)의 의미가 강하다.

갑이 땅을 뚫고 나오면 乙이 되고, 甲-乙이 전환되면서 乙이 양 본위 운동을 펼쳐 庚 물상을 만들어간다.

한편 물상은 土에서 나온다고 하였다. 여기서 甲己합은 土에서 목을 내는 것이니, 마땅히 庚도 庚戊합이라 해야 하지 않겠는가, 하고 생각할 수 있다.

갑목 물상은 땅에서 싹이 나오기 때문에 己土에서 나오니 갑기합이 되고, 경금 물상은 乙로부터 나오기에 乙庚합이 된다. 또한 甲-己의 과정은 인간의 눈으로 확인할 수 없는 영역이고, 乙-庚의 과정은 인간의 눈으로 보는 현상이다. 甲己를 윤회의 합 또는 음란의 합으로 이유이기도 하다.

甲甲己乙　坤　丙乙甲癸壬辛庚7
子戌丑巳　　　申未午巳辰卯寅

독실한 불교신자이고, 12살 연상 남편을 만나 결혼하였다. 축월에 금이 없으니 가공할 씨앗이 없는 격이고, 축월에 화가 필요한데 일지

戌이 화기를 없애버린다. 술에 甲·乙이 제 기능을 못하고, 甲己 양합으로 일간이 활동력을 상실하게 된다. 丑월에 화가 필요하니 乙巳년주를 따르는데 겁재가 자리하고 있다. 甲은 辛·壬이 필요한데 축술형하고 사유축으로 구성되니 다행이다. 다만 辛·壬이 투출되지 않고 대운이 받혀주지 않으니 갑기-축술 형·합으로 갑이 손상되는 형국이다. 辛·壬이 甲己합은 윤회의 합이자, 음란의 합이다. 이 여명이 불교에 의탁하고 나이 많은 남자와 결혼한 것은 흉을 해소하고자 하는 의지의 발로이다. 이는 지지 흐름이 나쁘지 않기 때문에 그런 삶을 선택할 수 있었다고 보아도 무방하다.

둘째, 丙辛합

丙은 金 물상을 완성하는데 있다. 金 물상은 경에서 辛이 완성되니 병의 최종 목적물은 辛이다. 丙辛 合水의 의미는 丙이 辛을 얻어 壬水에 저장(보호)한다는 의미이다.

병화 입장에서는 庚金을 키우는 것이 목적이지만 辛金으로 전환되는 것을 원하지는 않고, 庚金 입장에서는 辛으로 전환하지 않으면 완전한 결실을 이룰 수 없다. 丙→庚의 완성단계에서 辛이 개입하여 丙 확산작용을 억제함으로써 辛은 응집작용을 강화하여 丙을 丁으로 전환시키고, 丁을 통하여 壬水에 저장되고자 한다. 이것이 丙辛합의 방향성이다.

丙辛이 합하여 水가 된다는 것은 결국 병이 금을 형성하는 방향성이 아니라, 금 물상의 생장쇠멸 과정이라 할 수 있다. 丙-辛은 각자의 목적이 상반된 개괄적 합인데, 천간합 중 음양이 가장 조화로운 합이기도 하다. 끌어들이는 힘이 강하다는 점에서 甲己합과 유사하지만, 각자의 목적을 위해 상대를 끌어들인다는 점에서 다르다. 합한 후에 비로소 목적성이 다르다는 것을 알게 되니 합으로 묶이는 경향이 있다. 갑기와 마찬가지로 윤회의 합이자, 음란의 합이라 할 수 있다.

그래서 丙辛 관계는 변색이 잘 된다. 유-술-해-자-축-인 흐름이면

辛이 甲으로 향하니 丙이 필요 없고, 묘-진-사-오-미-신 흐름이면 丙이 庚을 키우는 환경이니 辛이 필요하지 않기 때문이다.

일반적으로 丙辛 관계는 丙이 손상된다. 辛에 의해 丙이 丁으로 전환되고 壬水를 만나야 하니 그러하다.

다만 丙辛 구조에서 양 본위 환경이면 辛이 작용력을 잃고, 음 본위 환경이면 丙이 작용력을 잃는다.

壬丙戊辛 坤 甲癸壬辛庚己5
辰寅戌未　　辰卯寅丑子亥

무술 월주이니 아버지가 치과의사이고, 무남독녀로 사랑받고 자랐다. 연극·영화분야의 작가·피디 등을 꿈꾸고, 유학을 위해 외국 대학에 乙未년, 丙申년에 시험을 보았지만 계속 낙방하였다.

병이 술월에 태어난 병신합 구조이다. 술월에 丙辛은 병이 손상되는 관계이고, 시간에 壬까지 동반되니 병 일간은 정상적인 직업군이나 자신의 역량을 발휘하는 직업에서 발달하기 어렵다. 丙이 庚을 키우고자 해도 辛·壬에 의해 발현되지 못하고 손상될 뿐이니 丁 모습으로 살아가는 것이 좋다. 외국으로 나가고자 하는 것은 자신의 환경을 뒤바꾸거나 벗어나려는 의지이고, 직업도 비현실적 직업성으로 나쁘지 않다. 다만 辛丑대운이니 丙 일간이 발목 잡히는 일이 가중되니 뜻을 이루지 못한다. 도리어 신경질적으로 변하게 되고, 음란성으로 발현되기도 한다. 나이 많은 유부남을 좋아하는 경향이 있게 된다.

> # 제 9 장
> # 십이운성

12운성은 천간기운의 생로병사 과정이다

양생음사(陽生陰死)의 의미
장생(長生)과 쇠(衰).묘(墓).양(養)
12운성의 자연순환 원리
12운성의 기상(氣相) 흐름

십이운성十二運星

12운성(十二運星)은 하늘에서 12개의 별이 운행함에 따라 땅에서 만물이 생왕사절(生旺死絶)하여 다시 윤회하는 과정을 12개월로 특징하여 체계화하였다.[103] 천간 기운에 의한 지지 물상의 변화과정이라는 점에서 삼합운동과 같고, 천간 기운이 지지에서의 작용관계라는 점에서 지장간의 원리와 상통한다.

12운성의 특이점은 木·火·金·水의 천간 기운이 지지에서의 강약·왕쇠 등을 다룬다는 점이다. 양간·음간을 구별하는데, 양간의 운행을 중점으로 한 삼합 이론을 양간(기운)에 의한 음간(물상)의 변화를 살핌으로써 만물의 순환을 보다 명확히 하였다.

12운성 논리에서 아쉬운 점은 크게 2가지를 들 수 있다.

첫째, 양사음생(陽死陰生) 논리를 양간이 사(死)하는 자리에 음간이 생(生)한다는 원칙으로 삼았다는 점이다.

둘째, 양간은 순행하고 음간은 역행한다는 것이다. 그러다보니 장생-목욕-관대-건록-제왕-쇠-병-사-묘-절-태-양 등 용어들은 양간 순

---

[103] 天干의 生旺死絶을 12運星이라고도 하는데, 여기서 『淵海子平』과 『命理正宗』의 견해를 살펴보자. 『淵海子平』에서 "甲木, 生亥, 沐浴在子, 冠帶在丑, 臨官在寅, 帝旺在卯, 衰在辰, 病在巳, 死在午, 墓在未, 絶在申, 胎在酉, 養在戌, 乙木生午, 沐浴在巳, 冠帶在辰, 臨官在卯, 帝旺在寅, 衰在丑, 病在子, 死在亥, 墓在戌, 絶在酉, 胎在申, 養在未", 徐升 編, 『淵海子平』, 32~34쪽. 즉 '天干生旺死絶'에 대하여 陽干은 順行하여 寅巳申亥가 長生이고, 陰干은 逆行하여 子午卯酉가 長生이라고 하였다. 또 『命理正宗』에서 "五行發用, 長生, 沐浴, 冠帶, 臨官, 帝旺, 衰, 病, 死, 墓, 絶, 胎, 養, 四生: 火生在寅, 金生在巳, 水土長生居申, 木生在亥. 四敗: 火敗在卯, 金敗在午, 水土敗在酉, 木敗在子. 四官: 火官在巳, 金官在申, 水土臨官在亥, 木官在寅. 四庫: 火庫居戌, 金庫居醜, 水土庫居辰, 木庫居未. 四絶: 火絶在亥, 金絶在寅, 水土絶在巳, 木絶在申. 右以上五行, 長生, 沐浴, 敗, 官, 庫, 絶等例, 在陽順陰逆圖中考出", 張南 著, 『命理正宗』, 221쪽. 즉 五行의 發用에는 長生, 沐浴, 冠帶, 臨官, 帝旺, 衰, 病, 死, 墓, 絶, 胎, 養이 있는데, 寅巳申亥를 四生이라 하고, 卯午酉子를 四敗라 하고, 戌丑辰未를 四庫라고 하면서 陽은 順하고 陰은 逆한다고 하였다.

행에 의미에는 부합하지만 음간의 흐름에는 부합하지 않는다.

그래서 기상명리에서는 양사음생(陽死陰生)의 개념을 양이 극에 달하면 음이 시생하고 음이 극하면 양이 시생한다는 음양 논리에 근거하여 12운성을 재해석하기로 한다.

1. 12운성의 기본원리

1) 12운성의 삼합원리

12운성의 흐름은 기본적으로 삼합의 원리에 있다. 木·火·金·水의 양간의 삼합 운동으로 생·왕·사·절 등으로 설명한다.

甲은 해묘미 목 운동, 丙(戊)은 인오술 화 운동, 庚은 사유축 금 운동, 壬은 신자진 수 운동 등 양간의 삼합운동으로 순행한다.

地支	寅	卯	辰	巳	午	未	申	酉	戌	亥	子	丑
목 삼합(甲)	●	●	●	●	●					●	●	●
화 삼합(丙)	●	●	●	●	●	●	●	●				
금 삼합(庚)				●	●	●	●	●	●	●	●	
수 삼합(壬)	●	●					●	●	●	●	●	●

〈양간의 삼합운동〉

양간의 삼합운동이 무력해져 사지(死地)에 들면 음간이 이어받아 역행함으로써 만물이 영속한다는 논리가 12운성의 기본법칙이다.

양간이 장생-목욕-관대-건록-제왕-쇠-병을 거쳐 사지(死地)에 들면 자신의 기운을 음간에게 넘겨주고, 음간은 양간의 사지(死地)에서 기운을 이어받아(장생) 역행하여 운행한다. 음간이 사지(死地)에 이르면 다시 양간에게 기운을 넘겨주는 등 양간-음간이 순행-역행을 거듭하면서 영속한다는 것이다. 이것이 12운성의 양사음생(陽死陰生) 논리이다.

양간	장생	목욕	관대	건록	제왕	쇠	병	사	묘	절	태	양
음간	사	병	쇠	제왕	건록	관대	목욕	장생	양	태	절	묘

〈12운성에서 양간·음간의 기본 방향성〉

木을 예로 들면, 甲은 亥에서 장생하여 순행으로 卯에서 왕지에 이르고 午에서 死하여 未에서 입묘한다. 甲이 死하는 午에서 乙이 장생하여 巳-辰-卯-寅-丑-子-亥-戌로 역행하여 戌에서 입묘하게 된다.

나머지 丙·丁, 庚·辛, 壬·癸의 흐름도 마찬가지이다.

양사음생에 의한 12운성의 흐름을 표로 살펴보면 다음과 같다.

	長生	沐浴	冠帶	建祿	帝旺	衰	病	死	墓	絶	胎	養
甲	亥	子	丑	寅	卯	辰	巳	午	未	申	酉	戌
乙	午	巳	辰	卯	寅	丑	子	亥	戌	酉	申	未
丙戊	寅	卯	辰	巳	午	未	申	酉	戌	亥	子	丑
丁己	酉	申	未	午	巳	辰	卯	寅	丑	子	亥	戌
庚	巳	午	未	申	酉	戌	亥	子	丑	寅	卯	辰
辛	子	亥	戌	酉	申	未	午	巳	辰	卯	寅	丑
壬	申	酉	戌	亥	子	丑	寅	卯	辰	巳	午	未
癸	卯	寅	丑	子	亥	戌	酉	申	未	午	巳	辰

〈12운성 표〉

2) 12운성의 삼합 운동성

위 12운성 표에서, 양간의 삼합운동이 마감되면 음간은 양간의 다음 단계 삼합 운동으로 이어간다는 것을 알 수 있다.

● 甲은 해묘미 운동을 하고, 乙은 인오술 운동을 한다.

甲은 목의 본기(本氣)로 亥에서 장생하여 子丑에서 길러지다가 寅에서 발현되고, 卯에서 甲→乙로 전환되면서 기운을 잃어 未에서 입묘한다. 乙은 목의 본질(本質)로 卯에서 모습을 완성하니 전 단계 寅에서 장생하여, 辰巳午에서 丙에 의해 분산작용을 왕성하게 하다가 未申에서 경으로 전환되면서 작용력을 상실하여 戌에서 입묘한다.

● 丙은 인오술 운동을 하고, 丁은 사유축 운동을 한다.

丙은 화의 본기(本氣)로 寅에서 장생하여 卯辰을 거쳐 巳에서 기운이 발현되고, 午에서 丙→丁으로 교체되면서 기운을 잃어 戌에서 입묘한다. 丁은 화의 본질로 午에서 모습이 완성되니 전 단계 巳에서 장생하여, 未申酉에서 응집작용을 강화하여 결실을 이루고, 辛이 亥子에서 품어지니 작용력을 상실하여 丑에서 입묘한다.

● 庚은 사유축 운동을 하고, 辛은 신자진 운동을 한다.

庚은 금의 본기로 巳에서 장생하여 午未를 거쳐 申에서 결실을 맺고, 酉에서 庚→辛으로 교체되면서 기운이 상실되어 丑에서 입묘한다. 辛은 금의 본질로 酉에서 모습을 완성하니 전 단계인 申에서 장생하여 亥子丑에 보호되다가, 인에서 갑이 드러나면 작용력을 상실되어 辰에서 입묘한다.

● 壬은 신자진 운동을 하고, 癸는 해묘미 운동을 한다.

壬은 수의 본기로 申에서 장생하여 酉戌를 거쳐 亥에서 기운이 발현되고, 子에서 壬→癸로 전환되면서 기운을 잃어 辰에서 입묘한다. 癸는 수의 본질로 子에서 모습을 완성하니 전 단계 亥에서 장생하여, 축인묘를 거쳐 분산작용을 강화하고 辰巳에서 병을 내면서 작용력을 상실되니 未에서 입묘한다.

※ 木·火·金·水의 삼합운동을 삼합운동의 작용으로 구체화해보자.
● 乙·丙은 인오술 운동을 한다.
丙은 寅-卯-辰-巳-午-未-申-酉-戌로 순행하여 戌에 입묘하고, 乙은 午-巳-辰-卯-寅-丑-子-亥-戌로 역행하여 戌에 입묘한다.
● 丁·庚은 사유축 운동을 한다.
庚은 巳-午-未-申-酉-戌-亥-子-丑으로 순행하여 丑에 입묘하고, 丁은 酉-申-未-午-巳-辰-卯-寅-丑으로 역행하여 丑에 입묘한다.
● 辛·壬은 신자진 운동을 한다.
壬은 申-酉-戌-亥-子-丑-寅-卯-辰으로 순행하여 辰에 입묘하고, 辛은 子-亥-戌-酉-申-未-午-巳-辰으로 역행하여 辰에 입묘한다.
● 癸·甲은 해묘미 운동을 한다.
甲은 亥-子-丑-寅-卯-辰-巳-午-未로 순행하여 未에 입묘하고, 癸은 卯-寅-丑-子-亥-戌-酉-申-未로 역행하여 未에 입묘한다.
다만 이들의 삼합 입묘지는 같으나, 운동 방향성은 다르다.

※ 음간의 작용을 삼합운동으로 다시 정리해보자.
● 乙은 인묘진사오미신유술에서 작용한다. 묘진사에서 분산작용을 강화하여 금 물상으로 전환되고, 갑이 태동하는 해자축에서 작용력을 잃는다.
● 丁은 사오미신유술해자축에서 작용한다. 오미신에서 응집작용을 강화하여 신금을 임수에 저장하고, 병이 태동하는 인묘진에서 작용력을 잃는다.
● 辛은 신유술해자축인묘진에서 작용한다. 유술해에서 응집작용을 강화하여 목 물상으로 전환되고, 경이 태동하는 사오미에서 작용력을 잃는다.

● 癸는 해자축인묘진사오미에서 작용한다. 자축인에서 분산작용을 강화하여 신금을 갑목으로 전환시키고, 壬이 태동하는 신유술에서 작용력을 잃는다.

이처럼 음간의 흐름은 역행하는 것이 아니라, 양간(기운)의 흐름에 뒤따라 순환한다 하겠다.

2. 12운성의 기상론적 이해

1) 자연 순환에 의한 12운성의 이해

12운성에서 음간 흐름은 자연 순환의 이치에 비추어보면 이해하기 어렵다. 가령 乙이 午월에 장생하여 여름→봄→겨울을 거쳐 → 가을에 입묘한다는 것인데 만물순환이 역행한다는 논리는 납득하기 어렵다.

12운성의 흐름을 만물의 생장쇠멸 과정으로 재조명할 필요가 있다.

천지만물은 양이 극왕해지면 음으로 전환되고, 음이 극왕해지면 양으로 전환되는 것이 자연의 순리이다. 양은 기운의 전환이고, 음은 물상의 변환이다. 양간과 음간의 작용력이 다를 수밖에 없다.

앞에서 간략한 12운성 논리에서 2가지 오류에 대하여 살펴봄으로써 12운성에서 양간·음간의 흐름을 이해해보자.

첫째, 양간의 순행과 음간의 역행

12운성에서 양간은 순행하고 음간은 역행한다는 논리는 만물의 삼합운동에 거스르고 생장쇠멸 과정에 어긋난다. 자연은 양간·음간에 불문하고 역할이 다를 뿐 순행하는 것이 이치이다.

乙은 寅에서 나와 卯에서 록을 이루는데, 午에서 장생하여 역행으로 卯에서 록을 이룬다는 것은 이치에 맞지 않다. 음간이 역행한다는 논리는 자연 순리에 맞지 않다는 말이다.

또한 음양 순역(順逆)에서 양은 순(順)하고 음은 역(逆)한다는 말은 음양이 흐르는 방향이 다르다는 의미의 표현이지 음이 역행한다는 뜻이 아니다. 가령 甲(양)은 해묘미 운동을 하는데, 乙(음)은 인오술 운동을 한다. 같은 목인데도 방향성이 다르다는 의미이다.

甲은 목 본기(本氣)라면, 乙은 목 본질(本質)이다. 목기(木氣)인 甲이 亥에서 장생하는데, 乙이 亥에서 죽는다는 것은 이치에 맞지 않다. 亥에서 甲 기운이 태동하면 乙도 같이 생장하게 된다. 다만 만물의 흐름은 기운이 먼저이고 물상이 나중이니, 乙이 甲보다 후행하는 것이지 역행하는 것이 아니다.

둘째, 양간-음간의 장생-사지

양사음생(陽死陰生)은 『황제내경』에서 "양이 극에 다하면 음이 생겨나고, 음이 극에 달하면 양이 생겨난다"고 한 말에서 유래되었다. 그런데 이를 12운성에서 양이 死하는 자리에서 음이 生한다는 논리로 잘못 적용했을 것이리라. 또한 음간은 양간의 다음 단계에서 입묘해야 하니, 부득이 음간의 흐름을 역행시킬 수밖에 없었을 것이다.

2) 12운성의 재해석

앞에서 양간은 본기(本氣)이고 음간은 본질(本質) 즉 물상(物相)이라 하였다. 지장간의 원리에서 양간은 土의 조절에 의하여 발현되고, 음간은 양간 본기에 의해 모습을 완성한다고 하였다.

12운성에서 양간의 흐름은 삼합원리와 기운발현원리에 부합하는데, 음간의 흐름은 맞지 않다.

〈12운성 표〉를 다시 보자.

	長生	沐浴	冠帶	建祿	帝旺	衰	病	死	墓	絶	胎	養
甲	亥	子	丑	寅	卯	辰	巳	午	未	申	酉	戌
乙	午	巳	辰	卯	寅	丑	子	亥	戌	酉	申	未
丙戊	寅	卯	辰	巳	午	未	申	酉	戌	亥	子	丑
丁己	酉	申	未	午	巳	辰	卯	寅	丑	子	亥	戌
庚	巳	午	未	申	酉	戌	亥	子	丑	寅	卯	辰
辛	子	亥	戌	酉	申	未	午	巳	辰	卯	寅	丑
壬	申	酉	戌	亥	子	丑	寅	卯	辰	巳	午	未
癸	卯	寅	丑	子	亥	戌	酉	申	未	午	巳	辰

〈12운성 표〉

木을 기준으로 양간(甲)과 음간(乙)의 흐름을 살펴보자.

첫째, 건록-제왕의 관계

甲이 寅에서 건록이고, 乙은 卯에서 건록이다. 甲은 卯에서 제왕이고, 乙은 寅에서 제왕이다. 木의 건록-제왕지에서 甲↔乙의 작용이 전환되는 것이다.

둘째, 극왕으로 인한 음양 전환의 양사음생 의미

甲이 寅에서 극왕해지니 卯로 전환되고, 이는 乙로 전환됨이다. 즉 乙(음)은 寅에서 나오는 것이다.

셋째, 음양 순역(順逆)의 개념

甲은 寅에서 록을 세우고 卯-辰-巳-午를 거치면서 활동력이 약화되고, 乙은 卯에서 록을 세우고 卯-辰-巳-午를 거치면서 활동력이 강화된다. 즉 음양은 서로 전환되어 반대방향으로 흐른다는 의미이고, 이것이 음양의 순역(順逆)이다.

이처럼 목은 寅-卯 건록-제왕지를 중심으로 음양이 전환되어 반대

방향으로 흐르게 된다. 이를 그림으로 정리해보면 다음과 같다.

	→	→	→	→	→	→	→	→	*		
양간	장생	목욕	관대	건록	제왕	쇠	병	사	묘	절	태	양
음간	제왕	건록	관대	목욕	장생	양	태	절	묘	사	병	쇠
	←	←	←	←				*	←	←	←

〈양간·음간의 실질적 12운성 흐름도〉

양간이 순행하는 과정에서 극왕해지면 음간이 장생하여 반대방향으로 흐르게 된다. 음간은 양간의 사지(死地)에서 장생하여 역행하는 것이 아니라, 양간이 극왕한 제왕지에서 장생하여 반대방향으로 순행하는 것이다.

乙의 흐름으로 보면, 寅-卯-辰-巳-午-未-申-酉-戌로 순행하는 흐름이 된다. 12운성에서 乙의 장생지는 午라고 하였는데, 이렇게 되면 午는 乙의 왕지가 된다. 乙이 寅에서 태동하여 卯辰巳를 거쳐 午에서 가장 왕성한 시기를 다하고 申에서 庚金으로 전환되어 戌에서 입묘하는 자연 순환원리에 부합하게 된다.

乙이 午에서 장생한다는 것을 생각해보자.

乙은 분산하여 펼치는 기운이고, 午는 수렴하여 응집하는 기운이다. 乙이 음기를 품은 午월에 지엽(枝葉)을 낼 준비를 한다는 게 이치에 맞겠는가. 乙이 午-巳-辰-卯-寅-丑-子-亥-戌로 역행한다면 어떻게 庚을 낼 수 있겠는가.

마찬가지로 丁은 酉에서, 辛은 子에서, 癸는 卯에서 장생지가 아니라, 실질적으로 가장 세력이 왕성한 왕지가 된다.

그러면 12운성에서 양간·음간의 흐름을 재구성해보자.

	장생	목욕	관대	건록	제왕	쇠	병	사	묘	절	태	양
甲	亥	子	丑	寅	卯	辰	巳	午	未	申	酉	戌
丙戊	寅	卯	辰	巳	午	未	申	酉	戌	亥	子	丑
庚	巳	午	未	申	酉	戌	亥	子	丑	寅	卯	辰
壬	申	酉	戌	亥	子	丑	寅	卯	辰	巳	午	未

〈양간의 12운성 흐름〉

	제왕	건록	관대	목욕	장생	양	태	절	묘	사	병	쇠
乙	午	巳	辰	卯	寅	丑	子	亥	戌	酉	申	未
丁己	酉	申	未	午	巳	辰	卯	寅	丑	子	亥	戌
辛	子	亥	戌	酉	申	未	午	巳	辰	卯	寅	丑
癸	卯	寅	丑	子	亥	戌	酉	申	未	午	巳	辰

〈음간의 12운성 흐름〉

위 양간·음간의 흐름은 〈12운성 표〉를 그대로 둔 상태에서, 단지 양간·음간의 흐름 방향을 바꾸었을 뿐이다. 이렇게 되면 양간·음간의 삼합운동과 일치하고, 양간·음간의 생성원리에 부합한다. 양사음생의 원리에 벗어나지 않고, 음양 순역원리에도 부합하며, 자연 순환의 이치에 지극히 합당하다.

3) 양간·음간의 장생(長生) 의미

위에서 살펴본 양간·음간의 12운성 순행을 자연 순환의 이치에 부합하게 재구성하면 다음 표와 같다.

	장생	목욕	관대	건록	제왕	쇠	병	사	묘	절	태	양
甲	亥	子	丑	寅	卯	辰	巳	午	未	申	酉	戌
乙	寅	卯	辰	巳	午	未	申	酉	戌	亥	子	丑
丙戊	寅	卯	辰	巳	午	未	申	酉	戌	亥	子	丑
丁己	巳	午	未	申	酉	戌	亥	子	丑	寅	卯	辰
庚	巳	午	未	申	酉	戌	亥	子	丑	寅	卯	辰
辛	申	酉	戌	亥	子	丑	寅	卯	辰	巳	午	未
壬	申	酉	戌	亥	子	丑	寅	卯	辰	巳	午	未
癸	亥	子	丑	寅	卯	辰	巳	午	未	申	酉	戌

〈양간·음간의 장생과 발현〉

甲·丙·戊·庚·壬 양간은 각각 亥·寅·巳·申에서 장생하여 그 기운을 발현하는데 여러 단계를 거쳐야 한다. 가령 甲은 亥에서 장생하지만, 子丑을 지나 寅에서 비로소 모습을 드러내게 된다. 양간은 기운이기에 기운이 태동하여 발현되기까지 시간이 걸리는 것이다. 그래서 亥·寅·巳·申 중 양간(甲·丙·戊·庚·壬)을 꺼내 쓰는 사주구조는 늦게 발달하거나 발달하는데 시간이 걸린다는 의미가 있다.

이에 비하여 乙·丁·己·辛·癸 음간은 장생지를 얻고 난 후에 곧바로 발현된다. 가령 乙은 寅에서 장생한 후 묘에서 곧바로 모습을 갖춘다. 丁은 巳에서 장생하여 午에서, 辛은 申에서 장생하여 酉에서, 癸는 亥에서 장생하여 子에서 자신의 모습을 갖춘다. 음간은 양 기운에서 곧바로 음 물상이 발현되는 것이다. 그래서 음간은 양간에 비하여 발달이 빠르거나, 성패가 빠르게 결정되는 경향이 있다.

한편 음간이 모습을 갖추는 자리는 목욕(沐浴)에 해당한다. 음간은 장생하자마자 곧바로 자신의 모습을 완성하니, 경거망동하여 이리저리 갈피를 못 잡는 형국이 된다는 의미가 된다. 성장도 빠르지만 그만큼 실패도 많으니, 양간에 비하여 등락·굴곡이 심하게 되는 것이다.

4) 쇠(衰)·묘(墓)·양(養)의 의미

12운성에서 양간의 묘지는 음간의 쇠지이고, 음간의 묘지는 양간의 양지이다. 가령,
甲은 未에서 입묘(묘지)하고, 戌에서 입고(양지)한다.
乙은 戌에서 입묘(묘지)하고, 未에서 입고(쇠지)한다.
12운성에서 쇠지-묘지-양지는 삼합운동의 묘고지인 셈이다.

	장생	목욕	관대	건록	제왕	쇠	병	사	묘	절	태	양
甲	亥	子	丑	寅	卯	辰	巳	午	未	申	酉	戌
乙	寅	卯	辰	巳	午	未	申	酉	戌	亥	子	丑
丙戊	寅	卯	辰	巳	午	未	申	酉	戌	亥	子	丑
丁己	巳	午	未	申	酉	戌	亥	子	丑	寅	卯	辰
庚	巳	午	未	申	酉	戌	亥	子	丑	寅	卯	辰
辛	申	酉	戌	亥	子	丑	寅	卯	辰	巳	午	未
壬	申	酉	戌	亥	子	丑	寅	卯	辰	巳	午	未
癸	亥	子	丑	寅	卯	辰	巳	午	未	申	酉	戌

〈12운성의 묘지와 양지〉

여기서 양간의 입고(양지)는 기운 태동을 준비하는 곳이고, 음간의 입고(쇠지)는 물상 변환을 준비하는 곳임을 알 수 있다.
입묘는 작용력의 상실(무덤)을 의미하고, 입고는 조절·저장(창고)의 의미가 있다. 마땅히 음간의 입고(쇠지)는 보관했다가 다시 꺼내 쓴다

는 의미가 있다. 이를 물상(음)의 개념으로 보면, 창고에 저장한다는 의미가 있고, 특히 丑은 금(재물)을 쌓는다는 의미가 있다.

12운성의 쇠·묘·양 관계를 삼합의 입묘·입고의 개념으로 정리해보면 다음 표와 같다.

	辰(申子辰)	未(亥卯未)	戌(寅午戌)	丑(巳酉丑)
입묘(묘)	壬-辛	甲-癸	丙(戊)-乙	庚-丁(己)
입고(쇠)	癸	乙	丁(己)	辛
입고(양)	庚	壬	甲	丙(戊)

〈입묘와 입고의 구분〉

위와 같이 癸·乙·丁·己·辛 음간의 입고(쇠)는 다음 단계에서 기운 또는 물상으로 전환됨으로써 가치를 얻게 되고, 壬·甲·丙·戊·庚 등 양간의 입고(양)은 다음 단계에서 태동하게 되니 잉태의 의미가 있다. 즉 음간의 입고(쇠)는 물상의 전환을 준비하고, 양간의 입고(養)는 기운의 태동을 준비하는 곳이다.

● 癸는 辰에서 입고(쇠)되어 巳에서 丙으로 모습이 전환되고, 庚은 辰에서 입고(양) 즉 잉태되어 巳에서 장생하게 된다.

● 乙은 未에서 입고(쇠)되어 申에서 庚으로 모습이 변환되고, 壬은 未에서 입고(양) 즉 잉태되어 申에서 장생하게 된다.

● 丁은 戌에서 입고(쇠)되어 亥에서 壬으로 모습이 전환되고, 甲은 戌에서 입고(양) 즉 잉태되어 亥에서 장생하게 된다.

● 辛은 축에서 입고(쇠)되어 寅에서 甲으로 모습이 전환되고, 丙은 축에서 입고(양) 즉 잉태되어 寅에서 장생하게 된다.

5) 12운성의 기상(氣相) 흐름

양간 본기(本氣)가 드러난 이후에 음간 본질(本質)이 발현된다. 음간은 양간에 의지하여 모습이 발현되기에 양간이 없으면 음간이 나올 수 없다. 甲이 없으면 乙이 나올 수 없고, 丙이 없으면 丁이 나올 수 없고, 庚이 완벽하지 않으면 辛이 가치가 없고, 壬이 준비되지 않으면 癸가 제 모습을 갖추지 못한다.

앞에서 갑은 亥묘미, 을은 인오술 운동을 하고, 병은 寅-午-戌, 丁은 巳-酉-丑 운동을 하고, 庚은 巳-酉-丑, 辛은 申-子-辰 운동을 하며, 임은 申-子-辰, 癸는 亥-卯-未 운동으로 이어간다고 하였다.

양간과 음간의 12운성(삼합)에서 활동지와 비활동지를 분별하면 다음과 같다.

천간	12운성(삼합)의 활동지	12운성의 비활동지
辛	신유술해자축인묘진	사오미
甲	해자축인묘진사오미	신유술
癸	해자축인묘진사오미	신유술
丙(戊)	인묘진사오미신유술	해자축
乙	인묘진사오미신유술	해자축
庚	사오미신유술해자축	인묘진
丁(己)	사오미신유술해자축	인묘진
壬	신유술해자축인묘진	사오미

〈12운성(삼합)에서 양간·음의 활동영역〉

양간·음간의 12운성(삼합)에서 활동영역을 천간합의 방향성과 결부하여 작용력을 알아보자.

첫째, 辛甲합의 방향성은 해자축인묘진에서 작용력을 발휘한다.
둘째, 癸丙합의 방향성은 인묘진사오미에서 작용력을 발휘한다.
셋째, 乙庚합의 방향성은 사오미신유술에서 작용력을 발휘한다.
넷째, 丁壬합의 방향성은 신유술해자축에서 작용력을 발휘한다.

따라서 辛甲은 신자진 운동을 하고, 癸丙은 해묘미 운동을 하고, 乙庚은 인오술 운동을 하고, 丁壬은 사유축 운동을 한다.

이것이 기상명리에서 살피는 천간합과 지지삼합의 관계성이고, 사주팔자를 간명하는 기본 개념이 된다. 여기에 대해서는 수화승강의 논리에서 간단하게 살펴보았고, 『간지와 합·충·형·파·해 비결』에서 자세히 다루기로 한다.

3. 12운성의 작용

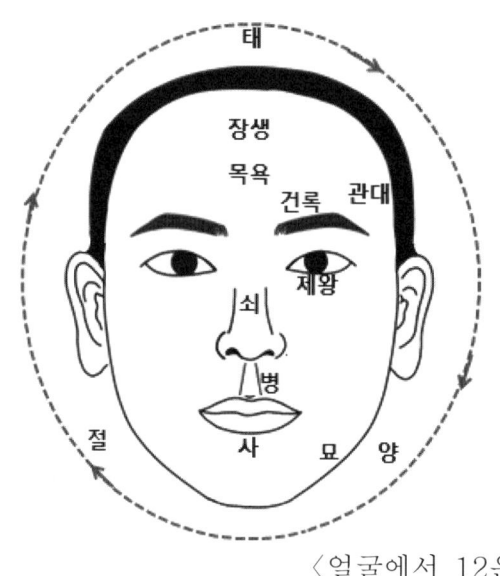

장생 = 이마
목욕 = 사공(司空)
관대 = 천창(天倉)
건록 = 눈썹
제왕 = 눈
쇠 = 코, 명문(命門)
병 = 인중
사 = 입·턱
묘 = 지고(地庫), 시골
절·태·양 = 얼굴 가장자리

〈얼굴에서 12운성 비교〉

1) 장생(長生)

천간	甲	乙	丙	丁	庚	辛	壬	癸
장생	亥	寅	寅	巳	巳	申	申	亥

〈장생지〉

　장생(長生)은 삼합의 시작 인자이고, 생명력(기운)의 태동을 의미한다.[104] 인간에 비유하면 잉태에 해당하고, 십신으로 보면 인성에 비유되고, 얼굴에서 이마에 해당한다. 세분하면 양간은 기운의 태동이고, 음간은 자신의 모습을 갖추기 전 단계로 갓난애와 같은 상태이다.

　양간이 장생지를 만나면 막 태동의 기운에 불과하다. 모양새를 갖추지 못한 미약한 상태이니 쓰임을 얻는데 많은 시간이 걸린다. 오랫동안 공부하여 성과를 얻게 되고, 부동산 등 장기투자가 필요하다.

　음간은 본질(本質) 즉 물상을 표명하기 때문에 양 기운의 발현과 동시에 쓰임을 얻게 된다. 음간의 장생은 곧바로 현실적 손익으로 드러나기에 단기투자 또는 현금·현물거래 등에 유리하다.

　장생은 물상을 잉태한 모습이니 남의 눈치를 보지 않고 버릇이 없다. 자기 하고 싶은 대로 해야 하고 자기 위주이다. 기운이 미약하니 다른 기운을 흡수하려는 속성이 강하다. 주는 것보다 가지려는 속성이 강하고 기운을 끌어들여 채우기 때문에 다른 오행이 설기되는 문제가 발생한다.

　정관이 장생지를 만나면 국가조직, 국세청, 금융기관, 법조계 등 조직에서의 발전 또는 진급에 유리하게 작용한다. 다만 재의 설기가 문제가 된다. 돈 나갈 일이 생기거나, 돈을 써서 관을 취하려는 속성을 띠게 된다. 또 재는 관의 인성이니 어머니의 건강이나 문서 문제가 될 수 있다.

---

104) 장생(長 : 오래토록, 길게, 生 : 낳다 , 태어나다, 살다)은 길게 살다는 의미도 있고, 태어나는데 오랜 시간이 걸린다는 의미도 있다.

정인이 장생지를 얻으면 부동산이나 문서 취득에 유리하다. 단체조직 활동에서 발달하지만, 직장 이동 등 번거로움이 따르기도 한다.

식상이 장생지를 만나면 힘들거나 정체된 상황에서 벗어나 새로운 일을 시작하는 계기(탈출구)가 된다. 자신의 능력을 발휘하고 활동력을 강화하는 삶의 기회가 되지만, 그만큼 주위 사람과의 분쟁이 뒤따른다.

대체로 장생은 식상의 의미가 있고, 식상은 재관을 다루는 능력을 의미한다. 일간이 장생지를 만나면 재관을 다루는 능력이 뛰어나고 재치와 순발력이 있으며 외부로부터 시선이 집중되어 인기가 좋아진다.

2) 목욕(沐浴)

천간	甲	乙	丙	丁	庚	辛	壬	癸
목욕	子	卯	卯	午	午	酉	酉	子

〈목욕지〉

목욕(沐浴)은 자신의 몸을 다듬고 다스린다는 의미가 있다. 얼굴에서 사공(司空)의 의미와 유사한 곳이다. 장생에서 태동한 기운을 상승시키고 모양새(물상)를 다듬고 가꾸어나간다. 불필요한 다른 기운들은 제거하고 자신만의 색깔을 가지려 한다. 인생살이로 보면 인생 곡선의 시작점으로 자신을 드러나게 하는 통로이다.

몸을 씻는다는 목욕의 의미는 변신을 의미하기도 한다. 생물은 변신할 때 가장 약한 법이다. 뱀이 허물을 벗거나 갑각류가 껍질을 벗는 것은 성장하기 위한 고육지책이다. 허물·껍질을 벗은 생물은 가장 약한 상태이지만, 반면에 성장하기 가장 좋은 상태가 된다.

그래서 목욕은 자신의 정신-몸체를 가공하면서, 한편으로는 새로운 생명을 키우게 된다. 십신으로 보면 비겁을 품은 인성에 해당하니, 癸와 유사한 성향을 보인다. 보기 좋게 꾸미는 능력이 있고, 수술·가공 능력이 뛰어나다. 반면에 목표성이 명확하지 않고 한 곳에 머물지 못하는 불안정한 상태이다. 뺏고 빼앗기는 가운데 작은 보상은 있다. 사치, 노름, 투기, 주색, 잡기, 약물중독 등에 노출되기 쉽다.

목욕은 자묘오유에 해당하는 인자로 기운이 물상으로 전환되는 곳이다. 양간은 본격적으로 키워지고, 음간은 모양새를 드러낸다. 이 또한 변신이니, 물상(乙·辛) 전환에서 그 의미를 살필 수 있다.

乙은 寅午戌 운동으로 乙庚합을 완성하여 辛으로 전환시키고 술에 입묘한다. 辛은 申子辰 운동으로 辛甲합을 완성하여 乙로 전환시키고 진에 입묘한다. 卯에서 甲→乙로, 酉에서 庚→辛으로 전환되는 것은 본질을 완성하는 것이지만, 결국 乙→庚으로, 辛→甲으로 변환하기 위한 시작점이 된다.

목욕의 관계를 보면 양간은 인성 관계이고, 음간은 비겁 관계이다. 인성·비겁운 또는 인성+비겁이 동반하면 목욕의 형상이 되니 변신해야 살아남을 수 있다.

식상 또는 재성이 목욕지에 들면 활동력에 비하여 얻는 것이 적다. 이름이나 명성은 높아지더라도 실익은 적게 된다. 특히 식상이 욕지에 들면 자신의 영역을 넓히기 위해 낡은 것을 버리고 예전의 내 모습을 벗어 던지고 새롭게 단장하고 변신한다. 자신을 볼품 있게 만들어가고, 다시 시작하려고 한다. 귀가 솔깃해지고 가슴이 출렁거린다. 돈을 쓰고 다니거나 돈을 이용하여 벼슬을 얻는 선출직 선거에 뛰어들기도 한다.

목욕은 약한 상태와 옷을 갈아입는다는(변신) 의미가 있다. 건강이상 등으로 환자복으로 갈아입고 병원신세를 지기도 한다. 의료, 숙박, 목욕탕 등 직업성이고, 아름다움, 도화·음란성, 인기성·사회성 등을 의미하며, 애정굴곡, 위법·불법 등을 동반한다.

3) 관대(冠帶)

천간	甲	乙	丙	丁	庚	辛	壬	癸
관대	丑	辰	辰	未	未	戌	戌	丑

〈관대지〉

관대(冠帶)는 갓을 쓰고 띠를 두르고 사모관대를 갖춘 모양새를 의미한다. 성장한 모습의 표현이고, 출사를 의미한다. 결혼을 하여 일가를 이루고, 취직을 하거나 직업을 얻어 자신의 능력을 발휘하게 되는 단계이다.

십신으로 보자면 인성에 갇혀 보이지 않던 자신(비겁)을 발견하고, 비겁의 역량(능력 발휘) 즉 식상을 열어주는 바탕이 되는 곳이다. 꿈을 안고 상경버스에 올라탄 젊은이를 태우고 갈 터미널이 관대이다. 스스로 삶을 개척하고 준비해야 하니, 얼굴에서 천창(天倉)에 해당하는 곳이라 할 수 있다.

관대는 진·미·술·축 토에 해당하는 인자이다. 지지에서 토는 중재·조절로 인한 복잡함을 의미하지만, 상대적으로 목표성은 명확하다. 진술에서 물상을 통하여 → 다음 기운을 내고, 축미에서 기운을 통하여 → 새로운 물상을 내는 방향이 이미 결정되었기 때문이다.

甲에게 축 관대는 寅에서 자신의 모습이 드러나기 전 단계이고, 乙에게 진 관대는 巳에서 병을 얻기 위한 전 단계이다. 관대지에 들면 많은 일들이 일어나고 복잡하겠지만, 무리 없이 일을 해내거나 일 처리를 잘하게 된다. 강건하고 완고한 고집으로 한 가지 일에 몰두하여 성과를 이루기도 한다.

4) 건록(建祿)

천간	甲	乙	丙	丁	庚	辛	壬	癸
건록	寅	巳	巳	申	申	亥	亥	寅

〈건록지〉

건록은 록을 세운다는 의미가 있고, 록(祿)은 행복, 복록, 녹봉 등 의미가 있다. 재물·벼슬 등 삶의 수단과 관련이 많고, 세속적인 성향이 강하다. 재물·벼슬 등을 다루는 인자는 십신으로 비겁과 식상이다.

양간 입장에서는 비겁이고, 음간 입장에서는 식상의 관계에 있다.

비·식의 관계에서 보면, 제왕지는 상관을 품은 겁재라면, 건록지는 식신을 품은 비견이라 할 수 있다. 재·관을 다룬다는 측면에서 보면, 제왕지는 식상을 품은 재관이라면, 건록지는 재관을 품은 식상이라 할 수 있다.

양간은 자신이 록을 세우는 자리이고, 음간은 자신이 이루고자 하는 목적의 수단을 얻는 단계이다. 기초를 튼튼히 하여 자립하고, 많은 사람과 교류하고 투쟁하여 성취해야 한다. 얼굴에서 눈썹에 해당하는 부위라 할 수 있다.

양간은 록(祿)을 얻으니 성공·발전의 요소가 되고, 한편으로 비겁에 해당하니 재물(상속)성취 또는 지키는데 약한 원인이기도 하다.

음간은 자신의 꿈을 이루기 위한 사전 단계이니, 식재의 소통, 관인의 소통을 뚫어주는 환경을 얻은 셈이다. 삶의 수단을 얻어 스스로 가공하면 성취를 얻을 수 있다.

5) 제왕(帝旺)

천간	甲	乙	丙	丁	庚	辛	壬	癸
제왕	卯	午	午	酉	酉	子	子	卯

〈제왕지〉

　제왕은 삼합에서 왕지에 해당하는 자리로 기운이 극왕한 상태이다. 해가 중천에 뜨면 기울어질 수밖에 없고, 물이 가득 차면 넘칠 수밖에 없다. 잃거나 빼앗기는 것이 많으니 겁재작용을 하게 된다.

　제왕지에서 겁재 작용은 재관을 다룰 줄 안다는 의미도 있다. 재물을 풀어 식상을 구제하거나, 벼슬을 이용하여 타인의 어려움을 해결해 주는 작용을 한다. 재물이 빠지고 벼슬이 이용당하는 것이 아니라 가치 있게 사용되는 것이다. 제왕지에서 재관을 이용하여 가치를 얻느냐, 재관이 손상되느냐는 자신의 의지에 달려 있다.

　제왕지를 얼굴에 비유하면 눈에 해당한다. 눈에는 집, 배우자, 자식 등 가정을 의미하고, 눈을 신(神)에 비유하여 인생의 부귀빈천은 눈에서 결정된다고 하였다.[105]

　자·묘·오·유에서는 기운(양간)이 물상(음간)으로 전환되니 실질적 물상(손익)이 드러나는 자리이다. 인생 목표를 이루어 오랫동안 유지할 수 있느냐의 포인트는 제왕지에 있다 하겠다.

　몸에 좋은 음식은 약효도 많지만 그만큼 독성도 많다. 제왕지는 겁

---

[105] 『달마조사상결비전』에서 相을 보는 5가지 방법을 제시하였는데, 주로 눈을 말하고 있다.
　제1법은 "相主神"이라 하여 相은 주로 神을 본다고 하였다.
　제2법은 "神主眼"이라 하여 神은 주로 眼을 본다고 하였다.
　제3법은 "人身分十分"하면 얼굴이 6/10이고, 몸이 4/10라고 하였다.
　제4법은 "人面分十分"하면 눈이 5/10이고, 이마가 3/10이고, 눈썹·입·코·귀가 合하여 2/10이라고 하였다.
　제5법은 "擇交在眼,,,問貴在眼,,,問富在鼻,,,問壽在神,,,求全在聲"이라고 하였다. 즉 친구를 사귐은 눈에 있고, 귀함은 눈에 있고, 재물은 코에 있고, 수명은 神에 있고, 온전함을 구함은 목소리에 있다.
　이처럼 相을 보는 法에서 "눈"이 차지하는 비중이 지대함을 알 수 있다.

재 성향이 강하고 극단성이 상존하는 곳이니, 저돌적이고 안하무인이 될 소지가 많다. 한편으로 자신의 능력을 발휘하고 타인을 다스리는 힘이 있다. 잘 사용하면 개혁이요, 잘 못 사용하면 반골이다. 충신과 반역, 혁신과 구태타 사이를 넘나드는 곳이 제왕지인 셈이다.

6) 쇠(衰)

천간	甲	乙	丙	丁	庚	辛	壬	癸
쇠	辰	未	未	戌	戌	丑	丑	辰

〈쇠지〉

쇠지는 삼합 운동에서 자신의 기운을 다하여 물상으로 전환시킴으로써 기운이 쇠약해지고, 자신의 본질을 통하여 다음 기운의 태동을 준비하는 시기이다. 인생사에서 자신의 화려함보다 자식을 위해 노력하고 힘을 쏟는 단계이다. 삶의 수단을 완성하는 단계이니 윤회를 준비해야 하고, 자신을 낮추어야 하지만 주체는 잃지 않아야 다음 단계의 기운을 무리 없이 완성시킬 수 있다.

얼굴로 보면 코와 명문(命門)에 해당한다. 코는 얼굴 상하·좌우의 중심부위이고, 명문은 얼굴 상하·좌우의 기운을 연결하는 부위이다. 얼굴 상하(음양) 개념으로 보면, 코는 점차 음(아래)으로 향한다. 생산·가공(양)에서 저장·보관(음)으로 향하는 방향성에서 중심을 잡아야 하는 부위이다. 그래서 코를 얼굴의 주인이라 하는 것이다.

木을 예로 들어보자.

辰(癸·乙)에서 수를 조절하고 목을 완성해야 사에서 병을 낼 수 있다. 병이 나와야 수에 길러지던 목이 더 성장할 수 있고, 미에서 을의 목적인 경 열매를 얻을 수 있다.

쇠지는 삶(재관)의 성공과 실패가 결정되는 동시에, 또 다른 성패의 기회가 주어지는 곳이다. 그래서 乙이 未를 만나면 사주구성에 따라 목을 강화해야 할지, 금 물상을 내야 할지 판단해야 하는 것이다.

양간은 기운 또는 물상이 조절되는 단계이고, 음간은 기운 또는 물상이 전환되는 자리이다. 양간은 쇠지에서 본기를 상실하게 되고, 음간은 쇠지에서 자신의 모양새를 완전히 바꾸어야 한다. 쇠지에서는 음간이 양간보다 손상 정도가 심한 반면에 주위 상황변화에 대한 적응력이 뛰어나게 된다.

쇠지는 다음 단계로 성장하기 위해 한 발 물러나거나 밀리게 되지만, 여전히 작용력(재관)이 남아 있고 기운을 함축하고 있다. 안으로부터 기운이 쇠약해지기 시작하니, 물러설 줄 아는 지혜로움과 자신을 낮추는 슬기로움이 필요한 시기이다.

7) 병(病)

천간	甲	乙	丙	丁	庚	辛	壬	癸
병	巳	申	申	亥	亥	寅	寅	巳

〈병지〉

병(病)은 병이 들어 움직임이 둔한 상태를 의미한다.

병지를 얼굴에 비유하면 인중에 해당한다. 인중은 인생에서 마지막으로 자신이 역량을 발휘하여 재관을 성취하는 곳이기도 하지만, 그보다 눈·코에서 생산한 재관을 말년 복록으로 전달하는 역할이 더욱 중요하다. 인중은 자신의 능력을 다음 단계로 전달하는 것이 중요하니 순리에 따르는 구역이다.

양간은 자신의 기운이 소멸되고, 음간은 다른 모습으로 전환된 시기이다. 甲은 巳에서 丙에게 기운을 빼앗기고, 乙은 申에서 庚으로 모습이 변환된다. 다만 갑이 있어야 병이 살아갈 수 있고, 乙은 庚에서 자신의 작용을 발현하고 있다.

병지의 희생에 의해 또 다른 기운·물상이 살아 숨 쉬게 되는 것이다. 병지는 자신의 모습은 미약하지만 역량은 남아 있으니, 썩어도 준치라 미련이 남아서 몸부림이라 친다. 다만 음간은 자신의 모습을 완전히 잃으니, 변화에 능하고 실속파로 때가 아니면 움직이지 않는다.

병지는 기운 또는 물상이 다음 단계로 넘어간 상태로 결과물을 완성된 상태이다. 인생사에서 자식이 성장하여 역량을 발휘하는 단계이니, 자신이 삶의 수단을 차지하려고 집착해서는 안 된다. 즉 재관을 억지로 탐하거나 추구하는 등 탐욕·고집을 버려야 한다는 뜻이다.

병지는 병약해진 상태이니, 병지에 들면 만성 고질병, 활동력에 장애, 일의 지체, 발전성이 저해된다. 병(病)의 모양새대로 또는 순리대로 살아가는 경향이 있다. 특히 식상이 병지이면 더욱 그러하다. 순리에 따라 다시 환경을 바꾸고 새로운 모습으로 전환하면 발전할 수 있다. 연구·개발 등 움직임이 적은 직업에서 발달한다.

8) 사(死)

천간	甲	乙	丙	丁	庚	辛	壬	癸
사	午	酉	酉	子	子	卯	卯	午

〈사지〉

사(死)는 죽음을 앞둔 노인의 모양새이다. 사지에서 기운이 완전히 쇠진되고, 물상이 완전히 모양새를 잃는다. 삼합 운동으로 보면 다른 기운으로 완전히 전환된 상태이고, 물상이 다른 물상으로 완전히 뒤바뀐 형국이다. 만물의 생장쇠멸 과정으로 보면 어느 하나가 생겨나면 상대편은 없어지는 것이 이치이다.

乙이 庚을 거쳐 辛으로 바뀌니 더 이상 분산작용을 할 수 없고, 辛

이 甲을 거쳐 乙로 바뀌니 더 이상 응집작용을 할 수 없다. 자신의 모습이 제지당하는 상태에서 살아남아야 하니, 의외로 눈치가 빠르고 행동이 약삭빠르다.

　사지는 얼굴에서 입·턱에 비유된다. 입·턱은 자신이 만든 재관을 모두 담아 저장·보관하는 곳이자, 다음 단계의 생으로 이어가는 곳이다. 인생사에서 자신의 기운을 자식에게 넘기고 자식이 주관하는 자리이다. 자신은 해야 할 일을 모두 다했으니 욕심도 없고 미련도 없다. 만약 욕심을 부리거나 재관을 탐하게 된다면 자식이 바로 서지 못한다.

　사지는 자신이 역량을 발휘하는 시기가 아니니, 재관을 얻고자 한다면 실패가 주어지게 된다. 정리해야 하는 단계로 활동력에 제약을 받거나, 부도를 의미하기도 한다. 움직임이 적은 직업이나, 조직·단체 등에 속해 있는 직업성에 적합하다.

9) 묘(墓)

천간	甲	乙	丙	丁	庚	辛	壬	癸
묘	未	戌	戌	丑	丑	辰	辰	未

〈묘지〉

　묘(墓)는 삼합 운동을 마감하는 자리이다. 양간이 마감하는 자리에서 음간이 조절되어 모습을 변환하고, 음간이 마감하는 자리에서 양간이 태동을 준비한다. 가령 갑이 입묘하는 미에서 을은 경으로 변환을 준비하고, 을이 입묘하는 술에서 갑은 신으로부터 다시 태동할 준비를 하는 것이다.

　지표면 위 활동을 청산하고, 지표면 아래 활동으로 들어간 단계이다. 얼굴에 비유하면 지고(地庫)에 해당하니 인생의 최종 복록을 담는 자리이자, 시골에 해당하는 윤회를 주관하는 자리이다.

입묘(入墓)는 저장한다는 의미가 있고, 입고(入庫)는 보관한다는 의미가 있다. 갑이 미에 입묘하면 작용력을 완전히 잃고, 술에 입고하면 해에서 잉태를 기대한다. 마찬가지로 乙이 술에 입묘하면 작용력을 완전히 잃은 것이고, 미에 입고하면 경으로 모습을 바꾼 것이다.

입고는 창고를 채우고 문을 걸어 잠근 형상이다. 설령 없어도 있어 보이고, 있더라도 활용하기 어렵다. 인생의 단맛 쓴맛을 다 보았으니 머리를 숙일 줄 알고 현실에 대한 적응력이 뛰어나다.

입묘는 다시 태어날 윤회에 대한 희망은 있지만, 자신의 모습은 완전히 없어진다. 새롭게 시작하거나 재사용하기 위해 일을 크게 벌이는 것은 좋지 않다.

식상이 묘지에 들면 행동에 제약을 당하거나, 골방에 틀어박혀 공부하거나, 숨어서 활동하거나, 허울만 좋아 보이는 빈 깡통이다. 공갈빵과 같이 먹을 게 적으니 삶이 고달프게 된다.

10) 절(絶)

천간	甲	乙	丙	丁	庚	辛	壬	癸
절	申	亥	亥	寅	寅	巳	巳	申

〈절지〉

절지는 인생사로 보면 죽어서 완전히 없어진 상태이다. 만물의 생장쇠멸 과정으로 보면 재탄생을 위해 절치부심 준비하는 시기이다. 윤회 관점에서 보면 조상(삼신할머니)의 기운으로부터 점지를 받는 시기이다. 인간의 눈에 보이지 않을 뿐 윤회가 이어지고 있음이다.

甲은 未에서 완전히 기운을 상실하고, 乙이 갑 기운을 이어받아 申에서 庚을 얻으니 申 중 壬에 의해 갑이 다시 태어날 기회를 얻게 된다. 乙은 戌에서 작용력을 상실하지만, 亥에서 甲이 태동하니 乙은 甲

으로부터 재탄생의 기회를 얻게 된다. 이것이 절지이다.

절지는 음양 본위가 완전히 뒤바뀐 영역이다. 전혀 다른 남모르는 활동영역이니 특별(특출)함이 있다. 일반적으로 이해하지 못하는 직업이나 특별한 재능을 발휘하는 직업에서 발달하게 된다.

절·태·양은 모두 삼합 운동을 벗어난 구역이다.

얼굴로 보면 얼굴 가장자리 부위이다. 턱 아래에서 시작하여 → 귀(오른쪽) → 정수리 → 귀(왼쪽) → 턱으로 한 바퀴 돌아 회귀한다. 특히 절지는 시골 부위에서 시작하니 다음 생을 연결하는 자리가 되기도 한다. 남을 위한 일, 사회봉사, 교육 등 직업이 적합하다.

11) 태(胎)

천간	甲	乙	丙	丁	庚	辛	壬	癸
태	酉	子	子	卯	卯	午	午	酉

〈태지〉

태지는 정자·난자 수정되어 잉태된 상태이다.

양간은 기운이 태동하는 시발점으로 일양·일음이 시생하는 자리라 할 수 있다. 甲의 씨앗은 酉이고, 丙의 씨앗은 子이고, 庚의 씨앗은 卯이고, 壬은 午에서 수기의 근원을 얻는다. 이를 천간으로 보면 辛甲, 癸丙, 乙庚, 丁壬합의 흐름이다.

반면에 음간은 오행의 본질(本質)이니 기운(양간)의 흐름과 다르다.

乙은 子의 분산작용으로 발현되니 子를 재촉하기에 子卯형이고, 辛은 午의 응집작용으로 완성되니 午를 재촉하기에 午酉형이 된다.

丁은 卯의 분산작용에 의해 작용력을 방해당하니 卯午파이고, 癸는 酉의 응집작용에 의해 분산작용을 제약당하니 酉子파이 된다.

乙·辛 물상은 처음으로 본 기운을 얻으니 행동이 앞서게 되고, 丁·癸

기운은 상반된 작용력에 의해 혼란스러워지거나 반발력이 발생한다.

다만 때를 만나면 폭발력을 얻는다. 자묘형은 자의 분산작용으로 묘가 발현되고, 오유형은 오의 응집작용으로 신이 가공되고, 묘오파는 묘가 빛나거나 경 물상을 빨리 얻게 되고, 유자파는 유를 빛내거나 갑 물상을 빨리 얻게 되는 것이다.

태지에서 음간이든 양간이든 자신의 근원을 찾고자 하고, 벗어나려는 성향을 보인다. 모습을 갖추지 못한 상태이니, 경제적 활동이 약화되기 쉽다. 답답한 현실, 정신적 고충, 건강 이상이 오기도 한다.

12) 양(養)

천간	甲	乙	丙	丁	庚	辛	壬	癸
양	戌	丑	丑	辰	辰	未	未	戌

〈양지〉

절(絶)은 정자와 난자를 품은 남녀의 합방이라면, 태(胎)는 정자·난자가 수정된 단계로 씨앗을 품은 형상이고, 양(養)은 씨앗을 보호하고 씨앗 속 생명체를 기르는 과정이다.

진·미·술·축의 양지는 입고(入庫)의 관계에 있다. 양간 甲·丙·庚·壬은 양지의 다음 단계인 亥·寅·巳·申에서 각각 장생지를 만나게 되고, 음간 乙·丁·辛·癸는 양지의 다음 단계인 寅·巳·申·亥에서 각각 자신의 뿌리인 甲·丙·庚·壬을 각각 얻게 된다.

입고는 다시 꺼내 쓰기 위해 보관된 상태이니 어떤 조건만 주어지기만 하면 뛰쳐나오려고 들썩거린다. 비록 모습은 드러나지 않지만 갇혀 있는 속에서 끊임없이 움직인다. 인간의 눈에 보이지 않을 뿐 역동성이 있고, 자기 활동력을 왕성하게 가지려고 한다. 마치 태아가 엄마 뱃속에서 발길질을 하는 것과 같다.

양지에 들면 활력이 있고 용기와 발전적 기상이 있다. 뭔가 크게 키우려하고 확장하려는 경향이 있다. 자신의 모습을 감추고 있다가 어느 순간 갑자기 모습을 드러내게 된다.

특히 재성이 입고하면 한방에 밀어 넣어 크게 성공하거나 실패하기도 한다. 그렇지 않으면 구두쇠 기질이 있다.

이상으로 12운성의 작용에 대하여 알아보았다.

12운성은 천간 기운이 지지에서 펼쳐지는 생장쇠멸 과정을 생-욕-관-록-왕-쇠-병-사-묘-절-태-양 등 12단계로 설명하였다. 이 명칭들은 양간(기운)을 위주로 한 표현으로 다소 관념적이고 극단적기도 하다. 사주팔자는 어느 하나의 천간 기운에 의해 펼쳐지는 것이 아니고, 더구나 12운성의 용어(의미)에 집착하여 통변하는 것은 바람직하지 않다. 12운성의 흐름을 삼합논리에 의한 천지상응적 측면에서 이해하는 것이 보다 중요하다.

戊辛己己 乾 癸甲乙丙丁戊3
戌卯巳酉　　亥子丑寅卯辰

결론부터 말하자면 이 남명은 부모 음덕(유산)이 있고, 시부모를 모실 줄 아는 배우자를 얻었으며, 여행업을 하면서 나름대로 부유하게 살고 있다. 본래의 12운성으로 보면 辛 일간이 절지에 앉았고, 기상명리의 12운성 관점에서는 사지에 앉았다. 절(絶)이니 인생사가 절단되고, 사(死)이니 죽는다 하겠는가.

이를 기상명리 관점에서 풀이해보면, 사월에 水가 필요하고 庚을 키우는 환경이다. 그런데 水가 없고 辛이 왕하며 천간은 음 본위 환경이다. 마땅히 辛은 卯일지를 통하여 巳 중 庚을 키워 년지 酉를 완성하여야 한다. 이 남명은 어떤 일을 하든지 배우자-부모와 함께 하는 삶이라면 행복한 인생이 될 것이라고 보는 것이 맞지 않겠는가.

제10장
십이신살

12신살은 지지물상의 생로병사 과정이다

인생 방향성이자 삶의 요소
방향성은 방위 의미와 부합한다

개운(開運)의 요소를 찾아라...
방위, 두침, 색상, 인연

십이신살十二神殺

 12신살(十二神殺)은 지장간, 12운성과 마찬가지로 삼합 운동을 기반으로 한 논리이다. 다만 천간 기운에 의한 지지 물상의 변화를 살피는 것이 아니라, 사주원국에서 년지(年支) 삼합을 기준으로 지지의 물상 변화를 12개월로 나누어 전개하였다는 점에서 차이가 있다.
 12신살은 12가지의 신살(神殺)을 통하여 만물의 생사(生死)를 표현하였다. 땅(지지)에서 만물의 생로병사를 12개월로 표시한 것이다. 사주원국의 년지를 기준으로 지지의 변화를 살폈다는 점과 지지 물상변화를 중심으로 천간 기운을 살핀다는 점에서 방위(방향)와 인간(육친) 관계를 살피는 관점이 된다.

1. 12신살의 의의

1) 12신살의 삼합이론

 12신살의 운행은 삼합의 흐름과 같이 1년 12개월 중 9개월을 운행하고, 3개월은 휴식하는 개념이다. 삼합의 9개월 운행을 크게 3단계로 분별하면 생-장-쇠멸 즉 '생-왕-묘'의 단계이고, 이를 12신살로 보면 '지살-장성살-화개살'의 개념이다.
 12신살은 년지의 삼합 운동을 12개월로 분별하여 각각 지지에서의 변화과정을 구체화한 것이다. 인년 오년 술년에 태어난 사람은 모두 인오술 삼합 과정을 따르니, 寅이 지살이고, 午가 장성살이고, 戌이 화개살이 된다. 마찬가지로 사년 유년 축년에 태어난 사람은 사유축, 신년 자년 진년 생은 신자진, 해년 묘년 미년생은 해묘미 삼합 과정을 따른다.

年支	지	년	월	망신	장성	반안	역마	육해	화개	겁	재	천
인오술	寅	卯	辰	巳	午	未	申	酉	戌	亥	子	丑
사유축	巳	午	未	申	酉	戌	亥	子	丑	寅	卯	辰
신자진	申	酉	戌	亥	子	丑	寅	卯	辰	巳	午	未
해묘미	亥	子	丑	寅	卯	辰	巳	午	未	申	酉	戌

〈12신살 표〉

　12신살은 삼합이론을 바탕으로 전개하였지만, 12신살 용어에서 삼합의 의미를 찾기 어렵다. 특히 음간·양간을 분별하지 않고 천간(기운)과 무관하게 지지를 기준으로 전개되었기에 물상변화를 명확하게 설명하지 못하고 있다.

　년지(地支)는 조상의 기운이고 자신의 근본이다. 인간은 하늘의 근원(기운)을 품고 태어나고, 태어난 년의 기운을 얻어 탄생하게 된다. 12신살에서 년지를 하늘의 기운(근원)으로 보았으니, 12신살 역시 하늘의 기운을 중요시하였음이다.

　12신살은 오로지 근-묘-화-실의 개념에 따라 인생을 살아가는 단계를 설명한 것이라 할 수 있다. 12신살의 생-장-쇠-멸을 일생으로 보면, 미성숙한 초년기 - 가정을 책임지는 중년기 - 노후를 준비하는 장년기 - 인생을 마무리하는 말년 등으로 인생흐름과 그 사람의 기질을 파악할 수 있다.

　다만 12신살의 용어에서 그 의미를 이해하기란 쉽지 않다. 12신살을 삼합, 12운성과 더불어 생-장-쇠-멸의 과정으로 살피면 12신살에 대한 이해의 폭이 넓어질 것이다.

　12신살을 생장쇠멸 과정으로 연계하여 살피면 다음 표와 같다.

12신살	지	년	월	망신	장성	반안	역마	육해	화개	겁	재	천
12운성	장생	목욕	관대	건록	제왕	쇠	병	사	묘	절	태	양
생장쇠멸	생(발생·발산)			장(확산·성장)			쇠(결실·수렴)			멸(저장·보관)		
인생	초년			중년			장년			말년		

〈12신살의 생장쇠멸〉

2) 12신살의 상학적 이해

　12신살 흐름으로 보면, 지살-년살-월살-망신살-장성살-반안살-역마살-육해살-화개살 까지는 삼합 과정에 속하고, 겁살-재살-천살은 삼합운동 범위를 벗어난 영역이다.

　지살~화개살까지 삼합 구간을 관상에 비유하면 면상(面相, 얼굴)에 해당하고, 겁살-재살-천살은 두상(頭相)과 귀에 배속할 수 있다.

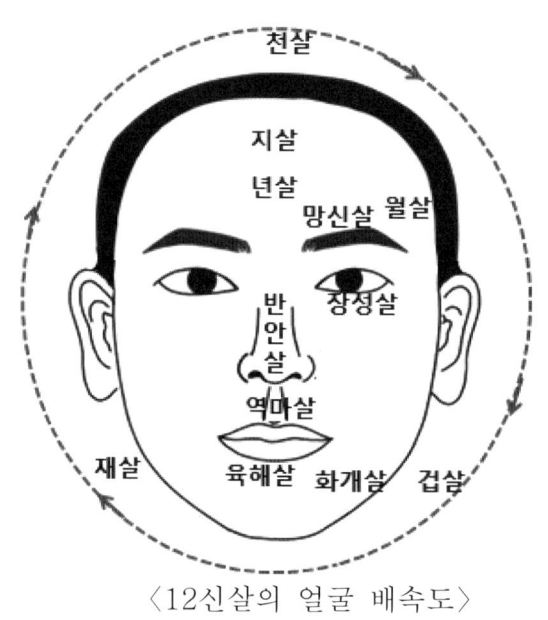

〈12신살의 얼굴 배속도〉

위 12신살의 얼굴 배속도를 표로 정리해보자.

年기준	지	년	월	망	장	반안	역마	육해	화개	겁	재	천
인오술	寅	卯	辰	巳	午	未	申	酉	戌	亥	子	丑
사유축	巳	午	未	申	酉	戌	亥	子	丑	寅	卯	辰
신자진	申	酉	戌	亥	子	丑	寅	卯	辰	巳	午	未
해묘미	亥	子	丑	寅	卯	辰	巳	午	未	申	酉	戌
얼굴	발제	이마	천창	눈썹	눈	코	인중	입	지고	시골	시골	두상
인생	초년			중년			장년			말년		

〈얼굴에서 12신살의 관점〉

얼굴에서 면상이 중요하게 보지만 면상의 작용은 두상에서 비롯되어 나오고, 면상과 두상의 기운을 상응하게 하고 얼굴 복록을 최종적으로 지키는 곳은 귀이다.

비록 12신살에서 겁살-재살-천살이 삼합운동 범위를 벗어나지만 실질적으로 삼합운동의 전초기지라 할 수 있다. 12운성에서 절·태·양에 해당하니 없어진 것이 아니라, 자신을 드러내기 위해 부단히 활동력을 발휘하는 구간이다.

2. 12신살의 특성

12신살 이론은 삼합논리에 근간을 두었지만 기운-물상의 순환관계를 설명하지 않는다. 여기서는 12신살 의미를 삼합·12운성과 대비하여 살피고, 용어의 의미에서 신(神)과 인간(人)의 자리를 파악함으로써 방위론과 인생론의 관계를 응용하고자 한다. 더불어 합·충·형·파·해의 작용을 대비하여 12신살을 이해하는 기회로 삼아본다.

1) 지살(地殺)

년생	해묘미	인오술	사유축	신자진
지살	亥	寅	巳	申

〈지살〉

　지살(地殺)은 '三合中長生之地'라 하여 삼합 운동을 시작하는 땅이라는 의미이다. 새로운 땅을 얻어 새롭게 태어나는 장생지이니, 과거에서 벗어나 새로운 변화에 적응해야 한다. 새로운 출발을 의미하는 것으로 주거지를 옮기거나, 이사를 하거나, 취업을 하거나, 공부를 시작하거나, 부모 품을 떠나거나, 해외로 떠나는 것 등이다.

　지살을 주택에 비유하면 새로운 기운을 생성하는 출입문과 같다. 지살 방위에 집 출입문이 있으면 장생기운을 얻는 통로가 되고, 사업장인 경우에는 손님이 들어오는 통로가 된다. 자신 삶의 무대인 집, 직장, 학교 등의 출입문이 지살 방위이면, 성공과 발전의 기운을 열어주는 작용을 한다. 직장에서 발달하고 학생은 우등생인 경우가 많다.

　다만 사주원국에 지살이 있으면, 삶에 걸림돌이 되거나 성취가 크지 않는 경우가 많다. 특히 년월에 지살 또는 역마살이 혼재하면 일찍 부모를 떠나 생활해야 하거나 부모 인연이 원만하지 못하다.

　개운(開運) 요소로는 지살방위에 출입문, 문패, 간판, 자격증, 표창장, 사진, 거울, 선전물, 표시물, 우편함, 전화기, 인터폰 등 자신을 표현하거나 소통하는 물건 등을 두는 것들이다.

　지살은 육해살을 꺼리고 육해살은 지살을 꺼린다. 지살+육해살의 관계는 寅酉, 申卯, 巳子, 亥午 등으로 천간 글자가 지지에서 합하는 형상이다. 酉寅은 辛甲, 卯申은 乙庚, 巳子는 戊癸, 午亥는 丁壬 등 천간합이 지지에서 암합하는 관계이다.

지살과 육해살이 동주하거나 운에서 만나면, 움직이려고 하는데 발목을 잡혀 움직이지 못하게 된다. 시비구설, 부도, 저당설정, 차압, 사건사고, 질병횡액, 건강이상 등이 일어나거나, 갇히는 형상이 되니 우물 안 개구리 격이다.

지살 운은 새로운 주거지, 새로운 직업, 새로운 공부 등과 인연을 맺게 된다. 지살은 역마살과 충 관계에 있으니, 지살 운에 생긴 문제는 역마살 운에서 해결되는 경향이 있다.

2) 년살(年殺)

년생	해묘미	인오술	사유축	신자진
년살	子	卯	午	酉

〈년살〉

년살은 子·卯·午·酉로 12운성의 목욕지에 해당하고 '도화살'이라고도 한다. 지살에서 태동한 년살 기운이 자신의 모습을 드러내기 위해 분주하게 움직인다. 지살은 자신이 선택한 땅이 아니라 주어진 땅이기에 자신만의 안정된 땅을 찾기 위해 동분서주하는 곳이 년살이다.

亥卯未를 예로 들면, 乙이 제 모습을 완성하기 위해서 子가 필요하다. 子의 목적은 병화를 내는 것이니 乙을 통하여 병화로 가야 한다. 결국 이들의 목적은 무토에서 이루어지니 乙은 무토를 찾아 헤매는 형국이 년살이다.

년살은 기운을 분산하여 활동력을 넓히고 확장하려 한다. 어린애와 같이 자신밖에 모르고 천방지축이니 불안하다. 도화는 인기성과 사회성을 동반하기에 사람들에게 인기가 좋은데 특히 이성의 도움 있다. 음란성이 동반되니 이성이 따르기도 하고 다른 이성을 좋아하는 경향이 있다.

자·묘·오·유에서는 기운(양간)이 물상(음간)으로 전환되니, 이론과 실무가 완비한 박식한 만물박사 격이다. 모양새를 아름답게 꾸밀 줄 알고, 생각과 행동이 민첩하고 실리추구를 위해 수모를 감수할 줄 안다. 참고 견디면(待期忍苦) 일약 발탁으로 한 순간에 발전하는 폭발력이 있다.

자·묘·오·유는 오행의 본질(本質)이기에 생조(生助) 작용을 잘 하지 않는다. 만물은 생조할 수밖에 없으니 생이 반갑지 않다. 가령 子가 목을 생하여 목이 나오면 목은 子水를 고맙게 생각하지 않는다. 수는 잊어지는 존재가 되니, 자·묘·오·유를 격리·이별 등 인자로 보기도 한다. 다만 12신살에서 년살은 오행의 본질이 아니라 다음 기운을 生하는 위치에 있다. 일의 성과에 있어서도 독식할 수 없는 상황이니 나눠 가져야 한다.

만약 卯辰, 酉戌, 子丑, 午未 등 년살+월살이 만나면 잊어지는 존재임을 거부하고 자기 본질을 갖추려고 한다. 묘진이 만나면 묘가 화를 생하는 것을 잊고, 목의 본질을 내세우려 한다. 만물 순환을 거스르는 행위이니, 일상에서 일이 꼬이거나 장애·훼방 요소가 된다. 卯辰·酉戌을 천(穿)이라 하고, 子丑·午未는 목적 없는 연합이다.

사주에 년살 있으면 가족이나 사회 구성원을 위해 뒷바라지하는 사람이거나 그런 직업을 갖는다. 나를 희생하여 남을 도와주는 일, 치장시켜주는 일, 뒷바라지하는 일, 영업·교제비 많이 드는 사업, 각색 업무, 다듬는 일, 손실보상 업무, 원품을 손상시키지 않는 수리·교환, 반복·중복적인 일, 교육 등에 어울린다.

년살을 금융 개념으로 보면 후원자금, 대기자금, 상속·증여자금, 증자, 비자금 등 성격의 자금이다.

년살 방향으로 몸을 숨겼다면 애인과 있는 경우가 많고, 년살은 드러난 형상이니 쉽게 들키거나 밝혀지게 된다.

3) 월살(月殺)

년생	해묘미	인오술	사유축	신자진
월살	丑	辰	未	戌

〈월살〉

월살은 진·미·술·축에 있고, 월살을 지나야 오행의 본기(本氣)가 드러난다. 가령 해묘미에서 丑의 조절을 통하여 인에서 갑 본기가 드러나게 되는 것이다. 자신의 영역을 확실히 구축하기 위해 준비하는 단계이다. 새로운 일을 준비하고, 조정·조절을 통하여 대처하게 된다.

다른 의미로 丑에서 辛의 응집작용과 癸의 분산작용 등 복잡하고 고통스러운 환경이다. 木이 새 생명인 태아라면 丑은 만삭의 어머니이다. 엄마의 산고(産苦)를 태아는 알지 못하고, 새로운 환경에 노출되지 않으려는 태아의 번뇌를 엄마는 이해하지 못한다. 그렇지만 축을 지나 새 생명이 태어나면 모두가 행복해지고 가치를 얻는다.

월살은 기운 또는 물상 즉 자신의 모습이 발현되는 발현처이다. 내 모습을 완전하게 해주는 '달빛'과 같은 존재가 월살이다. 월살은 내 인생의 등불이요 빛과 소금이라 할 수 있다. 자신의 월살을 가지고 있는 상대는 빛과 소금 같은 존재이고, 사주원국에서 월살에 해당하는 궁위 육친의 도움이 있다.

월살 부인은 현모양처이고, 월살 자식을 얻으면 그 자식을 얻고 발복하거나 효도하는 자식이다. 월살 육친을 얻으면 발복·개운의 요소가 되는데, 성공을 이루고 나면 하락하게 되니 베풀어야 지킬 수 있다.

월살을 금융 개념으로 보면 사례금, 위로금, 상속·증여 받은 돈 등이다. 월살자와 거래하면 손해 보는 일이 없다. 최소한 give and take 거래이거나 편안한 거래가 된다. 설령 돈을 빌리더라도 독촉 받지 않는 관계이다.

월살 방향으로 이사 가면, 남의 도움(부모, 육친, 회사 등)으로 얻은 집이거나 직장인 경우가 많다.

월살자는 삼합의 본기를 드러내야 하니 어느 한쪽으로 치우치지 않고 공명정대해야 한다. 목이 인에서 나오지만 실질적으로 축에서 내는 것이니 실질적 지위에 있는 사람은 월살자이다. 실질적으로 조정하는 설계자, 실무책임자, 내조자, 퍼스트레이디 격에 있는 사람이다.

사주원국에 월살이 있으면 고독성을 의미하기도 한다. 특히 여자는 내조하는 입장에 있기에 여자가 월살을 가지면 경향성이 뚜렷해진다. 특히 일·월에 월살이 있으면 남을 돕는 것이 숙명이다. 공부·학문, 종교·철학, 연구·개발, 복지사업, 법조인, 의사 등 비현실적이거나 음성직업 또는 특이한 직업성을 갖는다.

월살 방향에 스위치, 외출복, 면도기, 거울, 가방, 구급약, 자물쇠, 위기탈출용품, 연료통, 부엌용품 등이 있으면 개운 요소가 된다.

4) 망신살(亡身殺)

년생	해묘미	인오술	사유축	신자진
망신살	寅	巳	申	亥

〈망신살〉

망신살(亡身殺)은 인·사·신·해 생지로 삼합 오행이 비로소 모습을 드러내는 단계이다. 오행의 변화로 보면 水→木, 木→火, 火→金, 金→水로 변화한 모습이고, 자신의 본기를 드러낸 모양새이다. 기존의 모습에서 탈피하여 새로운 모습으로 탈바꿈해야 하니 삶의 수단이 되는 인자이기도 하다.

자기 삶에서 직업적 성공은 망신살-육해살-천살에서 찾기도 한다. 사주원국에 망신살 또는 육해살 또는 천살이 없으면 인생 목표가 뚜렷하지 않고 삶에 대한 욕망이 없는 것과 같다. 만약 인오술생이 사주원국에 巳·酉·丑이 있으면, 巳·酉·丑과 관련된 직업성에서 직업적 성공을 이룬다.106)

망신살은 록(祿)을 이룬 자리로 비겁에 해당한다. 록(祿)을 얻으니 성과를 이루기도 하지만 낭패를 당하기도 하니, 망신살(亡身殺)이라 하는 것이다. 자신의 꿈을 펼치고자 하는 희망이자 욕망이 내재되어 있으니 자만심이 팽배하고 자아도취에 빠질 수 있다.

망신살 다음 단계에서 본질이 드러나니, 망신운에는 내부 문제가 외부로 확산되기도 한다. 적반하장 격으로 억지를 부리거나, 부도덕하고 비윤리적인 행위를 하거나, 음해하고 뒤엎는 행동을 하기도 한다. 성과는 적지만 경제적 실리는 챙긴다. 망신운에는 생각지도 않은 돈이 들어오거나 공돈이 생기거나, 실속 있는 재물 발전이 있다.

대개 망신운에는 흙탕물과 같이 혼탁한 양상이 벌어진다. 망신운에 사망하면 옷을 벗은 채 죽거나 추한 모습으로 죽는 경우가 많다. 자궁암, 치암 등으로 고생하거나, 수술을 통해 출산하게 된다.

망신은 한 번의 실패를 경험한 후에 이루어지는 경향이 있다. 새로

---

106) 巳 = 항공, 통신, 전기전자, 소리, 글씨, 조명, 단체 등
    酉 = 금속, 금융, 세무, 젓갈, 술 등
    丑 = 소, 금, 단체, 종교·철학, 사주·상담, 교육·선생, 봉사직 등
    만약 丁 일간이 천살 辰이 있다면, 식상(乙) = 자기가 만들어 팔거나, 창작, 인테리어, 자기 능력으로 하는 직업, 辰 = 잡동사니, 종합·잡화, 건설자재, 인테리어, 비늘, 반짝반짝 하는 것 등의 직업성이다.

운 기운을 얻었으니 새롭게 시작하려하고 자신을 표현하기 위해 뛰쳐나가려는 경향이 있다. 정작 떨쳐버리지 못하고 장성살에 떠나게 되는 경우가 많은데, 떠날 일이 있으면 반안살에 떠나는 것이 좋다.

　망신살은 양 기운이니 사주원국에 망신살이 있으면 복록을 오래 누리기 어렵다. 결백한 성향이면서도 투기적 성향이 있다. 실력을 갖추고 전문직종에서 재능을 펼치는 것이 좋다. 고질병을 안고 있는 경우가 많다.107)

　망신살자 육친으로부터 낭패를 당하거나, 망신살자와 인연을 맺으면 망신·낭패를 당하기도 한다. 좋은 관계를 오래 유지할 인연은 안 되지만, 절교 등으로 인한 법적문제로 비화되지는 않는다.

　망신살 방위에 낭패·망신을 당했던 사람이 있거나, 사랑했던 사람이 있거나, 망신을 당할 수 있는 방위이다.

5) 장성살(將星殺)

년생	해묘미	인오술	사유축	신자진
장성살	묘	오	유	자

〈장성살〉

　장성살은 삼합의 중심지로 기운이 가장 왕성한 곳이다. 삼합의 왕지로 근본목적을 이룬 자리이고, 장수(將帥)와 같이 실질적인 권력자이지만 염라대왕은 아니다. 잘하면 추앙받는 대장군이나 군주가 되지만, 자칫하면 역적이나 패장군이 될 수도 있다. 경거망동하면 목이 달아날 수 있는 자리가 장수(將帥)이다.

　장성살은 자·묘·오·유 자기 본질(本質)이 드러나고 왕성함이 극대화

---

107) 만약 亥가 망신살이면 방광, 귀 등에 고질병이 있다.

된다. 중앙에서 자신이 모든 것을 주재하고 상하·좌우를 통괄해야 한다. 열고 닫고 하는 일이 많고 왕래가 빈번하고 밤낮 없이 바쁘게 움직인다.

　장성살자는 부귀빈천과 상관없이 중심인물이다. 규율과 치안을 담당해야 하니 중립을 지키고 규범(정직)을 준수하는 편이다. 성정이 딱딱하고 말을 함부로 하지 않고 비밀이 많다. 장손·장남 노릇을 하는 경우가 많고 집안형편이 좋지 않으면 가족을 위해 봉사하거나 스스로 학업을 중단하는 경우도 있다. 돈이 궁하지 않지만 구두쇠 기질이 있고, 모두를 거느려야 하니 화해·모사에 탁월하기도 하다.

　여자 장성살자는 가장의 상이니, 이별·사별 등 일부종사하지 못하거나, 가족 갈등이 심하거나, 몸이 건강하지 못하다. 얼굴 형상에서 미릉골이 튀어나오거나 사각턱인 여자의 상과 유사한 경향성이다.

　장성살 방위는 장수(대장군·터줏대감)에 비유되니 대장군 방위에 비견된다.

　장성살 방향으로 이사·발령 등은 분쟁을 유발한다.

　장성살 방위에 출입문이 있으면 자신의 기운이 빠져나가게 되므로 흉하다. 장성살 방위에 문이 있으면 폐문하는 것이 좋고, 창문도 없는 것이 좋다.

　장성살 방위에 있는 이웃은 나에게 피해줄 수 있는 이웃이다. 장성살 방위의 이웃과 다투지 않아야 한다.

　궁합상대 또는 동업자의 거주지 방향이 장성살 방향이거나, 그 집 문 방위가 장성살 방위이면, 자신에게 진실하지 않은 사람으로 인연을 맺기 어렵다.

　몸이 아파 병원출입을 할 때 병원 출입문이 장성살 방위이면 병이 잘 낫지 않거나 대수롭지 않은 병으로 입원하여 사망하는 경우도 있다. 반대로 재살(지살) 방위에 출입문이 있는 병원에 가면 빨리 완쾌되거나 회복된다.

장성살에 해당하는 색깔도 피하는 것이 좋다. 중요한 약속이나 행사가 있을 때 자신의 장성살 색깔은 물론 상대방의 장성살 색깔 옷을 피하면 결과를 좋게 한다.

다만 장성살자와 인연을 맺으면 개운되기도 하고, 가난한 집안에서 장성살 자식을 낳으면 발복하기도 한다.

만약 장성살자와 원한을 사면 몰락하게 되고, 장성살자 직원은 고급 인력이니 평원으로 방치하면 해단 행위를 할 수 있다.

장성살 운에는 자신을 돋보이고 가시적 발전이 있다. 학생은 반장이 되고, 직장인은 승진이 되고, 장사에서 상품이 돋보이고, 사업에서 활기를 얻게 된다.

6) 반안살(攀鞍殺)

년생	해묘미	인오술	사유축	신자진
반안살	진	미	술	축

〈반안살〉

반안살(攀鞍殺)은 말안장에 올라탄다는 뜻으로 승진을 의미한다.108) 삼합 운동에서 왕지를 지나 쇠지에 들어선 자리이다. 망신살·장군살에서 화려했던 권세를 마감하고 자식에게 물러줌으로써 화려하게 은퇴하는 시기이다. 반안살이 있으면 삶이 편안하고, 반안살이 없으면 안장 없는 말을 타는 것과 같다.

진·미·술·축 반안살에는 辰 중 乙, 未 중 丁, 戌 중 辛, 丑 중 癸 등 여전히 장성살(왕지) 기운이 남아 있다. 또 辰 중 癸, 未 중 乙, 戌 중

---

108) 반안(攀鞍, 더위잡을, 매달리다, 의지하다 : 반, 안장 : 안) - 말의 안장 위에 올라탄다는 의미가 있으니 벼슬을 의미하고 승진을 의미한다. 얼굴에서 천이궁(遷移宮)과 유사한 개념이다.

丁, 丑 중 辛 등은 장성살을 돕는 위치에 있다.

겁살-년살-반안살 3합으로 구성되면 편하게 살려고 하거나, 천살(하늘)이 모르는 직업을 갖기도 한다. 교육, 학문, 종교·철학, 라이센스, 자격증·학위 등을 이용한 직업성이다. 반안살자는 일처리가 능숙하고 임기응변에 능하다. 원국이나 대운에서 반안살을 만나면 좋다.

반안살 운에 일이 성사되거나 도움을 얻는다. 반안日에 청탁하면 성공확률이 높고, 만남이 성공적으로 이루어진다.

반안살은 코에 비유할 수 있다. 자신의 역량으로 재관을 완성하고 담는 곳으로 코를 재백궁(財帛宮)이라 하는 이유이다. 금고(자본금)의 개념이 있고, 금고는 믿을 수 있고 안전하다는 의미도 있다. 반안살이 있는 사람은 금융융통에 능하고 돈 관리를 잘 한다.

반안살 방향은 개인의 안녕·행복·평화가 보장되는 방향이다. 반안살 방위는 안전지대이니, 믿을만한 사람 있는 방향이고, 성공·개운의 방향이다. 금전 융통 달성이 가능하고, 투자 성공률이 높은 방향이다. 귀중품을 보관하는 방위로 금고가 있거나 비상금이 있는 장소이기도 하다.

방안살 방위에 있는 귀중품(귀인, 애인, 피신처)은 도난당하거나 들키는 예가 적다. 가게인 경우에 금고 위치가 반안살 방향에 있으면 돈이 새나가지 않는다. 자신의 몸에서 반안살 방위에 귀중품을 두어도 손을 잘 타지 않는다.109)

자신의 반안살자는 평안과 성공 기회를 주는 사람이고, 돈거래에서도 후유증이 없다.

큰 사건·질병은 천살이 관장하고, 작은 사건·질병은 반안살이 관장한다.110) 반안살 운에 병을 치료하면 재발하지 않고, 반안살 운에 일어

---

109) 음소 비밀장소 : 辰 = 왼쪽 가슴, 戌 = 오른쪽 바지 등 인체 방위로 살핀다.
110) 작은 사건(질병)은 반안살이 관장한다.
　　寅午戌 생 → 未(乙) → 간염, 눈(안과질환) - 8, 2살 발병
　　申子辰 생 → 丑(辛) → 폐질환, 신장·대장 - 7, 3살 발병
　　巳酉丑 생 → 戌(丁) → 정신, 혈압·혈관, 심장 - 6, 4살 발병

나는 사건·사고는 뒤탈이 없다. 푸닥거리나 삼재풀이를 반안살 운에 하는 이유이기도 하다.

　반안살 방위에 머리를 두고 두침(頭寢)하면 개운된다.

　거주지의 반안살 방위에 적당한 공간이 있고, 청결을 유지하면 좋다. 반안살 방위가 허술하거나 지저분하거나 함부로 다루면, 들키거나 부끄러운 일이 발생한다.

　반안살에는 장성살(비겁)이 들어있기 때문에 반안 운에 혼인하면 불합, 지연, 불임 등 불미한 경향이 있다. 반안살 자녀는 고독할 수 있고, 반안일에 반안살자 악담하면 재앙으로 돌아오기도 한다.

　반안살 방향으로의 전근은 좌천이거나 한직인 경우가 많은데 반안살은 쇠지에 해당하기 때문이다.

　반안살은 년살+월살의 조합인 卯辰천, 酉戌천, 子丑합, 午未합의 관계가 그대로 재현된 까닭이기도 하다. 비록 12신살에서 반안살을 길한 신(神)으로 다루고 있지만, 길함 뒤에 흉함이 도사리고 있는 것이 인생사이다.

7) 역마살(驛馬殺)

년생	해묘미	인오술	사유축	신자진
역마살	사	신	해	인

〈역마살〉

　지살은 본기 삼합의 시작점이라면, 역마살은 최종목적 삼합의 시작점이다. 지살과 역마살은 모두 기존 상황에서 벗어나 새롭게 시작한다는 의미가 있다. 지살은 옛것에서 벗어나 자신의 길을 가는 것이라면,

---

　亥卯未 생 → 辰(癸) → 신장·비뇨기 - 5, 0살 발병

역마는 자신의 기운을 다하고 새로운 환경에 적응해야 한다.

역마살은 12운성에서 병지(病地)에 해당한다. 자신의 기운은 소비되고 자신 목적물의 기운이 태동하는 단계이다. 乙은 → 巳에서 庚金으로 향하기 시작하고, 丁은 → 申에서 壬水가 시작되고, 酉는 → 亥에서 甲木을 키우기 시작하고, 子는 → 寅에서 乙木으로 향하게 된다. 역마살 손자는 집안을 번창시킨다고 하는 이유가 여기에 있다.

역마살자는 지금까지와 다른 새로운 상황·환경을 맞아 변화해야 한다. 지금까지 하던 일을 정리하고, 새로운 일을 찾거나 이동해야 한다. 그러기 위해서는 정보와 소통이 중요하고 방향과 이동이 용이해야 한다. 군용차, 이동수단, 매스미디어, 통신, 정보, 대변인, 언론보도, PR, 정보원, 중매인 등의 성향이 있다.

역마살자는 자신의 분쟁을 해결해주거나 대신 일해 주는 사람 또는 변호인이나 대변인으로 적격자다. 어려운 일에 역마살자가 나서주면 일이 잘 풀리거나 분쟁이 잘 해결된다.

역마살은 대화·소통 의미가 있으니, 역마살 방위에 우편함, 초인종, TV, 전화기, 지름길, 소방도로, 놀이터, 건조대, 운동기구, 자전거 등이 있으면 개운의 요소가 된다.

역마(驛馬)는 반안(攀鞍)과 마찬가지로 얼굴 12궁에서 천이궁(遷移宮) 의미와 유사하다. 재·관이 역마에 해당하면 복록 성취가 크고 벼슬·승진 운세가 좋다. 時 역마이면 복록을 오래 유지한다.

역마살 방향은 재개발 등 투자효용가치가 있고, 싼 집을 사거나 적은 자금으로 얻은 집 방위이다. 자금 융통이 좋은 방향이고, 동향·친척·동창·동씨 등 가까운 사람에게 도움을 얻는 방향이다.

남자는 역마살이 좋지만, 여자는 좋지 않다. 역마살 배우자는 피곤하게 하는 사람이지만 고생 뒤에 낙이 온다.

8) 육해살(六害殺)

년생	해묘미	인오술	사유축	신자진
육해살	오	유	자	묘

〈육해살〉

육해살은 삼합 운동의 마감직전 단계이다. 자신의 작용력은 상실되고 마지막으로 정리하여 새로운 다른 모습으로의 전환을 준비해야 한다. 12운성에서 제왕에 해당하는 자리이니, 넘겨줄 것은 넘겨주고 버릴 것은 버려야 하는데 막막하다.

亥卯未를 예로 들면, 午에서 木도 보이지 않고, 木이 전환될 金도 보이지 않는다. 午 육해살은 순리에 따라야 하는데, 방향성이 모호해지니 乙을 붙들려고 한다. 순리는 乙→庚으로 향하게 되니, 乙을 버려야 庚을 얻을 수 있다. 나를 버려야 새로운 가치를 찾을 수 있는 것이다.

육해살을 현실에 비유하면 현재는 필요 없어서 방치하는데 나중에 한번은 써먹거나 결국 버리게 되는 것들이다. 육해살이 있는 사람은 투기적 일에 성과가 없다.

육해살은 버려지는 것이니, 육해살 방위에 하수구가 있으면 좋다. 집안에 관심두지 않고 지저분하게 방치한 공간, 버려도 될 헌 물건이나 잡동사니들을 두는 장소이면 무방하다. 사업장이면 잠시 쉬었다 가는 휴게실, 쓸모없는 자투리 공간, 후천적으로 폐쇄된 장소이면 괜찮다. 수도·하수구·보일러 등 고장 잘 나는 방위이기도 하다.

다만 부유하게 살려면 육해살 방향을 깨끗하고 오묘하게 꾸며라.

육해살 방위에는 중요한 사람(가족·이웃)이나 물건을 두는 것을 피하는 것이 좋다. 육해살 방위에 있는 가족·이웃은 적은 도움을 주는 관계이지만, 이민, 이혼·사별, 사망, 부도 등으로 버리거나 간다는 의미도 있다. 집문서, 결혼예물 등 중요한 물건을 두면 쓸모없는 물건이 된다.

　육해살에서 다른 모습으로의 전환을 준비해야 하니, 소통이 중요하고 개운의 시초가 되기도 한다. 대체로 적은 노력으로 좋은 결과를 얻는 익방(益方)이다. 사장, 집주인, 고객, 담보은행 등 사업적 이익이나 밥줄이 걸린 대상이 있는 방향이다. 육해살 방향에서 성실히 일하면 쉽게 이룰 수 있고, 육해살 방향에 손님을 앉히면 이득이 있다.

　육해살 입장에서 년살은 향수(鄕愁)이다. 육해살과 년살은 충하는 관계이지만 육해살+년살이 만나면 일이 성사되고 해결된다. 일의 매듭은 충하는 관계(시기)에서 해결되기 때문이다. 육해살 운에 빚진 것은 연살 운에 갚게 되거나, 년살에 묶였던 매듭은 육해살에 풀리는 경우가 많다.

　육해살은 지살을 꼼짝 못하게 위축작용을 한다. 육해살+지살은 '지살'편에서 살펴본 바와 같이 午亥 酉寅 子巳 卯申 등 암합관계로 저당설정, 차압, 부도, 건강이상 등 묶이는 현상이 일어난다.

　개운(開運) 요소는 육해살 운에 제사를 잘 받들고 정성을 다하면 막힌 일이 풀린다. 육해살 방향을 보고 소원 빌면 작은 소원은 들어준다. 부모를 모신다면 부모가 거주하는 방, 장성살 방향에 문이 있다면 육해살 방위에 보조문을 두면 좋다.

※ 육해살(六害殺)과 육해(六害)
　육해살(六害殺)은 寅巳 申亥 卯辰 酉戌 子未 午丑 등의 육해(六害)와 같은 용어를 사용한다는 점에서 천(穿)작용으로 살필 수 있다.

　삼합과 육해살 관계를 보더라도 모두 암합·형·파·합·해 등이 혼재하는 관계에 있다. 즉 해묘미와 午는 午亥암합 卯午파 午未합, 인오술과 酉는 酉寅암합 午酉형 酉戌천, 사유축과 子는 子巳암합 酉子파 子丑합, 신자진과 卯는 卯申암합 子卯형 卯辰천 등의 관계이다. 여기에 대해서는 『간지와 합·충·형·파·해 비결』에서 자세히 살피기로 한다.

그래서 육해살은 인간관계에 있어서 화합을 방해, 질병의 발생, 일의 지연, 어려움을 겪게 되거나, 난처한 일이 발생한다. 사주원국에 육해살이 동주하면, 정신적 방황을 겪거나 종교·철학·사주·상담·교육·선생 등 정신적인 것을 추구한다.

9) 화개살(華蓋殺)

년생	해묘미	인오술	사유축	신자진
화개살	미	술	축	진

〈화개살〉

화개살은 삼합의 마지막 단계로 과거사를 모두 정리하고 마감한다. 새로운 모습으로 탈바꿈하기 위해 조절하고 다듬는 곳이다. 화개(華蓋)는 꽃상여를 의미하는바 죽음을 화려하게 장식하여 윤회를 기린다는 의미가 있다.

화개지는 재생산, 재활용, 반복·왕복, 재도전, 복학, 재수, 재가동, 재결합, 재혼, 중고품, 가공품, 개선을 위한 수정행위, 재기(再起) 등을 의미한다. 새로운 일을 벌이는 것이 아니라, 원래 있던 것을 정리하거나 다시 사용하거나 공부하게 된다.

화개살자는 총명하고 설득력이 있으며 묘책(妙策)이 있다. 여러 가지 일, 혼잡하고 섞인 일, 복잡한 관계, 반복적인 일, 매끄러운 운용을 돕는 일, 자문(諮問)하는 일 등에 어울린다. 항상 근면하고 끊임없이 추진하기에 학업중단-복학, 이직-재취업, 직업변경 등 변화가 많다. 변화·반복을 통하여 목적을 달성하지만 성과는 크지 않다.

부동산 인연이 약하고, 상속·유업 이어가지 못한다. 상속·공돈을 얻으면 없애야 복구된다. 결국 말년에 빈손이거나 고독하게 되는데, 천살 자식에게 상속하면 지킬 수 있다.

 자신의 화개살자는 충전작용, 안식처, 재기에 도움을 주는 사람이다.

 화개살 방위에 운동기구 또는 화장실, 단골집 등이 있으면 좋다.

 화개살 방향으로 이사 등은 재도전을 준비하기 위한 이주이다.

 화개살 운에는 공부하거나 노력하는 경향이 있고, 탁월한 재능을 발휘하거나 발전의 기회가 된다. 과거 사건이 재가동되거나, 분리되었다가 재결합하거나, 분리-결합을 거듭하게 된다.

 한편 화개는 반복이란 의미에서 복음과 유사하다.

 寅생이 寅년을 만나면 12신살의 개념을 떠나서 재수, 재출마, 재도전 등 화개(반복) 행위를 하게 된다. 재도전을 한다는 것은 그 이전에 실패했거나 슬럼프였음을 의미하기도 한다.

10) 겁살(劫殺)

년생	해묘미	인오술	사유축	신자진
겁살	申	亥	寅	巳

〈겁살〉

 겁살·재살·천살은 삼합 운동구간을 벗어난 영역이다.

 겁(劫)은 십신에서 비겁(比劫)과 유사하다. 윤회하기 위해서는 반드시 적응해야 다시 태어날 수 있다. 겁살은 자신과 관련 없는 일 또는 환경에 내몰리게 되고, 자기 삶의 이상이나 방향성이 전혀 다른 환경에 봉착하여 딜레마에 빠진다.

 겁살자는 손실은 있을지라도 두 주먹 꽉 쥐고 열심히 살아간다. 살아남기 위해서는 개혁적이어야 하고, 억지스러움과 강제적인 방법을 동원하기도 한다. 반골기질은 폭력적 성향으로 변질될 수 있다.

사유축생이 寅일에 상담하러 왔다면 취업·직업, 결혼·이혼 등 사활이 걸린 문제이거나, 오기로 뭔가 하려고 하거나, 억지로 실행하기 위한 상담일 가능성이 높다.

직업적으로 의사, 약사, 경찰, 군인, 법조인, 재단사, 이발사, 조경, 건축, 설계, 차압·사채, 철거, 폭력·강탈행위 등 편향된 직업성을 갖는다. 그렇지 않으면 사회활동이 위축되는 경향이 있다.

자신의 겁살자를 만나면 사회적 활동성이 위축되거나 빼앗기게 된다. 부부 인연은 크게 나쁘지 않지만, 동업관계 또는 사업관계에서는 이롭지 않다.

겁살 방향은 이용이 불편한 장소이거나 미관이 좋지 않거나 붕괴위험 등으로 수리·보수가 필요한 곳이다. 겁살 방향에 투자를 했다면 투자성공률이 적고, 자금을 회수하는데 오랜 시간이 걸린다.

집안의 겁살방위는 장식·가구 등을 자주 바꾸는 것이 좋다.

11) 재살(災殺)

년생	해묘미	인오술	사유축	신자진
재살	酉	子	卯	午

〈재살〉

재살은 반대 삼합의 장성살(왕지)이다. 을이 유를 만난 격이니, 자신이 알지 못하는 세계에서 또 다른 생명의 태동을 위해 준비해야 하는 꼴이다. 반대 삼합의 왕지와 沖하는 관계이니, 자기 뜻대로 움직이지 못한다. 재살(災殺)은 재앙을 의미하니 '수옥살(囚獄殺)'이라고도 한다.111)

---

111) 만약 子戌申午이면, 년월과 일시가 서로 반대방향이다. 생각과 행동이 다르고

재살 방위 또는 재살 운에는 어수선하고 번거로움이 있다. 정체되거나, 방해를 당하거나, 위법·불법 등으로 법의 제약을 받기도 한다.

재살에는 삶의 돌파구를 찾아 뚫고 나와야 하니 재살 방위에 송곳, 우산, 운동기구, 의료용품, 비밀문서, 삶의 무기(자격증) 등이 있으면 좋다. 아늑하게 꾸밀 필요가 있다.

출입문이 재살 방위에 있으면 개운되고, 재살 색깔은 길색(吉色)으로 개운의 요소가 된다. 질병으로 병원출입을 할 경우에 병원 출입문이 재살 방위이면 회복이 빠르고, 중요한 일에 재살 색상 옷을 입고 나가면 일이 성사된다. 겉옷보다 속옷이 재살 색상이면 좋다.

재살 방향에 투자하면 갇혀 빠져나오지 못하니 투자하지 마라.

재살자는 총명하고 꾀돌이고, 야당성향이 있다. 역적심리, 무례한 행동 등 방종하면 외톨이 되거나, 빚을 지거나, 신용이 추락한다.

자신의 재살자, 재살 방향에 있는 자, 재살 색상을 입고 있는 자, 재살 선천수 성씨를 가진 사람 등은 나의 치부를 알거나, 나에게 나쁜 감정을 갖고 있거나, 성향이 다른 반대파로 내면의 적이다. 교묘한 술책으로 상대를 정복하려 하고, 아부·설득·자기PR 등 실리달성을 위해 획책을 꾀하는 사람이다.

재살 운에는 측근을 이용하여 목적을 달성하거나 측근의 도움이나 방패막이로 생활하는 경향이 있다.

12) 천살(天殺)

년생	해묘미	인오술	사유축	신자진
천살	戌	丑	辰	未

〈천살〉

방향성이 다르니 자기 뜻대로 움직이지 못한다.

천살(天殺)은 삼합 운동에서 벗어난 영역이고 하늘이 주관하는 곳이다. 자신이 스스로 주도하지 못하는 영역이다. 밖으로 나오지 못하고 잡혀 있는 상태로 함부로 행동할 수 없는 답답한 상황이다. 다만 그동안 노력한 대가를 기대하고 새로운 땅(지살)을 만날 희망이 있다. 자신의 모습을 드러내기 위해 숨고르기를 하고 가공하는 단계이다.

천살자는 자존심이 강하고 재관에 대한 욕구가 강하다. 요행심이 있고 포부가 크지만 자신이 주도하면 제약이 따른다. 머리가 똑똑한데 특별한 비책이 없거나, 보기에 그럴 듯한데 실속이 없거나, 좋은 배경을 잘 이용하지 못하는 경향이 있다. 얕은 거짓말을 하지 않지만 허세·허풍이 있다. 학술을 좋아하고 종교에 관심이 많다. 대개 사주에 천살이 있거나, 천살 운에는 사회활동이 위축(기반)되는 경향이 있다.

자신의 천살자는 나에게 하늘과 같은 존재이니 내가 어찌할 수 없는 존재이다. 사장, 인사 담당관, 집주인, 부모, 비서·참모 등 자신의 출세·복록을 위해 필요한 사람이면 도움이 된다.

다만 천살에 해당하는 궁위성에 대한 아픔·슬픔이 있거나, 후회와 모욕감이 있거나, 고독과 자아상실로 인한 번뇌가 있다.

천살 방향은 하늘이 주관하니 조상·죽음과 관련이 있다. 조상이 아끼던 물건이나 유물을 두거나 선산(묘)이 있으면 좋다. 조상을 기리고 제사 지내는 방향으로 좋고, 천살 방향으로 간절한 소망이나 용서·간청 등 소원을 빌면 이루어진다.

천살방향에 학교가 있거나, 천살방향을 보고 공부하면 성과가 좋다.

천살 방향으로 두침(頭寢)하거나, 종교성 물품, 돈, 보석, 귀중품 등을 두면 조상에게 반기드는 꼴이다. 겁살·재살·천살 방향 또는 운에 투자하지 마라.

작은 사건·질병은 반안살이 관장하고, 큰 사건·질병은 천살이 관장한다.112) 천살 운에 중풍·치매 등 마비질환이 오거나 암 등 큰 병이 찾아오기 쉽다.

만약 천살 운에 가시적인 좋은 일이 생겼다면, 결국 자금손실, 사업실패, 대리점 취소, 좌천, 명예퇴직 등 흉함이 뒤따른다. 하늘이 주관하는 자리에서 얻은 것은 내놓아야 하는 것이 이치이다.

3. 12신살의 삼합그룹 본위

인·사·신·해는 망신살, 지살, 겁살, 역마살에 해당하는 자리이다. 새로운 시작을 알리는 자리로 새롭게 시작하거나 떠나거나 뚫고 나가는 형상으로 드러난다.

자·묘·오·유는 육해살, 장성살, 년살, 재살에 해당하는 자리이다. 물상을 드러내는 자리로 이리저리 바쁘게 다니고 불안정한 형상으로 드러난다.

진·미·술·축은 천살, 화개살, 반안살, 월살에 해당하는 자리이다. 조절·통제하는 자리로 고통을 감수하고 새로운 것을 내기 위해 안간힘을 쓰는 형상으로 드러난다.

1) 삼합에 의한 12신살의 생극

삼합운동은 생지-왕지-묘지 삼합인자로 구성된다. 신자진(水), 해묘미(木), 인오술(火), 사유축(金) 등이다.

水·木·金·火 삼합운동은 상호간에 생극 관계에 있다. 여기서 火·金은 화극금이 아니라, 화생금이라는 점을 상기해야 한다.

---

112) 큰 사건(큰 병)은 천살이 관장한다.
    寅午戌 생 → 丑(辛) → 폐질환, 신장·대장 - 7, 3살 발병
    申子辰 생 → 未(乙) → 간염, 눈병(안과질환) - 8, 2살 발병
    巳酉丑 생 → 辰(癸) → 신장·비뇨기 - 5, 0살 발병
    亥卯未 생 → 戌(丁) → 정신, 혈압·혈관, 심장 - 6, 4살 발병

먼저 삼합(생-왕-묘)에 의한 12신살의 생극 관계를 표로 정리하면 다음과 같다.

12지지	인사신해(생지)	묘오유자(왕지)	진미술축(묘지)
자기 삼합운동	지살	장성살	화개살
내가 생하는 삼합	망신살	육해살	천살
나를 생하는 삼합	겁살	년살	반안살
반대(상극) 삼합	역마살	재살	월살

〈삼합에 의한 12신살의 생극 관계〉

위 관계를 申·子·辰 生에 비유해보자.

申·子·辰 生은 申이 지살이고, 子가 장성살이며, 辰이 화개살이다. 申子辰(水)은 木을 생하니 亥-卯-未는 각각 신자진의 망신살-육해살-천살이 되고, 水는 金의 생을 받으니 巳-酉-丑은 각각 신자진의 겁살-년살-반안살이 되며, 水는 火와 상극하니 寅-午-戌은 각각 신자진의 역마살-재살-월살이 된다.

寅·午·戌 生은 사-유-축이 망신살-육해살-천살이 되고, 해-묘-미는 겁살-년살-반안살이 되며, 신-자-진은 역마살-재살-월살이 된다.

巳·酉·丑 生은 신-자-진이 망신살-육해살-천살이 되고, 인-오-술은 겁살-년살-반안살이 되며, 해-묘-미는 역마살-재살-월살이 된다.

亥·卯·未 生은 인-오-술이 망신살-육해살-천살이 되고, 신-자-진은 겁살-년살-반안살이 되며, 사-유-축은 역마살-재살-월살이 된다.

이를 그룹별로 정리해보면,

삼합오행의 본위를 기준으로 내가 생하는 삼합오행은 상위 삼합그룹이 되고, 나를 생하는 삼합오행은 하위 삼합그룹이 되며, 나와 극하는 삼합오행은 반대 삼합그룹이 된다. 즉,

신자진 입장에서, 해묘미는 상위 삼합그룹, 사유축은 하위 삼합그룹, 인오술은 반대 삼합그룹이 된다.

해묘미 입장에서, 인오술이 상위 삼합그룹, 신자진이 하위 삼합그룹, 사유축은 반대 삼합그룹이다.

인오술 입장에서, 사유축이 상위 삼합그룹, 해묘미가 하위 삼합그룹, 신자진은 반대 삼합그룹이다.

사유축 입장에서, 신자진이 상위 삼합그룹, 인오술이 하위 삼합그룹, 해묘미가 반대 삼합그룹이 된다.

2) 12신살의 삼합 생극에 의한 그룹본위

위 삼합오행의 생극에 의한 상위·하위·반대 삼합그룹의 관계를 12신살의 생지-왕지-묘지의 관계로 대비해보자.

신자진 生이라면, 亥-卯-未(상위 삼합그룹)는 망신살-육해살-천살에 해당하고, 巳-酉-丑(하위 삼합그룹)은 겁살-년살-반안살이 되며, 寅-午-戌(반대 삼합그룹)은 역마살-재살-월살이 된다.

나머지 삼합그룹도 이와 같이 보면 된다.

이를 표로 정리하면 다음과 같다.

상위 삼합그룹 (망신살-육해살-천살)	亥-卯-未	寅-午-戌	申-子-辰	巳-酉-丑
본위 삼합그룹 (지살-장성살-화개살)	申-子-辰	亥-卯-未	巳-酉-丑	寅-午-戌
하위 삼합그룹 (겁살-년살-반안살)	巳-酉-丑	申-子-辰	寅-午-戌	亥-卯-未
반대 삼합그룹 (역마살-재살-월살)	寅-午-戌	巳-酉-丑	亥-卯-未	申-子-辰

〈12신살 삼합의 그룹본위〉

첫째, 지살-장성살-화개살

지살-장성살-화개살은 각 오행 본위의 삼합운동으로 생지-왕지-묘지에 해당한다. 본위 삼합그룹은 자신이 주도하는 삼합운동으로 자의적이고 스스로 해결하려는 기질이 있고 자기능력으로 삶을 개척하려는 성향이 있다. 특히 왕지가 있으면 경향성이 뚜렷하다.

○○○○
子卯申亥
해묘미 생이 시·일·월에 해·묘·미가 있으면 자신이 삶을 주도하고 프리랜서 등 특별한 재능으로 살아가는 경향이 있다. 亥생이 일지에 묘 왕지(장성살)을 가졌으니 卯의 속성을 쓴다. 묘의 이중성, 바꾸고 아름답게 꾸미는 속성, 왔다갔다하는 경향성 등 물상으로 드러난다. 교육, 디자인, 설계, 건축, 기획, 미용, 연애 등의 직업성이다.

둘째, 망신살-육해살-천살

망신살-육해살-천살은 본위 삼합운동의 상위 삼합그룹이다. 망신살은 새로운 시작으로 과거에 억매이지 말고 나아가야 하고, 육해살은 자신을 다듬고 천착(穿鑿)하는 시기이자 전화위복의 기회이며, 천살은 하늘이고 나를 통제하는 작용이다.

망신살-육해살-천살은 자신보다 앞선 존재로 자신이 추구해야 할 이상이고, 따라고 닮아야 할 존재이며, 자신이 마음대로 할 수 없는 섬겨야 할 대상이다. 해묘미 생이 월·일·시에 인·오·술을 만나는 경우인데, 亥생 남자가 일지에 戌이 있다면 천살을 품고 있는 꼴이니 부인을 마음대로 하지 못하고 섬겨야 할 운명이다.

상위 삼합그룹은 직업적 성향이 강하고, 문서·결혼·시험 등으로 인한 신분상승의 기회의 인자이다. 망신살·육해살·천살 중 하나가 있으면 그

것을 직업적으로 사용하는 경향이 많다. 만약 사주에 망신살·육해살·천살 중 하나가 없으면 삶의 뚜렷한 지향점이 없는 것과 같다.

사주에 망신살·육해살·천살 등이 있으면 정신적 딜레마가 많고 예민한 편이다. 정신적인 것을 추구해야 하는데, 현실의 삶은 먹고 사는 문제에 억매여야 하기 때문이다. 만약 직업적으로 사용하지 못하면 현실감각이 떨어지거나 인생굴곡이 심하고 직업·직장·주거 등을 자주 바꾸는 등 불안정한 모양새가 되기도 한다.

망신살·육해살·천살 삼합을 이루면 자기신분을 뛰어넘고자 하는 욕구가 있고, 어려서부터 삶의 양질을 올리려고 노력한다.

상위 삼합그룹은 삶(직업)의 지향점이자 그릇이고, 인생향로를 조절·통제하는 신살이라 할 수 있다. 잘 사용하면 복록을 지키고 누릴 수 있지만, 욕심내면 망신하게 된다.

○○○○
○○寅亥
亥생이 월지 寅 망신살을 가졌으니, 寅의 속성을 쓴다. 빠르다, 솟구친다, 뚫고나온다. 활동성, 역마성, 라이센스, 프로기질 등의 특성을 사용한다. 전기, 전자, 항공, 외교, 의료, 교육, 영업, 기획 등의 직업성이 어울린다.

乙癸丁甲 乾 癸壬辛庚己戊3 1994년
卯丑卯戌   酉申未午巳辰
술생이 일지에 축 천살이다. 축 중 辛을 직업적으로 사용하고자 하고, 巳대운이 오니 사유축으로 망신살·육해살·천살 삼합인자가 몰려든다. 어려서부터 공부를 잘하고 치의대에 입학하였다.

셋째, 겁살-년살-반안살

겁살-년살-반안살 등은 자신을 生하는 하위 삼합그룹으로 자신이 부리는 대상이다. 부하, 후배, 도구, 의식주, 자동차 등의 인연이 좋고, 삶의 수단이 좋다. 특히 반안살은 말안장에 올라 탄 형국이니 삶이 편안하거나 편하게 살려는 경향성이 있다.

남자는 부인이 자신의 하위 삼합그룹에 속하면 부인의 내조가 있고, 여자는 남편이 자신의 하위 삼합그룹에 속하면 남편의 내조가 있다. 다만 여자가 일지에 겁살-년살-반안살 등이 있으면 가장노릇을 하는 경향이 있다.

직업적으로는 망신살-육해살-천살을 먼저 사용하고, 다음으로 지살-장성살-화개살, 다음으로 겁살-년살-반안살 순이다.

반안살 운이 오면 망신살-육해살-천살(삶의 목표)을 몰아내고 깨뜨리는 경향이 있다.

○○○○
子辰申亥
직업적으로 먼저 亥를 쓰고 나중에 신자진 쓴다. 신자진은 치료.질병.사망과 관련된 일, 잡화, 화려한 일, 비밀스러운 일, 세무직, 감찰직, 정보원, 분석사 등의 직업성이다. 교육, 종교, 철학 등 水와 관련된 직업에 종사하기도 한다.

넷째, 역마살-재살-월살

역마살-재살-월살 등은 자신과 반대되는 그룹으로 나와 생각이 다른 타인이다. 사주에 역마살-재살-월살 등이 포진되어 있으면 직업적 목표가 명확하지 않고 구체성이 약하기 때문에 타인의 정보를 이용해야 한다. 믿을 만한 구석이 없기 때문에 삶에 대한 의지가 강하고 살아남기 위해 노력한다.

역마살-재살-월살 성향은 이것저것 왔다갔다 방향성이 다변하다. 총명하고 재주·재능이 있으며 포부는 크지만 결실이 적다. 자신의 성공을 위하여 타인이나 뒷배를 동원하거나, 귀인의 도움 또는 행운을 얻기도 한다.

역마살-재살-월살로 구성되어 있을 때 추구하는 지향인자(망신살-육해살-천살)의 운에서 어떻게 영향을 받느냐에 따라 삶의 모양이 변화한다. 예컨대 亥생이 酉를 가졌을 경우에 酉의 모습이 어떠한지, 酉를 어떻게 사용하느냐에 달려 있다.

특히 미는 결과 없는 성과, 무늬 좋은 개살구, 발달하지만 결실이 없다. 사유축 생이 사주원국에 미가 있을 경우이다. 未 월살이면 애매하고 답답하고 양태과로 인한 해로움이 있다. 스스로 결정을 내리지 못하고 타인에 의해 바꾼다.

한편 未가 천살(상위 삼합)이면 삶이 고달프고, 해당 육친으로 인한 고충이 있다. 未가 반안살(상위 삼합)이면 편안하게 사용한다.

4. 12신살의 개운 방법

12신살에서 지지를 위주로 본다는 것은 인간 삶의 방향성과 목적의식에 영향을 미친다. 삶의 목적과 방향성은 방위(방향)에 따라 운세의 열림과 닫힘이 결정되기도 한다.

운세의 개운(開運)과 폐운(閉運)은 육해살의 선천수[113] 기간만큼에서 운이 좋아지거나 나빠진다. 즉 卯가 육해라면 6일 또는 6개월 또는 5년 후에 운세가 좋아지거나 나빠진다.

1) 방위(방향)와 색상

---

113) 선천수 = 甲己 子午(9), 乙庚 丑未(8), 丙辛 寅申(7), 丁壬 卯酉(6), 戊癸 辰戌(5), 巳亥(4)
후천수 = 子(6), 丑(10), 寅(3), 卯(8), 辰(5), 巳(7), 午(2), 未(10), 申(9), 酉(4), 戌(5), 亥(1)

● 출입문 방위

집 또는 사업장의 출입문 방향은 재살이 가장 좋고 다음으로, 지살 방위이다. 재살과 지살 방위의 문은 개운 요소이고, 장성살 방위의 문은 폐운 요소가 된다. 장성살 방위의 문이 있으면 폐문하는 것이 좋다. 그렇지 못할 경우에는 재살 방위(반대편 방향) 또는 육해살 방위에 문을 하나 더 내어 통하게 하는 것이 차선책이다.

출입문 방위의 기준은 남자(가장)의 생년을 위주로 하고, 남편이 없을 경우에는 본인의 생년에 따른다. 여자의 경우에 남편이 없고 성인인 아들과 함께 거주하면 성인 아들의 생년을 기준으로 한다.

申子辰 생은 남쪽(午) 또는 서남쪽(申) 방향에 문이 있어야 하고, 북쪽(子)에 문이 있으면 흉한 일이 거듭된다.

巳酉丑 생은 동쪽(卯)-동남쪽(巳) 문이 좋고, 서쪽(酉) 문은 흉하다.

亥卯未 생은 서쪽(酉)-서북쪽(亥) 문이 좋고, 동쪽(卯) 문은 흉하다.

寅午戌 생은 북쪽(子)-동북쪽(寅) 문이 좋고, 남쪽(午) 문은 흉하다.

● 색상

장성살 색상도 폐운의 요소이다. 옷, 침구류 등 항상 가까이 하는 종류의 색상이 장성살 색상이면 운이 나빠진다. 부부가 함께 하는 침구류의 색상은 남자(남편)의 생년을 기준으로 한다.

좋은 색상은 재살 색상이고, 다음으로 남자는 반안살의 중기(장성살 보호) 색상을 적용하고, 여자는 년살 색상을 그대로 적용한다.114)

申子辰 생은 적색(午)이 좋고, 백색(辛)도 무난하니 남자는 흑색도 취용할 수 있다. 다만 여자는 년살(백색)을 그대로 적용하니 백색은 무난하지만 흑색은 좋지 않다.

---

114) 백색(金)과 흑색(水)은 무채색(無彩色)이라는 점에서 같은 류의 색상이다. 사유축(金) 신자진(水) 생은 기본적으로 백색과 흑색은 길한 색상이 아니다.

巳酉丑 생은 청색(卯)이 좋고, 적색(午)도 무난하다.

亥卯未 생은 백색(酉)이 좋고, 흑색(癸)도 무난하다.

寅午戌 생은 흑색(子)이 좋고, 청색(乙)도 무난하다. 남녀 모두 백색도 무난하다.

● 두침(頭枕), 이사 방위

잠을 잘 때 머리를 두는 방향은 반안살 방위가 개운의 요소이다. 천살 방위는 폐운의 요소이니 피해야 한다. 부부의 두침 방향은 남자(가장) 생년을 기준으로 한다.

申子辰 생은 동북(丑) 방위에 머리를 두고 자는 것이 좋고, 남서(未) 방향으로 두침하면 흉하게 된다.

巳酉丑 생은 서북(戌) 방위가 좋고, 동남(辰) 방위는 흉하다.

亥卯未 생은 동남(辰) 방위가 좋고, 서북(戌) 방위는 흉하다.

寅午戌 생은 남서(未) 방위가 좋고, 동북(丑) 방위는 흉하다.

이사 가는 방향이 반안살 방향이면 개운의 징조가 된다.

만약 천살 방향으로 이사를 가면, 이사 후에 운세가 막히게 된다. 전근, 이직 등으로 인한 이동하는 방위, 자신의 집에서 회사, 사업장, 학교 등의 방위에도 적용된다.

● 공부 방위, 제사 방위

천살은 하늘이 주관하는 방위이다. 천살방위에 두침(頭枕)하는 것은 꺼리지만 조상에게 제사를 지내는 방위로는 부합된다. 천살 방향을 보고 공부를 하면 하늘이 도와주니 공부가 잘 되고, 공부하기 위해 떠날 경우에 천살 방위이면 공부에 성과가 있다.

육해살 방향으로 공부하러 떠나면 머리로 하는 공부보다 기술을 터득하거나 새로운 기술을 개발하기 위해 가는 경우가 많다.

천살 = 학업의 성취와 공부를 위한 공부이거나, 한 단계 업그레이드

하기 위한 공부이다.

　육해살 = 다시 시작하기 위한 공부이거나, 새로운 공부 또는 기술을 터득하기 위한 공부이다.

※ 행운의 숫자 찾는 방법

　자신의 천살 여기(三合의 반대오행)를 중점으로 하고, 당해 년의 천살 여기의 선천수가 길한 숫자이다. 시험, 행운 등에서 중요한 숫자를 참고할 때 이용할 수 있다.

　辰의 여기는 乙이고, 未의 여기는 丁이고, 戌의 여기는 辛이고, 丑의 여기는 癸이다. 해당 여기의 선천수를 먼저 적용하고, 10에서 해당 선천수를 뺀 숫자를 대용한다. 또 乙·丁·辛·癸의 지지 글자인 卯·午·酉·子를 대용할 수 있다.

　乙의 선천수는 8이고, 10-8=2이니 2를 대용한다. 卯의 선천수는 6이다.

　丁의 선천수는 6이고, 10-6=4이니 4를 대용한다. 午의 선천수는 9이다.

　辛의 선천수는 7이고, 10-7=3이니 3을 대용하고, 酉의 선천수는 6이다.

　癸의 선천수는 5이고, 10-5=5이니 10을 대용한다. 子의 선천수는 9이다.

　申子辰생을 예를 들면, 未의 여기(丁) 6이 선천수이다. 휴대폰 번호 또는 비밀번호 등 중요한 숫자에 6과 4를 활용하면 좋다. 수험생이 공부를 총 정리한다면 6P와 4P를 중점적으로 살피면 성과가 있다.

　巳酉丑 생은 辰의 여기(乙)인 8과 2이다.

　亥卯未 생은 戌의 여기(辛)인 7과 3이다.

　寅午戌 생은 丑의 여기(癸)인 5와 10이다.

이를 해당 年을 기준으로 보면,
申子辰 년에는 6이 행운의 숫자이고, 다음으로 4, 9 등이다.
巳酉丑 년에는 8이 행운의 숫자이고, 다음으로 2, 6 등이다.
亥卯未 년에는 7이 행운의 숫자이고, 다음으로 3, 6 등이다.
寅午戌 년에는 5이 행운의 숫자이고, 다음으로 10, 1, 9 등이다.

※ 거소(居所)의 구조·방위

현관문 방위는 재살 또는 지살 방위에 있어야 하고, 장성살 방위의 문은 없는 것이 좋다. 장성살 방위에 문이 있다면 반대방향(재살) 또는 육해살 방향에 보조문을 반드시 설치해야 한다.
거소를 중심으로 재살 방위에 산, 언덕, 큰 건물 등으로 막히면 좋지 않다.
장성살 방위에 파출소, 방범초소 등이 있으면 가족을 지켜준다.
천살 방위에 민원센터, 시청·구청, 통장·이장 등이 있으면 도움을 얻는다.
다만 겁살·재살·천살 방위에 있는 이웃은 비협조자이거나 껄끄러운 상대이다. 겉으로 드러내지 않지만 적대관계에 있는 사람으로 고발자가 된다. 물질적 공세에 약하고 바라는 것이 많다.
선거출마자인 경우에 겁살·재살·천살 방향에 유권자가 많으면 이웃의 도움을 얻기 어렵다.
천살 방위에 종교물건 등을 두면 좋지 않다.
월살 방위는 어둠을 밝혀주는 곳으로 집 위치를 표시하는 안내물이나 어둠을 밝히는 점등스위치가 있으면 좋다.
지살 방위는 나아가는 방향성이니 자신을 알리는 간판, 문패 등이 있으면 좋고, 전화기, 우편함 등이 있으면 소통이 원활하다. 이런 것들이 역마살 방위에 있으면 좋지 않다.

자신의 지살 방향에 우등생, 사장 등 잘나가는 사람이 있고, 역마살 방향에는 열등생, 박봉하거나 적자를 보는 사람이 있는 경우가 많다.

육해살과 반안살 방위는 항상 깨끗하게 청결을 유지하는 것이 좋다.

申子辰·巳酉丑생은 높은 곳에서 이득이 있고, 寅午戌·亥卯未생은 낮은 곳에서 이득이 있다. 거주지 뿐 아니라, 맞선, 계약 등 중요·특별한 모임에서 이를 이용하면 일이 성사되는 확률이 높다.

※ 사업장·직장의 구조·방위

출입문의 방향은 거소와 같다. 재살·지살은 좋고, 장성살은 흉하다. 만약 장성살 방위에 문이 있으면 재살 또는 육해살 방위에 보조문이 있어야 한다.

금고의 위치는 반안살 방위에 있어야 돈이 모이니, 반안살 방위는 항상 청결하게 유지해야 한다.

자신의 반안살자와의 돈거래를 하면 성사가 잘되고 후유증이 없다.

육해살 방위는 사업을 시작하는 곳이고 쉽게 이루게 하는 방위이다. 육해살 방위에 손님 앉히면 쉽게 손님이 응하고, 자신은 육해살 방향을 보게 되니 자신의 능력을 발현시킨다.

다만 직장인이 반안살 방향으로 전근을 가면 좌천이거나 한직인 경우가 많다. 편안하게 산다는 것은 발전과 상반되는 의미가 있기 때문이다. 또한 년살과 육해살 운에는 일에 장애가 있고 훼방요소가 생겨 일이 꼬이고 이룸이 적다.

한편 자신의 반안살과 관련된 종목으로 사업하면 성공이 빠르다. 가령 식당업이라면, 辰 반안살이면 생선구이·국밥집, 丑 반안살이면 도가니탕·소갈비, 未 반안살이면 양고기·마른반찬, 戌 반안살이면 말고기·닭고기 장사 등이 좋다.

2) 일진(日辰)

반안살 일진은 길하다.

일진의 반안살 방향에서 저가의 물건을 구입하기에 좋고, 일진의 천살 방향에서는 고가의 물건 구입에 좋다.

일진의 역마살·육해살과 망신살·반안살 방향(장성살 인접방향)은 이익이 적다. 다만 친구·지인·친지 등 가까운 사람에게 판매할 경우에는 오히려 좋다. 투자한다면 나중에 이익이 있거나 재개발 등 투자가치가 있다.

당해 일진의 3~4일전 당해 일진방향에 공을 떨어뜨리면 길흉과 관계없이 가시적인 일 발생한다. 대개 물질적 이득이 발생하거나 중요한 인물과의 만남이 성사되거나 받지 못했던 돈을 수금하는 경우가 있다. 가령 子일 또는 丑일에 辰 방향에 공을 떨어뜨리면 辰일에 子·丑과 관련된 일이 갈무리되거나 수입을 정산하는 일이 발생한다는 말이다.

3) 이익(투자)

● 부동산매매

상위 삼합그룹 運에는 높은 가격으로 팔거나 사는 경우가 많다.

하위 삼합그룹 運에는 낮은 가격으로 팔거나 사는 경우가 많다.

반대 삼합그룹 運에는 누구의 권유로 사고팔거나, 여러 번 교섭하거나 정성을 들여야 사고팔 수 있다. 먼 곳에 있는 것 또는 자신이 사용하지 않는 것은 거래가 이루어지지만, 가까운 곳에 있는 것 또는 자신이 사용하는 것은 거래를 성사시키기 어렵다.

집 지을 땅을 살 때 장성살 방위가 막히거나 기울어지는 등 출입이 용이하지 않는 형상이면 출입문을 낼 수 없으니 오히려 좋다. 건물을 살 경우에는 장성살 방향에 문이 없는 건물을 사는 것이 마땅하다.

● 투자이익(횡재수)

월살, 망신살 운에 투자하면 이익이 있다. 횡재수가 있어 생각지도 않은 공돈이 생기거나 상속·증여를 받기도 한다.

일진의 망신살·반안살 방향(장성살 인접방향)과 역마살·육해살에 투자하면 나중에 이익이 있거나 재개발 등 투자가치가 있는 곳이다.

화개살자, 천살자, 반안살자, 월살자 등은 土생이지만, 땅에 투자하여 크게 성공하거나 투자이익을 높이기 어렵다. 특히 화개살자는 더욱 그러하다. 장기투자 또는 상속을 전제로 하거나, 단기투자로 회전률을 높이는 것이 좋다.

4) 궁합

자신의 거주지를 중심으로 상대방의 거주지가 장성살 방향이면 좋지 않은 상대이다. 상대방 거주지가 장성살 방향이 아니더라도 상대방 거주지 출입문이 장성살 방위에 있으면 역시 좋지 않다.

남자는 상대 여성의 거주지가 반안살 방향이면 좋다. 반면에 여자는 상대 남성의 거주지가 천살 방향이면 좋은데, 천살 방향은 자신을 의탁하는 방위이기 때문이다.

남녀를 불문하고 천살 방향에서 결혼, 동업 등 인연을 찾는 것은 출세와 욕망을 채우려는 경향에서 나온다. 결혼상대라면 정략결혼이나 조건이 부여된 결혼인 경향이 있다. 의외로 겁살·천살 방향에 파트너 인연이 있는데, 도움은 얻지만 자신이 주도하는 관계는 아니다.

상대방의 마음을 얻으려면 상대방의 장성살 색상 옷을 피하는 것이 좋다. 자신의 재살 색상이나 상대방의 재살 색상 옷을 입고 만나는 것이 좋다. 만약 상대가 자신의 장성살 색상 옷을 입고 나왔다면 심기가 불편하거나 경계하거나 마음을 열지 않음을 의미이다.

남자가 장성살 색상을 입고, 여자가 육해살 색상을 입고 만나면 그 관계가 깨지거나 오래 유지하지 못하는 징조이다. 장성살, 반안살, 육해살에 해당하는 사람과는 말다툼을 하거나 원한을 사면 좋지 않다는 이유이기도 하다.

　궁합 환경이 좋지 않더라도 옷, 침구 등을 재살 색상으로 하고, 장성살 방위의 문을 폐문하고, 반안살 방향으로 두침(頭枕) 등 방위와 색상을 잘 갖추면 흉이 감소된다.

5) 출산

　병원 출입문이 재살 방향이면 똑똑한 자식을 순산한다.
　병원 출입문이 육해살 방향이면 순탄하게 성공하는 자식을 얻는다.
　병원 출입문이 장성살 방향이면 품행이 바르지 않거나 건강하지 않거나 열등한 자식을 얻는다.
　자신의 본위그룹(지살·장성살·화개살) 또는 상위그룹(망신살·육해살·천살)의 자녀는 부모의 재물이나 명예를 손상되게 하거나, 부모보다 능력 있는 자식이다.
　자신의 하위그룹(겁살·년살·반안살) 또는 반대그룹(역마살·재살·월살)의 자녀는 부모 일을 순조롭게 하고 자녀의 일 또한 순조롭다.

6) 질병

　제사 방위, 두침 방위, 문 방위, 색상 등 개운요소를 준수해야 큰 질병을 이겨낼 수 있다. 질병에서 문과 두침 방위는 특히 중요하다.
　질병으로 병원 출입·입원할 경우에 병원 출입문 방향, 입원실 두침 방향 등을 살펴야 한다. 병원 주출입문 또는 입원 병실 출입문이 장성살 방향이거나, 입원 침실의 두침 방향이 천살 방향이면, 큰 질병이 아닌데도 쉽게 낫지 않거나 심하면 죽음에 이를 수 있다.

병원 주출입문, 입원병실 출입문, 두침방향이 모두 장성살 방위이거나, 망신살(忘却酒)·육해살(死者)·천살(閻羅大王) 방향으로 3合을 이루면 더욱 심하다.

작은 사건·질병 등은 반안살이 관장하고, 큰 사건·질병 등은 천살이 관장한다.

첫째, 큰 사건(큰 병)
寅午戌 생 → 丑(辛) → 폐질환, 신장·대장 - 7, 3살 발병
申子辰 생 → 未(乙) → 간염, 눈병(안과질환) - 8, 2살 발병
巳酉丑 생 → 辰(癸) → 신장·비뇨기 - 5, 0살 발병
亥卯未 생 → 戌(丁) → 정신, 혈압·혈관, 심장 - 6, 4살 발병

둘째, 작은 사건(질병)
寅午戌 생 → 未(乙) → 간염, 눈(안과질환) - 8, 2살 발병
申子辰 생 → 丑(辛) → 폐질환, 신장·대장 - 7, 3살 발병
巳酉丑 생 → 戌(丁) → 정신, 혈압·혈관, 심장 - 6, 4살 발병
亥卯未 생 → 辰(癸) → 신장·비뇨기 - 5, 0살 발병

7) 제사, 조상

천살 방향은 하늘이 주재하는 방위로 조상이 자리하는 자리이다. 명당, 조상음덕, 발복 등을 주관하는 방위이다. 제사를 지내는 방향은 제주(祭主)의 생년을 기준으로 천살방위에 제단을 설치하여 제사를 지내는 것이 좋다. 소원을 빌거나 기도하는 방위가 천살인 이유이다.

천살 인근방위도 무난하지만, 천살 반대방위(반안살)는 피해야 한다. 반안살 방향은 능력이 있어도 발복하기 어렵다. 하늘을 배반한 꼴이니

일이 답답하고 잘 풀리지 않는다. 폐쇄적 인간관계 등으로 고독하고 고달픈 삶이 된다.

월살 방향은 발복하지만 천살보다 못하다. 마치 남의 도움으로 얻은 집과 같으니 삶이 다소 불편하거나 불안함을 느낀다.

화개살 방향은 일시적 발전이 있더라도 큰 성과를 얻기 어렵다. 부동산 인연이 약하여 떠돌이 삶이거나 안정되지 못하여 말년에 고독하게 된다. 천살방향 자녀에게 상속하면 부동산(재산)을 지킬 수 있다.

※ 참고) 얼굴에서 12신살의 관점

年기준	지	년	월	망	장	반안	역마	육해	화개	겁	재	천
인오술	寅	卯	辰	巳	午	未	申	酉	戌	亥	子	丑
사유축	巳	午	未	申	酉	戌	亥	子	丑	寅	卯	辰
신자진	申	酉	戌	亥	子	丑	寅	卯	辰	巳	午	未
해묘미	亥	子	丑	寅	卯	辰	巳	午	未	申	酉	戌
얼굴	발제	이마	천창	눈썹	눈	코	인중	입	지고	시골	시골	두상

〈얼굴에서 12신살의 관점〉

부 록

인생사 방향성은 방위에서 시작된다
좋은 방위를 찾아 취하라

양택(陽宅) 좋은 방위
본인 기운에 맞는 방위
일진(日辰) 보는 방법
이사(이동) 방위

오행(오성)의 방위 소속

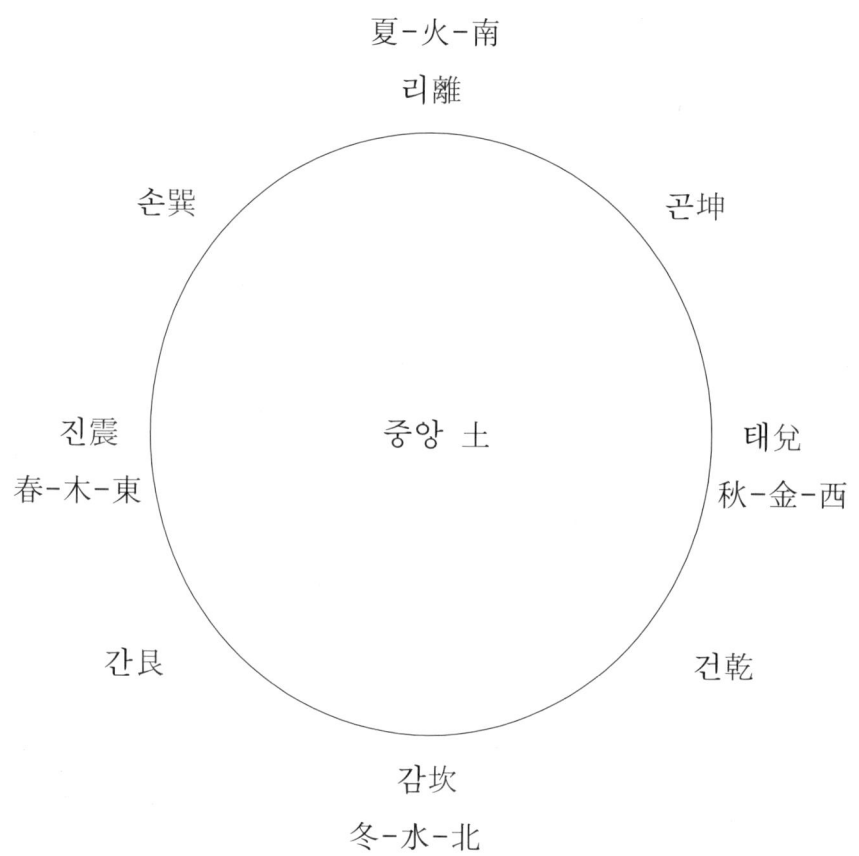

위 방위도는 팔괘를 기준으로 표시하였다.

진(震)은 동쪽(木)으로 봄을 주관하고, 리(離)는 남쪽(火)으로 여름을 주관하며, 태(台)는 서쪽(金)으로 가을을 주관하고, 감(坎)은 북쪽(水)으로 겨울을 주관한다.

손(巽)은 동남쪽이 되고, 곤(坤)은 남서쪽이 되며, 건(乾)은 서북쪽이 되고, 간(艮)은 북동쪽이 된다.

팔괘 부호도(구궁도)

☴ 巽 4 辰巳, 木, 동남, 청색 장녀, 肝·脚	☲ 離 9 午, 火, 남쪽, 적색 중녀, 心·眼	☷ 坤 2 未申, 土, 남서 황색 노모, 脾·腹
☳ 震 3 卯, 木, 동쪽, 청색 장남, 膽·足	중앙 5 土, 황색 脾·胃	☱ 兌 7 酉, 金, 서쪽, 백색 소녀, 肺·口
☶ 艮 8 寅丑, 土, 북동, 황색 소남, 胃·手	☵ 坎 1 子, 水, 북쪽, 흑색 중남, 腎·耳	☰ 乾 6 亥戌, 金, 서북, 백색 노부, 腸·首

※ 팔괘 부호도 설명

첫째, 건(乾), 태(兌), 리(離), 진(震), 손(巽), 감(坎), 간(艮), 곤(坤) 등 8개는 팔괘의 명칭이다.

둘째, 팔괘 명칭 앞에 붙인 부호는 해당 팔괘를 특징하는 부호이다. 괘상(卦象)이라 한다.

셋째, 팔괘 명칭 뒤에 붙인 숫자는 작괘할 때 구궁도를 돌리는 순서이다. 즉 감→곤→진→손→중앙→건→간→리 … 순서로 돌아간다.

넷째, 팔괘 명칭 밑에 붙인 내용은 괘상의 의미들이다.

● 건(乾)은 지지로 戌亥에 해당하고, 오행으로는 金이며, 백색을 상징한다. 육친으로는 노부(老父)를 의미하고, 오장육부로는 腸(창자)과 首(머리)를 관장한다. 방위로는 서북(西北)이다.

● 태(兌)는 지지로 酉에 해당하고, 오행으로는 金이며, 백색을 상징한다. 육친으로는 소녀(少女)를 의미하고, 오장육부로는 肺(폐)와 口(입)를 관장한다. 방위로는 정서(正西)이다.

● 감(坎)은 지지로 子에 해당하고, 오행으로는 水이며, 흑색을 상징한다. 육친으로는 중남(中男)을 의미하고, 오장육부로는 腎(신장)과 耳(귀)를 관장한다. 방위로는 정북(正北)이다.

● 리(離)는 지지로 午에 해당하고, 오행으로는 火이며, 적색을 상징한다. 육친으로는 중녀(中女)를 의미하고, 오장육부로는 心(심장)과 眼(눈)을 관장한다. 방위로는 정남(正南)이다.

● 진(震)은 지지로 卯에 해당하고, 오행으로는 木이며, 청색을 상징한다. 육친으로는 장남(長男)을 의미하고, 오장육부로는 膽(담·쓸개)와 足(발)을 관장한다. 방위로는 정동(正東)이다.

● 손(孫)은 지지로 辰巳에 해당하고, 오행으로는 木이며, 청색을 상징한다. 육친으로는 장녀(長女)를 의미하고, 오장육부로는 肝(간)과 脚(다리·정강이)을 관장한다. 방위로는 동남(東南)이다.

● 간(艮)은 지지로 丑寅에 해당하고, 오행으로는 土이며, 황색을 상징한다. 육친으로는 소남(少男)을 의미하고, 오장육부로는 胃(위장)와 手(손)를 관장한다. 방위로는 북동(北東)이다.

● 곤(坤)은 지지로 未申에 해당하고, 오행으로는 土이며, 황색을 상징한다. 육친으로는 노모(老母)를 의미하고, 오장육부로는 脾(비장)과

腹(배·복부)을 관장한다. 방위로는 남서(南西)이다.

● 팔괘의 중앙은 오행으로 土이고, 황색을 상징한다. 오장육부로는 脾(비장)과 胃(위장)를 관장한다. 방위로는 중앙(中央)이다.

위 팔괘의 의미는 생기(生氣)·복덕(福德) 방위, 이사 방위, 양택(陽宅) 방위 등에 이용된다. 가령 아들이 2명일 경우 큰 아들은 장남이고, 작은 아들은 소남이 된다. 양택 방위에서 간방(축인, 동북 방위)이 흉한 방위일 경우, 소남의 일이 잘 풀리지 않거나 흉한 일이 일어난다. 건강으로는 위장이 나빠지거나 손·발에 상해를 입게 된다는 의미이다.

좋은 방위 찾기

사람은 태어나면서 정해진 사주팔자(운명)에 따라 살아간다. 비록 사주팔자가 정해졌다 하더라도 운명이 확정된 것은 아니다. 삶을 살아가면서 육친 인연 또는 인간관계에 의해 바뀔 수 있고, 환경에 지배를 받게 된다.

인생사는 자신을 둘러싼 무수한 환경요소에 따라 어떤 방향으로 가야할지를 결정해야 한다. 설령 그것이 방위가 아니더라도 방향성에 있으니, 우리는 방위적 개념에 둘러싸여 있다. 나를 중심으로 사방팔방에 제시되어 있는 방위(방향)를 잘 활용한다면 삶의 방향성을 바로 잡는데 도움이 될 것이다.

누구나 자신에게 좋은 방위가 있다. 좋은 방위로는 3방위가 있는데 그 중 가장 좋은 방위가 생기방(生氣方)이다. 좋은 3방위를 찾는 방법에는 대략 3가지로 분별한다.

양택 좋은 방위 (생년으로 좋은 방위 찾기)	사주팔자로 좋은 방위 찾기	日辰 보는 법
1·상 = 생기生氣 ○○	1·상 = 생기生氣 ○○	
2·중 = 오귀五鬼 ×	2·중 = 천의天宜 ○	
3·하 = 연년延年 ○	3·하 = 절체絶體 ×	
4·중 = 육살六殺 ×	4·중 = 유혼幽魂 ×	
5·상 = 화해禍害 ×	5·상 = 화해禍害 ×	
6·중 = 천복天福 ○	6·중 = 복덕福德 ○	
7·하 = 절명絶命 ××	7·하 = 절명絶命 ××	
8·중 = 귀혼歸魂 △	8·중 = 복음伏飮 △	

〈좋은 방위 조견표〉

위 표에서 '숫자·상중하' 표시는 작괘할 때 변효를 만드는 순서이다. '1·상'은 첫 번째로 괘상 중 上爻를 움직여 효를 변하게 만든다는 뜻이다. '2·중'은 두 번째로 中爻를, '3·하'는 세 번째로 下爻를, '4·중'는 네 번째로 中爻를, '5·상'은 다섯 번째로 上爻를, '6·중'은 여섯 번째로 中爻를, '7·하'는 일곱 번째로 下爻를, '8·중'은 여덟 번째로 中爻를 움직여 변효를 만든다.

곤괘를 예로 들어 보자.

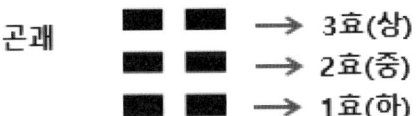

위 곤괘를 '1·상'하면 태(☱)가 되고, '2·중'하면 손(☴)이 되고, '3·하'하면 건(☰)이 되는 식이다. 이런 방법으로 자신이 찾고자 하는 괘상이 나올 때가 계속 돌려서 찾은 후, 그 괘상의 방위 및 의미를 살피면 된다.

위 표에서 '생기' 등 8개 명칭들이 위 방법으로 작괘하여 만들어진 괘상의 방위 명칭들이다. 방위 명칭 뒤에 붙인 '○'은 좋은 방위이고, '×'는 흉한 방위이며, '△'는 좋지도 흉하지도 않은 방위이다. '○○'은 가장 좋은 방위이고, '××'는 가장 흉한 방위이다.

다만 양택 방위(생년 방위), 사주팔자로 보는 방위(일진 방위)에 따라 방위가 다르다는 점을 유의해야 한다.

1. 양택(陽宅) 좋은 방위

양택 즉 거주하는 집이나 사업장(사무실)의 방위를 보는 방법이다.

이는 자신의 생년으로 좋은 방위 찾는 방법과 동일하게 적용한다.

양택 방위는 출입문을 기준으로 座(집이 앉은 방위)와 灶(부엌)의 방위를 보고 판단한다. 집 또는 사업장의 내실(內室) 중앙에서 출입문의 위치(방위)를 정한 후에, 출입문을 기준으로 집이 앉은 방위와 부엌의 방위를 보는 것이다.

출입문은 집의 주 출입문으로 주택과 아파트 모두 집 내부로 직접 들어가는 현관문을 말한다. 좌(座)는 통상 집 앞면(베란다)의 반대편이 되고, 부엌은 가스렌지를 기준으로 삼는다.

방위를 찾는 작괘 순서는,

1·상(생기) - 2·중(오귀) - 3·하(연년) - 4·중(육살) - 5·상(화해) - 6·중(천복) - 7·하(절명) - 8·중(귀혼) 순이다.

'門 → 座'와 '門 → 灶' 모두 생기-연년-천복 중에 속해야 좋고, 어느 하나라도 오귀-육살-화해-절명 등에 해당하면 좋지 않다. 생기이면 더욱 좋고, 절명이면 가장 흉하며, 귀혼(歸魂)은 좋지도 나쁘지도 않다.

양택 방위 작괘 순서	양택 방위 찾는 방법
1·상 = 생기生氣 ○○	① 門(현관문 방위) 괘상에서 → 座(앉은 방위) 괘상이 나올 때까지 작괘한다.
2·중 = 오귀五鬼 ×	
3·하 = 연년延年 ○	
4·중 = 육살六殺 ×	② 門(현관문 방위) 괘상에서 → 灶(부엌 방위) 괘상이 나올 때까지 작괘한다.
5·상 = 화해禍害 ×	
6·중 = 천복天福 ○	
7·하 = 절명絶命 ××	③ '門 → 座'와 '門 → 灶' 모두 생기-연년-천복 중에 속해야 한다.
8·중 = 귀혼歸魂 △	

〈좋은 방위 조건표〉

예를 들어, 출입문은 申(남서) 방위이고, 좌(座)는 子(북쪽) 방위이고, 조(灶, 부엌)는 丑(북동쪽) 방위라고 가정하자.

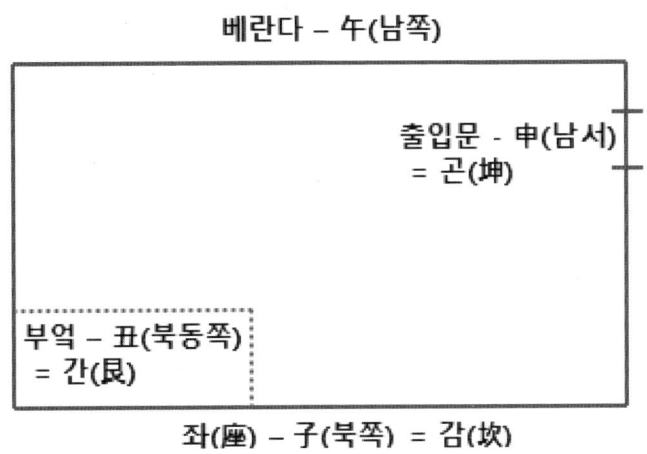

① 먼저, 門(출입문)에서 → 좌(座)를 본다.

출입문이 申(남서)이니 곤괘가 되고, 좌(座)는 子(북쪽)이니 감괘가 된다. 곤(☷)에서 작괘하여 감(☵)이 나오려면 '7-하'까지 돌려야 한다. 곤(☷)에서 → 감(☵)은 '절명(絶命)'에 해당하니, 이 집은 목숨을 짧게 하는 집이 된다.

② 다음으로, 門(출입문)에서 → 조(灶)를 본다.

출입문이 申(남서)이니 곤괘이고, 조(灶)는 丑(북동)이니 간괘이다. 곤(☷)에서 작괘하여 간(☶)이 나오려면 '1-상'하면 나온다. 곤(☷)에서 → 간(☶)은 '생기(生氣)'에 해당하니, 이 집은 살아 있는 좋은 기운이 넘치는 집이다.

③ 위 사례에서 조(灶)는 길하지만 좌(座)가 흉하다. 결국 좋지 않은

방위의 집이고, 특히 감(☵)이 흉한 방위가 된다. 감(坎) 의미는 중남, 북쪽, 흑색, 신장·귀 등을 의미한다. 중남(작은 아들)의 일이 잘 풀리지 않거나 사건·사고 등을 당할 수 있고, 감 방위(북쪽)에 거주하는 사람의 운세가 좋지 않고, 흑색이 흉한 색상이다. 또 이 집에 오래 거주하면 신장계통이나 이명현상 등의 질환에 노출될 수 있다는 의미로 해석된다.

한편 가족 중 중요한 사람은 생기 방위에 있으면 좋다. 일반적으로 가장(家長)이 되겠지만, 경우에 따라 큰 시험을 앞둔 자식이 중요한 사람일 수도 있다.

※ 동택(東宅)과 서택(西宅)

손	리	곤			손	리	곤
진	중앙	태	동택 = 진·손·감·리		진	중앙	태
간	감	건	서택 = 건·곤·간·태		간	감	건

〈동택〉   〈서택〉

양택은 동택과 서택으로 구분한다. 문·좌·부엌 등이 모두 동택 또는 서택에 해당하면 좋은 방위의 집이 된다. 즉 '문·좌·부엌'의 위치가 모두 '진·손·감·리' 또는 '건·곤·간·태' 방위에 해당하면 좋은 기운이 담긴 집이 되는 것이다.

2. 본인 기운에 맞는 방위

첫째, 생년(生年) 천간으로 좋은 방위 찾는 방법

생년으로 좋은 방위 찾는 방법은 양택과 같다.
1·상(생기) - 2·중(오귀) - 3·하(연년) - 4·중(육살) - 5·상(화해) - 6·중(천복) - 7·하(절명) - 8·중(귀혼) 순으로 작괘하여, 좋은 방위와 흉한 방위를 찾는다.
자신의 생년 천간 글자를 기준 괘상으로 삼는다.

년생	甲	乙	丙·戊	丁·己	庚	辛	壬	癸
괘상	乾	坤	艮	兌	震	巽	離	坎

〈생년과 괘상〉

예를 들어서 갑인, 갑진, 갑오, 갑신, 갑술, 갑자생 등은 모두 甲년생에 해당한다. 갑은 건괘(☰)이니, 건괘(☰)를 기운으로 삼아 작괘한다.
건(☰)의 생기=태(☱), 오귀=진(☳), 연년=곤(☷), 육살=감(☵), 화해=손(☴), 천복=간(☶), 절명=리(☲), 귀혼=건(☰)이다.
즉 甲생은 정서(태), 남서(곤), 북동(간) 방위가 좋은 방위이고, 진(정동), 감(정북), 손(동남), 리(정남) 방위는 흉한 방위가 된다.

둘째, 사주팔자(四柱八字)로 좋은 방위 찾는 방법

자신의 사주팔자에서 천간·지지 각 글자의 선천수를 합하여 8로 나눈 후, 남은 수에 해당하는 괘를 작괘한다. 나누어서 0이 되면 8(곤)으로 한다.
첫째, 사주팔자에서 천간 4글자의 선천수를 합하여 8로 나누어 남은 수(數)의 괘상을 찾고, 다음으로 사주팔자에서 지지 4글자의 선천수를 합하여 8로 나누어 남은 수(數)의 괘상을 찾는다.

둘째, 위 선천수에 맞는 괘상을 작괘한다.

작괘 순서는 1·상(생기) - 2·중(천의) - 3·하(절체) - 4·중(유혼) - 5·상(화해) - 6·중(복덕) - 7·하(절명) -8·중(복음) 순으로 작괘하여, 생기-천의-복덕 방위를 찾는다.

셋째, '여기서 나온 좋은 방위'와 '생년에서 찾은 좋은 방위'를 종합하여 자신에게 좋은 방위를 찾는다. 좋은 방위가 결정되면 거주하는 집 또는 사업장에서 그 방위에 머물면 좋다.

사주팔자로 좋은 방위 찾는 방법	
1·상 = 생기生氣 ○○	* 선천 수(數)
2·중 = 천의天宜 ○	甲·己·子·午=9, 乙·庚·丑·未=8,
3·하 = 절체絶體 ×	丙·辛·寅·申=7, 丁·壬·卯·酉=6,
4·중 = 유혼幽魂 ×	戊·癸·辰·戌=5, 巳·亥=4
5·상 = 화해禍害 ×	
6·중 = 복덕福德 ○	* 괘상 수(數)
7·하 = 절명絶命 ××	1=건, 2=태, 3=리, 4=진, 5=손,
8·중 = 복음伏飮 △	6=감, 7=간, 8=곤

〈사주팔자로 생기방(生氣方) 찾는 조견표〉

아래의 사주를 예로 들어보자.

    癸癸庚甲
    亥卯午辰

① 癸癸庚甲 = 5+5+8+9 = 27÷8 = 남는 수 3 = 리(☲)
리(☲)를 작괘하여 생기-천의-복덕을 찾으면, 진(☳)-태(☱)-손(☴)

이 된다. 감(☵), 곤(☷), 간(☶), 건(☰)은 흉한 방위이다.
② 亥卯午辰 = 4+6+9+5 = 24÷8 = 남는 수 0(8) = 곤(☷)
곤(☷)을 작괘하여 생기-천의-복덕을 찾으면, 간(☶)-손(☴)-태(☱)가 된다. 건(☰), 리(☲), 진(☳), 감(☵)은 흉한 방위이다.
∴ 위 사주에서 진·손·태·간 등은 좋은 방위이고, 감·곤·간·건·리·진 등은 흉한 방위이다. 흉한 방위를 제외하면 '손·태'가 남는다.

그러면, 생년(生年) 천간으로 좋은 방위 찾는 방법과 사주팔자(四柱八字)로 좋은 방위 찾는 방법을 종합해보자.
⇒ '생년(生年) 천간으로 좋은 방위 찾는 방법'에서 甲생의 길한 방위는 태·곤·간 등이고, 흉한 방위는 진·감·손·리 등이다.
⇒ '사주팔자(四柱八字)로 좋은 방위 찾는 방법'에서 甲생 사주팔자의 길한 방위는 진·손·태·간 등이고, 흉한 방위는 감·곤·간·건·리·진 등이다.
⇒ 종합하면 길한 방위는 태·곤·진·손·간, 흉한 방위는 진·감·손·곤·간·건·리 등이다. 좋은 방위에서 흉한 방위에 속한 괘를 제외하면 태(☱)만 남는다. 결론적으로 이 사주 주인공에게 가장 좋은 방위는 정서 방위가 된다. 다음으로 좋은 방위는 생년과 사주팔자에서 중복되는 좋은 방위인 간(북동) 방위이다.

3. 일진(日辰) 보는 방법

이사를 가거나 중요한 계약이 있을 때 당해 일진으로 길흉을 예측하는데 이용한다. 일진 보는 방법은 자신의 나이에 해당하는 괘상을 찾아 해당 일진이 나올 때까지 작괘하여 돌린다. 즉 나이에서 → 일진을 찾는 것이다. 생기·천의·복덕 등이 나오면 좋다.

작괘 방법은 사주팔자로 생기방 찾는 방법과 같다.

1·상(생기) - 2·중(천의) - 3·하(절체) - 4·중(유혼) - 5·상(화해) - 6·중(복덕) - 7·하(절명) - 8·중(복음) 순이다.

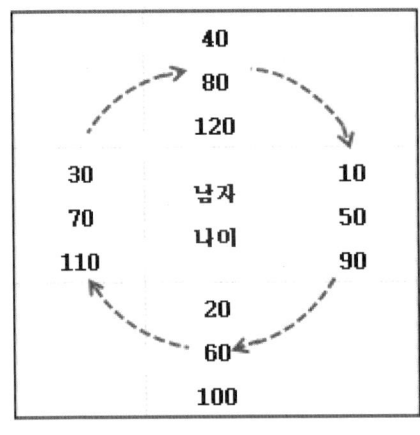 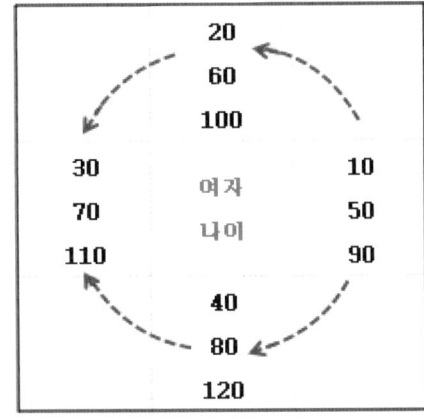

〈남자 나이 배속도〉   〈여자 나이 배속도〉

예를 들어, 남자 54세가 戊戌일 일진을 알고자 한다.

① 위 나이 배속도에서 자신 나이에 해당하는 괘상을 찾는다.

나이 찾는 방법은 위 표의 나이 대(代)에서 남자는 시계방향으로 돌리고, 여자는 시계 반대방향으로 돌린다.

남자 54세이면 50(태)에서 시작하여 시계방향으로 돌리면, 51세는 건, 52세는 감, 53세는 간, 54세는 진괘(☳)가 된다.

② 알고자 하는 일진의 괘상을 찾는다.

戊戌일은 戊亥에 해당하니, 건괘(☰)이다.

③ 나이 괘상에서 → 일진 괘상이 나올 때 까지 작괘한다.

진(☳)에서 → 건(☰)이 될 때 까지 작괘하면, 2·중(오귀)에 해당한다. 이 남자분의 戊戌일 일진은 좋지 않음이다.

일진(日辰) 보는 방법			
1·상 = 생기生氣 ○○ 2·중 = 천의天宜 ○ 3·하 = 절체絶體 × 4·중 = 유혼幽魂 × 5·상 = 화해禍害 × 6·중 = 복덕福德 ○ 7·하 = 절명絶命 ×× 8·중 = 복음伏飮 △	손	리	곤
	진	중앙	태
	간	감	건

〈사주팔자로 생기방(生氣方) 찾는 조견표〉

그러면, 여자 44세가 丁酉일 일진을 보고자 할 경우를 보자.

① 여자 45세이면 40(감)에서 시작하여 시계 반대방향으로 돌리면, 41세는 건, 42세는 태, 43세는 곤, 44세는 리괘(☲)이다.

② 丁巳일은 辰巳에 해당하니, 손괘(☴)이다.

③ 나이 리괘(☲)에서 → 일진 손괘(☴)가 나오게 작괘하면, 1·상(생기)하면 나온다. 이 여자의 丁巳일 일진은 생기에 해당하니 좋다.

4. 이사(이동) 방위

집 또는 사업장을 옮길 때 이사 가는 방위가 좋은지, 어느 쪽으로 이사를 가는 것이 좋은지, 알고자 할 때 사용한다. 자신 나이에 해당하는 괘상에서 이사 가고자 하는 방위의 괘상까지 작괘하여 구궁도를 돌린다.

일반 가정에서의 이사는 남자를 기준으로 하고, 사업장일 경우에는 대표자를 기준으로 한다.

궁위 배열순서	구궁도 명칭과 나이		
천록天祿 ○ 안손眼損 × 식신食神 ○	20 30 징파	70 80 퇴식	90 10 안손
징파徵破 × 오귀五鬼 × 합식合食 ○	10 20 식신	30 40 오귀	50 60 진귀
진귀進鬼 × 관인官印 ○ 퇴식退食 ×	60 70 관인	80 90 천록	40 50 합식

〈구궁도 궁위 명칭 나이 및 배열순서 조견표〉

① 나이에 해당하는 궁위를 찾는다.

남녀별 나이 찾는 방법은 위 조견표에서 '팔괘부호도(구궁도)' 순서에 따라 구궁도를 돌린다.

남자는 진(震)에서부터 구궁도를 돌려서 나이를 찾는다. 진(10세)→ 손(20세)→ 중앙(30세)→ 건(40세)→ 태(50세)→ 간(60세)→ 리(70세)→ 감(80세)→ 곤(90세)→ 진(100세)… 순이다.

여자는 곤(坤)에서부터 구궁도를 돌려서 나이를 찾는다. 곤(10세)→ 진(20세)→ 손(30세)→ 중앙(40세)→ 건(50세)→ 태(60세)→ 간(70세)→ 리(80세)→ 감(90세)→ 곤(100세)… 순이다.

② 나이에 해당하는 궁위를 중앙에 놓고, 위 궁위 배열순서에 따라 구궁도를 돌려 다시 배치한다. 천록→안손→식신→징파→오귀→합식→진귀→관인→퇴식 순이다.

③ 가고자 하는 방향에 천록-식신-합식-관인 등이 배속되면 길하

고, 안손-징파-오귀-진귀-퇴식 등이 배속되면 흉하다.

예) 남자 54세가 동쪽으로 이사하려고 한다.

56세	52세	54세		4	9	2		천록	합식	관인
55세	57세	50세 59세		3	5	7		퇴식	안손	징파
51세	53세	58세		8	1	6		오귀	진귀	식신

〈남 54세 나이 배속〉　　〈구궁도 순서〉　　〈남 54세 궁위 배속〉

① 남자 50세는 '진귀'(태방)에 해당한다.

태(兌) 50세부터 시작하여, 51세는 간, 52세는 리, 53세는 감, 54세는 곤이 되고, 곤은 '안손'에 해당한다.

② '안손'을 중앙에 놓고, 궁위를 배속한다.

안손→식신→징파→오귀→합식→진귀→관인→퇴식→천록 순으로 구궁도 순서에 따라 배치한다.

③ 54세 남자가 가고자 하는 동쪽(진방)은 퇴식이다. 이사 가는 곳에 먹을 복이 없어진다는 의미이니 좋지 않음이다.

⇒ 길한 방향은 천록(손방-동남), 합식(리-정남), 관인(곤-서남), 식신(건-서북) 등 방위이다.

⇒ 흉한 방향은 퇴식(진방-정동), 안손(중앙), 징파(태-정서), 진귀(감-정북), 오귀(간방-북동) 등 방위이다.

⇒ 이사 가는 날은 위 '일진 보는 방법'에 의한 생기·천의·복덕일이면 좋고, 생기(生氣)일과 공망(空亡)일이 겹치면 더욱 좋다.

참고1) 성조운(成造運, 집짓기 좋은 운)

상냥 올리는 날에 상냥 올리는 사람의 나이를 기준으로 한다.
11세, 31세, 61세, 13세, 33세, 63세, 7세, 27세, 47세, 57세, 9세, 29세, 49세, 59세에 집을 지으면 좋다.
삼살방을 등지고(座) 집을 짓거나 그런 집에 이사 가면 해당 육친이 손상된다.

참고2) 방위살(方位殺)

좋지 않은 방위로 대장군 방위, 삼살방위, 태백살 방위 등을 두고, 삼재가 들면 움직이지 않는다고들 한다. 이는 신뢰할 만한 이론이 아니지만, 통용되고 있는 이론들이기에 참고로 소개한다.

* 삼재
방합 年의 생지와 충하는 삼합 생지의 년생(年生)이 삼재이다.
인묘진 년 → 신자진 생이 삼재에 해당한다.
사오미 년 → 해묘미 생이 삼재에 해당한다.
신유술 년 → 인오술 생이 삼재에 해당한다.
해자축 년 → 사유축 생이 삼재에 해당한다.

* 태백살 방위
1-정동, 2-동남 → 음력 1일, 2일은 동쪽이 태백살 방위이다.
3-정남, 4-남서 → 음력 3일, 4일은 동쪽이 태백살 방위이다.
5-정서, 6-서북 → 음력 5일, 6일은 동쪽이 태백살 방위이다.

7-정북, 8-동북 → 음력 7일, 8일은 동쪽이 태백살 방위이다.
9-중앙, 10-하늘 → 음력 9일, 10일은 살(殺)이 없는 방위이다.

구분	해당 년	오행/방위	살(殺) 방위	비고
대장군 방위	인묘진	목/동	북쪽	방합의 앞 계절방향이 대장군방위
	사오미	화/남	동쪽	
	신유술	금/서	남쪽	
	해자축	수/북	동쪽	
삼살 방위	해묘미	목/동	서쪽	삼합의 반대방향이 삼살방위
	인오술	화/남	북쪽	
	사유축	금/서	동쪽	
	신자진	수/북	남쪽	

※ 참고 문헌들

『黃帝內經 素問』(王氷)
『黃帝內經 靈樞』(王氷)
麻衣相士 著, 『麻衣相法』, 台北:武陵出版有限公司, 2011.
陳希夷, 『神相全編』, 『古今圖書集成』本, 2003.
柳莊·袁忠撤, 『柳莊相法』, 台北:新文豊出版公司, 中華民國78.
小通天 著, 『面相秘笈』, 台北:永欣彩色印刷公司, 中華民國71.
萬民英 著, 『三命通會』, 台北:武陵出版有限公司, 2004.
徐升 編, 『淵海子平評註』, 台北:武陵出版有限公司, 2004.
沈孝瞻 原著, 徐樂吾 評註, 『子平眞詮評註』, 台北:進源書局, 2012.
任鐵樵 增注, 袁樹珊 撰輯, 『適天髓闡微』, 台北:武陵出版有限公司, 2011.
張南 著, 『標點命理正宗』, 台北:武陵出版有限公司, 2001.
沈孝瞻 原著, 徐樂吾 評註, 方成竹 白活評注, 『子平眞詮白活評註』, 北京:北京理工大學出版社, 2008.
陳素庵 著, 韋千里 校輯, 『命理約言』, 香港:香港上海印書館, 1980.
陳遵嬀, 『中國天文學史』, 臺北:明文書局, 1998.
崔鳳秀/權伯哲 講述, 『窮通寶鑑精解』, 서울:명문당, 2007.
유안 編著, 안길환 編譯, 『淮南子』, 서울:명문당, 2013.
풍우란, 박성규 옮김, 『중국철학사』, 서울:까치글방, 2013.
한동석 著, 『宇宙變化의 原理』, 서울:대원출판, 2007.
尹烜根, 「相學의 道敎修鍊的 접근」, 圓光大學校 大學院 博士學位論文, 2016.
尹烜根, 「合沖刑害破가 사주분석에 미치는 영향」, 圓光大學校 大學院 博士學位論文, 2014.

얼굴 인문학

얼굴지도로
인생을 여행하다

얼굴을 인생철학으로 풀다.
"얼굴의 인생 총량"
내 얼굴의 총량을 알면 인생이 새로워지리라.

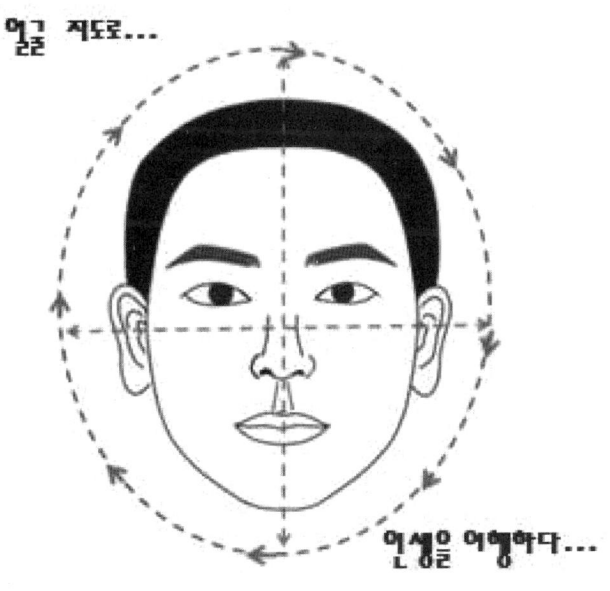

관상의 새로운 지평

귀눈입코

듣고 보고 행하고 분별하다

> 사물을 인지하거나 행동할 때…
> 먼저 귀로 듣고, 들은 것을 눈으로 확인한 후에 언행(言行)을 해야 한다.
> 내뱉은 말은 주워 담을 수 없고 행한 바는 돌이킬 수 없다.
> 행한 언행의 옳고 그름을 분별하는 곳이 코이고, 그 분별에 따라 수명을 관장하는 곳이 눈썹이다.
> 행한 바가 옳으면 복록을 오래도록 누릴 것이요, 행한 바가 그릇되면 성공하더라도 복록을 오래 누리지 못할 것이다.

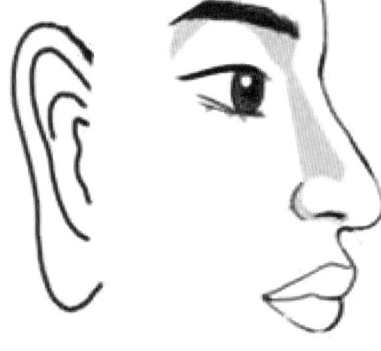

관상(觀相)의 새로운 해석
현대적 접근
명확한 풀이

직업 등 삶의 방향성 제시
인생가치를 연계 하다…

기상명리의 결정판

합중형파해 강론

처음으로 공개되는 기상명리의 새로운 사주기법

천간기운의 흐름과 지지물상의 변화에 의한 간지운행…
10천간·12지지의 근원과 60갑자 간지의 구성을 파악하다.
복잡하게 형성되는 합·충·형·파·해 등의 작용관계…
천간합-삼합에 의한 발동조건과 발동원리를 밝히다.

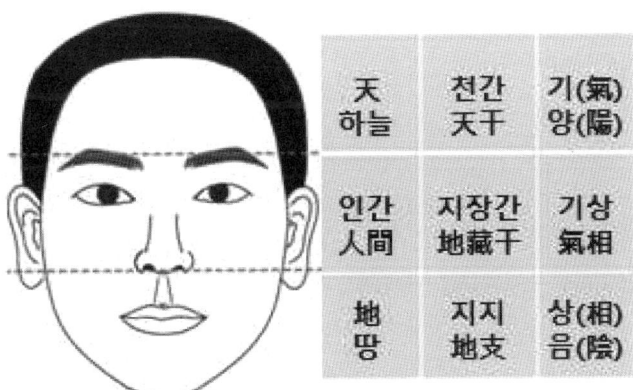